A TRAVERS L'ITALIE

JOURNAL D'UN TOURISTE

THELIGNY DU CASTAING

A TRAVERS L'ITALIE

JOURNAL D'UN TOURISTE

1868 — 1869

BERGERAC

TYPOGRAPHIE ET LITHOGRAPHIE J. FAISANDIER

MDCCCLXXV.

DE MARSEILLE A ROME

A TRAVERS L'ITALIE

JOURNAL D'UN TOURISTE.

> « Ne faut-il pas parcourir
> « un peu la planète où nous
> « gravitons dans l'immensité
> « jusqu'à ce que le mysté-
> « rieux auteur nous trans-
> « porte dans un monde nou-
> « veau pour nous faire lire
> « une autre page de son
> « œuvre infinie. »
> (Théophile GAUTIER.)

Madame,

Vous demandez pourquoi je pars et vous me témoignez le désir de connaitre quelques-unes des impressions qui viendront, sans aucun doute, m'assaillir en foule dans cette promenade au « pays où fleurit l'oranger. »

Soit.

Si je *faisais un livre*, Madame, j'aurais là une bien belle occasion de colorer d'un motif suffisamment romanesque ce voyage à travers la péninsule, et, qui sait? — comme les mortels, les livres ont aussi leurs destins, — de quelle douce sympathie, tendre peut-être, n'entoureriez-vous pas alors cet enfant de mon imagination? Mais non, Madame; je ne veux ni surprendre votre pitié ni vous faire dépenser des trésors de sensibilité au profit de mes infortunes imaginaires. Restons dans le vrai. Nulle révolution des hommes ou des choses, nul caprice de la Fortune, nulle incurable blessure du cœur ne m'obligent à manger le *pain amer de l'exil*. L'avenir a pour moi toutes ses illusions, ma lyre a toutes ses cordes, mon âme a toutes ses espérances. J'obéis à cette inextinguible soif de voir et de connaître, qui ne fait que s'irriter au lieu de s'éteindre, en se satisfaisant. C'est cette *humeur inquiète* qui m'emporte, comme le pigeon de la fable, alors que tant de douces choses semblaient devoir me retenir au logis.

Comme lui, je pourrai dire au retour :

« J'étais là... telle chose m'advint...
« Vous y croirez être vous-même. »

mais je ne sais si j'aurai le droit d'ajouter :

« Je vous désennuirai... mon voyage dépeint...
« Vous sera d'un plaisir extrême. »

C'est ce dont vous déciderez, Madame.

Quoi qu'il en soit, comme lui, je vous dis adieu; comme lui, je laisserai vraisemblablement bon nombre de mes plumes sous les coups de l'orage; je verrai s'envoler peut-être bien des espérances, se flétrir à jamais bien des illusions, sans pouvoir espérer que les mêmes peines soient payées des mêmes récompenses.

Lisez donc, puisque vous le désirez, Madame, ces feuillets arrachés à l'ombre qui les protégeait, ou plutôt ce *regard écrit,* comme dit Lamartine, car ce n'est en effet que le coup-d'œil curieux du touriste sur le paysage qu'il voit fuir devant lui; quelques coups de crayon tracés à la hâte, voilà tout. Si parfois, à son exemple, « oublieux des tableaux qui
« m'environnent je me replie sur moi-même, si je
« m'écoute penser, jouir ou souffrir, si je grave d'un
« mot mes impressions lointaines, c'est pour qu'il
« m'en reste quelque trace dans un autre temps,
« alors que, rentré au foyer solitaire, je chercherai
« à ranimer un passé mort, à réchauffer des souve-
« nirs froids, à renouer les chaînons des jours que
« le temps aura brisés. »

Voilà le but de ces notes, Madame.

Lorsque les années se seront écoulées, apportant avec elles leur tribut ordinaire de peines et de déceptions, notre inévitable partage, peut-être pourrai-je, en les relisant, y voir briller encore la trace lumineuse de quelques beaux jours passés; peut-être en regardant en arrière, sur cette route que je poursuis, mon cœur, mollement bercé sur l'aile des souvenirs, y retrouvera-t-il ses illusions d'autrefois et les charmantes images des objets qui l'ont si doucement ému.

A TRAVERS L'ITALIE

JOURNAL D'UN TOURISTE.

DE MARSEILLE A ROME.

CHAPITRE Ier.

La poste aux choux. — Appareillage. — Consolations. — *Ubi vexilla ibi patria.* — En mer.

Marseille, le.....

..... Nous allons quitter Marseille, Madame, et nous acheminer vers la rade, d'où nous franchirons, dans la *poste aux choux*, la distance qui nous sépare du bâtiment, notre prison flottante jusqu'à Civitta-Vecchia. Nous avons préféré la voie de mer parce qu'elle doit nous conduire plus rapidement à Rome, que les fêtes de Noël sont proches, et que nous sommes désireux de contempler les magnificences déployées par la Ville éternelle à l'occasion d'une des principales solennités du catholicisme. Le spectacle qui nous attend vaut bien, d'ailleurs, les quelques heures de souffrance que nous causera peut-être la traversée. Sans compter que nous allons trouver sur notre route quelques escales qui, renouvelant pour nous le prodige d'Antée, nous délasseront un peu de nos fatigues maritimes. Gênes *la Superbe*, Livourne, d'où nous pousserons une pointe sur Pise, nous redonneront quelques forces, et si le bâtiment *roule* d'une manière trop inquiétante pour la solidité de nos estomacs et nous force à payer un involontaire tribut à Neptune, un coup-d'œil jeté sur les palais et leurs galeries, une promenade à la tour penchée ou sous les arcades du *Campo-Santo*, réveilleront probablement nos facultés endormies, mais à coup sûr nous auront admirablement prédisposés aux repas du bord.

— Embarque !

Il est temps, la cloche sonne le dernier appel des retardataires ; nos colis nous ont précédé et sont descendus dans la cale ; les matelots, à leur poste, attendent les derniers ordres du capitaine pour l'appareillage, et des passagers, groupés sur le pont, les uns échangent les adieux du départ avec ceux de leurs amis que des soins divers retiennent au rivage ; d'autres jettent un regard mélancolique sur la bannière de France qu'on vient de hisser à la corne d'artimon et qui déroule sa gracieuse étamine aux fraîches brises d'une splendide matinée de décembre.

Cependant le paquebot est sous vapeur ; la cheminée se couronne d'un noir panache de fumée ; un coup de sifflet retentit, il a suffi pour briser les derniers liens qui nous rattachaient encore à terre.

— Machine en avant !

Le monstre pousse quelques soupirs bruyants et pressés, le plancher du pont frémit sous nos pieds, l'hélice creuse son sillon dans l'eau vaseuse du port et la frange d'une légère écume d'argent..... Alerte ! mon beau bâtiment, et maintenant bonne mer et bonne brise.....

CHAPITRE II.

La maison flottante. — Le château d'If. — Profil des compagnons de voyage de l'auteur. — Le murmure de la vague et la chanson des cloches. — Esquisses et tableaux. — Déboires anticipés. — Quelques lignes qui sont d'un gourmand.

Pendant que nous nous frayons une route à travers les mille vaisseaux qui encombrent le port de la Joliette, rangeant à notre droite les sombres murailles de la *Consigne*, et, laissant à notre gauche la haute colline où s'élève *Notre-Dame de la Garde*, permettez-moi, Madame, de vous faire faire plus ample connaissance, avec notre maison flottante, et les hôtes dont nous devons partager le sort pendant la traversée. Ne craignez rien, notre revue sera courte et terminée assez à temps pour nous permettre de donner un regard et une pensée au château d'If, dont nous allons doubler la pointe dans quelques instants. Nous pourrons alors, tout à notre aise, et suivant la pente naturelle de notre esprit, ou nous remémorer en face de la vieille prison d'Etat, bâtie par François Ier, les ingénieuses conceptions dont l'imagination féconde de notre immortel romancier l'a rendue le théâtre, dans son roman de *Monte-Christo*, ou, nous retranchant dans la froide nudité de l'histoire, saluer la chambre du donjon qui servit d'auxiliaire à la sévérité paternelle du vieux marquis de Riquetti. Car c'est, en effet, dans cette forteresse que fut emprisonné, par ordre de son père, celui dont le nom devait retentir quelques années plus tard avec tant d'éclat à la tribune française, *Honoré Gabriel, comte de Mirabeau.*

D'abord, à tout seigneur tout honneur. Remarquez cette figure bronzée par le hâle de la mer et dont le caractère saillant serait la sévérité, si cette expression n'était tempérée par un bon sourire qui se dessine au coin d'une bouche à la lèvre un peu sensuelle; l'œil, d'une vivacité toute méridionale, s'abrite sous un sourcil grisonnant et épais. L'ensemble de la physionomie respire la franchise du marin et la résolution de l'homme dont la vie n'a été qu'une lutte incessante contre les éléments. Alors même que ses galons d'or et sa poitrine constellée de croix et de médailles ne nous auraient point fait pressentir le rang qu'il occupe dans la hiérarchie navale, le respect et la déférence qu'on lui témoigne à la descente du *banc de quart* suffiraient à nous désigner le capitaine, le roi du bord, le *maître après Dieu*, comme disent les vieux statuts de la mer. Marin consommé, fort de son expérience, hardi sans témérité et prudent sans faiblesse, un vieux loup de mer qui tient notre sort dans ses mains.

Deux jeunes attachés de l'ambassade autrichienne, mes amis et mes compagnons de voyage, l'un d'origine française, Maxime de N.....; le second, Gaspard von W....., type physique et moral de la nation germanique ; un gentleman aux larges favoris roux, dont le costume, bien plus encore que l'accent exotique, trahit l'origine britannique ; sa jeune fille, qui l'accompagne, blanche figure de keapsake sur laquelle s'étend déjà l'empreinte fatale d'un mal terrible, sans remède, et que la douceur du soleil italien sera, sans doute, impuissante à conjurer, composent, avec quelques passagers que nous débarquerons à Gênes, la société momentanée du paquebot.

Nous avons eu la main heureuse. Le *Montefalcone* file comme une dorade. Marseille dessine derrière nous, dans la brume, ses clochers aigus et sa forêt de mâts ; la vague nous berce doucement et le clapotage du flot qui brise ses volutes contre les parois du bâtiment forme une basse continue qui accompagne en sourdine la chanson grêle des cloches, dont le son nous arrive par bouffées, appelant les fidèles à l'office du dimanche. La mer resplendit comme un miroir, les passagers se promènent sur le pont en attendant que la cloche du bord *pique* l'heure du déjeûner.....

Dieu me garde, Madame, de vouloir vous inspirer d'injustes préventions contre la cuisine du bord ; c'est la chose qui vous touche le moins au monde, j'en suis convaincu ; mais nous, Madame, qui nous rattachons à cette pauvre et triste humanité par tant de liens prosaïques, nous dont l'estomac a ses exigences imprescriptibles et des craintes fondées, hélas! sur une trop longue expérience, permettez-nous de redouter d'une façon sérieuse une cuisine que nous devrons, selon toutes les probabilités, à l'origine napolitaine du signor Angelo, le *maître-coq* du *Montefalcone*.

A Rome, nous trouverons encore des mets d'imitation française, ne rappelant que très-imparfaitement, il est vrai, et de fort loin, la patrie de Berchoux et de Brillat-Savarin, mais enfin tels qu'ils sont on les mange, tandis qu'à Naples... Oh! Naples.....

Mais n'anticipons pas sur les événements, comme disait le bon Ducray-Duminil.

CHAPITRE III.

Quittes pour la peur. — Gênes. — Mémoire d'un estomac satisfait. — Grandeur et décadence. — L'auteur déplore amèrement de n'être ni antiquaire ni romancier. — Panorama. — Eglises et palais. — Génoises et militaires. — L'auteur se crée des inimitiés solides dans l'armée italienne.

Gênes.....

Nous sommes à Gênes depuis ce matin, Madame. Notre traversée a été peu accidentée jusqu'au soir, mais au coucher du soleil le vent a soufflé plus vivement; une longue barre rouge qui s'étendait au loin sur le ciel et semblait nous fermer l'horizon, nous annonçait une nuit agitée, et, disons-le tout de suite, jamais promesse ne fut plus scrupuleusement tenue.

Comme si elle avait eu à cœur de se montrer à nous sous tous ses aspects, la coquette Méditerranée s'est mise en frais cette nuit.

Le *Montefalcone* a dansé comme une bouée. Bien des passagers sont restés dans leur *cadre* et n'ont pu jouir du magique spectacle que nous a offert un instant la vaste nappe d'eau éclairée par la lune, dont les rayons, se réflétant dans les vagues agitées, se brisaient en millions de paillettes lumineuses. Bientôt un voile de brouillards a caché le disque argenté de la pâle châsseresse; une pluie fine et pénétrante, rosée saline qui s'abat sur le pont éteint tout à coup la féerique illumination et nous contraint à chercher un refuge dans nos cabines.

Au jour une commotion brusque, violente, nous a mis sur pied instantanément. Notre boîte avait retrouvé son immobilité.

Gênes est là devant nous, étalant à nos regards ses maisons de marbre blanc, ses jardins, ses vertes collines, ses palais s'irradiant aux feux du soleil levant. Quelques minutes après nous foulons le sol de cette première station dans notre excursion transalpine. Que la *Concordia* reçoive l'hommage et le souvenir de nos estomacs reconnaissants.

Je ne veux pas abuser de mon titre de touriste, Madame, pour vous faire subir un fatras d'érudition facile, à propos de Gênes, bien déchue aujourd'hui de cette antique splendeur qui lui avait mérité le nom de *Superbe*. Peu vous importe, n'est-il pas vrai, Madame, ses différentes vicissitudes, ses luttes avec Venise pour la suprématie de l'Orient, ses querelles intestines des Guelfes et des Gibelins, ses diverses formes de gouvernement sous des comtes, des podestats, des capitani, des protecteurs ou des doges. Qui se souvient encore de tout cela? Mais vous connaissez ses dentelles, ses velours et ses soies; son orfèvrerie et ses filigranes d'or et d'argent ont une réputation universelle. La cité industrielle a éteint la ville des Doria, des Spinola et des Grimaldi; ce n'est plus que la nécropole de l'art. La matière a tué l'idée ! Toutefois, sans partager absolument l'avis de l'humoristique voyageur qui prétendait que ce qu'il y avait de plus pressé à faire en arrivant à Gênes était de s'enquérir des moyens les plus prompts pour la quitter, il faut avouer, cependant, qu'elle est fort triste à l'intérieur et répond peu à l'admirable aspect qu'elle présente au visiteur qui a choisi la voie de mer et voit se dresser devant ses yeux ses édifices disposés en hémicycle comme les gradins d'un vaste amphithéâtre, ses hautes collines lui formant une ceinture verdoyante parsemée de villas, dont la cime élevée est elle-même dominée par des forts à la hauteur des nuages.

A part les trois grandes artères continues qui la sillonnent, Gênes n'a que des rues longues, étroites, crénelées, sans soleil, aux croisées bardées de fer, qui feraient pâmer d'aise un antiquaire ou un romancier. Le moyen-âge y coule à pleins bords, et ce serait un théâtre à souhait pour y dérouler un drame de cape et d'épée. Mais notre temps était compté et nous avions hâte de visiter ces églises, ces palais splendides, miraculeux écrins de ces chefs-d'œuvre que l'art multipliait à ces heureuses époques où *Mat. Civitalli, le Sansarino, Luca Cambiaso, Guido Reni, C. Maratta, Jean de Bologne, Carlone, Guerchino, Teverone* fouillaient le marbre de ses statues de San-Lorenzo et de San-Stefano, peignaient les toiles de l'Annunziata et de San-Ambrogio, ou les fresques de ses palais Balbi et Doria.

Après avoir longtemps payé à toutes ces merveilles de marbre, de bronze et de toile le juste tribut d'admiration qui leur était dû et nous être suffisamment récriés sur cette capricieuse originalité que la fantaisie d'un cardinal traduisit en marbre rouge et qu'on nomme le palais Brignole, nous montons à l'*Acqua Sola*, promenade du soir où les Génoises au *mezzaro* blanc, retenu par un cercle d'or, viennent jouir de cette délicieuse vue panoramatique qui nous a si largement rétribué de nos fatigues.

Nous n'y vîmes qu'un régiment d'infanterie qui revenait de l'exercice musique en tête.

..... Tout a un terme ici-bas, Madame, même et surtout le plaisir de voir les soldats de S. M. italienne défiler au son d'une abominable musique. Quelle horrible cacophonie produisaient ces instruments! quelle douce chose qu'une discipline militaire qui permet de manœuvrer d'une façon si dégagée de toutes préoccupations d'ensemble! Heureux soldats! Malheureux dilettanti!...

Quelque douceur que nous offrit le séjour à terre, il a fallu s'y arracher pourtant. Le temps avait fui et nous avions oublié dans nos excursions la marche inflexible de l'*agile vieillard*. A cette heure, nous sommes réintégrés dans notre prison flottante, et nous attendons que la dernière barque venue de terre nous apporte les voyageurs qui, pendant notre descente, ont pris passage à notre bord.

CHAPITRE IV.

Le lecteur voit passer un peu de l'Orient. — Turquie, France et Angleterre. — Blasons et fourrures. — Les inséparables. — Crise intestine. — Générosité d'Albion. — Trop tard !...

..... Dieu est grand, Madame, et Mahomet n'est pas son prophète ! Parmi les nouveaux hôtes du *Montefalcone*, signalons un gros homme d'encolure épaisse, au nez busqué, à la moustache rébarbative, et vêtu de cet affreux costume du Nizam que la réforme de Mahmoud a substitué aux riches vêtements orientaux. Accroupi à la turque, sur un tapis bariolé, il aspire avec une régularité monotone la fumée d'un narghilé. Ses traits impassibles portent l'empreinte de cette placidité calme que le fatalisme musulman donne à ses adeptes.

Un commis voyageur français qui *fait les velours et les soies*, et un couple parisien, vrai type de ces bons bourgeois retirés des affaires et qui fleurissent vers les latitudes du Marais, ramènent violemment en arrière notre pensée un instant égarée et nous font songer malgré nous à la spirituelle création d'Henri Monnier, cet immortel M. Prudhomme.

Si les peuples sont pour nous des frères, à plus forte

raison un compatriote ; tel fut sans doute la pensée qui se fit jour dans l'esprit du couple en question, car quelques minutes de causerie nous rendirent les meilleurs amis du monde. Avec une franchise toute patriarcale et une confiance qui me toucha profondément, mes nouveaux amis m'apprirent que le mari se nommait Sylvain-Théophore Lebidoux, qu'il avait gagné quelque argent dans la pelleterie, qu'il était venu à Gênes pour y recueillir la succession d'un parent de sa femme née Gravot, et qu'ayant toujours caressé dès ses plus jeunes ans le rêve d'un voyage à l'étranger, il avait saisi avec empressement cette occasion de réaliser le projet le plus cher à son cœur. Ce fut avec une sympathie émue que je pris part aux angoisses qui assaillirent Mme Adolphine Lebidoux lorsque son mari lui communiqua cette fatale résolution. S'expatrier, aller affronter mille dangers inconnus où il laisserait sa fortune, peut-être sa vie, c'en était trop pour la pauvre femme ; épouse dévouée elle ne voulut point séparer sa destinée de celle de son mari et déclara qu'elle suivrait son *poulet chéri* jusqu'au bout du monde. La bonne dame n'avait jamais été plus loin que Bougival ; la transition était brusque de la rue du Sentier au pont du *Montefalcone*.

Madame Lebidoux est une petite femme ronde, grassouillette, aux gestes vifs et fréquents, à la parole abondante ; elle est évidemment l'oracle du ménage, et sa prépondérance paraît établie sans conteste.

« Peut-être qu'à vingt ans elle avait été belle ! »

Elle dut avoir quelque succès à l'époque de la publication de *La comtesse d'Egmont* par Mme Sophie Gay.

L'ancre est levée ; nous sortons du port. Quelques voiles blanches attardées se dirigent en toute hâte vers la Darse, qu'elles tentent de regagner avant la fermeture, puis la solitude se fait, les côtes s'effacent peu à peu dans la brume du soir ; la houle du large se fait sentir. Le Turc laisse échapper le bouquin d'ambre de ses lèvres où la nausée semble s'ébaucher, tandis que le commis-voyageur ravive avec frénésie le feu de son cigare, embrasé comme une torche. Mme Lebidoux pâlit ; son teint prend graduellement une teinte glauque inquiétante ; tout-à-coup elle s'affaisse demi-morte sur un rouleau de cordages aux pieds de l'Anglais. Celui-ci tire gravement un flacon du sac de voyage qu'il porte en sautoir, et le présentant à l'infortunée :

— Voôl vô ? dit-il.

Adolphine fait un geste désespéré ; porte convulsivement son mouchoir à la bouche... trop tard !..

— La nuit sera bonne pour Amphitrite, murmure le moderne Gaudissart. M. Lebidoux s'était prudemment éclipsé aux premières oscillations. Nous le retrouvâmes aux mains d'Angelo qui se disposait à lui entonner sa quatrième théière de liquide.

CHAPITRE V.

Paysage maritime. — L'auteur couche dans un tiroir. — Son profond mépris pour le rosoglio. — Abordage. — Combat acharné avec les naturels. — Victoire et diplomatie. — L'auteur prend à partie les cantonniers italiens. — Rétablissement de la torture. — Mauvaise plaisanterie de l'Arno. — Pise. — Le Dôme. — Le Campanile. — Le Campo Santo. — Le Baptistère. — Un gros bedeau réveille un petit écho. — Le triomphe de la mort. — *Tempus edax rerum.*

Le jour nous chasse des tiroirs qui nous servent de lits. La mer est d'un bleu dur, intense, cru, qui pâlit celui du ciel; quelques marsouins jouent dans le sillage du vaisseau, tantôt le devançant dans leurs ébats rapides, tantôt le poursuivant, bondissant puis revenant à la proue où ils s'enfoncent et disparaissent. Vers dix heures l'eau verdit au voisinage de la terre; nous approchons de Livourne; quelques tours d'hélice encore, et notre bâtiment s'engage dans l'étroit canal qui met la mer en communication avec le bassin intérieur, la Darsena.

Comme Livourne n'a pour elle que son active industrie, ses chantiers de construction, ses fabriques d'objets en corail et son rosoglio ne pouvaient lui constituer des titres assez sérieux à notre admiration pour nous déterminer à y faire un séjour quelconque. Aussi notre premier soin a-t-il été, après être parvenus à nous débarrasser de toute cette canaille bariolée qui nous entoura aussitôt, comme une proie longtemps convoitée, hurlant, glapissant, jargonnant dans tous les idiomes, nous tiraillant à droite, à gauche, se battant sur nous, à travers nous et à cause de nous, se démenant comme des possédés au risque de nous écarteler, — chose qui paraissait, au reste, leur causer fort peu de soucis, — notre premier soin, dis-je, fut de nous mettre à la recherche d'une voiture qui pût nous conduire à Pise et nous en ramener assez à temps pour le départ du paquebot.

La chose fut difficile d'abord; on nous demandait des prix exagérés.

— Je connais ces brigands-là, nous dit le voyageur de commerce; laissez-moi faire.

Nous lui donnâmes pleins pouvoirs. Les prix débattus et acceptés, chacun se casa du mieux qu'il put et notre équipage s'ébranla à une allure qui nous fit craindre de n'arriver que le lendemain.

— *Avanti, avanti, birbone, pronto!* criait le chef de l'expédition à notre *velturino*, jeune drôle à la figure insolente et narquoise. Celui-ci ne répondait à cette invitation que par ce son guttural dont les cochers italiens se servent pour encourager leurs chevaux, le fouet sifflait dans l'air, sa lanière décrivait une courbe savante, mais n'enveloppait que le brancard. A partir de ce moment jusqu'à notre arrivée, nous cessâmes de compter au rang des créatures intelligentes; nous n'étions plus que sa chose à lui, des colis moins précieux de beaucoup que ceux qui sont étiquetés : *Fragile.*

Dieu vous garde, Madame, et garde nos amis de la voie de terre de Livourne à Pise et des cubes de pierre que l'édilité locale y laisse si complaisamment séjourner. Notre véhicule y perdit une roue, nos personnes en rapportèrent de nombreuses contusions. Nous arrivâmes enfin, mais moulus, disloqués, brisés. Après Charybde, Scylla. Nous vîmes nous échouer dans cette caverne qui s'intitule orgueilleusement la *Trattoria di Nettuno.*

De la campagne, je ne vous en dirai rien; on admire mal à l'aise sur un chevalet de torture. Il me souvient toutefois d'avoir vu de grands bois de pins d'Italie dont le large dôme verdoyait sous un soleil aveuglant, puis çà et là quelques *cascines* éparses, et, dans une herbe grise d'innombrables troupeaux de moutons; à l'horizon la chaîne des monts Pisans détachait ses contreforts des Apennins. Je me tais sur l'Arno, qui,

..... Roulant ses eaux bleues
A vingt lieues,
Semble un transparent miroir.

Nous le retrouverons à Florence, et nous profiterons de cette occasion pour régler avec lui et ses pareils un vieux compte poétique.

Pise — que les Italiens appellent *Pisa morta* — est, comme l'indique ce surnom, une ville à peu près déserte. Aussi peut-on la visiter rapidement. La seule chose qui soit véritablement digne de l'attention de l'étranger est cette place unique où sont si curieusement groupés ces quatre chefs-d'œuvre qu'on nomme le *Dôme*, le *Baptistère*, le *Campo Santo*, et la *Tour penchée*, du haut de laquelle Galilée fit ses expériences sur la pesanteur.

Le Dôme ou cathédrale est une œuvre remarquable dans l'histoire de l'architecture italienne au XIe siècle. Son style, vous le connaissez, la photographie l'a popularisé. Jean de Bologne dessina ses portes et fondit le magnifique crucifix de bronze qu'on y admire; Andrea del Sarto peignit l'abside que Jacopo Turrita décora de ses merveilleuses mosaïques. C'est auprès de la porte orientale que s'élève le fameux bénitier de marbre blanc soutenu par les quatre évangélistes et que les *ciceroni* attribuent faussement à Jean de Pise, car le monument n'a conservé de l'œuvre du maître qu'un fragment de la chaire primitive. Dans le chœur du maître-autel se balance la grande lampe de bronze, qui, par ses oscillations, mit, dit-on, Galilée sur la voie de la théorie du pendule.

Le Campanile ou Tour penchée est de forme cylindrique, bâti de marbre blanc, et s'élève à une hauteur de huit étages de deux cent sept colonnades superposées. Son inclinaison, qui est de 4 mètres à l'extérieur, est-elle un caprice architectural de Bonnano de Pise et de Guillaume d'Innsbruck qui l'élevèrent? on l'ignore; est-ce un résultat naturel de l'affaissement du sol qui aurait cédé lorsque la tour était déjà en construction? on le croit, et c'est l'opinion la plus généralement accréditée. Quoi qu'il en soit, ce n'en est pas moins une merveilleuse curiosité, et les sept cloches qui la garnissent et qu'on sonne chaque jour à toute volée n'en confirment que plus la parfaite solidité.

Le Baptistère est, comme les deux édifices précédents, bâti en marbre blanc. D'assez belles incrustations décorent son bassin intérieur et octogonal; le morceau capital est la chaire, de Nicolas de Pise, qui reste comme un des monuments les plus précieux de l'art au moyen-âge.

Les voyageurs curieux de réveiller l'écho qui dort sous la coupole entendront un des plus jolis effets d'acoustique qu'il soit possible d'ouïr; je n'ai retrouvé le pareil qu'à Naples, dans la bibliothèque du Musée, où j'ai compté jusqu'à trente-deux répercussions du son.

Nous avons gardé pour la dernière notre visite au Campo-Santo, cette splendide création de Jean de Pise, qui en fut l'architecte et le sculpteur.

Le Campo-Santo, vous ne l'ignorez pas, Madame, est une sorte de panthéon que les Pisans conçurent un jour l'idée d'élever à la mémoire de leurs grands hommes. Sa forme est celle d'un carré long ; l'intérieur est une cour environnée de portiques, qui s'ouvrent sur elle par soixante-quatre arcades à jour et lui donnent merveilleusement l'air du cloître d'un de nos anciens monastères. Les murailles sont recouvertes des fresques des vieux maîtres du moyen-âge et de la Renaissance, parmi lesquelles on remarque entre toutes la fameuse peinture d'Orcagna, *le Triomphe de la mort*. Mais, hélas ! Madame, beaucoup de ces fresques sont altérées par les ans ; quelques-unes ont presque entièrement disparu ; l'humidité ronge et envahit les murs ; le temps fait là, comme partout, son œuvre impitoyable et poursuit de ses ravages le pinceau laborieux et patient de Gozzoli, qui consacra, dit-on, seize années à reproduire les principales scènes de l'Ancien et du Nouveau-Testament, et celui de Pietro Laurenzetti, qui fit revivre les figures ascétiques et les corps émaciés des Pères du désert. — Que restera-t-il dans quelques années, bientôt, peut-être, de ces fresques magistrales où grimacent, se tordent et se convulsent les damnés de Bern. Orcagna?... ce qui reste de la poudre des sarcophages rangés sous ses portiques.

CHAPITRE VI.

Voituriers et voyageurs. — Jurons assortis. — Le voyageur voue l'hôtel de *Nettuno* à la malédiction des touristes. — Un proverbe anglais. — Drame effroyable. — Un touriste assassin. — L'auteur se fait agent de police. — Bel exemple de la modération des Pisans. — A tout pécheur miséricorde. — L'auteur monte en dignités.

Nous avions eu pas mal de difficultés pour arriver à Pise, Madame, mais ce fut bien autre chose encore pour en revenir. Au moment du départ, notre automédon nous objecta qu'ayant cassé une roue de sa voiture il ne pouvait se remettre en chemin dans cet état. Nous étions parfaitement de son avis; quatre roues ayant eu bien de la peine à nous tirer de cette gigantesque ornière que l'administration pisane décore si pompeusement du nom de route, qu'adviendrait-il de nos personnes, si durement secouées déjà, si nous ne pouvions l'affronter de nouveau qu'en tricycle? Nous avions donc besoin d'une autre voiture, mais il nous la fallait sur-le-champ. C'est ce que nous essayâmes de faire comprendre au vetturino et c'est précisément ce que le drôle n'avait garde de vouloir entendre; il émit la prétention insensée de ne repartir que le surlendemain, — ce laps de temps lui étant indispensable, assurait-il, pour faire arranger son carrosse,

— et l'idée non moins extravagante de nous faire payer à nouveau les frais de retour, que nous avions compris dans nos conventions au départ.

Cette exigence creusait tout un abîme entre nous. Gaspard, que ces coquineries exaspéraient au plus haut point, et dont la fierté native s'accommodait mal du rôle de dupe, traduisait d'une façon aussi énergique que bien sentie l'indignation qu'il éprouvait contre ces écumeurs de route. Depuis quelques instants déjà sa main tourmentait avec une impatience fiévreuse un jonc de voyage dont il avait fait son indispensable auxiliaire; il le couvrait parfois d'un regard de mauvais augure, et je voyais déjà une flamme de colère poindre et grandir dans l'œil du germain.

Je sentais qu'il allait saisir avec joie la moindre apparence de prétexte pour assommer ce drôle; mais la conversion du pécheur nous était en ce moment beaucoup plus utile que sa mort; je tâchai donc de calmer le légitime courroux de notre ami par la promesse d'une inévitable et prochaine revanche, et nous signifiâmes, en conséquence, au brigand en herbe qui nous avait conduits notre intention formelle de revenir, le jour même, à Livourne. Cet ordre fut le signal de l'orage et souleva un *tolle* général. Nos guides se lamentaient de voir leur proie leur échapper, et *Nettuno*, qui avait déjà supputé dans son esprit la dépense que nous ferions dans sa caverne, confondant la loi de grâce, la loi nouvelle et le paganisme tout ensemble, jurait par *le sang de la Madone, le corps de Bacchus et la cendre des patriarches* que notre projet était irréalisable de tous points ; que très-certainement il ne souffrirait pas que d'aussi dignes personnages que nous paraissions l'être s'exposassent de gaîté de cœur et à pareille heure aux dangers d'un voyage nocturne, et affirma que la tranquillité de sa conscience lui paraîtrait fort gravement compromise, s'il ne s'opposait point de toutes ses forces à ce départ. Nous essayâmes de calmer les craintes des uns, de rassurer les scrupules de l'autre, mais nous tînmes bon. Le piége était trop grossier, la mauvaise foi de tous ces gens-là, se soutenant comme larrons en foire, trop évidente pour ne pas nous engager à persister dans notre résolution. Un instant de faiblesse et nous devenions les nouvelles victimes de ce complot permanent ourdi à l'encontre des voyageurs que le démon de la curiosité séduit et entraîne vers l'inconnu. D'ailleurs notre temps était compté et c'était, pour nous surtout, le cas ou jamais de dire avec le proverbe anglais :

« *time is money.* »

La discussion durait depuis un moment déjà sans paraître devoir aboutir à un résultat satisfaisant, les propos s'échauffaient, dans cette langue sonore « où résonne le *si*, » mes compagnons de route ne savaient trop à quel saint se vouer sur cette terre où pourtant le martyrologe italien offre un choix non moins bien assorti que varié. Notre chef d'expédition perdait visiblement la tête, c'était peu ; mais il perdait aussi du terrain, c'était plus grave. Comprenant que nous ne sortirions de ce mauvais pas qu'en frappant un grand coup, je résolus, en conséquence, de quitter mon rôle modeste d'historiographe, pour entrer dans la sphère plus active et plus énergique du commandement.

Vous allez sans doute me dire, Madame, que le bon droit étant incontestablement de notre côté, mieux eût valu, de beaucoup, faire régler notre différend par la police. La police à Pise !... Ah ! que vous connaissez peu les Pisans, Madame ! chose dont, entre nous, je vous félicite fort. Mais la police y est un mythe introuvable ! C'est le *rara avis* de leurs ancêtres. On sait bien, vaguement... qu'il existe de par le royaume une institution semblable, mais oncques ne la vit jamais. Dès qu'il fut question d'y avoir recours, cette tentative puérile fit sourire nos adversaires ; personne ne savait, ne pouvait ou ne voulait nous indiquer la demeure du plus simple représentant de cette ingénieuse fiction.

Gaspard, que l'indignation gagnait de plus en plus, saisit enfin un de ces drôles au collet, et, le secouant à la façon dont le chat secoue la souris :

— Marge, misséraple ! marge ; gonduis-moi à la polizia, ou pien che de gasse la dêde gomme ein bruneau.

L'indigène, effrayé, comprit d'instinct ce qu'on

attendait de lui, et, sentant l'inutilité de la résistance, subjugué, tenu à bout de bras par son vainqueur, finit par le guider jusqu'au bureau de police le plus voisin :

Gaspard, revient au bout d'un quart d'heure, l'œil brillant de colère et le visage bouleversé :

— Z'est ein das te misséraples ! tus ! tus !...

— Mais, l'agent de police ? interrompîmes-nous, où est-il ? vient-il ?.....

— L'achent est ein misséraple, auzi ; nus nus zomes vachés !... il ne fientra bas, ajouta-t-il d'un air sombre.

— Pourquoi ?

— Il écrévé !...

L'inattendu de cette brusque réponse nous glaça d'effroi. La stupeur se peignit sur nos visages, dont l'expression d'abattement parut redonner quelque audace à notre auditoire. Chez Gaspard, nous le savions, l'action suivait de près la parole, et nous sentions déjà peser sur nos têtes une terrible accusation d'homicide.

Il est des circonstances, Madame, où l'on vit des siècles dans une minute. Celle qui suivit le mot de Gaspard fut de ce nombre, et je ne sais comment vous rendre les sentiments divers dont nous fûmes assaillis aussitôt.

Mort ! murmurions-nous au comble de l'ahurissement. Comment cela s'est-il passé ?... Quel terrible outrage a donc pu vous porter à commettre un crime aussi abominable?...

Nous voici arrivés, Madame, à un évènement bien lugubre : un agent de police mort!... d'inoffensifs touristes, assassins!... et vous allez m'accuser peut-être de vouloir sacrifier à mon tour au faux goût moderne. Ne vous hâtez pas de nous juger.

Gaspard, lui, s'était remis peu à peu de son émoi passager et fixait maintenant sur nous ses yeux gris faïence où se peignait un étonnement voisin de la stupidité.

— Mais saperment tarteufel! gué tiaple, fus tefenez fus, ché banse; gue barlez-fus te mort, gui est mort?.....

— Mais ce malheureux commissaire. Ne dites-vous pas qu'il ne viendra pas... parce qu'il est *crevé*, ajoutez-vous.

— Il est crevé, il est crevé... foui, il est crevé... mais bas gomme mort. Il écrevé afec son ploume.

Et son geste, nous traduisant l'action d'un homme qui écrit ·

—Il ne feut bas se terrancher bur nus, et ne fiendra bas.

Le quiproquo s'éclaircissait; quoique tardive cette explication nous soulagea d'un poids immense et terrible; mais, nos actions de grâce rendues à la Providence, nous n'en restions pas moins dans une situation assez épineuse. N'ayant désormais de secours à attendre ici-bas que de nos propres forces, il fallait donc agir par nous-mêmes et nous aider, si nous voulions que le ciel nous vînt en aide à son tour.

Peu à peu, cependant, la foule s'était amassée autour de nous; notre vetturino sentait s'en accroître son insolence. Malheureusement pour lui, sa faconde était grande et ma patience courte, — oh! très-courte, je l'avoue humblement; — aussi, ne tarda-t-il pas à en dépasser les étroites limites. Le cas était urgent, notre dignité engagée exigeait une prompte répression; elle ne se fit pas attendre, et l'injure commencée s'arrêta sur les lèvres du facchino. Je saisis mon homme, et, le gourmant d'importance, je le traînai à ma remorque jusqu'à la place où il nous avait débarqué, lui intimant, pour la dernière fois, l'ordre formel d'avoir à se procurer, sans délai, une autre voiture, quelque introuvable qu'elle pût être dans cette trop hospitalière cité; sinon... Le geste qui compléta ma phrase était le plus clair de tous les commentaires; il devait être compris, il le fut.

Rendons cette justice à Paolo, — c'est le nom de ce digne garçon, — il n'essaya même pas de se soustraire à l'étau qui l'emprisonnait, et quoique ses compatriotes fussent nombreux autour de notre petite troupe, qui m'entourait en bon ordre, nulle tentative ne fut faite pour la délivrance du prisonnier. La paix ne fut point autrement troublée dans la bonne ville de Pise, où les sujets de S. M. donnèrent, en cette circonstance, un mémorable exemple de leur humeur pacifique et de leur prudente modération. La justice triomphait; en dépit de la célèbre maxime allemande, la force était venue en aide au droit. Vingt minutes après nous roulions à toute vitesse, emportés par deux petits chevaux endiablés.

Paolo s'était surpassé; à cette heure il était transfiguré; nulle ombre fâcheuse ne ternissait plus la douce joie qui paraissait illuminer son visage, et ce fut avec une satisfaction visible qu'il nous jeta, colis vivants, aux pieds des quatre esclaves de bronze qui ornent le piédestal de la statue de Ferdinand Ier. A son insolence nous avions répondu par des gourmades; à son empressement, quelque tardif qu'il fût, nous répondîmes par un talaro de *bonne main* (cinq francs environ) : le succès, vous le voyez, nous avait rendus miséricordieux. Paolo baisa dévotieusement sa pièce de monnaie, et, s'inclinant jusqu'à terre, souhaita toutes les prospérités possibles à *Son Excellence.* — Ne cherchez pas, Madame, l'Excellence c'était moi. La correction avait produit son effet habituel; si je l'avais poussée jusqu'à la bastonnade, je serais Altesse aujourd'hui. Nous descendîmes à temps dans le *vieux port d'Hercule* pour prendre le dernier canot qui poussait de terre. Nous allions passer notre dernière nuit à bord du *Montefalcone.*

CHAPITRE VII.

Voleurs et volés. — Bourrasque. — Souvenirs rétrospectfs. — Louable résolution de l'auteur. — Il entend un bruit lugubre et inexplicable. — Héroïsme conjugal. — Un anglais qui n'aime pas le poulet. — Une chute en amène une autre. — L'auteur cherche noise aux poètes et redresse une de leurs erreurs.

Je ne sais, Madame, si l'antique dieu de la mer a réellement pris sous sa protection immédiate la *trattoria* pisane qui l'a choisi pour patron. Je le regretterais vivement pour ce souverain maritime, la jeune renommée de la filleule ne me paraissant pas de nature à jeter un très-grand lustre sur son mythologique parrain. Toutefois, je serais tenté de croire que l'époux d'Amphitrite nous gardait quelque rancune du matin, car ses procédés nous rendirent la traversée le plus désagréable possible. Les turbulents sujets de son neveu Eole se mirent de la partie, et, soufflant avec rage, secondèrent de leur mieux la colère du monarque irrité. Ce fut une vraie scène de famille, qui, pour se jouer sous nos pieds, ne nous en fit pas moins ressentir ses orageux contre-coups.

A minuit il était devenu presque impossible de conserver un fanal allumé à bord. Le *vent debout* nous procurait un mouvement de tangage à coucher un équilibriste. Les vagues se succédaient hautes, effrayantes, rapides; le bâtiment s'élançait sur leurs crêtes et retombait avec fracas dans l'abîme qui se creusait à leur base. Pendant que l'hélice jouait avec un bruit effroyable, les meubles, de leur côté, se livraient à une sarabande effrénée au milieu de la chambre, s'entrechoquaient lourdement dans leur chute et mêlaient le craquement de leurs ais disjoints au cliquetis des verres et de la poterie qui se trémoussaient dans leurs dressoirs à roulis.

Vous comprenez facilement, Madame, dans quel piteux état devaient se trouver ceux de nos passagers que l'habitude n'avait pas encore familiarisés avec de semblables épreuves. Quelques-uns, se croyant sûrement arrivés à leur dernière heure, égrenaient, d'une voix saccadée par la nausée, le long rosaire de l'Etoile de la mer; d'autres, non moins alarmés mais plus sceptiques sans doute, se préparaient en silence, comme le gladiateur antique, à tomber avec grâce, pendant que leurs voisins, moins alarmés et jugeant avec raison la situation moins critique, se contentaient, couchés à plat sur le tillac, de jeter un regard farouche et tout mouillé des larmes de leurs efforts convulsifs, sur cette vaste pleine mouvante si profondément troublée par un pouvoir mystérieux. C'est un merveilleux spectacle, je vous l'assure, Madame, que cette lutte du génie de l'homme aux prises avec un élément révolté!

Tout se taisait à bord du *Montefalcone*; seul le sifflet du commandement mêlait parfois ses notes aiguës à la grande voix de la tempête. Enveloppé dans ce vêtement que les marins nomment un *nôroua*, je regardais, accroché aux bastingages, sans pouvoir détacher mes yeux de cet émouvant tableau. Par quel phénomène psychologique, en présence de cette nature bouleversée, de ce tumulte des vents et des flots, mon esprit se reporta-t-il tout à coup aux scènes les plus paisibles de mon enfance, je l'ignore; mais je vis passer, comme dans un rêve charmant, l'ineffable vision de tous ces êtres chéris de mon cœur et dont l'inquiète sollicitude avait si tendrement guidé ou accompagné mes premiers pas dans la vie. Je serais resté longtemps sans doute plongé dans ces souvenirs d'un passé, bien loin hélas! aujourd'hui, si un *paquet de lames* ne fût venu s'abattre sur le pont et me rappeler, par cette douche glacée, au sentiment de la réalité. Décidément la place n'était plus tenable, et notre présence ne pouvait que gêner la manœuvre ou nous exposer à recevoir quelque poulie sur la tête; cette double éventualité me décida à regagner ma cabine.

J'avais déjà descendu quelques marches de l'escalier intérieur lorsqu'il me sembla entendre comme un appel de détresse; je m'arrêtai subitement et écoutai. rien... que le mugissement de la vague et le sifflement du vent dans les cordages. Je me disposais à continuer ma descente, quand le même son vint de nouveau frapper mon oreille ; le bruit semblait sortir des profondeurs du navire, mais si faible, si confus, que je me crus une seconde fois dupe d'une illusion. Arrivé à la dernière marche, le bruit se fit plus distinct, et je pus reconnaître alors l'accent d'une voix humaine qui, d'un ton lamentable, implorait un secours urgent.

— Par pitié ! venez à mon aide, gémissait l'infortuné possesseur de cet organe.

— Mon mari ! mon mari ! s'exclama Mme Lebidoux, qui venait de reconnaître cette voix.

— Où est-il ce poulet chéri ? Que lui est-il donc arrivé ? Il est peut-être tombé à la mer !... O Dieu !... Capitaine ! Capitaine ! au secours ! faites arrêter le bâtiment ! Mon poulet chéri se noie ; je veux !... à moi.....

La pauvre femme tenta un effort héroïque pour se précipiter vers l'endroit où elle avait cru entendre la voix de son mari, mais un coup de tangage la rejeta violemment sur le plancher. Angelo et moi la couchâmes délicatement sur un divan et je me mis aussitôt à la recherche du possesseur de l'organe en détresse.

L'anglais avait assisté avec l'impassibilité d'un fakir indien à cette scène de désespoir conjugal. Sans se départir de son flegme habituel, il sortit une seconde fois de son fameux sac de voyage l'inévitable flacon et le débouchant sous le nez de la tendre Adolphine, à moitié évanouie.

— Voôl vô ?

Le réactif opéra. Mme Lebidoux ouvrit un œil languissant et contusionné. Sa première pensée, en reprenant ses sens, fut pour son poulet. Où est-il, demanda-t-elle? L'a-t-on sauvé? Mylord, savez-vous où est mon poulet? Je l'aime tant!

Le brave insulaire crut qu'il s'agissait, sans doute, d'un membre intéressant de la famille des gallinacés, car il parut ne compâtir que fort médiocrement aux douleurs de sa voisine. Cependant, comme en semblable conjoncture une aussi grande affliction à l'égard d'un bipède emplumé paraissait toucher à l'*excentricity* la plus prononcée, ce fut du ton gracieux d'un homme dont on a touché la corde sensible qu'il répondit :

— Moà nô! je ne émé pas lé pôolet, ditout. Ce été oun vilain bête.

— Sainte Vierge, quelle horreur! s'écria l'épouse tout en larmes, indignée d'une aussi profonde insensibilité.

— Yes, c'été oun grand horreur por moà; je préféré boôcôp lé rostbeef; il été meilleur pôr lé pôatrine.

Cette réponse, qui chez un insulaire moins abusé eût dénoté évidemment un estomac meilleur que le cœur, allait, sans doute, valoir à son auteur un débordement de justes récriminations et d'amères invectives, lorsque Adolphine se leva brusquement, tout-à-coup, comme mue par un ressort intérieur, et vint tomber palpitante et éplorée dans les bras de M. Lebidoux qui faisait son apparition dans le salon, soutenu par un matelot auquel il se cramponnait de toutes ses forces. Le marin, déjà fort empêtré de son fardeau, et ayant lui-même toutes les peines du monde à se maintenir en équilibre sur ce plancher mouvant, ne put résister au choc non moins impétueux qu'imprévu de la bonne dame ; il tomba lourdement, entraînant dans sa chute le couple enlacé et désormais réuni. L'enfant de la mer fut promptement debout, mais l'opération fut plus longue et plus difficile pour M. et Mme Lebidoux qui ne voulaient consentir ni l'un ni l'autre à se quitter, quelque momentanée que dût être leur séparation. Nous parvînmes cependant, à l'aide d'un ingénieux procédé, non pas à les remettre sur leurs jambes, mais à les coucher plus mollement.

Pendant qu'ils goûtent, sinon un sommeil réparateur, du moins quelques instants d'un repos laborieusement acheté, racontons l'incident grotesque qui fut la source de leurs tribulations. Aussi bien nous n'avons rien de mieux à faire, car nous ne serons à Civitta-Vecchia que vers les trois heures du soir... et jusque-là, rien qui puisse reposer la vue ; du ciel et de l'eau, voilà tout.

« Toujours des flots sans fin par des flots repoussés.
« L'œil ne voit que des flots dans l'abîme entassés,
« Rouler sous des vagues profondes..... »

Ouvrons ici une parenthèse, Madame, et demandons

à messieurs les poètes pourquoi ils nous parlent si volontiers de l'immensité de la mer et en font, à tout propos, l'image de l'infini, lorsque, en réalité, la vue au large ne peut embrasser qu'un cercle de deux ou trois lieues d'étendue tout au plus. A terre, du haut de la moindre taupinière, l'œil découvre maintes fois un horizon bien autrement vaste. Je devais à ma conscience de touriste de consigner cette simple observation. Cet hommage rendu à la vérité, en dépit de la fiction poétique, fermons la parenthèse et passons.

CHAPITRE VIII.

Imprudente promesse de l'auteur. — Souffrance et misanthropie. — Situation lamentable. — Cas épineux. — Amer désespoir. — Une étoile dans la nuit. — L'ange sauveur.

Je crains bien, Madame, de vous avoir fait une promesse imprudente en prenant l'engagement de vous raconter l'origine de l'incident Lebidoux. Dès le début, je me sens arrêté par une difficulté presque insurmontable. Encore si j'avais la ressource de pouvoir vous le narrer dans cette admirable langue qui, selon Boileau, a le privilège de tout braver !..... Mais non. Je reste, en vérité, fort perplexe et ne puis imaginer un moyen de dégager honnêtement ma parole. La plume de notre spirituel ami, qui a conté tant de choses inénarrables, pourrait seule, Madame, avec sa verve inimitable, vous dire d'où partait la voix de M. Lebidoux et pourquoi M. Lebidoux appelait à son aide, dans un lieu et dans un moment où l'on n'a, d'habitude, en général, besoin de personne. Car enfin, il faut bien l'avouer, M. Lebidoux faisait un déplorable abus de toutes sortes de boissons pour combattre le mal de mer. Aussi la tempête extérieure, réagissant sur l'appareil gastrique du digne marchand de pelleteries, y avait-elle soulevé une tempête intérieure dont l'infortuné subissait les effets désastreux et incessants. Rien ne porte à la misanthropie, Madame, comme cette affreuse torture qu'on nomme le mal de mer. Fuyant en toute hâte la société de ses semblables, M. Lebidoux s'était dirigé avec un empressement marqué vers un étroit réduit dissimulé par d'élégantes boiseries et situé sous la cage de l'escalier de tribord, réduit assez obscur, il est vrai, quoique éclairé par un *hublot* en corne, mais qu'un ingénieux mécanisme mettait en communication directe avec la mer. Il s'y installa donc le plus commodément possible... et attendit que sa misanthropie se fût dissipée. Quand l'orage qui grondait sourdement en lui se fut apaisé et eut ramené le calme dans ses esprits, il se disposa à remonter à la lumière et à socier, comme avant son accès, avec ses compagnons de souffrance. Mais, pour ce faire, l'état de sa toilette, qui pouvait, à la rigueur, lui suffire dans la solitude, nécessitait d'impérieuses modifications. Il tenta donc de procéder à cette opération délicate, mais il s'aperçut bientôt avec terreur qu'il fallait renoncer à cette idée judicieuse. L'usage absolu de ses deux mains lui était indispensable et le malheureux n'avait pas trop de ce double appui pour se maintenir à peu près debout sur une base qui ouvrait à chaque seconde les angles les plus désordonnés. Vingt fois ses efforts se renouvelèrent sans amener de résultat appréciable.

A bout de forces et d'espérances, l'infortuné Lebidoux s'affaissa sur son siége, morne, découragé, et n'attendit plus rien que de la miséricorde divine. Ce fut dans cette triste situation que s'écoulèrent pour lui les heures froides et séculaires de l'attente. Parfois il essayait bien un cri d'appel, mais le cri se perdait dans les profondeurs de l'abîme ou s'envolait sur les ailes bruyantes de la rafale.

C'est un de ces cris qui vint, par hasard, frapper mon oreille et attirer mon attention. Au moment où j'allais lui porter le secours et la délivrance si anxieusement attendus, Dieu venait de le prendre en pitié et avait commandé à l'un de ses anges de le retirer de cette nouvelle fosse aux lions. L'ange libérateur s'appelait Ruscelli et remplissait, pour le moment, les fonctions terrestres d'aide cuisinier à bord du *Montefalcone*. Ce fut lui qui le tira de cette position épineuse et qui, après avoir été aussitôt promu par Lebidoux aux fonctions de valet de chambre, se vit, immédiatement après, investi par lui de l'honorable mission de le convoyer jusqu'au salon.

Vous savez, Madame, l'accueil qu'il y reçut et comment ledit Ruscelli, après avoir passé en quelques minutes par trois positions bien diverses, termina, malgré lui, il est vrai, par la position horizontale.

CHAPITRE IX.

Sérénité. — Triomphe d'un coq. — Civitta-Vecchia. — L'auteur fait un pendant aux tableaux de M. Dubuffe : *Souvenirs et Regrets*. — Valises et douaniers. — L'auteur est soupçonné de vouloir s'emparer de Rome pour le compte du roi de Sardaigne. — Ce qu'on fait à Civitta-Vecchia. — Agro romano. — La sorcière de Cawdor. — Où il est question d'Horace à propos d'un ruban jaune. — *Ave Roma!*

La bourrasque a cessé. Le vent s'égalise mais fraîchit toujours quelque peu ; la brise est devenue plus *maniable*; on lui livre les voiles de foc et de misaine qui accélèrent de quelques nœuds notre marche contrariée par le mauvais temps. La mer, encore émue de sa récente colère, se calme par degrés ; son sein frémit et se soulève comme une poitrine humaine, où grondent, en s'affaiblissant, les derniers spasmes d'une violente agitation. Les terreurs nocturnes se sont évanouies aux premiers rayons du soleil ; un sommeil bienfaisant adoucit les fatigues de quelques-uns de nos hôtes infortunés, et lorsque la cloche du bord pique midi, si les visages pâlis portent encore une légère empreinte des souffrances passées, l'œil le plus scrutateur ne pourrait cependant trouver dans leur formidable appétit la moindre trace de cette défaillance absolue qui avait si profondément creusé les estomacs.

Ce fut un moment solennel pour Angelo, qui n'avait pas dû se trouver souvent à pareille fête, que celui où quatorze bouches affamées depuis si longtemps proclamèrent, d'une voix unanime, la succulence de sa cuisine. La reconnaissance de l'appétit satisfait avait sans doute plus de part que la délicatesse du goût à la spontanéité de ce témoignage, mais qu'importe la qualité de l'encens à qui n'a pas l'habitude d'en respirer les enivrantes vapeurs !

Civitta-Vecchia s'offrit enfin à notre vue, découpant sur un fond lumineux les angles et les arêtes de ses bastions. La police et la *Santé* nous retinrent encore à bord pendant une heure que nécessita l'examen de nos passeports, après quoi nous reçûmes l'autorisation de débarquer.

Ce fut avec une joie non déguisée que la plupart de nos passagers foulèrent le *plancher des vaches*. Pour moi, vous le dirai-je, Madame, mon cœur se serra en quittant le *Montefálcone*, où je laissais des amitiés vraies, nées d'une sympathie mutuelle, et loin desquelles ma destinée vagabonde allait m'entraîner sans retour. C'était l'adieu à la mer, cette terrible enchanteresse, dont les caprices, les fureurs même ne peuvent vous faire oublier les caresses ; c'était l'adieu à cette série de luttes, d'émotions et de dangers dont se composait notre vie. A terre, qu'allais-je trouver en échange?..... Les mains se serrèrent dans une dernière étreinte et nous suivîmes nos bagages qui prenaient le chemin de la douane.

MM. les gabelous se livrèrent sur nos effets à une perquisition des plus minutieuses ; nos livres, nos journaux furent sévèrement examinés. Nos armes surtout paraissaient leur causer de vives inquiétudes ; cependant, nos papiers parfaitement en règle et nos qualités reconnues nous mettant à l'abri de toute suspicion, ils consentirent à nous laisser partir. La ville n'offrant nul appât à notre curiosité, nous avons aussitôt usé de la permission pour prendre le chemin de Rome.

Jusqu'aux portes de la Ville Éternelle, la campagne n'offre qu'un aspect monotone, presque désert. A droite, la route longe le bord de la mer, tandis qu'à gauche s'étendent de vastes prairies couvertes d'une herbe grise et rare ; çà et là, des flaques d'eau où ruminent accroupis de grands buffles au pelage noirâtre, qui nous suivent d'un long regard, plutôt étonné que farouche. Plus loin, des chevaux errent en liberté dans ce steppe italien, à côté d'innombrables troupeaux de moutons sous la garde d'un berger à cheval. Des collines d'oliviers bornent la vue à l'arrière plan. Sur leur feuillage d'un vert pâle éclatent violemment les fleurs d'or de quelques touffes de genêts sauvages dont le jaune intense vient, de loin en loin, rompre la sécheresse du ton général.

A Rio-Fiume, un groupe de maisons crépies à la

chaux ; à quelque distance, un bouquet de bois de pins sert de campement provisoire à une tribu de zingari. Quelles figures ! quels oripeaux ! Je me rappelle une vieille, au teint de cuir de Cordoue, cuisinant, comme la sorcière de Macbeth dans les fougères de Dunsinane, une chose sans nom dans un instrument de forme bizarre, pendant qu'un jeune garçon aux cheveux ébouriffés avivait avec sa bouche le feu de quelques menus branchages.

Nous passons ; le paysage retombe dans sa monotonie jusqu'à Santa-Severa. Un ruban brillant se déploie tout à coup à nos yeux, c'est le Tibre. Comme au temps d'Horace, il roule encore ses eaux jaunes et troubles.

« *Vidimus flavum Tiberim.* »

A l'horizon s'élève dans un lointain bleuâtre le dôme de la basilique Saint-Paul.

Rome, salut !

ROME

CHAPITRE I.

Profession de foi. — Nouvelle méthode d'exploration. — Le moine et la tirelire. — Pluie de bénédictions. — L'auteur érige en vertu un des sept péchés capitaux. — Une neuvième béatitude. — L'auteur pouvant se faire des ennemis en Italie, n'a garde d'en négliger l'occasion. — Le fil d'Ariane. — Modestie de l'auteur. — Le Panthéon. — Raphaël. — Pléthore de gloire. — Les grands hommes déménagent. — L'auteur s'oublie jusqu'à parler latin.

J'ai la conscience, Madame, de n'avoir jamais été un classique bien forcené ; il ne me souvient pas, non plus, d'avoir poussé jusqu'au fanatisme la moindre de mes idées religieuses ; et pourtant, je vous l'avouerai, ces quatre lettres que notre conducteur nous jeta avec l'indifférence de l'habitude, suffirent à me remuer profondément. Une indicible émotion s'empara de moi, mon cœur battit avec force et se remplit d'appréhensions. C'est qu'il est de ces mots magiques, Madame, dont l'irrésistible pouvoir fait toujours vibrer une corde chez le bourgeois le plus prosaïque, chez l'être le plus étranger aux sublimes conceptions de l'art. C'est qu'ils ramènent inévitablement sous nos yeux le cortège des souvenirs qui ont bercé notre enfance. A cette heure ils se pressaient en foule dans ma mémoire, faisant revivre pour moi ces immortelles figures, qui ne m'étaient apparues jusque-là, il faut bien le dire, qu'environnées d'une auréole de *pensums* et de *retenues.*

Cette antiquité, dont on avait essayé d'imbiber l'enfant jusqu'à la moëlle, que réservait-elle à l'homme fait? Ce sphinx que j'allais interroger, que me répondrait-il? Cette terre si longtemps entrevue à travers le brouillard poétique de mes rêves, garderait-elle sous le coup-d'œil du voyageur l'aspect fortuné dont l'avaient parée mes vingt ans? N'allais-je pas, au contraire, me heurter à la plus désolante réalité?

Pendant que mon esprit flottait incertain au milieu de ce courant d'idées, nous franchissions la *porta Maggiore*. La nuit était venue, la *Minerva* nous offrit son toit hospitalier, et nous ajournâmes au lendemain notre première excursion dans la ville des Césars.

Il y a plusieurs manières de parcourir une ville, Madame, mais il en est une, surtout, que j'affectionne particulièrement et que je recommande aux touristes amateurs de l'imprévu comme une source de ces mille petites jouissances qui viennent si heureusement accidenter la vie nomade. C'est celle qui consiste à partir seul, à pied, et à se jeter, au hasard des aventures, dans la première rue qui s'ouvre devant soi, insoucieux de tout itinéraire, flânant par ci par là, au milieu de ce dédale de voies inconnues où l'on ne se retrouve qu'au moyen de ses remarques particulières. Quelle joie de *découvrir* un monument sans l'aide d'aucun cicerone et de lui assigner son vrai nom ! L'explorateur qui relève une terre inconnue jusqu'alors n'éprouve pas assurément une satisfaction plus complète, une fierté plus légitime.

J'allais franchir le seuil de l'hôtel, fidèle à ce mode de pérégrination, lorsqu'un bruit de monnaie agitée dans une *tirelire* de ferblanc, me fit aussitôt retourner la tête du côté du bruit. C'était la Rome mendiante qui venait à moi, dans la personne d'un gros capucin joufflu. Son froc graisseux, sa ceinture de corde, ses pieds nus et sales témoignaient assurément d'un profond détachement des biens d'ici-bas, mais indiquaient aussi que parmi les vertus pratiquées sans doute par le pieux disciple de saint François, la propreté, même la plus élémentaire, ne semblait occuper qu'un rang bien secondaire dans l'échelle de ses préoccupations. Au physique, un embonpoint précoce, des mains grassouillettes, lui donnaient cet air de prospérité tout à fait réjouissant qui faisait dire au fabuliste :

« Dieu prodigue ses biens
« A ceux qui font vœu d'être siens. »

Le moine s'inclina avec humilité devant moi et souhaita la bienvenue au *signor forestiere*, de la part *d'el divino Bambino l'illustrissimo signor Gesù* (sic), dont on allait célébrer la naissance dans quelques heures. Une avance partie de si haut me toucha profondément, Madame, et ne me fit que plus vivement sentir le poids de mon indignité. Aussi, je reçus comme il convenait l'envoyé du Dieu fait homme et glissai dans sa tirelire quelques baïoques, en retour desquelles le pieux messager me promit, au nom du divin *Bambino,* une rosée abondante de grâces et de bénédictions.

Il faut en prendre son parti, Madame, et s'armer de courage, car cet épisode se reproduit fréquemment ici. La mendicité sous toutes ses formes, à tous les degrés, voilà ce que nous allons désormais trouver à chaque pas; voilà la plaie vive de l'Italie, la lèpre contagieuse qui l'infeste, l'ulcère rongeur qu'elle laisse s'étaler impudemment à tous les yeux. Malheur au cœur pitoyable qui s'est laissé attendrir une fois; il est perdu si, selon l'expression du poëte, il ne revêt sa sensibilité d'une triple cuirasse d'airain. Un esprit charmant nous a laissé, dans quelques pages qui sont encore dans toutes les mémoires, le tableau comique et douloureux tout à la fois des désagréments sans nombre que lui suscita, en pareille occurrence, son imprudente générosité; je n'effleure donc ce triste sujet après lui que pour corroborer son récit d'un témoignage de plus et en constater la navrante exactitude.

Il me serait à peu près impossible aujourd'hui,

Madame, de vous dire par quelle rue s'ouvrit la série de mes explorations, peu — très-peu — de voies portant, comme chez nous, une désignation écrite. Il faut en quelque sorte l'instinct du *flâneur* émérité, instinct qui participe quelque peu du flair du chien de chasse, pour suivre du premier coup une bonne piste, au milieu de cet immense labyrinthe, sans l'aide de ce fil d'Ariane, dont le moindre bout coûte à l'étranger un *scudo* par jour. Dois-je attribuer à l'efficacité des prières du moine la bonne fortune qui m'accompagna pendant cette journée, je ne sais; toujours est-il qu'au bout d'environ trois cents pas je tombai en arrêt devant un monument que son portique et ses huit colonnes corinthiennes me firent véhémentement soupçonner de n'être autre que le Panthéon. Si quelques minutes d'examen avaient pu me laisser le moindre doute à cet égard, l'inscription gravée sur la frise aurait suffi pour le dissiper entièrement, et je pus saluer avec une joie sans mélange l'œuvre du gendre d'Auguste.

Décidément le ciel faisait bien les choses; j'avais *trouvé* pour mon début le plus parfait monument de la Rome antique.

Je n'écris pas un *Guide*, Madame, et n'éprouve nullement le besoin de vous répéter ce que tant d'autres ont dit avant moi et mieux que moi. Je renonce donc bien volontiers à placer ici quelques pages scientifiques sur l'origine de ce temple et sur les motifs qui déterminèrent Agrippa à l'élever, vingt-six ans avant le Christ, et à le dédier à *Jupiter Vengeur*. Je ne me dissimule pas que ma gloire future y perdra, mais vous y gagnerez, vous, Madame, une digression fastidieuse de moins et ce sera toujours autant d'arraché à vos ennuis, car je ne suppose pas que vous preniez un grand intérêt à savoir que je suis parvenu à concilier à son sujet les opinions divergentes de Dion et *tutti quanti*.

Nous allons donc sauter à pieds joints sur l'épisode de son incendie sous Titus et sous Trajan et sur celui de sa restauration par Adrien et ses successeurs. Je ne vous énumèrerai pas davantage les diverses phases de sa destinée ; vous saurez seulement que l'empereur Phocas le céda au pape Boniface IV, qui, pour le laver à tout jamais de la souillure de son origine païenne, le consacra aussitôt à la Vierge et aux martyrs, ce qui lui fit donner le nom de Sainte-Marie *ad martyres*, que cette église porte encore aujourd'hui.

C'est dans l'intérieur de ce temple vénérable que le divin génie d'*Urbino* voulut reposer ; il désigna la troisième chapelle, à gauche en entrant, comme devant lui servir de tombeau. Ses héritiers exaucèrent pieusement son dernier vœu et Lorenzetto, son disciple, sculpta la statue de la Vierge qui s'élève au-dessus de l'autel où gît l'immortel amant de la *Fornarina* ; c'est cette statue qui est connue sous le nom de la *Madona del Sasso*. Le plus illustre artiste de la Rome moderne dort son dernier sommeil sous la coupole du plus beau monument qui nous reste de la Rome ancienne.

Vers le xiv° siècle une congrégation d'artistes, peintres, sculpteurs, architectes, fut attachée à cette église. Je ne sais quel fut le promoteur de cette idée, mais s'il s'était proposé la diffusion de la célébrité, il a pu se féliciter de son succès. Chaque grand homme voulut y avoir sa sépulture et son buste. Ces derniers pullulèrent bientôt avec rapidité et le masque placide et bonasse de quelques-uns d'entre eux — parfaitement oubliés aujourd'hui — remplaça, mais avec moins d'avantages, les vieilles cariatides de bronze, de Diogène d'Athènes, que Pline admirait tant. Les mauvaises langues prétendirent qu'on se rabattait sur la quantité. Quoi qu'il en soit, l'encombrement devenait imminent; le vieux temple allait périr d'une pléthore de gloire. Pie VII y remédia. Il donna congé à tous ces pauvres vieux grands hommes et fonda pour eux un autre asile, la *Protomothèque*.

« *Sic transit gloria mundi.* »

Pardonnez-moi, Madame, de vous parler latin; mais ici l'on respire une atmosphère saturée d'antiquité, la contagion est dans l'air, partant, il est bien difficile de s'y soustraire. Le moyen, je vous le demande, de ne pas balbutier quelques mots de cette langue harmonieuse que parla Cicéron, dans laquelle chantèrent Horace et Virgile, aux lieux où ils ont vécu. On doit bien cette politesse à leurs mânes.

CHAPITRE II.

L'auteur manque absolument d'enthousiasme pour les moëllons et se montre irrévérencieux envers une montagne. — Les cruches et les antiquaires. — Pourquoi les cloches de trois cent quatre-vingt-neuf églises sonnaient à la fois. — Fleurs et fruits. — Torches et lampions. — Un flot humain.

Je vous ai tenue longtemps au Panthéon, Madame, et vous calculez déjà, non sans quelque raison, — peut-être même avec effroi, — que si chacune de mes visites à la vénérable antiquité se prolonge ainsi, ces notes ne seront bientôt plus qu'un indigeste fatras, d'un intérêt médiocre probablement, mais d'un ennui certain. Ne craignez rien ; j'ai l'intention de ne vous offrir que le *dessus du panier*. Bien des choses, assurément, mériteraient de fixer notre attention, mais dans l'impossibilité de toutes vous les présenter dans un cadre aussi restreint, nous choisirons de préférence celles qui nous offriront une importance réelle, à quelque titre qu'elles le méritent et au fur et à mesure qu'elles se présenteront sur notre route. Ce me sera d'autant plus facile que je ne sais pas admirer à froid ce qui ne parle ni à mon esprit ni à mon cœur ; la corde de l'enthousiasme me fait absolument défaut devant des moëllons informes, quelque romaine que soit leur origine. Je laisse aux amateurs passionnés du *bibelot* le soin de s'extasier religieusement devant des fragments de cruches cassées et autres poteries à l'usage des maîtres du monde. Ces fanatiques de l'*étrusque* pourront s'arrêter tout à leur aise au *Monte Testaccio*, haute colline qui doit sa naissance et son nom à l'immense agglomération de cette sorte de débris. Le seul intérêt qu'elle m'ait offert, c'est l'admirable vue panoramique que l'on embrasse de son sommet.

Je reprends ma promenade dans les rues, Madame, car l'heure a marché et les trois cent quatre-vingt-neuf églises de Rome jettent aux quatre vents du ciel le carillon de toutes leurs cloches. C'est la solennité de Noël qui a mis en joie toutes ces voix de bronze. Dans quelques heures la nuit sera venue, et nous allons jouir de ce magnifique spectacle dont on ne peut se faire une juste idée qu'à Rome, de cette féerie qu'on nomme une illumination *à giorno*. Cette nuit, des milliers de cierges, de lampes, de bougies, de luminaires de toute sorte, de toutes couleurs et de toutes dimensions, brûleront devant toutes les Madones, à tous les coins de rue, aux plus pauvres échoppes comme aux plus splendides magasins. Rome, à cette heure, n'est qu'une immense traînée lumineuse.

Les marchandes d'orange et de comestibles, avec leur étalage ambulant paré de fleurs, de verdure et de feu, circulent au milieu de cette foule qui encombre les rues, semblables à des essaims de lucioles. C'est un bourdonnement confus de voix, un sourd roulement d'équipages. Je cède au torrent qui m'entraîne à Sainte-Marie-Majeure, où j'entendrai la messe de minuit; demain, à midi, nous assisterons à celle que le pape en personne doit célébrer dans cette merveilleuse basilique de Saint-Pierre avec le cérémonial accoutumé.

CHAPITRE III.

Sainte-Marie-Majeure. — Pourquoi les églises d'Italie ressemblent à des théâtres. — Le voyageur risque une opinion artistique. — Un miracle. — Un peu d'architecture à propos de neige. — Machinations ténébreuses d'un sacristain. — L'auteur espère se créer des inimitiés parmi les *custodes* et les *ciceroni*.

Quelle admirable chose, Madame, que Sainte-Marie-Majeure ! C'est non-seulement, comme son nom l'indique, la principale des églises de Rome, mais encore une des sept basiliques et l'une des quatre qui aient la *porte sainte*. Vous voyez qu'elle a tous les droits possibles à notre attention. Ce soir elle nous apparaît avec sa pompe peut-être un peu théâtrale. Ces tentures de velours et de soie, ces crépines d'or, ces cierges sans nombre lui donnent bien, sans doute, un aspect un peu mondain, mais ce goût de décors lui est commun avec toutes ses sœurs d'Italie, où l'ornementation intérieure est dépensée jusqu'à la prodigalité. Les monuments d'une nation, ne sont bien souvent que le reflet de ses mœurs, et si l'on a pu dire quelquefois « telle église tel peuple, » c'est ici surtout, où la dévotion peu sévère, accommodante et douce au possible, sépare à peine le lieu de la prière des autres lieux de réunion plus profanes. Ne faut-il pas un peu de mondanité à ces âmes pour qui :

« *Perduto e tutto il tiempo che in amar no si spende.* »

Ah ! soyons-leur indulgents, Madame, et ne nous hâtons pas trop d'infliger à ce proverbe, si essentiellement italien, le blâme de notre froid rigorisme. Sous les chaudes effluves de ce beau soleil l'air est si parfumé, le ciel est si bleu ; dans cette *molle Italie* le vent qui vient de Pœstum apporte avec lui de si voluptueuses senteurs, qu'une piété aimable et facile se fût bien péniblement accommodée de l'austère et froide nudité de nos vieilles cathédrales gothiques, où l'esprit n'a besoin pour se dégager de ses liens matériels et s'élancer avec ravissement sur les ailes de flamme de la prière, que d'être bercé par les odorantes vapeurs de l'encens ou les mystérieuses puissances de l'harmonie.

Qui a tort, qui a raison ? c'est le cas de répéter avec eux : « *chi lo sa?* » — Mais je ne crois pas, après tout, que l'architecture soit l'unique et absolue représentation de l'art. L'art est la poésie aussi, et dès-lors ne saurait-il avoir comme elle ses licences, qu'un goût sobre contiendra toujours dans de justes limites ?

Assez de digressions comme cela ; toutefois, celle-ci ne me paraît pas absolument inutile. Cette observation pouvant s'appliquer au plus grand nombre des églises d'Italie, j'ai cru bon d'y insister en passant pour n'avoir plus à y revenir.

C'est au sommet du mont Esquilin, où l'on exécutait autrefois les criminels, que le pape Libère éleva ce monument, à la suite d'une vision qu'il eut dans la nuit et que lui confirma, le lendemain, la neige miraculeuse qui tomba le 5 août de l'an de grâce 352. Les constructions occupèrent scrupuleusement la place envahie par la neige, et la nouvelle église, appelée primitivement *Sainte-Marie-des-Neiges,* prit plus tard, du nom de son fondateur, celui de Basilique *Libérienne*, qu'elle échangea définitivement dans la suite contre sa dénomination actuelle. Son origine est ancienne, comme vous le voyez. Dépouillons-la un instant de sa parure de fête pour en tracer une sommaire et rapide esquisse.

Sa façade à double rang de colonnes est postérieure de beaucoup au reste de l'édifice, car elle ne date que du pontificat de Benoît XIV. C'est lui qui la fit revêtir de stucs dorés et de marbres précieux. Le balcon placé au milieu du portique sert aux bénédictions papales. Les colonnes de marbre blanc qui séparent les trois nefs appartenaient jadis au temple de Junon *Lucina*. Les bas-côtés sont un magnifique assemblage de tombeaux de divers papes et d'hommes illustres ; avec cela, tout un musée de bas-reliefs, de statues, de mosaïques, de tableaux, à faire pâmer d'aise l'être le plus inerte. Je vous signale, entre autres, sur l'autel d'une petite chapelle latérale, perdu au milieu de toutes ces richesses artistiques, un *Saint-Jérôme*, de l'Espagnolet, d'une énergie, d'une véhémence à faire tressaillir les ombres de Pélage et de Jovinien. Les mosaïques de la nef et du grand arc s'imposent à l'attention moins encore par leur antiquité, qui date du ve siècle, que par l'intérêt historique qui s'attache à leur existence. Ce sont celles dont le pape Adrien Ier parle dans une de ses lettres à Charlemagne; les Pères du concile de Nicée s'appuyèrent sur leur témoignage pour réfuter les erreurs des iconoclastes.

Le jour où je visitai cette église, un bonhomme, tout de noir vêtu, se tenait blotti dans une des chapelles, — celle de la Nativité, je crois, — attendant, comme l'araignée au centre de sa toile, que je vinsse me prendre aux fils de sa trame. Il avait flairé l'étranger, — le *forestiere*, comme on nous appelle; — mais, de mon côté, j'avais deviné le rat d'église. Celui-ci avait jeté son dévolu sur ma personne, car, selon que les notes à prendre, les divers objets à examiner m'éloignaient ou me rapprochaient de son embuscade, sa figure réflétait une joie béate ou se nuançait d'une expression d'inquiétude qui paraissait augmenter en raison de la distance qui nous séparait. Ma visite touchant à son terme, je me disposais à aller saluer l'obélisque égyptien qui décorait autrefois l'entrée du mausolée d'Auguste et qui s'élève aujourd'hui sur la place Sainte-Marie. Cette retraite, quelque savamment combinée qu'elle fût, était loin, paraît-il, de faire le compte de mon guetteur, car il conçut aussitôt le projet diabolique de déjouer mes idées de fugue clandestine; aussi, prenant bravement son parti, il fit comme Mahomet : la montagne ne venant pas à lui, il se décida à aller à la montagne. Je vous fais grâce du dialogue qui s'établit entre nous. Qui ne s'est pas trouvé quelquefois en butte aux obsessions intéressées des guides ou des sacristains? Le mien tenait absolument à me montrer des reliques que je n'éprouvais nul désir de voir, quelque miraculeuses qu'il me les assurât.

Pour un esprit moins sceptique, le catalogue était alléchant, je l'avoue. Je pouvais vénérer à mon aise le berceau du Sauveur, enfermé dans une urne d'argent; le foin de la crèche dans laquelle on avait déposé l'Enfant-Dieu, et enfin quelques langes qui avaient servi à l'envelopper. Tous ces trésors, ma piété pouvait s'en alimenter pour un écu. La lutte fut longue et rude; il était tenace, je fus obstiné; la victoire couronna enfin mes efforts. Cependant, pour que ma visite ne lui fût pas complètement infructueuse, je lui donnai... un conseil : celui d'ajouter à ces reliques un peu de cette neige miraculeuse du 5 août 352. De cette façon la série serait complète, sinon authentique, et la piété la plus exigeante ne pourrait lui refuser son hommage; ce qui réunirait à ce double motif d'édification l'avantage inappréciable de servir à merveille les intérêts de la foi, le trésor de la basilique et l'escarcelle du sacristain.

Ne riez pas, Madame, et ne donnez point, surtout, à cette boutade, inspirée par le sentiment momentané de ma mauvaise humeur, une portée qu'elle ne saurait avoir. Toutefois, laissez-moi le proclamer bien haut : Je suis porté à m'insurger d'autant plus *carrément*, — si je puis m'exprimer ainsi, — et avec plus de liberté contre l'exhibition de ces objets *apocryphes*, renouvelés périodiquement par l'avidité des *custodes* et des *ciceroni*, que je m'incline avec plus de respect pieux devant les reliques *authentiques* exposées à notre vénération, telles que les fers de Saint-Pierre, la table de la Cène ou la crèche de Bethléem.

En raillant à mon tour le bonhomme, je ne voulais donc qu'intervertir les rôles et voilà tout.

Ne point se laisser duper est incontestablement, en effet, le droit du touriste ; mais un devoir, impérieux aussi, lui incombe, — devoir de conscience, ajouterai-je, — celui de protester énergiquement contre cet abus malsain, ces supercheries grossières, contre ces offres mystérieuses, glissées furtivement à son oreille, dans l'ombre d'une chapelle, et jetées comme un pieux appât à sa foi naïve et aveugle ou à son ignorante crédulité.

CHAPITRE IV.

Noël! Noël! — L'auteur rend pleine justice aux cochers romains. — Basilique Saint-Pierre. — Costumes et coutumes. — Un tableau d'H. Vernet. — Cortège papal.

Nous nous sommes réveillés tard, Madame, résultat auquel la fatigue bien plus que le moëlleux de nos lits a eu la plus grande part. Le jour entre à flots dans notre chambre; les cloches sonnent à toute volée; Rome est en habit de fête; c'est le grand jour, c'est Noël! A peine avons-nous le temps nécessaire pour nous faire conduire à Saint-Pierre; mais une voiture nous attend à la porte, et il a suffi d'un mot magique pour exalter le zèle de l'automédon. Notre attelage vole avec la rapidité des morts de la ballade allemande, sur ces dalles de marbre qui pavent les rues et sur lesquelles nos chevaux menacent vingt fois de s'abattre. L'habileté proverbiale des cochers romains nous rassure; ils sont encore les dignes descendants de ceux dont parle Horace : « ..... qui, se plaisant à faire voler la « poussière dans la carrière olympique, savent éviter « la borne, de leurs roues brûlantes. » Nous traversons le pont Saint-Ange avec l'impétuosité du tourbillon, et nous pouvons franchir enfin les degrés magnifiques du plus vaste monument du monde moderne.

Arrivés dans la nef principale, nous occupons aussitôt les places qui nous sont désignées; de là nous pourrons contempler tout à notre aise l'imposante cérémonie. La population se précipite en masses compactes par les quatre portes qui donnent accès dans l'intérieur de la basilique. — La cinquième est murée et ne s'ouvre que dans l'année sainte, c'est-à-dire tous les vingt-six ans. — Cette foule immense de curieux et de fidèles s'empile, s'entasse, se presse pour mieux voir le défilé du cortège dont elle est maintenue à distance par un double cordon de troupes, de gardes suisses et de hallebardiers, aux armes étranges, aux costumes surannés, mi-partie jaune et noir, et qu'on dirait échappés de quelque gravure de Nesbitt ou de Thompson.

Autour de nous l'assemblée est nombreuse et brillante; les moires chatoient, les diamants étincellent, les rubans de toutes couleurs s'y déploient sous mille formes, nœuds ou rosettes, attaches ou grands-cordons. La cérémonie sera longue et bien des petits pieds engourdis par la fatigue battront sur la natte de paille, qui recouvre les dalles et assourdit le bruit, des mesures impatientes, car la basilique de Saint-Pierre est une des nombreuses églises de Rome où les siéges sont sévèrement proscrits. La majesté du lieu n'y permettant d'autre attitude que d'être debout ou agenouillé, les chaises n'y seraient dès lors qu'un encombrement inutile.

Le canon du château Saint-Ange retentit ; le pape a quitté son palais du Vatican et porté sur la *Sedia* il fait son entrée dans l'église, précédé du clergé de la basilique et de toute la cour pontificale.

Vous connaissez vraisemblablement, Madame, soit l'original, soit la gravure du beau tableau d'H. Vernet, représentant l'intronisation du pape Léon XII. Ce tableau, dont la vérité saisissante fit une si profonde sensation lorsqu'il apparut, nous l'avions là, sous nos yeux, vivant, en action, les figures seules s'étaient renouvelées.

Le temps, qui modifie tout, avait passé sur les vêtements de la cour romaine sans y changer un pli. Religieux de tous ordres et de toutes couleurs, évêques violets, cardinaux rouges, dignitaires chamarrés forment une immense procession ; les crosses épiscopales dominent toutes les têtes, les thuriféraires balancent leurs encensoirs dans un nuage odorant que des milliers de cierges piquent de points lumineux. Le patriarche de Jérusalem au riche et pittoresque costume oriental, les généraux d'ordre, les gentilshommes de la chambre, portant sur des coussins de velours rouge les deux tiares du Saint-Père et les clés emblématiques, précèdent les dignitaires qui ont l'honneur de soutenir sur leurs épaules la *Sedia gestatoria* servant de trône au Pontife-Roi.

Tout à coup les cuivres et les tambours jettent à l'écho des vastes nefs de la basilique leurs bruyantes harmonies : tous les regards se portent vers le fond de l'église. Un vieillard entièrement vêtu de blanc, coiffé de la triple couronne, assis sur un trône de velours et d'or, s'avance porté sur les épaules des officiers de sa Maison ; autour de sa tête s'agitent deux grands éventails de plumes blanches. Sa figure est ridée par l'âge, son corps semble ployer sous la fatigue ; son bras débile se lève, sa main fine et blanche dessine un geste au-dessus de la foule, et ce geste suffit pour courber toutes les têtes. Quelle merveilleuse puissance, Madame, celle qui incline ainsi les fronts les plus hauts sous le doigt d'un vieillard !……

— …… C'est une admirable figure, Madame, que celle de Pie IX, le chef vénéré de la chrétienté. Ses traits, amaigris par la souffrance et la fatigue, portent l'empreinte de cette résignation douce, de ce calme inaltérable, mais aussi de cette volonté ferme, caractère distinctif de l'illustre souverain. Aussi est-on involontairement saisi d'une respectueuse émotion en sa présence et s'incline-t-on religieusement devant la double majesté du Pontife et du martyr. J'ai eu plusieurs fois l'honneur d'être admis devant le Saint-Père, Madame, et, je vous l'avoue, chaque fois séduit, entraîné, fasciné comme par un pouvoir surhumain, je n'ai pu me défendre contre cette force irrésistible qui vous ploie les genoux et appelle sur les lèvres le souvenir d'une prière, hélas ! peut-être oubliée depuis longtemps.....

Le cortège s'avance dans notre direction, nous inclinons la tête sous la bénédiction du *Serviteur des serviteurs de Dieu* et ne la relevons que lorsque le pas cadencé de la troupe qui ferme la marche nous indique que le pape nous a dépassés et arrive à l'autel....

La messe a été longue ; la chapelle papale s'est surpassée et a fait preuve dans son exécution d'une *maëstria* sans pareille, puis le cortège a repris le chemin du Vatican, dans le même ordre et avec le même cérémonial qu'à son arrivée. Laissons la foule s'écouler, et puisque nous sommes à Saint-Pierre, consacrons-lui quelques instants. Nous utiliserons ainsi notre loisir au profit de notre curiosité.

CHAPITRE V.

Premier coup-d'œil sur la basilique. — Effets de lune. — Constantin, Nicolas V, Jules II et Michel-Ange. — Plans et devis. — Eloquence des chiffres.

Je ne puis, vous le comprenez, Madame, vous présenter qu'un croquis succinct de cette vaste basilique dont la description minutieuse demanderait des volumes et le travail de toute une vie. Saint-Pierre, en effet, est un de ces édifices géants qui résument en eux, non pas seulement un siècle ou une époque, mais une civilisation tout entière; un de ces édifices comme le Colysée ou les Pyramides, destinés à être les impassibles témoins des révolutions qui se succèdent, des ruines qui s'amoncellent autour d'eux, et que ni le temps ni les révolutions ne peuvent atteindre. Saint-Pierre de Rome, en un mot, est l'histoire la plus complète de l'art que l'architecture, la peinture, la sculpture aient jamais tracée en caractères indestructibles. Aussi est-il nécessaire, pour apprécier comme il convient ce monument, le seul au monde peut-être qui ait subi autant de modifications, de le visiter fréquemment et longtemps; d'en interroger les détails avec une attention soutenue, laborieuse, patiente; il faut surtout avant d'en franchir le seuil, avoir vu, de la terrasse du *Monte Pincio*, sa gigantesque coupole qui s'élève dans les airs, comme soutenue par la main de puissants génies, se détacher en vigueur sur le fond d'or d'un soleil couchant, tel qu'en peignaient les vieux maîtres byzantins; il faut avoir parcouru cette immense et somptueuse colonnade, chef-d'œuvre du Bernin et qui en fait une œuvre sans rivale; il faut enfin avoir admiré les deux magnifiques fontaines qui complètent si richement la décoration de la place Saint-Pierre, soit en plein midi, quand les rayons de lumière brisés dans leurs eaux y forment de brillants arcs-en-ciel, soit, ce qui est préférable encore, lorsque, à la nuit, leurs bassins reflètent la pâle image de la lune, et qu'on demande à la fraîcheur qu'elles répandent autour d'elles cette pieuse rêverie que fait naître leur murmure perpétuel.

Quand on se sera ainsi rendu compte des proportions surhumaines de l'édifice, alors seulement on pourra pénétrer dans l'enceinte sacrée et visiter avec fruit les innombrables merveilles qu'elle renferme et qui en font le plus précieux de tous les musées, le plus splendide monument de la Rome ancienne et de la Rome moderne; car il est fort douteux que l'empire romain ait jamais offert, à aucune époque et dans aucune de ses constructions, où il enfouissait pourtant les richesses du globe, un ensemble de décorations aussi complet. Dieu semble avoir dit au génie de l'humanité comme aux vagues de la mer : « Tu n'iras pas plus loin. »

L'église Saint-Pierre est située au-delà du Tibre, au pied du mont Vatican, sur l'emplacement des jardins de Néron et de l'ancienne voie Triomphale. C'est dans ce champ que se trouvait le cirque où l'histrion couronné fit ce grand massacre de chrétiens dont parle Tacite. Non loin de là se trouvait une grotte où furent déposés les corps des martyrs, et où la tradition rapporte qu'on ensevelit le corps de Saint-Pierre après son crucifiement.

Dans la première moitié du ive siècle, Constantin fit bâtir sur ces reliques une église considérable; mais bientôt, quelque riche qu'en fût l'architecture, elle ne fut plus en harmonie avec le Vatican et les autres monuments que le génie de la Renaissance élevait sur différents points de Rome.

Nicolas V, homme à grandes entreprises et du génie le plus élevé, conçut le projet de la refaire sur des bases entièrement nouvelles; ces projets avaient même reçu un commencement d'exécution, et déjà ce qu'on appelle ici la *tribuna* s'élevait de quatre ou cinq pieds hors du sol, lorsque la mort vint le surprendre : son œuvre resta dans l'oubli jusqu'au règne de Jules II.

Jules II était un homme de pensée et d'exécution ; la Providence semblait l'avoir choisi à souhait pour présider à ce siècle où devaient briller tant de génies.

Parmi les pensées qui l'agitaient sous la tiare, il en était une surtout qui se représentait incessamment à son esprit, celle que le fort et le faible ne doivent jamais abandonner : la pensée de la mort ; en conséquence, il résolut de se faire bâtir un tombeau. Il me suffira, Madame, de vous nommer l'artiste qu'il choisit pour l'exécuter, pour vous donner à la fois une idée de la justesse de son goût et de la beauté du projet ; cet artiste fut Michel-Ange.

Michel-Ange, cherchant un emplacement pour le tombeau qu'il fallait édifier, retrouva la trace des fondations commencées par Nicolas V, et proposa au pape de terminer les travaux. Cette idée fit aussitôt germer dans l'esprit de Jules II le grand projet de la reconstruction de Saint-Pierre. Il assemble sur-le-champ les plus habiles architectes de l'époque et discute avec eux les plans de l'édifice. Le *Bramante* l'emporte sur *San Gallo*, son rival, et Saint-Pierre s'élève sur ses dessins. Ceci se passait en 1503, et c'est de cette époque que date véritablement la construction de la basilique.

Ni le Souverain-Pontife ni l'artiste n'étaient d'un tempérament à laisser languir les choses, aussi l'œuvre fut-elle menée avec la hardiesse et la vivacité dont ces deux hommes étaient seuls capables, et Jules II put enfin poser la première pierre du monument.

Une étrange fatalité semblait s'attacher à cette église, dédiée à la mémoire du prince des Apôtres. Les plans du Bramante avaient été mal combinés ; le poids des voûtes des quatre grands arcs et de l'hémicycle fit fléchir leurs supports, et l'édifice n'avait encore reçu ni la moitié de son élévation ni le quart de sa charge que déjà il menaçait ruine. La mort épargna à Bramante la douleur d'assister à la chute de son ouvrage. Jules II le suivit quelques années après dans la tombe, et son successeur Paul III confia le soin d'achever l'église commencée à l'artiste qu'on aurait dû en charger depuis longtemps, au vieux Buonarotti.

Michel-Ange Buonarotti avait alors soixante-douze ans, mais son génie n'avait perdu ni son énergie ni sa grandeur ; comme le *Moïse*, son chef-d'œuvre, il ne devait se ressentir en rien de cet affaiblissement, compagnon trop souvent inséparable de la vieillesse. Après avoir examiné les plans primitifs, il démontra que leur réalisation entraînerait une énorme dépense de temps et d'argent ; tout était à refaire. Quinze jours lui suffirent pour concevoir et tracer un nouveau dessin qui donnait une majesté inouïe à toute l'ordonnance. Il imagina une nouvelle coupole qui devait avoir plus de hauteur encore que la première ; réalisant ainsi le rêve qu'il avait caressé un jour que se promenant auprès du Panthéon, il s'écriait en contemplant les merveilleuses proportions de ce gigantesque édifice : « Cette masse qui est appuyée sur la terre, je l'élèverai quelque jour dans le ciel. »

Paul III fut si enchanté des dessins de Michel-Ange,

qu'il défendit par un bref, et sous les peines les plus sévères, d'y jamais rien changer. Michel-Ange y travailla dix-sept ans, c'est-à-dire jusqu'à sa mort ; mais le monument ne devait s'achever ni sous lui ni sous Paul III. Jacques Dellaporta posa la dernière pierre de la coupole sous le pontificat de Sixte-Quint. La basilique ne fut entièrement terminée que dix-huit ans après, sous Paul V, par l'architecte C. Maderno, qui eut la gloire de mettre la dernière main à l'œuvre de Michel-Ange, non toutefois sans avoir été forcé d'y introduire de notables et d'indispensables modifications.

Michel-Ange, en effet, dominé par la pensée de l'unité qui devait faire la grandeur de son œuvre, n'avait pas assez tenu compte de certaines pièces dont la liturgie catholique réclame impérieusement l'emploi. Ces considérations concluantes déterminèrent le pape Paul V à apporter à l'église Saint-Pierre les modifications que l'on y remarque aujourd'hui, entre autres le chœur des chanoines, les sacristies et la loge extérieure d'où le pape devait donner au peuple et à tout l'univers cette bénédiction connue sous le nom : *urbi et orbi*. De ces remaniements successifs résulte un grave défaut, celui de rompre l'unité de l'édifice ; l'œuvre du génie est restée, mais la pensée a disparu.

L'intérieur de la basilique est décoré avec une profusion d'ornements qui défie toute description. On y admire les tombeaux de tous les papes qui se sont succédé sur le trône pontifical, depuis la construction de la célèbre basilique. Des groupes de marbre dus au ciseau de Michel-Ange, de Bernin, de Canova, de Thorwaldsen, remplissent les chapelles des nefs latérales ; les copies en mosaïque des meilleurs tableaux des principaux maîtres italiens rassurent l'art sur la perte éventuelle des originaux ; des fresques de Giotto et des peintres de la Renaissance complètent cette grandiose décoration.

A défaut de ce charme descriptif que je n'ai pu donner à mon récit, Madame, faisons appel à l'éloquence des chiffres. En l'an 1693, Charles Fontana fit le compte de la dépense de cette immense basilique, dépense qui s'élevait, à cette époque seulement, à la somme de 251 millions 450 mille francs ; chiffre auquel il faut ajouter encore les sommes dépensées pour les dorures, pour copier presque toutes les peintures en mosaïques, et enfin les frais de construction de la nouvelle sacristie, qui a coûté à elle seule un peu plus de cinq millions de francs.

Songez maintenant, Madame, que Saint-Pierre et sa fameuse colonnade ne sont qu'une partie de cet immense monument qu'on appelle le Vatican, et qui renferme dans son sein des palais, des églises, des jardins, et dites-moi s'il ne faut pas reconnaître avec admiration tout ce que le génie des Souverains Pontifes avait de puissance et de majesté.

Salut encore une fois, antique reine du monde !

C'est bien toi que j'ai rêvé. Rome, tu es bien toujours *l'alma parens* des nations, non-seulement en les conduisant dans les voies du salut éternel, mais encore en faisant toujours briller à leurs yeux, comme un phare protecteur, la flamme céleste allumée par le Génie de la civilisation.

CHAPITRE VI.

L'auteur retombe sur la terre et ne sait plus compter les heures. — Ce que l'on voit sur les bords du Tibre. — Prière et flânerie. — A quoi un âne passait son temps. — L'ombre de Pasquino. — L'habit du pape.

Toute médaille a son revers, Madame; il nous faut maintenant redescendre de ces régions calmes, pures et sereines où l'art nous avait un instant ravis et nous mêler de nouveau à la foule qui s'agite autour de nous. La pensée ne s'alimente pas seulement de spéculations esthétiques; tout est motif d'*attraction* pour le voyageur vraiment désireux de savoir ou de connaître; or, ce qui doit l'intéresser, surtout, c'est le spectacle vrai, de tous les instants, que lui offre la rue ou la campagne, durant les premiers jours où il se trouve en contact avec un peuple dont il ignore les mœurs, les coutumes et la langue. L'impression reçue ne doit alors rien à l'artifice, et la note frappée résonne juste.

Comme on se sent parfois loin de la France? Je n'ai pu m'habituer encore aux horloges romaines, qui comptent les heures de une à vingt-quatre, selon l'ancien cadran italien. Se basant sur le coucher variable du soleil, les cloches sonnent l'*Ave Maria* à

23 heures et demie et annoncent ainsi le commencement du jour nouveau. Tout cela me dérange fort, je vous l'assure : je ne puis me faire à cette étrange idée que demain commence aujourd'hui.

..... Le temps est superbe ; un soleil chaud et brillant vous invite à la *flânerie* ; nous allons humer ses bienfaisants rayons sur la via Ripetta qui borde le Tibre. Un petit port délicieux, jeté en terrasse sur le fleuve, avance coquettement ses ballustres de fer et ses dalles de marbre dont les flancs vont, par une pente douce, se verdir au limon du fleuve. Sa situation ravissante permet à l'œil d'embrasser sans fatigue la vue des galeries Vaticanes et l'aspect de Monte-Mario ; la perspective se détache sur un plan vert émeraude, formé de roseaux, d'aulnes et de trembles qui garnissent la petite anse de la rive opposée. Un peu à gauche, la lumière colore en rose pâle le contour lointain des monts de la Sabine. Un moine qui nous avait devancé sur la terrasse buvait l'air avec une inexprimable sensation de volupté. Ces gens-là n'ont pas le sens de la propreté, mais celui du paysage ne leur manque certes pas. Oh ! ils savent choisir leur vue, Madame ; voyez plutôt leurs couvents si pittoresquement juchés sur les hauteurs.

Une caravane de paysans romains, hommes et femmes, défile auprès de nous, poussant devant elle quelques ânes maigres chargés de paniers d'osier qu'ils vont vendre au marché prochain ; l'arrière-garde est formée par un *pifferaro* escorté d'un gamin déguenillé, porteur du gagne-pain paternel. Rien de plus pittoresque que l'accoutrement de tous ces gens-là. Une espèce de sayon bleu sur les épaules ; une peau de chèvre, non tannée, qui couvre les cuisses jusqu'aux genoux ; des espadrilles de cordes retenues par des liens rouges se roulant et se croisant le long des jambes ; un feutre conique enrubané de spirales multicolores surmontant le tout, voilà l'habillement masculin. La partie féminine y a mis un peu plus de coquetterie, et la veste rouge, échancrée à l'épaule, donne gracieusement passage aux plis larges et bouffants d'une manche blanche serrée au poignet ; les plus jeunes ont bordé leur jupon bleu clair d'un large galon plus foncé. Les cheveux tressés et nattés s'abritent, gris ou noirs, sous ce coquet petit carré blanc qui leur sert de coiffure ; sur leur gorge pleine et hâlée se balance, au mouvement de la marche, la croix d'or ou le collier de filigrane.

Toutes ces loques usées et fanées ne valaient certainement pas un *testone*, (1) mais le soleil les dorait si merveilleusement, ces braves *campagnuoli* avaient l'air si calmes et si sûrs d'eux-mêmes, leur démarche avait une dignité naturelle si surprenante, qu'ils faisaient vraiment plaisir à voir. Qelle distance inouïe les sépare de leurs congénères français !

(1) Menue monnaie romaine valant à peu près un franc cinquante centimes.

Le canon du château Saint-Ange vient d'annoncer midi ; toute la bande s'arrête ; le moine, mon voisin de banquette, sursaute au bruit de la détonation, et, sorti de sa torpeur de lézard, se prosterne sur la dalle ; moi je règle ma montre comme en plein Palais-Royal. De toutes parts les cloches tintent l'*Angelus*. La caravane s'agenouille au milieu de la rue, devant la petite madone de pierre sculptée à l'angle de l'établissement des bains et récite dévotement la Salutation Angélique. Absolument indifférent à cette pieuse démonstration, un des ânes profite de cet instant de répit pour mâchonner quelques brins d'herbe péniblement arrachés d'entre les pavés où ils croissaient étouffés, les deux autres se grattent mutuellement avec une résignation pleine de mélancolie. La prière terminée, la caravane se relève, le *pifferaro* rentré en possession de son instrument, joue une petite aubade à la madone, et chacun reprend sa marche ; l'âne va retrouver ses coups d'aiguillon, le moine essaie de reprendre son engourdissement de saurien.

..... Notre promenade se continue jusqu'à la place Pasquino. Là, un encombrement de voitures nous barre le passage : c'est la file des carrosses cardinalices qui, par la rue Papale, se rendent au Vatican où le Saint-Père tiendra chapelle. Laquais devant, laquais derrière, livrées galonnées, roues dorées, panneaux armoriés, chevaux harnachés en gala ; tout ce défilé nous arrête longtemps sous le torse mutilé qui garde, bien à tort, le nom de ce pauvre Pasquino. Que dirait-il aujourd'hui le satirique tailleur, le père de nos *pasquinades*, lui qui s'amusait à railler si vertement les passants qu'il apercevait de son échoppe? Quel riche filon pour sa verve intarissable et mordante !

Place Navone nous croisons un pensionnat de jeunes gens de huit à quinze ans. Leur costume m'a frappé, c'est celui du Pape en tenue de ville ; soutane, petit camail, bas et chapeau entièrement blancs. Je m'informe : c'est, me répond-on, l'orphelinat fondé par Pie IX. Ne trouvez-vous pas comme moi, Madame, quelque chose de touchant dans cette idée d'avoir donné à ces pauvres déshérités des plus pures joies de la famille, le costume de celui qui, chef suprême de la grande famille chrétienne, semble vouloir en faire ainsi, plus spécialement, les élus de son ardente charité, les enfants de sa paternelle affection?

CHAPITRE VII.

Recherche infructueuse d'un temple. — Le voyageur cherche des ruines et trouve des jeunes filles. — La pipe et l'idylle. — Un cœur sensible. — Graves symptômes. — Echec et mat. — Le culte du *Bambino*. — Le voyageur ne sait plus où il est. — La vieille femme, les hommes renfrognés et le petit cochon. — Bouges et madones. — Le soleil se couche et le voyageur se retrouve. — Eglise de l'Ara-Cœli. — Les poupées dans une crèche. — Vocation précoce. — Eloquence et gourmandise.

Il faut avouer, Madame, que c'est une bien attrayante chose que la flânerie dans un pays d'air, de lumière et de soleil comme celui-ci. Je n'ai pu, malgré toute ma bonne volonté, retrouver les traces du temple que les Romains avaient dû, sans aucun doute, élever à cette nonchalante divinité, mais j'ai pu constater que son culte n'a rien perdu de sa ferveur chez leurs descendants et que les étrangers eux-mêmes en subissent la contagieuse influence. La malévole déesse du *Girandolare* nous accroche à chaque pas, à chaque coin de rue. Sous le moindre prétexte, et le plus souvent même sans prétexte, elle détruit nos plans les plus sages, met à néant nos résolutions les mieux arrêtées. C'est ainsi que, sous son inspiration capricieuse, nous avons laissé pour aujourd'hui nos projets d'exploration méthodique s'en aller à vaulau. Les rives du Tibre, si ensoleillées et si fraîches, pourtant, nous attirent avec l'invincible attrait du mirage. Nous y revenons par le Ponte-Rotto, ou pont Palatin. De là, en tournant le dos au Transtévère, nous avons devant nous le temple de Vesta, à notre gauche le sommet de l'Aventin, que surmonte encore sa vieille couronne de ruines étrusques, et dans l'escarpement duquel se creuse la caverne de Cacus ; un peu plus loin, l'emplacement du camp de Porsenna et la chaussée du fleuve où se trouve l'embouchure des *Cloaques*. Nous avons sous les yeux, vous le voyez, Madame, la scène des principales époques de l'histoire Romaine.

Non loin de là nous trouvons, au bout de quelques pas, tout auprès du *Forum Boarium*, point de départ, selon Tacite, de l'enceinte dans laquelle Romulus enferma sa ville naissante, le petit arc de Septime-Sévère, et les *Cloaca Maxima* creusés par Tarquin pour assainir la ville et dessécher le Vélabre. Une eau claire et limpide, l'eau de Juturne, coule dans ces canaux. Sous l'arc de l'un d'eux se trouve un délicieux petit lavoir plein d'ombre et de fraîcheur.

A notre arrivée, deux jeunes lavandières, demi-nues, étaient en train d'y nettoyer des corbeilles de linge. Notre présence n'a point paru trop les effaroucher. Avec un peu de bonne volonté il ne tenait qu'à nous d'y voir des nymphes mythologiques ou de jeunes prêtresses du temple voisin purifiant les bandelettes sacrées. Ce qui me gâte pourtant un peu le tableau, c'est un jeune drôle, affreusement sale, qui nonchalamment étendu sur la berge, fume sa pipe et cause avec mes jolies vestales. Toute mon imagination ne peut arriver à lui trouver un rôle satisfaisant dans cette ravissante composition, digne du pinceau de l'Albane. Peut-être attend-il qu'on le lave aussi ; l'état de ses guenilles rend la chose assez vraisemblable.

Le couloir fait un coude à droite ; je m'y engage et laisse Gaspard essayer d'entamer, dans un idiome italo-tudesque un fragment de conversation avec les belles émules de Nausicaa. Une joyeuse fusée d'éclats de rire répond seule à ses avances germaniques. Un gardien me fait passer sur un pont en planches, branlant et vermoulu ; il allume une bougie fixée à un long bâton et me montre pour deux baïocques, les conduits anciens qui charrient encore aujourd'hui, comme du temps de Tarquin, les immondices de Rome au Tibre. Revenant sur mes pas, je retrouve Gaspard un peu confus de son échec philologique ; il veut s'en consoler en visitant le temple de la Fortune Virile, aujourd'hui église de Sainte-Marie-Egyptienne. Les moines arméniens qui la desservent n'ont à nous montrer que le tableau de Zuccari représentant la sainte. C'est peu... mais ils font comme la plus jolie fille du monde ; — avec une infériorité plus marquée, toutefois.

..... Le jour baisse, une cérémonie originale dont l'église de l'Ara Cœli doit être ce soir le théâtre, nous convie à ce spectacle que nous sommes d'autant plus désireux de voir, qu'il ne se représentera que l'année prochaine à pareille époque. C'est la cérémonie *del Bambino*.

Il est bon que vous sachiez, Madame, que le *Bambino* possède ici son culte spécial, ses fidèles particuliers, j'allais dire ses fanatiques. Son intervention miraculeuse est jugée en maintes circonstances bien plus efficace et partant bien plus opportune que toute autre ; aussi sa statuette, taillée d'un arbre du jardin des Oliviers, est-elle l'objet d'une vénération sans pareille. On nous avait promis une surprise, il n'en fallait pas plus pour allécher notre curiosité.

L'heure pressant, nous hâtons notre marche ; sans guide et sans boussole, nous ne parvenons qu'à nous perdre un peu plus dans un dédale de rues sans noms, sales, abominables, infectes. Devant quelques portes gît de la litière à demi putréfiée. L'œil plonge, en passant, à travers les baies des maisons, nous révélant les plus étranges promiscuités. — Où sommes-nous ?...

Muets et ahuris, notre marche, incertaine d'abord, prend bientôt une allure désordonnée ; notre précipitation dérange deux ou trois cochons qui se vautraient béatement dans le fumier et se sauvent en glapissant à travers nos jambes. Au bruit de leurs grognements, quelques hommes à mine renfrognée paraissent sur le seuil et nous regardent d'un air fort peu gracieux ;

une mégère hagarde nous crie quelques mots que nous n'entendons pas. Nous marchons encore, toujours, — comme le juif de la légende, — sans trêve ni merci ; plus heureux que lui, pourtant, nous entrevoyons enfin le but de notre course.

Maintenant, quelle est ce quartier, quelles sont ces rues que nous venons de traverser? Je l'ignore; mais lorsque, tout à l'heure, je me suis servi du mot *maisons,* j'avoue que j'ai eu tort : lisez bouges, cahuttes, masures, tout ce que vous voudrez ; la seule chose qui les fasse ressembler à la demeure de l'homme, c'est l'inévitable petite image de la Madone, invariablement appendue au mur intérieur et devant laquelle brille ou plutôt fume une lueur douteuse ; car ici, Madame, toute demeure, riche ou pauvre, taudis ou cahuttes, ateliers ou boutiques, échoppes branlantes ou splendides magasins, toutes, sans exception, sont ornées de l'image vénérée, dont l'éclairage se proportionne à la fortune de son possesseur. Le soleil disparaissait derrière le Janicule comme nous franchissions, haletants et couverts de sueur, la rampe qui conduit à l'église de l'Ara Cœli, bâtie sur l'emplacement où s'élevait autrefois le fameux temple de Jupiter Capitolin.

Vous sentez, à ce nom de Capitole, tous vos souvenirs s'éveiller en foule, n'est-il pas vrai, Madame? Réveil inutile, hélas! Ce lieu, jadis si célèbre, n'offre plus rien de son ancienne distribution, si ce n'est son voisinage de la roche Tarpéienne, occupée aujourd'hui par les jardins de l'ambassade de Prusse.

Les oies se sont endormies à jamais... Brennus peut venir.

Voici ce que nous voyons dans l'église : à gauche en entrant, une des chapelles, — la première, — se voûte en forme de souterrain creusé dans le roc et prend jour par une *gloire* en vitraux pratiquée dans la paroi du fond. La lumière, habilement ménagée, du reste, donne à cette grotte une perspective assez éloignée. C'est la crèche de Bethléem, c'est la nativité du *Bambino* mise en action avec ses indispensables accessoires naturels, le bœuf et l'âne; les personnages, vêtus du costume traditionnel, aident à compléter l'illusion, dans la mesure du possible; le devant de la grotte est luxueusement garni d'une profusion de cierges qui font de cette crèche une vraie chapelle ardente.

En face, dans la chapelle de droite, ornée des magnifiques fresques du *Pinturichio*, représentant quelques traits de la vie de saint Bernardin, s'élève une estrade où grimpent à tour de rôle les bambins romains. C'est à cette tribune que s'exerce leur précoce éloquence, devant un auditoire qu'ils édifient ou égaient selon le degré de conviction, d'aptitude ou de présence d'esprit que le ciel leur a départi. Ai-je besoin d'ajouter, Madame, que l'éloge du *sacro Bambino* est le thème obligé sur lequel doit s'exercer leur enfantine improvisation, et que toute leçon apprise à l'avance ferait immédiatement retirer la parole à l'orateur.

Un de ces *bambini* m'a paru révéler une véritable vocation parlementaire. Sa physionomie espiègle et fine, ses cheveux bouclés comme ceux des chérubins bruns de Caraceni préviennent tout d'abord en sa faveur. A peine le jeune *honorable* qui occupait précédemment la tribune a-t-il roulé les derniers degrés de l'estrade, que mon marmot s'y élance avec toute l'agilité de ses jambes de six ans, et, sans autre préambule, fait main basse sur les tranches d'oranges et autres friandises destinées à désaltérer et à récompenser tout à la fois ces Cicérons en herbe. Des pleurs, des sanglots, où la protestation de l'auditoire enfantin se mêle aux lamentations de la gourmandise déçue, accueillent aussitôt cet exorde imprévu. Loin de se laisser déconcerter par les cris improbateurs de ses rivaux, enhardi peut-être par les rires de la portion dite sérieuse de l'auditoire, le *brigand aux mains roses* perpètre, sans remords, cet acte d'inqualifiable égoïsme, et tout fier d'un succès que lui assure, sinon le calme de sa conscience, du moins celui d'un estomac satisfait, il redescend, la figure encore toute barbouillée du suc rafraîchissant, et va demander au mouchoir paternel un essuyage sommaire, dont son nez fera bien de profiter par la même occasion.

N'ayant là nul bambin qui pût nous intéresser d'une

manière particulière, nous croyons avoir suffisamment payé notre tribut de curiosité à ce détail de mœurs locales et nous sortons, en riant de cette espièglerie.

Changez la scène et grandissez le personnage, n'y reconnaissez-vous pas, Madame, telles physionomies typiques de nos parlements?...

Cosi è finita la giornata.

CHAPITRE VIII.

L'auteur prend une détermination grave et un domestique léger. — Apparition d'Alessandro. — Son ambition dévorante. — Classification importante où l'on apprend bien des choses en peu de mots. — L'auteur se loge dans un palais. — Une ville, un monument et une forêt accrochés à un clou. — Une ligne que ne doivent pas lire les Anglaises. — Indiscrétion des puces. — Observations instructives sur leurs mœurs et sur leur caractère. — Sainte-Marie-du-Mont et Sainte-Marie-du-Peuple. — Un corbeau embarrasse toute une académie de savants. — Un pape incrédule. — Monte Pincio. — La tour de Babel. — Le lorgnon d'un *monsignor*. — Haute opinion de l'auteur sur la vertu des femmes. — Rencontre d'un obélisque. — Diversion profane.

Nous avons pris une grave détermination, Madame, celle de choisir un logement en ville et de louer un guide. Pour la première de ces deux choses, Gaspard a eu pleins pouvoirs; ses idées arrêtées sur le confort en général nous font bien augurer de son choix particulier. J'ai été chargé de la seconde; j'ai fait mes conditions avec l'indigène : il devra nous conduire partout où nous voudrons aller; nous donner sur la route à suivre toutes les indications que nous lui demanderons, mais nous priver absolument de ses remarques particulières et de ces démonstrations idiotes dont les *ciceroni* se montrent d'habitude trop prodigues, à mon avis. Gaspard se réserve, en outre, de le charger dans nos excursions de tout notre attirail.

— Z'il est muet gomme il le bromet, prétend-il, il nus zera bli gommote et moins goûdeux qu'ein pête de zòme gui nus tefient bresque indisbensaple.

A titre d'encouragement, nous faisons briller à ses yeux la perspective d'être admis un jour à l'honneur de cirer nos bottes, marque de confiance qui est l'objet de sa secrète ambition.

Alessandro est son nom. — Règle générale, Madame, appelez, à Rome, tous les factotums *Alessandro*, tous les cochers *Pietro*, tous les garçons de restaurant *Giovanni*, tous les domestiques *Paolo*, et une autre classe moins intéressante et moins honorable, dont je ne vous désignerai pas les fonctions, *Agousto*, vous rencontrerez juste quarante-neuf fois sur cinquante. Je n'ai trouvé qu'une exception, elle s'appelait *Gennaro*; Naples était sa patrie, dès lors tout m'était expliqué.

Alessandro, dis-je, est entré en fonctions en opérant notre déménagement. Nos pénates sont transportées au Corso, qui est l'ancienne voie Flaminia. Nous pourrons ainsi, quand bon nous semblera, assister, comme d'une tribune, au défilé de ce prodigieux concours de piétons, de cavaliers et de voitures qui font *Corso* tout le long de cette immense artère, — la principale de Rome, — qui ne mesure pas moins de quinze cents mètres d'étendue et aboutit par une ligne droite du pied du Capitole à la piazza del Popolo. C'est dans un coquet petit appartement à balcon, au premier étage, que nous allons, paraît-il, transporter nos dieux lares. L'énumération des merveilles qui nous y attendent fait tressaillir d'effroi notre caissier Maxime de N..., à qui ses hautes capacités mathématiques ont fait décerner, à l'unanimité, ce poste de confiance. A la seule vue de l'escalier, sa bourse s'agite douloureusement dans sa poche et rend un son lugubre.

Les arts sont représentés dans notre sanctuaire par trois gravures à la manière noire et bien après la lettre !... ces choses s'intitulent pompeusement : *le Soir à Venise, les Jeux du cirque* et un *Paysage* de fantaisie, orné d'une laveuse invraisemblable battant du linge impossible. Je présume que c'est à l'heureux choix de ce dernier sujet que nous devons attribuer la préférence de Gaspard pour ce logis ; la plastique s'y révèle par la présence d'une statuette en plâtre, un *Enfant en chemise*, motif gracieux, sans doute, mais exécution bien pitoyable.

Quoi qu'il en soit, nous prenons, sans délai, possession de notre *palais* et constatons, avec une satisfaction sans mélange, que les lits sont en fer. Dieu nous donne un sommeil moins peuplé de puces !...

Remarque importante : les puces italiennes ne dorment jamais et ont un goût prononcé pour la chair étrangère.

..... Notre installation terminée, nous avons jugé

bon de procéder incontinent à nos *visites de quartier*. En conséquence, nos premiers hommages ont été pour la porte *del Popolo*, qui forme l'entrée de la place elliptique de ce nom. La gloire de son dessinateur lui avait valu cette préférence de notre part, mais de quelque prévention honorable dont nous fussions animés à l'égard d'un monument signé du grand nom de Michel-Ange, son air mesquin et les deux médiocres statues qui la décorent lui méritent à peine une visite de cérémonie que nous ne renouvellerons pas.

Donnons, en passant, un coup-d'œil au fameux obélisque égyptien dont Ramsès avait primitivement décoré Héliopolis, la ville du soleil, et qu'Auguste, après la bataille d'Actium, fit transporter à Rome, puis entrons sans plus tarder à Sainte-Marie-du-Peuple.

Voulez-vous une tradition populaire, Madame? la voici. Il y avait autrefois, — ça commence comme un conte de fées, — un grand arbre à la Porte-du-Peuple; sur cet arbre venait obstinément se percher un corbeau dont les croassements sans fin donnèrent l'éveil aux édiles d'alors; on eut l'idée de creuser la terre au pied de cet arbre et l'on y trouva une urne avec une inscription. L'inscription portait que cette urne contenait les cendres de Néron. Cela dérangeait bien un peu les idées des savants qui avaient découvert un tombeau de Néron, à deux lieues de Rome, sur la route de la Toscane, mais outre que Suétone affirmait que le terrible empereur avait été inhumé dans un tombeau de famille, sur le penchant du Pincio, le moyen, je vous le demande, de s'inscrire en faux, quelque savant que l'on soit, contre une semblable assertion, corroborée encore par l'apparition de fantômes nocturnes. Pascal II occupait alors le trône de Saint-Pierre. Ce pontife jugea avec raison que l'urne et son inscription fournissaient un document décisif; et quoique le tout puissant empereur se fut fait décerner de son vivant les honneurs divins, le pape — bon juge en pareille matière — ne lui reconnut pas ce principal attribut de la divinité, le don d'ubiquité. En conséquence, impériales ou non, il ordonna de jeter au vent les cendres maudites et fit élever, au lieu où on les avait trouvées, l'église connue aujourd'hui sous le nom de Sainte-Marie-du-Peuple. Dès ce jour, les apparitions cessèrent complètement; la mission providentielle du corbeau était terminée, oncques ne le revit-on. Je vous donne la légende pour ce qu'elle vaut, mais telle qu'elle, elle a produit un splendide résultat, car Sainte-Marie-du-Peuple est une petite merveille de la sculpture et de la ciselure au xve et xvie siècles. Les toiles du Pinturiccio ont là un magnifique cadre pour ses anges d'une légèreté d'exécution inouïe, aérienne jusqu'à l'illusion; on est presque tenté de se retourner pour voir s'ils n'ont pas changé de place. Arrêtons-nous devant la chapelle *Cibo*; ses colonnes de jaspe de Sicile sont revêtues de marbre thessalonique et d'albâtre. Carlo Maratta a peint à l'huile, sur le mur, la *Conception;* la vierge de l'autel est attribuée à Saint-Luc ; Annibal Carrache y a peint l'*Assomption* ; Michel-Ange Carravaggio a décoré les parois latérales du *Crucifiement de Saint-Pierre* et de la *Conversion de Saint-Paul* ; Raphaël a fait les dessins et les cartons des mosaïques et de la coupole ; et Salviati a terminé dans les arcs de la voûte l'œuvre commencée par Sébastien del Piombo.

Joignez à cette nomenclature incomplète, mais bien recommandable déjà, vous le voyez, par la série des œuvres magistrales qui la composent et des illustrations qui les ont signées, divers groupes et statues parmi lesquels brille entre tous le *Jonas assis sur la baleine*, sculpté par Lorenzetto, sur les dessins et sous la direction de Raphaël, et vous comprendrez facilement, Madame, le charme dont cette visite nous a pénétrés.

De Sainte-Marie-du-Mont, je ne vous dirai rien, sinon qu'elle est voisine de la précédente et forme son pendant *extérieur* dans l'ornementation de la place ; c'est le seul titre que je lui connaisse à une mention particulière.

Nous ne pouvons passer ainsi au pied du Monte-Pincio, sans faire au moins acte de présence sur cette délicieuse promenade de la fashion. Gravissons donc une des deux rampes à balustres marmoréens qui conduisent à son sommet, et là, accoudés à la terrasse qui la couronne, regardons.

Allées sablées pour les promeneurs, bosquets silencieux, berceaux touffus et discrets, plantations exotiques, fontaines rafraîchissantes, statues monumentales, — celle du bassin central, surtout, *Moïse sauvé des eaux par la fille de Pharaon*, — vue délicieuse, tout concourt à faire du Pincio une promenade sans rivale. Animez-la de la foule des équipages, du luxe des toilettes, des harmonies de la musique militaire, du murmure des conversations polyglottes où la variété des idiomes aurait fait la joie du fameux Mezzofanti, et la merveille devient féerie. Voilà le Pincio à quatre heures du soir, heure de prédilection et d'exhibition pour la société romaine laïque et cléricale ; car vous saurez qu'ici, Madame, le clergé se sépare, bien moins que chez nous des réunions mondaines. Le carrosse cardinalice fraye volontiers avec la calèche de l'élégante, la soutane rouge ou violette du prélat y effleure sans le moindre scrupule la soie frissonnante de la patricienne ou le blanc linon de la Transtévérine.

Autour des pelouses, la foule circule, les saluts se croisent, les mains se serrent, les bouquets s'échangent. De jeunes *Monsignori*, variété hybride entée sur le clergé séculier et particulière à l'Italie, ne redoutent nullement de s'y exposer à l'éclair de tant de beaux yeux, et si l'on en juge par la persistance que la plupart d'entre eux semblent mettre à affronter le péril, on jurerait presque qu'ils y trouvent cette âpre joie, cette sensation indéfinissable qui, pour les grands cœurs, donne tant d'attraits au danger. Ils sont si lestes, si coquets, si pimpants, Madame, ces monsignori, futurs grands hommes de l'administration romaine ; leur bas de soie moule si merveilleusement le galbe de leur jambe fine et nerveuse ; ils ont une façon si triomphante de saisir au passage, à l'aide de leur carreau de vitre enchâssé sous l'arcade sourcilière, les indiscrétions d'un *page timide* ou d'un audacieux *relevé!*

Allons ! j'avais une malice au bout de ma plume, soyons charitables. Après tout, ils n'ont pas charge d'âme et ne sont point tenus, par conséquent, de les guider dans la voie du salut, et, quoi qu'en disent les méchantes langues, je veux bien croire que Rome est toujours la patrie des Lucrèces et des Virginies.

Redescendant la rampe opposée, nous suivons la rue del Babuino et nous débouchons sur la place d'Espagne dont un obélisque, non moins égyptien que tous les autres, joint à l'escalier gigantesque qui conduit à l'église de la Trinité-du-Mont, forme la principale décoration.

Il est temps de nous reposer un peu la vue de tant de choses merveilleuses. Tous ces tableaux de sainteté me donnent une irrésistible envie de mêler quelque peu de profane à tout ce sacré. Nous sommes saturés de dévotion. Le théâtre de l'Apollo nous sera, je crois, une diversion salutaire. Allons-y, on joue le *don Cárlos*, de Verdi.

CHAPITRE IX.

L'opéra italien. — Dans quel cas les messieurs s'assoient sur leur chapeau. — Les grasses et les maigres. — Le passé, le présent, l'avenir.

Mes prévisions sont justifiées, Madame; rien ne pouvait mieux nous reposer de notre admiration que l'opéra italien; c'est une hérésie peut-être à vos yeux, mais, je dois vous l'avouer en toute sincérité, l'enthousiasme m'a fait absolument défaut. La salle, où l'on arrive par un escalier mesquin, orné de médiocres statues en plâtre, est assez vaste, mais n'a rien de ce grandiose que l'on s'attend à trouver dans le premier théâtre de Rome. Cinq étages de loges superposées se développent autour d'elle : pas de fauteuils d'orchestre. Le parterre, formé par deux séries de stalles numérotées, divisé par un large couloir au milieu, a le tort immense de ne pas être disposé en amphithéâtre ; mais il présente, en outre, une bien autre singularité. Le siège de chaque stalle est formé d'une double planchette; la première, recouverte en velours rouge, est mobile et se relève par une charnière le long des montants; la seconde est fixe et son centre est percé d'un trou rond où le possesseur de la stalle introduit sa coiffure, retenue par les bords, comme dans un carton à chapeau ; cela fait, il rabat le premier siége et s'installe. C'est commode, mais c'est drôle aussi. Vu de l'entrée du couloir opposé, l'aspect de tous ces messieurs, assis sur des siéges, qui n'ont précisément rien de bien... curule, présente un aspect assez réjouissant. J'avoue à ma honte que cela m'a plus égayé que toutes les lamentations de ce pauvre Carlos, pour lequel, du reste, le public s'est montré assez impitoyable.

Le *ballo* qui, selon la méthode italienne n'a pas le moindre lien de parenté avec l'ouvrage et forme ainsi une pièce dans une autre pièce, n'a été que ce que sont d'ordinaire ces sortes d'intermèdes, c'est-à-dire une *exhibition* où la chorégraphie sert de prétexte à l'étalage de ce qui fut, de ce qui est et de ce qui sera ; d'art, il m'a paru en être assez peu question.

Puisque j'en suis sur la musique, marquons un bon point aux Italiens, car nos oreilles n'ont pas encore été assourdies par ces virtuoses ambulants qui font nos rues de France si insupportables parfois. Je n'y ai pas ouï le moindre orgue de Barbarie ou de Crémone ; c'est à croire qu'en gens essentiellement pratiques, les édiles romains envoient leurs compatriotes moudre leurs airs à l'étranger.

CHAPITRE X.

L'auteur anathématise les capucins. — Où il est traité de l'influence du calicot dans les arts, en général, et dans la sculpture en particulier. — Tout un monde dans une feuille de papier bleu. — Froissé dans ses sentiments les plus chers, l'auteur s'en prend à Henri IV. — Perversité du jeu de bouchon. — L'auteur affamé court après un repas et tombe sur un verre d'eau. — Vue du Forum. — Orgie de fromage. — Souper allemand compliqué d'un garçon italien. — Les victimes de l'album. — L'auteur s'échappe à travers un massacre effroyable de la langue française.

Je suis d'une humeur diabolique aujourd'hui, Madame. Nous voulions visiter les Catacombes, impossible ; il faut une permission spéciale du cardinal-vicaire ; or, aujourd'hui est fête, nous ne pouvons l'avoir que demain, dans la journée. A demain donc. Nous voulons nous rabattre sur les palais et les galeries ; nous avions compté sans l'Epiphanie ; les monuments publics, fermés aussi pour cause d'Epiphanie.

Revenons aux églises ; celle des capucins est en joie. Savez-vous la lumineuse idée qu'ils ont eue? Pour parer leur église ils n'ont rien trouvé de mieux que d'orner de découpures en papier multicolore les merveilleuses statues de Rusconi, et d'enjoliver d'agrémentations diverses, où le calicot joue un assez grand rôle et se marie à du papier bleu et à des étoiles en papier d'or, des chefs-d'œuvre tels que le *Saint-François-d'Assises*, du Dominiquin ; le *Saint-Antoine*, d'André Sacchi ; la *Nativité*, de Lanfranco ; le *Saint-Paul guéri par Ananie*, de Pierre Cortone !...

Ah ! ceci n'est plus de la piété, vraiment. C'est de l'aberration la plus idiote. Je sors furieux. — *Dii deæque !...*

Je passe sans m'arrêter devant la colonne élevée en commémoration de l'abjuration d'Henri IV. C'est mesquin de formes et de proportion. Après tout, Paul V pensait peut-être que la rentrée du *Vert-Galant* dans le giron de l'Église n'était pas déjà une si belle acquisition pour le ciel, et le monument se sera ressenti de cet enthousiasme modéré.

Place Saint-Antoine, un brave représentant de la force publique traîne au violon un gamin surpris jouant au bouchon. Délit sévèrement réprimé que le jeu, les dimanches et jours de fête ! Or, les fêtes sont nombreuses à Rome, où l'on ne sait jamais sur quel saint on marche.

Talonnés par la faim, nous entrons dans un restaurant d'assez bonne apparence ; nous demandons un mets apprêté de certaine façon.

— Il n'y en a plus, nous dit le garçon.

— Eh bien, qu'on en fasse.

— Ah ! mais c'est que le cuisinier est fatigué.

Et quand le cuisinier est fatigué, Madame, vous

pouvez être assurée qu'à moins d'un miracle de Dieu qui peut tout, le cuisinier ne bougera pas, lui offrît-on un trésor.

Nullement désireux de tenter l'expérience, nous dirigeons nos pas vers le Forum et le Colysée. Suivons la via Sacra, et laissant à notre gauche trois ou quatre immenses arcades, restes de l'aqueduc qui conduisait l'eau au palais des Césars, passons sous l'arc de Constantin. Ce n'est plus maintenant qu'une suite d'enchantements pour l'œil, de souvenirs pour l'esprit. A droite, le *Colysée ;* en face, la *Meta-Sudans ;* plus loin, les trois colonnes du *Temple de Vespasien,* les *Rostres,* le *Portique des Dieux consentes,* la *Colonne de Phocas,* la *Græcostasis,* le *Temple de Castor et de Pollux,* celui de *Romulus et de Rémus.* Inclinons un peu à gauche, vers le Capitole, et du point culminant de la rue jouissons de ce spectacle unique au monde, qui vous écrase d'admiration. Devant nous le Forum et les monuments que je viens de vous nommer ; la *villa Palatine* à droite, et les *jardins Farnèse ;* sous nos pieds, les *prisons Mamertines,* témoins muets et sombres de l'agonie de Jugurtha, de Lentulus, de Cethégus et purifiés par la captivité de saint Pierre, qui y fit jaillir, pour baptiser ses gardiens, la source d'eau miraculeuse qui existe encore et qu'on peut goûter si l'on veut. Nous l'avons trouvée délicieuse.

Mais sa vertu, quelque miraculeuse qu'elle pût être, n'allait pas cependant jusqu'à nous tenir lieu d'un dîner dont nous avions grand besoin ; nous avisons à l'angle droit de la via Alexandrina, une *trattoria* précédée d'un jardin où quelques gros arbres et d'assez jolis massifs font plafonner en tonnelle leur verdure luxuriante. L'aspect de ces tables en plein air nous attire ; leur nappe blanche et coquette, qui semble n'attendre que les convives, complète la séduction et nous décide à prendre place à l'une d'elles.

Il est inutile, Madame, de vous décrire un repas italien. Quand il n'est pas absolument liquide, la seule chose qui lui donne un peu de consistance, c'est le fromage. On le met à toutes les sauces, ou plutôt dans toutes les sauces, avec une prodigalité qui suffit à vous en dégoûter pour le reste de vos jours.

« *Aimez-vous* le fromage, *on en a mis partout.* »

Complétez ce repas, qui mettrait en jubilation une famille de mûrins, par une salade de fenouil, et concluez...

Pour Maxime ou pour moi, le plus ou moins de consistance d'un repas ne pouvait être qu'une considération bien secondaire ; mais il n'en était point tout à fait de même pour Gaspard, dont le robuste appétit germanique ne se pouvait satisfaire à si peu de frais. Aussi faillit-il faire périr d'une congestion cérébrale le garçon à qui il demanda *ein gigot à la ponne gonfidure de croseille et ein labin aux brunes.* Habitués depuis longtemps aux excentricités du goût tudesque, la chose nous paraissait, à nous, toute naturelle, mais il était évident que ce bizarre amalgame d'ingrédients aussi hétérogènes ne pouvait que très-difficilement se caser dans la cervelle italienne du pauvre diable à qui Gaspard s'adressait. Sa figure ahurie, ses yeux injectés, ses sourcils en accent circonflexe nous firent un instant redouter que le coup porté à son imagination n'eût été trop violent. Cependant un éclair subit parut illuminer son esprit, les muscles convulsés de sa face semblèrent se détendre sous l'empire bienfaisant d'une idée, sa bouche s'éclaira d'un doux et compatissant sourire et sa voix eut presque l'accent d'une caresse en murmurant :

— *Capisco! Povero, ohimé!... pazzo... pazzo!..*

Son œil nous jeta un regard d'intelligente pitié, et, se frappant le front du doigt indicateur, il se retira en répétant à demi-voix :

— *Pazzo!... Pazzo!... Povero!...*

L'ordre de ses idées était logique, Madame. Le malheureux nous croyait atteints d'aliénation mentale.

..... Soirée délicieuse passée chez un de nos compatriotes, M. Octave de "*", marié depuis peu à une jeune et toute charmante femme, qui nous a reçus avec le tact et la grâce exquise de la française doublée de la parisienne. Mais le pli de roses, Madame, le pli de roses!... Nous eussions goûté un plaisir sans mélange si je n'avais entrevu cette horrible chose qu'on appelle l'*album*, nouvelle épée de Damoclès suspendue sur notre tête. Venir dans une *vigna* de Rome pour y retrouver le règne de l'album aussi florissant qu'à Carpentras... Amère destinée.

Patient et résigné, j'attendis le grondement de l'orage ; il éclata. L'éclair jaillit des yeux noirs de la sirène et Maxime reçoit le premier choc. Un instant il conçoit la pensée de transcrire sur le vélin satiné qu'on lui tendait la solution d'une équation algébrique ; il ne persiste pas, heureusement, dans cette malencontreuse idée, et le mathématicien fait place à l'artiste. Un croquis charmant et rapide naît sous son crayon savant ; peu à peu le dessin s'accentue et prend une forme arrêtée. Voici le sentier de la place Saint-Georges, le canal de Tarquin et ses sombres arcades, le pont en planches, le lavoir... c'est l'épisode du Forum Boarium tout entier, en quelques coups de crayon. Rien n'y manque, ni les jolies laveuses, ni l'homme aux haillons ; rien, pas même le profil, bien reconnaissable, du pauvre Gaspard, fusillé à bout portant par les rires intempestifs de ces moqueuses filles de la vieille louve romaine. Tout est d'une exactitude parfaite : aussi notre ami obtient-il un légitime succès d'artiste.

L'exemple est contagieux, Madame ; Gaspard, lui-même, que cette innocente *pochade* a mis en bonne humeur, en prend philosophiquement son parti et se précipite à son tour vers la table fatale, avec cette démarche gracieuse du soldat prussien qui se rend à la manœuvre. Il se prête galamment à l'holocauste et s'immole de ses propres mains. Sa pose est l'attitude méditative et réfléchie d'un mortel qui a des accointances secrètes avec Erato ; il lutine la Muse. Au bout de quelques instants de cette *flirtation* sacrée, son front se relève et sa main, fiévreuse encore d'inspiration, trace, sous le dessin de Maxime, quelques lignes inégales, de cette écriture large et carrée que vous savez, et qu'on peut si justement comparer aux caractères hébraïques.

Je suis autorisé à reproduire cette perle ; je vous la livre telle qu'il nous la récita, lui conservant cette prononciation fantaisiste dont il assaisonne si germaniquement notre pauvre et chère langue française.

« *Che de tisais « che d'aime » et ta bûche gruelle*
« *N a bu truffer bour moi gue le rire mogueur…*
« *Aux douze lois d'amûr du de mondre repelle,*
« *Brends carte, Ninetta, Tieu te fit planche et pelle,*
« *Envant, sois ponne aussi ; — lorsque l'amûr t'abelle,*
« *Rébond, z'est bur aimer que Tieu nous fit ein gueur.* »

Il était impossible, vous le voyez, Madame, de s'exécuter de meilleure grâce. Décidément, l'eau de Juturne se faisait Hippocrène.

CHAPITRE XI.

Les contrastes. — Lumière et ténèbres. — Considérations sur l'art au moyen-âge. — Repentir et rechute. — L'auteur craint de devenir amoureux. — Il reconnaît avoir perdu son temps au collége. — Croquis galant. — Idées folâtres que l'étude du grec peut inspirer.

C'est un besoin de notre pauvre nature de vivre de contrastes, Madame ; notre amour du changement n'a pas d'autres causes, ne vous en déplaise. A la ville, nous désirons la campagne ; aux champs, la cité ; nous recherchons le monde par lassitude du repos et la solitude par dégoût de la société ; nous épuisons la joie aussi vite que la douleur ; en un mot, nos goûts ne sont autre chose que la réaction du jour contre la veille. C'est ainsi qu'à force de nous plonger dans l'admiration de ces merveilles de sculpture, de peinture, d'architecture, de nous attacher à deviner le caractère des monuments, l'expression des figures ou de nous perdre dans les perspectives lointaines d'un horizon dont les mille accidents de lumière colorent si magnifiquement les objets qu'ils fondent dans une admirable unité de tons, nous éprouvons un insurmontable besoin de voir du noir, du sombre, du lugubre même, si vous voulez.

C'est vous dire, Madame, que nous sommes dans une parfaite situation d'esprit pour visiter les Catacombes, qui sont le but de notre excursion d'aujourd'hui. Munis de la permission que m'a, le plus gracieusement du monde, octroyée Son Em. le Cardinal-Vicaire, nous avons fait nos provisions indispensables de torches et d'allumettes et nous partons pour la petite église de Saint-Callixte, qui sert d'entrée à la *Roma sotterranea.*

Le chemin est long ; cependant, comme nous trouvons sur notre route un des grands palais de Rome, le palais Doria, et que ce palais contient une des plus riches galeries de tableaux qui existent, nous entrons y faire une petite station. Par un raffinement de sybarite, nous voulons nous abreuver encore une fois d'air et de lumière pour rendre le contraste final plus vif et plus tranché.

Tous les *guides* possibles vous parleront de cette grandiose et somptueuse habitation, élevée par le dernier prince Pamphile qui la laissa en héritage à son possesseur actuel le prince Doria ; tous les catalogues vous énuméreront les richesses artistiques que renferment les onze immenses salles de la galerie où sont rassemblées les œuvres des maîtres illustres, depuis le nom sacré de Raphaël jusqu'à celui de son quasi homonyme *Raphaël Mengs*, ce Saxon fait Italien.

Albert Durer, Titien, Lanfranco, Poussin, Jules Romain, Pérugin, Bassano, Paul Véronèse, Van Dyck,

Salvator Rosa, le Carrache, Rubens, Sébastien del Piombo, y côtoient dans la sublime fraternité de l'art, Le Guide, Michel-Ange, Guerchin, le Tintoret, le Dominiquin, Caraceni, Sasso Ferrato, Romanelli, Claude Lorrain, ce dernier, représenté par un magnifique tableau, la *Fuite en Egypte*, plus connu sous le nom de *Moulin de Claude*, et dont la National Gallery, de Londres, dispute l'original, comme vous le savez, Madame, au palais Doria.

Quel dommage de ne pouvoir qu'égrener ainsi, d'une manière aussi sèche que sommaire, cette série d'enchantements dont la contemplation suffit à vous rendre fou, à vous écraser d'admiration; mais si vous visitez jamais le palais Doria, Madame, gardez pour la dernière la 3e salle, que j'appellerai volontiers la salle des chefs-d'œuvre, comme la *Tribune* de Florence, — dont je vous parlerai en son lieu. — Arrêtez-vous devant les numéros 7, *Suzanne au bain*, — 40, *Junon et Argus*, de Carlo Caraceni, et devant le n° 33, l'*Agnès au bûcher*, *capo d'opera* du Guerchin, œuvre de la plus splendide composition et de l'exécution la plus large et la plus puissante, vraiment digne du coloriste éminent qui fut surnommé le *Magicien de la peinture*.

Quels rêves ceux qui se traduisent ainsi !

Je ne sais comment ce spectacle vous laissera, Madame; pour moi, j'en suis sorti moulu, haletant, brisé, enivré par cette magie de couleur, par cette intuition de la nature, si saisissante et si magistralement rendue.

En vérité, c'est une admirable école, voyez-vous, cette école italienne, réunie là tout entière, à la prendre même depuis sa renaissance artistique, aux xve et xvie siècles. Ici nous pouvons suivre pas à pas tous ses progrès, depuis le moment où elle se délivre de ses langes, jusqu'à ce qu'elle arrive à son plus complet épanouissement. Voyez plutôt : le moyen-âge vient de finir, mais il a laissé des traces si profondes dans les mœurs, dans les goûts, dans les arts, qu'on entrevoit déjà des tendances vers un art plus parfait. Regardez, dans la 2e salle, ce portrait d'homme à cheval, de Paolo Orlano; n'est-il pas un excellent échantillon de la peinture italienne au xve siècle? La raideur du style du moyen-âge y subsiste bien encore, si vous voulez, mais il y a déjà, néanmoins, une marche nettement accusée vers la beauté de la forme. L'homme est bardé de fer, le cheval est encore raide, mais il vit, et on peut presque deviner le corps du cavalier sous son épaisse armure; il y a du mouvement enfin dans ce groupe. La tête du guerrier est belle, elle est travaillée surtout avec une grande hardiesse et une science profonde.

Considérez, un peu plus loin, cette vierge de Lucca della Robbia; n'est-elle pas le précurseur des madones de Pérugin, et même de celle de Raphaël à sa première manière? Le sentiment chrétien, ce qu'on est convenu d'appeler la naïveté religieuse, la simplicité des ajustements et des accessoires, en font une œuvre précieuse pour l'étude de cet art conventionnel qu'on dit, je ne sais trop pourquoi, être un privilège particulier à l'art du xv° siècle; car, enfin, si l'on prend la peine de regarder avec attention les œuvres antérieures, on se convaincra facilement que ces tableaux de saints, de christs, de madones, ne sont que la suite de cette tradition du moyen-âge dont je viens de vous signaler l'influence, exécutés par des ouvriers plus habiles, voilà tout. Les poses, les têtes et les ajustements des figures du xıı° siècle ne sont-elles pas absolument les mêmes que celles des figures du xv° siècle?

Mais voici venir les artistes philosophes, les novateurs, Léonard de Vinci, Michel-Ange, Raphaël, c'està-dire des hommes de génie, des chrétiens tant soit peu *hérétisés* par l'étude de l'antique, et la révolte contre le passé ose se produire. Aussi, malgré la protection du pape et de tous les princes éclairés de la chrétienté, ont-ils à combattre la terrible opposition de tous les amis de ce passé qui croient la société, la religion et surtout l'Église perdues à jamais, parce que d'imprudents romantiques osent déjà changer la forme sans pourtant toucher encore aux couleurs des vêtements de la Sainte-Vierge. On écrit pour, on écrit contre; les graves Pères du Concile de Trente, eux-mêmes, ne dédaignent pas de s'occuper de cette importante question, et après bien des discours, bien des disputes, bien des bulles, force reste enfin au génie, c'est-à-dire à l'avenir, au progrès, à l'idée.

Les chefs-d'œuvre que ces forces ont produits, Madame, nous les avons là, sous nos yeux, et nos yeux ne se peuvent rassasier de les admirer. Voilà pourquoi vous voudrez bien me pardonner, je l'espère, cette digression artistique, qui m'a fait si prestement, — comme à l'oncle Tobie, — enfourcher mon *dada* de prédilection. Que vous dirai-je, Madame? Je ferais bien mon acte de contrition, mais je ne me sens pas assez sûr de moi pour vous promettre de ne pas recommencer. Songez plutôt que les palais Barberini, Colonna, Borghèse, Corsini, Sciarra, Rospigliosi, ont aussi leur musée particulier, ouvert avec une libéralité princière à tous les visiteurs ; que nous devons une visite, de rigueur, à la Farnésine, au Capitole, au Vatican, et que toutes ces galeries, — toutes sans exception, — ont chacune leurs indescriptibles joyaux !.....

. ... Ne frémissez pas d'avance, Madame, vous en serez quitte à meilleur compte que vous ne pensez, et puis, ne vous restera-t-il pas toujours, hélas ! la suprême ressource du lecteur ennuyé !.....

Laissez-moi vous dire une folie. Cette Agnès, du Guerchin, s'est logée dans ma tête avec une incroyable ténacité. Sa persistance à s'y caser avec tant d'obstination m'inquiète. Serais-je menacé du même sort que Procope?

Nous avons rencontré au palais Doria une merveilleuse lady, d'une éblouissante carnation. Madame de L***, qui a voulu nous accompagner dans notre excursion *extrà muros,* la connaît fort et nous a présentés à elle. Un quart-d'heure de conversation avec cette belle et blonde insulaire m'a démontré clair et net que j'avais perdu mon temps au collége, car elle parle couramment les langues de Cicéron et de Démosthènes. En contemplant cette suave apparition, qui semblait sortir d'un nuage de dentelles, j'ai eu une violente tentation de m'écrier, comme le personnage des femmes savantes :

« *Ah! permettez, de grâce,*
« *Que pour l'amour du grec, Madame, on vous embrasse.* »

Suis-je encore sous l'influence du souvenir de la touchante victime de Symphrone, c'est possible ; en tous cas c'est bien alarmant.

CHAPITRE XII.

Ecole buissonnière. — Les appartements Néroniens. — Voyage minutieux à travers les tombeaux de la voie Appienne. — *Quo vadis?* — Martyre de Saint-Pierre. — Trois fontaines. — L'empreinte sacrée. — Vide laissé par les corybantes.

Reprenons notre route ; nous faisons bien un peu l'école buissonnière, mais si *tout chemin mène à Rome*, à plus forte raison, quand on y est déjà, doit-on arriver sûrement aux Catacombes. Nous marchons, et voici les thermes de Titus, les bains élégants de la Rome païenne, et qui ne sont qu'une partie d'un même édifice renfermant autrefois ceux de Domitien, d'Adrien et de Trajan. Tout auprès était situé le palais de Titus, dans lequel on admirait le célèbre groupe du Laocoon, que nous retrouverons dans notre visite au Vatican.

Quoique fort délabré aujourd'hui, ce monument possède cependant encore des souterrains admirablement conservés que nous visitons aux flambeaux. Ces chambres connues sous le nom d'*appartements Néroniens*, gardent des peintures en arabesques admirables par la vivacité des couleurs, la variété et l'exactitude du dessin. Nous remontons au jour sur la *voie*

Appienne, la plus belle de Rome. La plus grande partie des monuments dont elle est bordée sont sépulcraux. Depuis la porte Capène jusqu'aux alentours del Aricia, nous trouvons la sépulture des Scipions, que nous visitons, celles de Priscille, de Geta, les *columbaria* des affranchis d'Auguste et de Livie, la tombe de Claudia Semne, le magnifique mausolée de marbre blanc de Cécilia Metella, les sépulcres de Septime Galla, des Horaces, des Curiaces, et de bien d'autres. Plus loin, nous passons sous l'arc de Drusus. — Une file de charrettes chargées de foin et attelées de ces fameux buffles aux larges cornes et aux naseaux serrés d'un X en fer, nous arrête un instant ; la voie se dégage et nous continuons notre chemin jusqu'à la petite église du *Quò vadis,* où nous faisons une courte halte. Pourquoi la nomme-t-on ainsi ? Vous allez le savoir :

..... C'était l'an 66 après Jésus-Christ.

Une troupe de bourreaux et de soldats conduisaient hors des portes de Rome, sur le mont Janicule, un vieillard qu'ils allaient y crucifier ; car ce vieillard était une *personne vile*, un juif, et il n'avait pas droit aux honneurs de la hache et du billot ; le fer du licteur étant réservé à celui-là seul que la loi reconnaissait *civis romanus.*

A quelque distance du cortège, une foule d'hommes, de femmes et d'enfants, pleuraient et se disaient entre eux : « Le pasteur abandonne son troupeau, le

« père ses enfants, qu'allons-nous devenir? Il y a neuf
« mois qu'on l'a plongé dans les prisons Mamerti-
« nes ; neuf mois il a subi la torture et la captivité ;
« nous espérions que la cruauté de Néron l'avait ou-
« blié ; le tigre s'en est souvenu pour le faire mou-
« rir. »

Un de ceux qui n'avaient encore rien dit prit la
parole :

— « Frères, ne pleurez pas sur le martyr, mais
« adorons les décrets de la Providence; car Jésus-
« Christ, le maître du saint apôtre et notre maître à
« tous, lui a prédit qu'il mourrait pour glorifier son
« nom et le genre de mort dont il mourrait. Vous
« l'avez dit, frères, il y a neuf mois, cédant à nos
« terreurs et à nos prières, notre père s'était déter-
« miné à quitter Rome et à se dérober aux persécu-
« tions de l'empereur, irrité contre lui parce qu'il
« avait vaincu Simon le Magicien. Il nous fit ses
« adieux et partit avant le point du jour. Mais comme
« il mettait le pied hors de l'enceinte de la ville, notre
« Seigneur Jésus-Christ lui apparut.

— « Seigneur, demanda l'apôtre, où allez-vous ?
« (*Quò vadis*?)

— « Je viens à Rome, répondit le Seigneur, pour
« être crucifié de nouveau. »

« Alors le disciple, considérant que le fils de Dieu
« avait achevé depuis longtemps sa mission sur la
« terre et n'était pas en état de mourir, comprit que

« c'était en la personne du premier des apôtres qu'il
« devait être crucifié de nouveau, et retourna sur ses
« pas. Ce fut ce jour-là qu'il tomba entre les mains
« de Néron. Vous voyez donc bien que notre père
« devait mourir. »

Comme il parlait ainsi, tandis que les uns priaient et que les autres continuaient à pleurer parce qu'ils ne pouvaient se consoler, le cortège funèbre arrivait au Janicule, et la foule qui le suivait reçut l'ordre de s'arrêter au pied de la colline.

Les premiers rayons du soleil levant éclairaient dans toute sa magnificence et dans toute son étendue la Rome nouvelle, la Rome de porphyre et de marbre, que Néron avait bâtie après avoir incendié l'ancienne. A l'heure où s'éveilla tout ce que la Babylone de l'Italie renfermait de crimes et d'infamies, de corruptions et de misères, de tyrans et d'esclaves, l'apôtre rendait le dernier soupir, en priant et en pardonnant, à l'exemple de son divin maître, à cette ville de la simonie, de la prostitution et de la peur, à ces bourreaux couronnés dont le joug honteux et sanglant pesait sur le monde, à ces citoyens lâches et énervés qui n'avaient plus de courage que pour aller applaudir au Colysée l'agonie des chrétiens livrés aux lions de Numidie.

Pendant que saint Pierre mourait au Janicule, un autre juste rendait aussi témoignage au Seigneur, à une lieu de Rome, près des eaux Salviennes ; pour

Néron, c'eût été trop peu d'une seule victime ; mais celui-là était un citoyen romain, il s'appelait Paul, et sa tête roula sous la hache du bourreau. En tombant elle rebondit par trois fois, et à chaque place jaillit une source miraculeuse.

J'ai visité ces sources, situées toutes les trois dans un rayon d'un mètre environ, et bu de leur eau ; je l'ai trouvée légèrement ferrugineuse et à un degré thermométrique bien différent pour chacune.

La nuit qui suivit l'exécution des deux martyrs, les fidèles allèrent pieusement chercher leurs restes et leur donnèrent une sépulture provisoire dans les Catacombes. Au lieu précis de l'apparition du Christ à saint Pierre, on a élevé cette chapelle du *Quò vadis*.

A quelques mètres de distance se trouve l'église à une seule nef, de Saint-Sébastien, une des sept basiliques de Rome, et qui garda aussi quelque temps les corps de saint Pierre et de saint Paul. Sur le maître-autel on montre la pierre sur laquelle le Sauveur s'arrêta ; j'y ai constaté l'empreinte de deux pieds fort nette et fort distincte.

Nous suivons toujours la voie Appienne et côtoyons le cours d'eau de l'Almone, délicieux *fiumicello*, tout bordé de roseaux et de fleurettes ; cela nous change un peu des boues noires et fétides dans lesquelles nous pataugeons sur cette pauvre voie, qui devient cloaque à certains endroits, et nous fait amèrement regretter le temps où le censeur Appius Claudius l'avait fait paver de ces grosses dalles, trop rares aujourd'hui, et qui se prolongeaient jusqu'à la ville de Capoue. Il est vrai que maintenant les prêtres de Cybèle n'ont plus besoin de ce ruisseau pour le bain annuel de la *Bonne Déesse*. Hélas ! les Corybantes ne sont plus, et ceux qui les ont remplacés laissent bien incomplète l'œuvre de Pie VI.

CHAPITRE XIII.

Les catacombes. — La grille de ce lieu d'horreur se referme sur le voyageur. — Réflexions non moins chagrines que philosophiques. — Douze cents kilomètres sous terre. — L'auteur regarde à travers une glace et voit un cadavre. — Le monde des vivants. Panorama des jardins de Saint-Calixte. — Leçons de philologie. — La Bacchante et l'omelette. — Irrévérence d'un chat à l'égard d'un dieu. — Bucolique. — La nymphe Egérie. — L'auteur laisse entrevoir qu'il a lu Symmaque et Juvénal. — Il chicane le pieux Numa et adresse quelques paroles aimables a une nymphe.

Nous arrivons enfin à la petite chapelle qui sert d'entrée aux catacombes. Le gardien examine attentivement notre permission et se dispose à nous précéder dans notre visite. Munis de torches et d'allumettes, nous descendons un escalier de pierre au bout duquel nous arrête une grille de fer. Le cerbère préposé à la garde de cette sombre demeure l'ouvre, puis la referme sur nous à double tour et met la clé dans sa poche; un guide supplémentaire nous est adjoint et doit nous accompagner dans cette funèbre excursion ; tel est l'ordre formel. Nous nous enfonçons sous les sombres voûtes, où nos flambeaux ne répandent bientôt plus qu'une clarté rougeâtre; l'air circule mal dans nos poumons et y arrive imprégné d'une fumée résineuse. C'est égal, nous sommes décidés à marcher jusqu'au bout de cet intéressant pèlerinage.

Les catacombes s'étendent, vous le savez, Madame, dans diverses directions autour de Rome. Elles forment un dédale de chemins souterrains, de corridors étroits, présentant de distance en distance des espèces de chambres carrées qui servaient d'oratoires aux premiers chrétiens.

C'est là, qu'à l'heure où les ombres du soir s'étendaient sur les sept coteaux de la Ville Eternelle, des troupes d'hommes, de femmes, d'enfants, enveloppés dans des habits de couleur sombre et marchant le front baissé, arrivaient à cette caverne comme à un rendez-vous donné et s'enfonçaient sous ses voûtes ténébreuses. Ce peuple qui errait et se cachait ainsi, c'étaient les chrétiens fuyant les édits de proscription. C'est dans ces affreuses demeures que se sont tenues ces premières et douloureuses assises du christianisme. C'est là qu'ont vécu, souffert et prié tant de serviteurs du vrai Dieu ; c'est là qu'après leur mort ils ont trouvé cet asile inviolable que la fureur de leurs bourreaux refusait même à leurs restes mutilés.

Voulez-vous avoir une idée du développement de ces retraites, Madame ? Dans certaines parties de ce souterrain j'ai compté jusqu'à cinq étages de galeries creusées les unes au-dessus des autres, et ces immenses corridors mis bout à bout formeraient une rue de *douze cents kilomètres de longueur bordée de six millions de tombes.*

Dans la première chambre, ou oratoire, appelée chapelle de Sainte-Cécile parce que le corps de la sainte y fut inhumé, nous remarquons des fresques parfaites et qui semblent avoir retenu quelque chose de l'art antique. La chambre suivante contient, dans deux sarcophages de marbre, deux corps couchés encore dans la position où ils ont été ensevelis; le seul changement apporté à la disposition primitive du sarcophage consiste dans un couvercle de verre qui permet à l'œil d'embrasser le cadavre dans tous ses détails; l'un n'est plus qu'un squelette, l'autre est complètement momifié. La chapelle du pape saint Eusèbe n'offre de remarquable qu'une grande plaque de marbre, tournant sur elle-même, portant sur une de ses faces une inscription chrétienne, et sur l'autre l'éloge de Marc-Aurèle. La chapelle de Saint-Corneille et de Saint-Cyprien garde un tronçon de colonne qui supportait autrefois la lampe qu'on y tenait constamment allumée; là encore nous avons retrouvé un magnifique échantillon de ces belles fresques que nous admirions dans la chambre de Sainte-Cécile, et peut-être même sont-elles dans un plus parfait état de conservation.

Dieu sait le temps qui s'est écoulé dans cette excursion à travers ces milliers de voies qui se croisent et s'entre-croisent sans fin; pour moi, j'avais perdu toute notion de l'heure, mais j'avoue que l'enthousiasme n'avait qu'une faible part dans le sentiment qui m'agitait. Si le guide, pensai-je, tombait frappé d'une congestion cérébrale !... A cette idée mon sang se glaça et je compris alors la sage précaution du guide supplémentaire. Eminence, soyez bénie !...

Nous avions assez vécu avec la mort, il fallut songer à revenir à la lumière ; son apparition fut saluée par un soupir de joie unanime, et lorsque, quelques minutes après, un radieux soleil nous inonda de ses rayons, il nous sembla assister à notre résurrection. Nos poitrines oppressées aspirèrent avec délices cet air pur et balsamique des jardins de Saint-Calixte, d'où l'œil découvre dans toute son étendue l'immense et magnifique aqueduc de Claude. Avec une sensation de bien-être infini nous nous engageons dans un chemin bordé de plantations d'oliviers, qui nous conduit au champ des Horaces ou *Champ sacré*. A l'orient s'étage le blanc amphithéâtre des maisons de Frascati ; un peu plus à droite encore Tusculum se noie dans une poussière d'or. Fermez l'horizon par le plan neigeux des montagnes de la Sabine et du Latium, dont le pied vient se fondre avec la plaine dans une chaude teinte violette, et vous aurez, Madame, le paysage enchanteur dont nos yeux ne pouvaient se rassasier. Combien plus nous l'admirions encore en sortant de la lugubre nécropole.

Pour rentrer à Rome nous avons pris un chemin de traverse ; il faut bien patauger encore un peu, mais que nous importe ! Nous sommes équipés en touristes, et puis nous causons, nous rions, nous *croquons* de ci de là un type, un point de vue. Une large avenue s'ouvre bientôt devant nous, bordée d'énormes figuiers haut branchés ; elle nous conduit au temple de Bacchus. A ce mot la figure de Gaspard s'éclaire ; le souvenir des bacchanales ne lui est évidemment pas désagréable. Je le rappelle au sentiment plus pur du Forum boarium et du temple de Vesta.

— Burtant, le pon fin, murmure-t-il, cèdre pien pon ! — Et dans son œil gris s'allume une paillette de convoitise. Mme de L** sourit à ce cri du cœur et tente de vains efforts pour rectifier cette prononciation si désastreusement germanique ; la gracieuse et charmante institutrice essaie de lui faire articuler un *bon* à peu près français. Peine inutile ! l'écolier s'obstine à prononcer *pon*, et clôt cette lutte philologique par cette déclaration aussi naïve que convaincante :

— Ché n'avre bas tit *pon*, gère mataine, mais pien *pon* ; barce que si ch'âfre fouloir tire *pon* ch'aurai tit *pon* et non bas *pon*.

Je m'avance vers une pauvre vieille, de l'aspect le plus misérable, préposée aujourd'hui à la garde de ce sanctuaire jadis si vénéré. Peut-être est-elle la dernière descendante de ces Bacchantes, retour de l'Inde ; ses yeux étaient assez rouges et sa tête assez échevelée pour cela.

Quelques baïoques nous gagnent promptement son

estime ; le temple nous est ouvert, et comme la route a aiguisé notre appétit, nous proposons un sacrifice au divin fils de Jupiter et de Sémélé.

Horreur et profanation ! A deux pas du portique sacré, un feu de bois de pin, allumé par l'antique prêtresse, n'a servi qu'à nous cuisiner une affreuse omelette panachée fromage et fenouil. Heureusement nous avons pu faire nos libations avec quelques bouteilles de Falerne, que Maxime, toujours prévoyant, avait cru devoir ajouter à notre bagage ; de cette sorte, l'honneur du Dieu a été sauvé.

Un gros chat qui se chauffait irrévérencieusement au soleil sur l'une des fenêtres de l'édifice, est venu, faisant le gros dos, se frotter parasitement à mes jambes. Peut-être est-ce l'ombre de *Trébius*. Me prenait-il pour *Virron* et se doutait-il de mes bonnes intentions à son égard, je ne sais, mais je lui ai généreusement fait cadeau de ma portion d'omelette, ce qui a fini par me mettre du dernier bien avec les deux hôtes du logis. La vieille a bu le reste de notre vin, et son œil rouge s'est humecté d'une larme de reconnaissance attendrie.

Pauvre vieille ! le temple est bien éloigné, son importance est bien médiocre, les visiteurs sont bien rares ; elle ne doit pas se trouver tous les jours à pareille fête. Les dieux s'en vont !... Pauvre vieille !

— Il lui manque un thyrse, dit Maxime.

— Et tes digres et tes bandères, appuie le Germain.

Contournant le mamelon où s'élève le temple, nous traversons un bouquet de bois d'oliviers où bêlent trois ou quatre moutons sous la conduite d'un berger en haillons rouges. Ce bois débouche dans le frais petit vallon de la Caffarella, où nous retrouvons l'*Almone,* notre fiumicello au doux nom ; ses rives nous conduisent à la fontaine dite de la nymphe Egérie.

Madame, je suis désolé d'être dans l'obligation de faire ici un peu de science rectificative, mais en vérité c'est trop fort ! ça ne peut pas se passer comme ça... Juvénal et Symmaque placent formellement la fontaine Egérie à côté de la porte Capène, tout auprès de la voie Appia. Dès lors, comment peut-on accorder ce nom au nymphée qui est l'objet de la présente digression ? Appuyé sur cette double autorité, je soupçonne fermement celui-ci de n'être autre chose qu'un nymphée du genre de ceux qui se voyaient si souvent dans les *villas* des anciens, qui le consacraient aux fleuves, aux naïades, aux fontaines. Le nôtre appartiendrait donc alors, selon toutes les probabilités, à cette dernière catégorie, et aurait été dédié à l'Almone, dont cette source va considérablement grossir les eaux. Voilà mon système, à moi ! Si je suis dans l'erreur, que l'Académie de la *Crusca* me jette la première pierre.

La fontaine est en maçonnerie réticulaire, avec plusieurs niches, décorées sans doute autrefois de statues, mais privées aujourd'hui de cet ornement. Son eau pure et limpide est excellente à boire; c'est une qualité que je n'ai garde de lui contester et pour cause.

Je me contente de remarquer que le pieux Numa avait un bon petit bout de chemin à faire pour venir consulter son oracle favori.

Or, en supposant un excellent état des chemins vicinaux à son époque — « *quantum mutatus ab illo !* » — il faut bien convenir qu'il avait amplement le loisir nécessaire pour se conformer au précepte de son royal collègue, feu Salomon, qui recommande de tourner sept fois sa langue dans la bouche avant de parler; exercice qui, je me l'imagine, ne pouvait que singulièrement favoriser la justesse de ses vues au retour.

O Nymphe vénérable, pardonnez à une plume obscure et profane d'avoir osé mettre en doute votre identité. A la prochaine occasion, je déposerai sur votre autel un gâteau du miel le plus pur, et j'ornerai votre statue d'une guirlande de violettes et de narcisses pour me rendre votre onde favorable. Puisse son influence salutaire ne m'inspirer, comme jadis à votre royal client, que les plus sages résolutions !...

On nous signale sur notre droite un *fanum* en briques que l'on désigne comme l'édifice élevé au *Dieu Rédicule* (ne pas lire *ridicule*). Son genre de construction m'a bien plutôt l'air de le rattacher au règne de Néron qu'aux époques antérieures. Quoi qu'il en soit, et malgré son voisinage, l'état de délabrement dans lequel il se trouve ne mérite pas que l'on se dérange pour contempler de plus près ce témoignage de la joie des Romains au départ d'Annibal.

Le chemin se creuse et se borde de haies vives et de sureaux; il nous ramène par une route ombreuse et fraîche à la porte Saint-Sébastien, que les rayons du soleil couchant dorent, à cette heure, de ces tons chauds et vigoureux dont se teignent les vieux édifices, sous la *patine* du temps et l'influence du ciel italien.

CHAPITRE XIV.

Ce que l'on voit sur la place de l'Ara-Cœli. — Componction d'Alessandro. — Heureux augure. — Où se montre dans tout son jour l'ingéniosité romaine. — Grandeur et décadence du *Bambino*. — L'auteur ne laisse pas échapper l'occasion de se faire des ennemis des républicains. — Une attention délicate. — Tableau du Bassano. — Le matelas, l'échelle et la bassinoire. — Pourquoi la postérité sera privée d'un chef-d'œuvre.

Nous rentrons à Rome par le *Forum*, notre lieu de prédilection, et, nous acheminant vers le repas du soir, dont cette journée laborieuse nous fait une impérieuse nécessité, nous montons la via Campidoglio.

Au même instant, une voiture brillamment éclairée *au-dedans* débouche de la place de l'Ara-Cœli. Devant elle les fronts se découvrent, les femmes s'agenouillent, les voitures qui la croisent modèrent leur allure, et, à son exemple, ne vont plus qu'au pas ; quelques-unes s'arrêtent court. L'équipage est somptueux, il est vrai, mais tout ce luxe de livrées et de harnais ne peut justifier, à mon sens, les marques de pieux respect qu'il reçoit, de toutes parts sur son passage. Alessandro lui-même ne tarde pas à se prosterner, comme les autres, avec les marques de la ferveur la plus empressée, et se frappe la poitrine avec une componction du meilleur augure pour notre avenir.

Cependant la voiture arrive bientôt auprès de nous et j'imite, *de confiance,* ceux qui se découvrent devant elle. Deux valets de pied, en grande livrée, tiennent les chevaux en bride ; deux autres marchent aux portières, le chapeau dans une main, un cierge dans l'autre. A travers les glaces, je n'aperçois dans l'intérieur que des moines de l'ordre des Frères mineurs de Saint-François tenant aussi des cierges allumés.

L'explication de ce cortège, la voici :

Cette voiture contenait la statuette miraculeuse du *Bambino,* celle dont je vous ai déjà parlé. Les moines, ses gardiens, l'accompagnaient au domicile d'un malade qui, plein de foi dans l'efficacité des vertus que lui attribue la tradition, et désireux de voir terminer rapidement ses souffrances, *de façon ou d'autre,* éprouvait, paraît-il, le besoin de s'appliquer ce remède *in extremis.*

J'ai dit *de façon ou d'autre,* je m'explique. Si Dieu, dans ses impénétrables décrets, a décidé la guérison du malade, la présence de la statuette hâte cette guérison ; mais, au contraire, si la Providence ne garde plus à l'infortuné qu'un petit nombre de jours, le divin *Bambino* a le pouvoir aussi de hâter le terme fatal... et, de toute manière, vous le voyez, le malade est délivré de ses souffrances.

Gens pratiques, ces Romains !

Cette croyance est tellement enracinée dans l'esprit de la population, qu'en 1848, après le départ du pape, les républicains, pillant un peu, — selon leurs habitudes, — s'emparèrent démocratiquement de l'équipage du *Bambino*, et, pour sanctifier sans doute cet acte assez peu méritoire par lui-même, ils lui firent don de la voiture de gala du Souverain-Pontife; manière adroite et peu coûteuse de faire leur cour au bon Dieu dans la personne de son divin fils. Mais quoi ! l'enfer est pavé, prétend-on, d'excellentes intentions. Malheureusement le ciel n'apprécia probablement pas, comme il convenait, cet acte de haute munificence, qui, outre son côté politique, avait l'immense avantage de ne rien coûter à ses auteurs, aussi permit-il que Pie IX revînt de Gaëte, et que, tout naturellement encore, il reprît son carrosse. Le pauvre *Bambino* subit à son tour le contre-coup de la réaction et se vit, par ce fait, littéralement *mis à pied*. C'était triste et peu décent. Pour obvier à cette malencontreuse situation, l'autorité décida qu'à l'avenir tous les fidèles qui désireraient la présence de la statuette miraculeuse la viendraient chercher en voiture ; procédé peut-être bien un peu exclusif, mais...

L'aristocratie envoie ses plus beaux équipages, le commun des martyrs les voitures qu'il peut se procurer, et les autres... ah ! ma foi, les autres s'en passent. Je vois déjà, Madame, une question poindre sur vos lèvres et traduire l'inquiétude pieuse dont votre âme.

si compatissante au malheur, est saisie en faveur de ces déshérités des biens de ce monde.

Que reste-t-il donc, allez-vous me demander, à ces infortunés, condamnés par leur position pécuniaire à ne pouvoir se procurer le luxe d'un équipage qui leur permette de jouir des faveurs de la statue miraculeuse? Sevrés à jamais par la Pauvreté des joies d'ici-bas, doivent-ils donc voir encore sa main implacable leur fermer le trésor des grâces et des miséricordes célestes?

Non, Madame, rassurez-vous, car là encore, — comme toujours, — la grande et sublime parole du Maître reste vraie : « *Heureux les pauvres.* » La part qui leur reste est assez belle, croyez-moi, puisqu'elle n'est autre, après tout, que notre part à tous, qui que nous soyons, chrétiens de tous les pays, enfants de la grande famille catholique. Cette part est faite des prières de leurs frères, des sacrements de l'Eglise, de l'infatigable dévouement d'un clergé dont un zèle que rien ne rebute, une piété que rien n'altère, joints à une science profonde, ont fait le digne émule de notre admirable clergé de France.

Vous le voyez, Madame, à Rome, comme ailleurs, nulle consolation ne manque à la foi du pauvre; sous ce rapport là, du moins, il n'a point à jalouser l'opulence patricienne, et le poète a pu dire avec raison :

« Les pauvres, devant Dieu, sont les égaux des Rois. »

La voiture que nous avons vue ce soir était un carrosse cardinalice rouge et or.

Etait-ce le prélat qui avait demandé la précieuse statuette où n'était-ce pas plutôt une *délicate* attention de ses héritiers ?...

..... On vient d'apporter à Maxime, le Crassus de la bande, une acquisition de la veille. C'est une délicieuse copie, achetée de rencontre, d'un tableau du Bassano, *la Fuite de Jacob*. Sa composition révèle une entente assez fantaisiste de la couleur locale ; oyez plutôt :

Les serviteurs chargent sur des chameaux le mobilier du patriarche. L'un roule avec le plus grand soin un magnifique matelas, dont le moëlleux et l'épaisseur nous font envie ; du reste, il est absolument pareil à ceux de nos jours. Un autre s'apprête à emballer une superbe bassinoire en cuivre rouge, fourbie à souhait. Une bassinoire en Egypte !... Un troisième emporte une échelle pliante, ingénieuse allusion, sans doute, au rêve céleste de son propriétaire. Au premier plan, une femme, à califourchon sur un cheval blanc, présente sa tête en profil perdu ; le torse fièrement dressé et la hanche cambrée de façon à accentuer la *ligne serpentine* offrent les plus séduisantes ondulations.

A l'unanimité nous décernons à ce *quadro* la place d'honneur.

..... A propos de tableaux, j'ai voulu traduire au

pastel un petit coin du paysage de la Caffarella. L'ouvrage à peu près terminé, n'ayant plus besoin que de quelques coups de crayon de retouche, je l'ai laissé sur mon chevalet de campagne. Alessandro subitement animé d'une ardeur superbe et jaloux de se mettre du premier coup au niveau de ses nouvelles fonctions de valet de chambre, après avoir balayé l'appartement, a voulu épousseter les meubles ; jusque-là, rien de mieux. Mais, inconscient du désastre qu'il allait produire, le malheureux a voulu étendre jusqu'à mon œuvre le bienfait de l'époussette. Vous voyez d'ici le tableau ; la stupeur l'a littéralement cloué sur place. Lorsque je suis entré dans la chambre, je l'ai trouvé le haut du corps incliné vers la terre, les bras roidis et tendus en avant, dans la posture navrante de Polichinelle battu par le commissaire.

Je crains bien que l'infortuné n'ait pris la résolution de ne plus rien épousseter jamais. Le pauvre garçon n'y avait malheureusement déjà qu'une trop fatale tendance ; que sera-ce donc désormais ?

Je n'ai pu que lui répéter la phrase de M. de Talleyrand :

« Trop de zèle, mon ami, trop de zèle. »

CHAPITRE XV.

Il pleut. — Reflet du dehors sur le dedans. — Où l'on célèbre les charmes de la vie sauvage. — Forçat et touriste. — L'auteur prend une résolution violente et son parapluie. — Perplexités.

Nous voici d'une humeur détestable. Depuis hier la pluie tombe avec une continuité désolante; les rues semblent être devenues le lit d'autant de ruisseaux; impossible de s'aventurer, même pour un instant, sur les rares et microscopiques trottoirs qui bordent quelques voies de la Ville Eternelle. Tout nous crispe, nous énerve, nous importune. Le roulement perpétuel des voitures nous irrite presque autant que le bruit du piano et nous fait éprouver comme un vague désir de fixer notre résidence au coin d'un bois, dans un antre solitaire, sans autre canapé qu'une pierre anguleuse (avec laquelle, du reste, nous ont déjà familiarisés les lits italiens); non pas précisément pour détrousser les passants et faire concurrence aux bandits indigènes, car le *banditisme* n'est plus qu'un mythe aujourd'hui, et, d'ailleurs, si nous supposions le moindre passant il n'y aurait plus le moindre plaisir, mais parce que telle est la disposition actuelle de notre esprit et qu'il fait sombre dans notre âme comme dans la nature. Nous subissons l'influence de ce qu'on pourrait appeler la *philosophie barométrique*. Ce temps pluvieux, brumeux, nuageux, ennuyeux, fait éclore en nous une violente aspiration vers l'état sauvage. Vous-même, Madame, n'avez-vous pas mainte fois ressenti les énervantes phases de cette disposition maladive? Oui, n'est-il pas vrai, vous les avez éprouvées; il n'y a guère que les imbéciles qui en soient exempts, mais les imbéciles sont toujours contents de tout, y compris d'eux-mêmes.

Au moins, du temps de Virgile, quand il pleuvait « toute la nuit, le spectacle d'une nature plus riante « revenait au matin. » Rien de pareil depuis hier; malgré moi, ces vers de Longfellow voltigent sur mes lèvres comme un refrain monotone :

C'est un jour froid et sombre, un jour plein de tristesse,
Il pleut, le vent n'a point de cesse.
Au mur la vigne en frissonnant se tient,
Mais laisse s'envoler, quand la rafale vient,
Ses feuilles en nuée épaisse.
..... Il pleut, le vent n'a point de cesse.
Je lui résiste au passé me tenant;
Mais ils tombent épais les espoirs de jeunesse;
C'est un jour tout plein de tristesse...

Il est certain que tout change d'aspect quand un brouillard gris et terne remplit l'atmosphère de ses opaques vapeurs; quand les nuages courent sombres et pressés, dépouillant toutes choses du gai prestige dont le soleil les dorait la veille; quand la pluie a éteint toute allégresse dans l'air et vous frappe de coryza, de philosophie, de morosité, de spleen!

Dans ces dispositions d'esprit essayez donc d'écrire quoi que ce soit d'intelligent. Telle est pourtant, Madame, la terrible nécessité dans laquelle je me trouve aujourd'hui. L'œuvre commencée m'entraîne, son exigence grandit chaque jour, et la marche de ce récit m'oblige à vous parler des splendeurs du Vatican alors que, relégué dans ma chambre, immobile, les bras croisés, le sourcil froncé, la mine renfrognée, je rêve coins de bois, antres, cavernes, solitude, pêche à la ligne et autres voluptés primitives et féroces. Il me faut parcourir ces appartements somptueux, ces galeries sans rivales, passer en revue ces bijoux sans prix, énumérer ces richesses incalculables, quand la disposition de mon esprit me porte à envier le sort de Robinson, des naufragés de la Méduse, de Lapeyrouse, de Francklin, et me fait prendre en horreur toute besogne sociale. Il le faut, cependant; mais, mon Dieu, que j'envie donc les fainéantes destinées des « habitants du désert, » comme on chante à l'Opéra-Comique. En vérité, je ne connais que les fabricants de parapluies ou d'*imperméables* qui puissent sentir redoubler leur zèle au travail par des temps semblables.

Allons, franchissons, non pas le Rubicon, comme l'ancien maître de céans, mais le ruisseau qui coule devant notre porte, et dirigeons-nous vers le palais des Souverains Pontifes.

Pour être dans le vrai, Madame, je devrais dire les palais, car cet immense édifice, Capitole de la Rome moderne, est bien moins un palais qu'une série de constructions irrégulières auxquelles travaillèrent les plus célèbres architectes, le Bramante, Raphaël, Ligorio, Fontana, C. Maderno, Bernin. Il ne faut donc pas s'attendre à trouver dans ce monument cette unité, cette homogénéité, qui sont les résultats ordinaires d'un plan conçu d'un seul jet et exécuté tout d'une venue ; mais, heureusement pour l'ensemble, le côté par où on l'aborde est masqué par la colonnade de la place Saint-Pierre qui lui sert d'avenue. Quelle plus magnifique introduction pourrait-on trouver à cet admirable poëme de marbre, de granit et de porphyre ?

Comme pour sa voisine la basilique, il faudrait des volumes entiers pour détailler les magnificences intérieures de cette résidence souveraine qui ne compte pas moins de huit grands escaliers, de vingt cours, de deux cents escaliers de service, de *onze mille* chambres et de souterrains, et qui comprend en outre une infinité de galeries, de corridors, une bibliothèque, un vaste musée et les fameux jardins della Pigna, commencés sous Nicolas V.

Une semblable tentative ne saurait donc entrer dans un cadre aussi exigu que celui-ci.

De longues heures sont nécessaires pour l'examen de tous ces trésors de peinture, d'architecture, de sculpture, de céramique, d'ethnographie, de numismatique, d'iconologie, de bibliographie, de paléographie, de glyptique et de tant d'autres choses en *ie* ou en *ique*. Vous comprendrez sans peine par ce rapide aperçu l'impossibilité de passer en revue tout cela; mais ce que vous ne pourriez vous imaginer, c'est ce que le compte-rendu, même le plus sommaire, demanderait de volonté, de patience, d'obstination, de jarret, de rétine et d'épine dorsale pour tout voir, tout trouver, tout examiner, tout apprécier. Inutile de mentionner le bon sens dans cette énumération, il va sans dire que le touriste est censé en avoir d'une manière prodigieuse.

Songez-vous, Madame, à cette rude tâche de se former une opinion sur chacune de ces œuvres qui se comptent par milliers, quand tant de braves gens s'en vont chaque jour de ce bas monde sans en emporter une seule sur quoi que ce soit; quand ceux que la nature a pourvus d'une rectitude d'esprit peu commune sont parvenus, à force de méditations, à s'en faire une douzaine de passables dans l'unique spécialité qui a occupé toute leur vie.

Cela posé, jugez de quelle appréhension ma conscience doit s'émouvoir devant la nécessité de vous parler de tant de choses. Contentons-nous donc de n'aborder que les principales, — et encore !...

Montons le grand escalier du palais, celui qu'on aperçoit du vestibule de la basilique auprès de la statue équestre de Constantin. Sa double rampe de marbre, à colonnes ioniques, œuvre du Bernin, nous conduit au premier étage, dans la salle Royale, qui sert de magnifique antichambre à ces deux chapelles qui se nomment la *Sixtine* et la *Pauline*. Donnons un coup-d'œil, en la traversant, à ces belles fresques de Vasari et de Zucchari, puis pénétrons dans le premier de ces sanctuaires, la chapelle Sixtine.

CHAPITRE XVI.

Chapelle Sixtine. — Les tourments d'un peintre et les menaces d'un pape. — Cri d'alarme. — Les *loggie* de Raphaël. — Les *stanze*. — Où l'auteur veut prouver son érudition et ne prouve que son pédantisme. — Il dit un mal affreux des anciens et pousse l'oubli de tous ses devoirs jusqu'à railler la douleur d'un père infortuné.

Cette chapelle contient des chefs-d'œuvre, ses murs sont tapissés de fresques magistrales et pourtant un seul nom y domine, dont le rayonnement fait pâlir ceux des artistes les plus renommés de l'époque, Signorelli, Filippi, Pietro Perugino et le Ghirlandaio. Ce nom, vous le connaissez déjà, c'est celui de Michel-Ange ; son œuvre, c'est la coupole, qu'il peignit *seul* en moins de vingt mois ; c'est surtout cette fresque célèbre qui surmonte le maître-autel, que le monde entier connaît sous le nom de *Jugement dernier* et à laquelle le grand artiste travailla sans relâche pendant trois ans.

Trois ans, durant lesquels, aux tourments de toute sorte qui l'assiégèrent au cours de cette longue épreuve, vinrent s'ajouter les impatiences, les ennuis, les menaces même du bouillant pontife qui avait ordonné les travaux, et qui, tout vieux et tout cassé qu'il était, montait à chaque instant sur les échafaudages, se glissait sous la voûte, grondait, conseillait, pressait le pauvre artiste, qui ne voulait avouer son œuvre finie que quand il en serait lui-même satisfait. Ce jour vint enfin, et lorsque la Sixtine fut livrée à l'admiration publique, on la considéra, alors comme aujourd'hui, comme le prodige le plus étonnant de l'art humain. Vous connaissez cette vaste épopée biblique, conçue en une nuit, où l'artiste divin a traduit en peinture la pensée de Dante, le divin poëte ; c'est la même originalité de conception, la même grandeur de style, la même aspiration puissante vers la sublime unité.

Aujourd'hui, l'humidité ronge cette page sans rivale, qui semble vouée à une destruction imminente et prochaine. Le cri d'alarme a été poussé pourtant depuis longtemps. Ne tentera-t-on rien pour arracher au néant qui la menace cette œuvre incomparable dont il ne restera bientôt plus que le souvenir ? Est-elle destinée à subir le même sort que celle d'Orcagna à Pise, que la *Cène* de Léonard de Vinci, à Milan ? « *Caveant consules!* » il est grand temps.

Les fresques de la chapelle Pauline, œuvres de Zucchari, de Sabatini et de Buonarotti, ont beaucoup souffert *de la fumée*. Oui, vous avez bien lu… Sans commentaires.

Ne faisons que traverser la chambre Ducale et arrivons aux *Loges*, de Raphaël, qui continuent la cour du Vatican dont le Bramante avait jeté les fondations. Ces loges sont des galeries en saillie au dehors et ouvertes en portique ; elles furent exécutées sur le modèle en bois qu'en avait fait Raphaël lui-même, lorsque Léon X le nomma son architecte. L'aile qui regarde la ville contient les peintures et les ornements exécutés d'après ses dessins et sous sa direction par Jean d'Udine, un de ses élèves chéris, chez lequel le charme du talent répondait à l'harmonieuse sonorité du nom ; c'est lui qui peignait dans les tableaux du *divin Sanzio* les fleurs, les fruits et les accessoires ; mais, l'œuvre du maître, nous allons la voir rayonner dans les *Stanze* qui donnent sur la cour du Belvédère.

Les peintures de la première chambre, celles de l'incendie du bourg, et celles de la chambre de Constantin ont été dessinées par Raphaël et peintes par ses élèves ; dans celle de la *Signature*, où les Souverains Pontifes signaient les actes de la papauté, les quatre grandes compositions sont en entier de sa main ainsi que celles de la chambre d'Héliodore, la plus animée de toutes ses compositions.

Maintenant, Madame, que vous dire de Raphaël ? Quelle formule élogieuse employer pour parler de l'auteur de tant de chefs-d'œuvre, des Sybilles, des Prophètes, de la Farnésine, de saint Michel, des portraits de Jules II et de Léon X, dans lesquels il dépasse le Titien lui-même ? De ce génie que le pape regardait comme « le plus beau diamant de sa tiare ? » On ne

peut que répéter ce qu'en dit un contemporain :
« *Equando gli occhi chiuse, ella quasi cicca rimase...* »

Nous franchissons la cour Saint-Damaso, où se trouve la fontaine dont l'eau sert à l'usage exclusif des papes et nous montons directement à la galerie de tableaux. Ce petit musée ne renferme guère qu'une quarantaine de toiles, mais toutes sont des chefs-d'œuvre, parmi lesquels brillent au premier rang la *Transfiguration*, de Raphaël, et sa *Madone de Foligno;* la *Communion de saint Jérôme*, du Dominiquin ; un *saint Thomas*, du Guerchin ; la *Résurrection du Christ*, de Pérugin, qui présente cette particularité qu'un des soldats endormis est le portrait de Raphaël adolescent et l'homme armé qui s'enfuit celui de Pérugin, peint par Raphaël ; une *sainte Hélène*, de Véronèse ; deux peintures de Murillo ; des paysages de Potter, etc...

Vous le voyez, on voudrait pouvoir tout citer, et la besogne serait longue à ne vous parler que peinture et sculpture, car les œuvres d'art ont cela de particulier que, s'adressant surtout aux yeux, elles offrent l'immense avantage de n'exiger que du goût de la part du spectateur. Cela suffit pour qu'il soit frappé du mérite de l'œuvre; elles occupent son esprit sans le fatiguer tout en lui permettant de donner libre carrière à son imagination.

..... Si nous nous sommes ainsi attardés dans notre visite à ces maîtres éminents du pinceau, c'est que la peinture, par la variété des sujets qu'elle embrasse autant que par l'éclat des couleurs dont elle dispose, obtient naturellement un degré d'attention supérieur à celui qu'on accorde à la sculpture, dont les moyens d'exécution sont plus simples et moins brillants. Cependant là aussi il y a des chefs-d'œuvre qui méritent notre attention et quelques-uns toute notre admiration. Je fais cette réserve, Madame, parce que mes longues et laborieuses stations dans les galeries vaticanes n'ont fait que me confirmer dans cette idée que l'art antique a trop souvent sacrifié à la beauté de la forme l'expression et le sentiment, qualités qu'on dirait presque modernes, car les anciens qui nous ont laissé de si admirables chefs-d'œuvre de modelé, de force musculaire et de grâce plastique, se préoccupaient presque exclusivement de l'homme extérieur et ne mettaient dedans que le moins possible d'âme et de vie. C'étaient de magnifiques lampes dans lesquelles ne brûlait que fort peu d'huile.

A un petit nombre de compositions près, où l'expression morale, ce but suprême de tous les arts, a débordé instinctivement, la statuaire antique ne nous a rien légué de complet comme pensée, comme sentiment.

En voulez-vous une preuve convaincante, prenons dans le premier des cabinets entourant la cour du Belvédère une de ses merveilles les plus expressives, le corps le plus parfaitement étudié au point de vue anatomique, le torse du Laocoon. Sa pose n'est-elle pas plutôt celle d'un homme qui se détend les nerfs en bâillant que celle d'un père malheureux luttant en désespéré contre l'étouffante spirale des serpents qui l'étreignent, lui et ses enfants, qui vont les briser, les broyer et qui déjà lui déchirent le flanc? Il pose bien plus qu'il ne souffre ; il se donne de l'attitude bien plus qu'il ne se débat. En doutez-vous ? Placez-vous par la pensée au milieu de cette horrible lutte, si bien décrite par le poète, et, par ce que vous feriez, jugez de ce que l'académique grand-prêtre ne fait pas. Gaspard juge d'un mot la situation :

— Il zemble gu'il guide zes prédelles !

Ces réflexions générales, permettez-moi de les appliquer à d'autres chefs-d'œuvre antiques, tels que le *Méléagre*, le *Persée*, l'*Apollon du Belvédère*, la *Cléopâtre*, pour ne parler que des plus célèbres ; là encore il y a une admirable beauté de formes ; l'art resplendit dans ces œuvres sous cent faces diverses également belles, également vraies au point de vue de leur inspiration, mais est-ce réellement le *vrai beau* ? — « *That is the question.* »

Car, enfin, quoi est le beau? Les uns le voient essentiellement, absolument, exclusivement dans la pensée ; les autres dans le dessin, dans la forme ; quelques-uns dans la composition ; d'autres, au contraire, regardent comme indispensable la réunion de tous ces éléments dans une juste et harmonieuse proportion. Hors de là, suivant eux, il y a des œuvres plus ou moins remarquables, mais non *absolument* admirables ; il y a des détails, il n'y a pas d'ensemble ; il y a tel ou tel élément du beau, il n'y a pas de beau complet.

Je ne rougis pas d'avouer que cette bannière est la mienne, Madame. Ces opinions artistiques vont vous paraître, sans doute, hérétiques au premier chef; peut-être même y verrez-vous un crime de lèse-génie, qu'importe ! Je suis ainsi fait. Je vous donne mes impressions bonassement, naïvement, avec un esprit dégagé de parti pris, vous laissant toute latitude de les traiter d'absurdes si tel est votre plaisir. Il est bon d'avoir toujours le courage de ses opinions, mais c'est surtout en matière d'art qu'il faut pousser la logique jusqu'au radicalisme le plus rigoureux.

Eh bien, c'est parce que le passé, beaucoup trop vanté, selon moi, ne m'inspire aucun des préjugés de l'école *admirative quand même*, que je ne veux pas grossir la foule de ceux que le satirique latin nomme *imitatores servum pecus*, — et qu'au risque d'encourir vos spirituelles et mordantes railleries, Madame, rien ne pourra me faire dévier de ma résolution de dire une fois de plus ce que, à tort ou à raison, je crois être la vérité. Cela choquera peut-être quelques idées reçues et acceptées jusqu'ici sans conteste, mais leurs champions pourront me contredire à leur aise. C'est d'ailleurs la loi de l'humanité : hélas ! elle n'a pas fait autre chose, du jour où deux hommes se sont rencontrés sur la terre et ont tâché de s'entendre sur quoi que ce fût. L'*Ecclésiaste* a pris soin de confirmer cette triste vérité ; n'y est-il pas dit : « ... *et tradidit mundum disputationibus eorum!* » et il livra le monde aux querelles des hommes. C'est la tradition de Babel qui se perpétue. Le compas, la truelle, la scie et le marteau étaient les mêmes entre les mains de ses bâtisseurs ; mais par malheur chacun d'eux parlait sa langue et vous savez le beau chef-d'œuvre d'unité qu'ils sont parvenus à ne pas faire. De même je n'aurai fait qu'apporter mon modeste contingent d'hérésies à l'immense quantité de théories développées chaque jour sur cette matière, et, je le répète, sans la moindre prétention de les imposer à qui que ce soit.

CHAPITRE XVII.

L'auteur enfourche son dada. — *Dissertation savante que l'on peut passer sans inconvénient.* — *Où l'on apprend, entre autres choses instructives, que le granit est dur et que la lune a une tête de chat.* — *L'auteur examine des vases et se noie dans une tasse.* — *Paysage au soleil couchant.* — *L'auteur prend une petite fleur sous sa protection et saisit avec empressement l'occasion de se mettre au plus mal avec tous les botanistes présents et futurs.* — *Il met le comble à ses forfaits en volant effrontément le pape.*

En voilà bien long sur un pareil thème, et, pourtant, que de choses me resteraient à vous dire s'il entrait dans mon plan de vous parler des autres richesses du Vatican : ses mosaïques, son cabinet de médailles, sa bibliothèque, ses musées Etrusque et Egyptien. Tout cela présente, je n'en doute pas, un grand intérêt pour les savants qui peuvent facilement se rendre un compte exact des progrès de l'histoire ascendante et descendante de l'art, mais excèderait de beaucoup les bornes d'une simple excursion dans le domaine archéologique..

Pour nous, personnellement peu versés dans la science de Champollion, nous passons rapidement devant ces sarcophages chargés d'hiéroglyphes, devant ces sphinx camards, ces Pharaons mutilés, ces ibis mélancoliques, ces stèles de la douzième dynastie ou ces signes emblématiques de l'adoration perpétuelle de la *Déesse noire.* Les sectateurs du crocodile et de la lune à tête de chat, couchés, emballés et vernis dans leurs caisses funèbres, ne sauraient exciter de notre part un bien vif enthousiasme. Enfermées dans une iconographie conventionnelle par les lois théocratiques du pays, toutes ces productions artistiques sont empreintes de la désespérante monotonie que leur donne cette éternelle attitude de repos ou de prière qui, symbolisant la force, était la seule agréable à leur divinité. L'unique chose qui m'ait frappé, c'est la netteté surprenante de leur gravure sur pierre. Et quelles pierres! des basaltes, des granits, des calcaires les plus durs, ceux qu'aucun de nos métaux ne peut mordre. Nos aciers les mieux trempés s'y émoussent ou se brisent comme du verre. Aussi, faut-il l'avouer en toute humilité, les Egyptiens du temps de Sevekhotep II, contemporain d'Abraham et de Jacob, étaient plus savants que nous en métallurgie, car ils fabriquaient des instruments de cuivre assez durs pour pouvoir couper le granit. C'est un art qui n'a jamais été retrouvé.

Plus rapide encore sera notre examen du musée Etrusque, de fondation récente d'ailleurs et peu meublé. L'objet le plus précieux est le vase dit de Bacchus: cette pièce, où l'éducation du Dieu est peinte sur fond blanc, peut être considérée, je crois, comme unique en son genre. On a joint à ce musée la galerie dite des Tasses ; mais là je m'arrête. Il faudrait pour vous les décrire la plume élégante et facile de mon ami Félix Léal, qui a su, dans de savantes études sur la céramique, allier à un si haut degré le talent consciencieux de l'écrivain à la grâce ingénieuse de l'artiste. Je lui abandonne le soin de vous initier aux mystères du *kaolin* et du *petunsé*, de vous dévoiler les arcanes du *biscuit* et de la *barbotine*, ou de vous intéresser aux anxiétés du *fonds au grand feu*.

..... Un peu d'air nous est nécessaire après notre longue station dans les appartements du Vatican ; nous allons aspirer la fraîcheur et l'ombre dans les jardins du palais, et, tout en nous reposant sur une de ses terrasses, contempler ce magnifique paysage signé du *bon Dieu*. Nous avons en face Monte-Mario, tandis qu'à notre droite se déploie la vaste plaine de Rome. Ces jardins, où l'art a multiplié les massifs, les berceaux et les fontaines monumentales, ont de délicieuses retraites pour la rêverie ; les plantes des pays chauds y atteignent en pleine terre une prodigieuse vigueur, y puisent une sève exubérante. Dans un de ces jardins s'élève la *villa Pia*, une des plus originales conceptions de l'architecture moderne, ornée des peintures de Barocchio et de Zucchari. C'est là que le pape reçoit les dames, qui, on le sait, ne peuvent avoir leurs entrées au Vatican. Auprès de l'une des deux admirables fontaines, à quatorze bouches, que le pape Paul V, Borghèse, fit creuser en rocailles et surmonter d'aigles gigantesques en marbre blanc, j'ai cueilli une délicieuse fleurette que je n'ai vu nulle part ailleurs et dont j'ignore le nom. Je n'ose pas vous la décrire ; j'aurais peur qu'un affreux savant ne la baptisât d'un de ces noms bien barbares et bien ridicules sous lesquels ces messieurs étiquettent ordinairement ces frêles et suaves créations du bon Dieu. Les entendez-vous parler *bractées, stomates, spongioles, anthère, ovaire, cotylédons?...* Vous demandez ce que c'est ? Ce sont des fleurs ; voilà comme ils les arrangent. Pauvre chère et douce petite, se peut-il que ton calice embaumé ne soit que le scientifique assemblage de ces grotesques ingrédients.

En sortant, j'ai mis le saint-père à contribution de deux oranges, comme souvenir de ma visite à ses beaux jardins.

CHAPITRE XVIII.

Ce qui fait sourire le ciel et la terre. — Diverses déclarations d'amour à différentes choses de la création. — Le Tasse. — Une douloureuse odyssée. — Ce que l'on voit du jardin du couvent de Saint-Onuphre. — Le voyageur dit leur fait aux PP. de Saint-Jérôme et conçoit la plus mauvaise opinion de leur goût. — Une médiocre peinture. — Les religieux y perdent, le Tasse n'y gagne pas. — Bons effets d'une bonne pensée.

Le soleil est revenu ; ses rayons ont ramené la joie parmi notre petite troupe et nous entraînent vers je ne sais quel sentiment de poésie naïve et bucolique. Notre esprit et notre cœur avaient besoin de cette *embellie,* comme disent les marins ; aussi avons-nous salué avec bonheur le réveil de **Phœbus-Apollon**, et peu s'en est fallu que notre enthousiasme et notre amour de la couleur locale ne nous aient fait entonner en chœur le fameux hymne « *Io Péan.* »

C'est qu'avec le beau temps, voyez-vous, tout sourit ; l'humanité redevient passable ; on donne une poignée de main à son semblable avec plus de cordialité ; l'amour paraît une invention assez réjouissante ; la littérature et les arts ont un plus grand charme et le train habituel des choses mondaines ne choque point trop la raison et l'équité ; en un mot, il *fait aussi soleil en nous.* Non pas que nous soyons deve-

nus plus vertueux, mais sans abuser du plaisir de
« voir lever l'aurore, » nous nous laissons volontiers
aller à ces douces émotions de la nature quand elle
s'éclaire et brille d'un splendide éclat, alors qu'un
rayon d'or vient comme une flèche lumineuse piquer
le feuillage et faire scintiller comme une poussière
d'émeraudes les rameaux balancés sur son passage. Ce
spectacle bienfaisant opère sur notre âme une sorte
de réaction contre les gangrènes morales de la civilisation et devient une source de plaisirs délicieux.

Ainsi montés à ce diapason poétique, l'occasion se
présentait on ne peut plus merveilleusement de faire
notre pèlerinage au tombeau du plus illustre représentant de la poésie italienne, l'immortel auteur de l'inimitable poème qui a nom la *Jérusalem délivrée.* Vous
avez lu cette œuvre qui, par la grandeur des conceptions, par le développement des caractères, la
richesse des images, la grâce des idées, l'harmonie
du style peut se placer hardiment auprès des chefs-
d'œuvre d'Homère, de Virgile, et de Milton. Vous
comprendrez facilement alors que cette partie de notre
itinéraire reçut une prompte exécution. Une heure
après, nous franchissions le seuil du couvent de Saint-
Onuphre, où vint s'abriter la lamentable existence de
l'illustre martyr, qui lutta trente-trois ans, en butte
aux effroyables orages du génie, de l'amour, de la
persécution, de la misère et de la folie.

En effet, avec la célébrité, le Tasse vit commencer

pour lui cette longue série d'infortunes auxquelles la mort seule put mettre un terme. Son poëme, la *Jérusalem délivrée*, qui, n'en déplaise au docte et morose **Régent du Parnasse**, est son principal titre à l'immortalité, lui suscita d'ardentes critiques. Il eut le tort d'engager avec ses obscurs détracteurs une polémique qui lui valut bientôt d'amers déboires et de haineuses jalousies. Retiré à la cour de Ferrare, il s'éprend pour une des sœurs du duc, la belle Léonore, d'un de ces amours insensés qui consument toute une vie. Désespéré de ne pouvoir faire partager son amour à celle qui en était l'objet, sans cesse assailli d'idées noires, sa raison s'égare; il quitte brusquement Ferrare, sans argent et sans but. Il gagne Naples, où il retrouve sa sœur, qui s'efforce, en vain, de le calmer. Errant de ville en ville, portant dans son cœur une image éternellement adorée, il visite successivement Mantoue, Urbino, Turin ; mais ne trouvant nulle part le calme et le bonheur, il se hasarde à revenir à Ferrare. Le duc irrité le fait enfermer dans une maison de fous, où il le retient sept ans ; il ne lui rend enfin la liberté que sur les pressantes sollicitations du Souverain Pontife. Le pape l'appelle auprès de lui, mais la mort a déjà marqué sa proie. Clément VIII, digne appréciateur de son génie, allait le couronner solennellement lorsqu'il mourut au couvent de Saint-Onuphre, où il s'était retiré, emporté par une fièvre qui le minait depuis longtemps.

Voilà, en peu de lignes, Madame, la douloureuse odyssée du glorieux martyr. Quel don funeste que le génie, si le front sur lequel Dieu fait descendre cette flamme céleste est fatalement voué lui aussi à la couronne d'épines.

Du couvent je n'ai voulu voir qu'une chose, mais celle-là efface toutes les autres, c'est la chambre que le Tasse habitait. Les moines l'ont laissée à peu près telle qu'il l'avait meublée ; on nous a montré son fauteuil, sa plume, son encrier, sa table, surmontée d'un Christ en ivoire qui lui venait de son père, et dont il ne voulut jamais se séparer. Quelles douloureuses confidences, quelles larmes amères, quels sanglots désespérés ont dû s'épancher sur ces pieds meurtris du divin Crucifié, où, selon la magnifique expression du chantre d'Elvire,

« ... *Ses yeux, goutte à goutte, ont imprimé leur trace*
« *Sur l'ivoire amolli.* »

Dans une vitrine on conserve le moulage en cire fait sur son cadavre.

Sur la paroi du mur qui fait face à la porte d'entrée, auprès de la fenêtre, à gauche, un portrait à la fresque, de grandeur naturelle, reproduit sur le fond blanc de la chaux les traits du poëte, dans l'attitude de la méditation. Pourquoi cette peinture, d'un mérite douteux d'ailleurs? N'aurait-on pu laisser à cette chambre le caractère de sévérité un peu claustrale que lui avait imprimé son possesseur? Cet *enjolive-*

ment posthume n'est qu'une superfétation, au moins inutile en présence des souvenirs qui s'y pressent en foule et suffisent à la remplir tout entière. Les RR. PP. de la congrégation de Saint-Jérôme ne l'ont pas compris.

Au fond du jardin, on montre l'arbre sous lequel il allait s'asseoir et rêver ; du petit tertre où il est planté, son œil pouvait embrasser l'aspect des galeries Vaticanes, dominées par la masse imposante du château Saint-Ange ; à droite, la vue plonge par une échappée sur le cours du Tibre, que coupent d'une façon si pittoresque les dômes de la Ville Eternelle : au delà, les environs de Rome jusqu'à la mer, qui étincelle comme un miroir d'acier.

Du jardin on passe dans l'église du couvent où se trouve un tableau du Dominiquin et une Vierge, à la fresque, de Léonard de Vinci. C'est dans la chapelle de gauche, en entrant, que repose le corps du poète sous un magnifique mausolée surmonté de sa statue en marbre blanc, tombeau et statue dus à la munificence de Pie IX.

J'ai voulu relire un passage de la *Jérusalem* à la lueur de ce demi-jour mystérieux que tamisent dans ce petit sanctuaire ses jolis vitraux renaissance. Le frère qui nous accompagnait est allé nous chercher l'ouvrage dans la bibliothèque du couvent ; quelques minutes après il était de retour et nous tendait une édition en langue... **anglaise**. Je l'ai regardé, tout surpris, mais son air béat et si parfaitement convaincu de nous être agréable éloignait tellement toute idée de mystification, qu'une explication du fait m'a paru nécessaire. Le fait était humiliant pour la grande ombre de *Torquato*; il fut avéré que la communauté ne possédait que cet unique exemplaire.

Un clin-d'œil nous suffit, à Gaspard, à Maxime et à moi, pour nous comprendre; demain, réparation sera faite à ces mânes illustres. La France et l'Allemagne, malgré les lourdes charges de leur maigre budget, doteront, par nos mains, le couvent de Saint-Onuphre de l'œuvre du Tasse, dans sa *langue originale*.

Que la bénédiction des touristes reconnaissants nous accompagne!

CHAPITRE XIX.

Le dimanche à Rome. — Où Gaspard paraît pour disparaître. — Conversation à bâtons rompus. — Rêverie au clair de lune. — Les abbés sur les toits, la femme à la fenêtre, le monsieur dans la chambre. — Bruits mystérieux. — Diagnostic alarmant. — Où perce le mauvais caractère de l'auteur. — Topique violent.

Vous savez, Madame, quel ennui formidable suinte par tous les pores un dimanche anglais ; je ne connais que le dimanche romain qui puisse lui faire un pendant à peu près convenable. Une des choses les plus scrupuleusement respectées ici, c'est la stricte et rigoureuse observation de ce repos dominical, augmenté de tous les jours fériés dont regorge le calendrier italien, où

« ..... *monsieur le curé,*
« *De quelque nouveau saint toujours charge son prône.* »

Non-seulement les affaires sont suspendues, mais les plaisirs sont également interdits, pour la plus grande gloire du ciel. Comme tous les autres établissements, la poste et le télégraphe sont fermés ; rien n'arrive, rien ne part. Votre fortune ou votre vie dépendît-elle d'une lettre, d'une dépêche arrivée dans la nuit, l'inflexible et pieux bureau ne s'ouvrirait pas pour vous la remettre ou la recevoir. C'est fort triste, je vous l'assure. Le mouvement a cessé, la vie est interrompue. Tous les magasins sont fermés, même les boutiques où se débitent les objets de première nécessité.

En revanche les églises et les basiliques sont grandement ouvertes, et chacun peut y venir chercher la nourriture de l'âme et le pain de la parole évangélique. Aussi la foule y abonde-t-elle ; les gens de tout âge et de toute condition assistent exactement aux cérémonies religieuses. Les uns se rendent à l'église de leur quartier, les autres à leur paroisse de prédilection, car il n'est pas de dévotion si sincère qui ne cède parfois à un mobile mondain et à l'entraînement d'un penchant secret. Espérons, néanmoins, que le gouvernement pontifical, qui peut, à si juste titre, revendiquer la gloire de marcher en tête du progrès et de la civilisation, comprendra dans un temps prochain, — lui qui a su si bien se ployer à certaines exigences de la vie moderne, — que pour les choses qui touchent au devoir, au sentiment, et même à des intérêts matériels d'un ordre non moins respectable et non moins élevé,

« *il est avec le ciel des accommodements.* »

Soyons justes, d'ailleurs. Des symptômes d'un favorable augure témoignent déjà d'un progrès réel dans cette voie, et permettent d'espérer qu'on ne s'arrêtera pas en si bon chemin. En fait de réformes surtout, il n'y a, dit-on, « que le premier pas qui coûte. »

Or, ce pas essentiel est fait, et quelques modifications salutaires sont venues tempérer cette austérité dominicale, qui se relâche un peu de sa rigueur à l'issue des offices du soir.

A cette heure le *Corso* retrouve son défilé de voitures se rendant au *Pincio*, fleuve sans fin qui roule avec fracas des flots pressés d'équipages. C'est alors une lutte perpétuelle; il faut se tenir sans cesse sur l'offensive et sur la défensive. Une fois engagé d'un côté de la rue il est impossible de passer à l'autre; le sylphe le plus agile ne saurait parvenir à traverser la chaussée couverte de voitures, encombrée de chevaux, sillonnée de roues qui s'enchevêtrent les unes dans les autres. Les cochers italiens seuls ont le talent de se tirer de ce cahos, de cette tempête qui gronde sans relâche jusqu'à l'heure inexorable du *pranzo*. Puis la nuit descend sur les sept collines qu'elle enveloppe, peu à peu, de silence, d'ombre et d'immobilité.

Si vous voulez connaître l'ennui dans toute sa magnifique intensité, passez un dimanche à Rome. Arrangez-vous comme vous voudrez, cherchez de toutes parts, vous ne trouverez pas le moyen de charmer une seule des heures de cette triste journée.

..... Je ne sais si je subis, à mon insu, cette influence énervante, mais je me sens, à coup sûr, dans une disposition d'esprit anormale. Gaspard n'a pas reparu depuis le déjeuner, sous le prétexte d'aller entendre la messe à l'église Saint-Apollinaire, où l'attire, prétend-il, une vierge du Pérugin. Entre nous, je la crois plus moderne... Je trouve que Gaspard s'absente bien souvent depuis quelques jours...

Maxime est resté de corvée à l'ambassade ; en l'attendant, je baille à me décrocher la mâchoire, tandis qu'Alessandro bourdonne à mon oreille des histoires impossibles, dans un jargon improbable où vingt idiômes différents se mêlent et se heurtent d'une façon insensée. Cet homme a dû travailler à Babel le jour de la dispersion. A force de vouloir devenir polyglotte au service de ses différents maîtres, le malheureux s'est fait une langue à lui, sans le moindre rapport avec sa langue maternelle. Sa science philologique se borne, pour le français, à deux mots : *c'est ça* et *parfaitement*, dont il se sert à tout propos, et, malheureusement, à propos de tout ; il en résulte parfois de bizarres quiproquos. Dans ses relations particulières avec Gaspard,—qui, lui aussi a inventé un italien de fantaisie qu'Alessandro ne comprend pas davantage que le pur allemand de notre ami, — il se sert plus volontiers d'un anglais en vingt-cinq leçons que lui a enseigné un réfugié espagnol. Dieu sait si leurs propos y gagnent en lucidité.

Mais pour le moment peu m'importe ; le murmure monotone de sa voix berce à souhait ma rêverie.

..... *Que faire en un gîte à moins que l'on ne songe !*

..... Le temps est splendide ; la lune parcourt ma-

jestueusement le ciel, et, par mes croisées ouvertes
— idée qui m'eut fait frissonner en France, il y a
quelques jours — sa pâle lumière remplit ma chambre
où soufflent à l'aise les bouffées d'un air tiède et parfumé. Cette nuit charmante me pénètre malgré moi
d'un charme langoureux ; le front appuyé sur mes
mains, je laisse ma pensée s'en aller vers les bords
enchantés où la pousse le vent du caprice.....

..... En face de moi deux abbés se promènent sur
la terrasse d'une maison ; je les suis d'un regard ma-
chinal. Une lumière paraît à une croisée de l'un
des étages inférieurs et attire mon attention de ce
côté. Regardons. Les jalousies remontent avec ce
bruit de *cliquette* que rendent leurs minces lames de
bois en se repliant et démasquent une ouverture encadrée de plantes grimpantes.

Une jeune et belle tête de femme, aux opulentes
tresses noires, vient respirer pendant quelques secondes l'air pur et balsamique du dehors, puis disparaît
aussitôt. Un rire frais et joyeux, parti de ce nid
fleuri, m'envoie ses notes cristallines auxquelles se
mêle une voix plus grave. Le rire s'arrête et semble
se perdre étouffé par un bruit semblable à celui d'une
lèvre fermée se rouvrant sur un corps solide.

L'envie est une mauvaise conseillère, Madame ; je
me suis mis à chanter à pleine voix ; tout est rentré
dans l'ordre... mais la croisée s'est refermée.....

Tout cela finirait mal ; pour me remettre dans mon

assiette, je me décide à *faire de l'ordre* dans mes notes archéologiques. Rien de topique en pareille occurrence comme une page de Kircher ou de Winckelmann.

CHAPITRE XX.

L'auteur fait alliance avec un voleur. — L'osteria *del Olmetto*. — Idylle et bucolique. — Ce qu'enseigne une enseigne. — Utilité d'un homme qui fait la sieste et inutilité d'une femme qui travaille. — Le dormeur éveillé. — Ce que fait l'hôte. — Ce que dit le voiturier. — Désillusion. — Stupéfaction. — Philosophie. — Révélations lamentables sur les hôtelleries italiennes. — Où le lecteur apprend ce que Pietro allait faire au grenier et pourquoi la dame rougissait.

..... Assez de monuments, assez de palais, assez d'églises pour aujourd'hui. Notre pauvre tête, fatiguée par tant de visites aux merveilles du paganisme et de la chrétienté, a besoin de se réconforter un peu par l'aspect de la campagne, riante éclaircie dans l'orage de nos admirations. Nous avons la nostalgie des champs, des prés et des bois. Il nous faut l'espace avec ses verdures, ses parfums et ses fleurs; il nous faut la nature avec son soleil, à nous qui guettons depuis de si longs jours une de ses libres caresses du fond de notre ombrage de marbre. Comme Tityre, nous éprouvons un invincible besoin d'emboucher les pipeaux de l'églogue, et couchés à l'ombre des hêtres « *Sub tegmine fagi*, » nous voulons demander aux grands bois s'ils se souviennent encore du doux nom d'Amaryllis.

Nous nous mettons en quête d'une voiture et d'un vetturino. Alessandro se charge de nous procurer les deux et nous présente bientôt l'une et l'autre ; la première est une calèche, le second est un voleur ; — entendons-nous, un *ex-voleur,* un *riconciliato*, comme on dit ici. — Le prix qu'il nous demande par journée nous fait d'abord concevoir quelques doutes sur la sincérité de sa conversion et nous incite fortement à penser que le drôle n'a changé que le théâtre de ses exploits. Cependant, comme la nourriture de ses bêtes et la sienne restent à sa charge, la chose paraît devoir s'arranger à la satisfaction réciproque des deux parties. Alessandro qui semble lui porter un intérêt tout particulier, nous fait observer, en outre, qu'en cas de mauvaises rencontres, messieurs les voleurs auraient sans doute des égards pour un ancien confrère et que nous pourrions peut-être, grâce à lui, obtenir des avantages qu'ils ne feraient pas à d'autres. Ces raisons nous ont paru suffisamment concluantes pour nous décider à prendre le véhicule et son conducteur. Moyennant cet accord, nous tentons une pérégrination d'essai ; les uns traînant et voiturant les autres, nous allons déjeuner à une petite *osteria* située à deux milles environ au delà de Ponte-Molle, sur la route de Viterbe.

Vers neuf heures du matin (heure française), nous franchissons ce pont de la vieille cité sur lequel la population se pressa jadis en foule à la rencontre des envoyés apportant à Rome la nouvelle de la victoire remportée sur Asdrubal.

L'arrestation des ambassadeurs Allobroges impliqués dans la conspiration de Catilina, les monstrueuses débauches de Néron, la bataille de Constantin et de Maxence, dont les terrains à gauche du pont furent le théâtre, avaient acquis à ce viel édifice, témoin des splendeurs de Rome, un titre spécial à notre curiosité. Ce tribut payé, notre voiture franchit l'arc de triomphe formé par la vieille tour et s'engagea enfin dans un chemin à travers champs, laissant derrière elle la petite église de Saint-André et le *Casino* de Jules III. Quelques instants après, nous nous arrêtions devant la ravissante *osteria* que nous avions choisie pour but de notre excursion.

Des tables, des bancs de bois, s'étalent en plein air, au pied d'un ormeau séculaire; devant la porte, exhaussée de deux marches en planches, un grand pré déroule son tapis vert, émaillé de larges marguerites blanches, où picorent à l'envi de nombreuses poules de toutes couleurs. Une superbe créature, magnifique échantillon du type transtévérin, vêtue du costume traditionnel, dans toute sa simple et pittoresque élégance, cousait au soleil; un marmot, au teint de bronze florentin, se roulant demi-nu dans les pattes d'un affreux chien roux, se refuse désespérément aux tentatives de son frère, qui cherche à lui entonner une poignée de sable dans la bouche.

A l'angle de l'osteria, au-dessus d'une porte basse dont les ais largement disjoints laissent passer les chaudes buées de l'étable, un de ces grands bœufs gris et noirs, aux longues cornes évasées, avance curieusement sa tête où pend encore un bout de corde cassée. Deux canards dont l'arrivée de notre voiture a troublé la paisible quiétude, sortent en sursaut la tête de dessous leur aile et se sauvent, effarés et trébuchants, en proie à une détresse profonde que trahit leur cri rauque et discordant.

La jolie *padrona* lève la tête au bruit, et contre l'habitude des aubergistes de tous pays, au lieu de venir à la rencontre des voyageurs, reste assise comme pour recevoir nos hommages ou attendre l'explication de notre visite. Surpris à bon droit de ce peu d'empressement auquel ne nous a point accoutumés jusqu'ici l'accueil obséquieux de ses confrères urbains, nous craignons un instant d'être dupes d'une méprise ; mais la vue de la bienheureuse banderolle de fer blanc, appendue à son support à volutes de fer, où brillent les sept lettres hospitalières, nous tranquillise bientôt sur le sort éventuel de nos estomacs profondément creusés par notre course matinale.

Je m'approchai de l'indolente hôtesse et appelant à mon aide toute l'éloquence que le ciel peut m'avoir départie, je lui exposai notre requête. Un sourire d'acquiescement fut la réponse de la belle enfant ; elle appela :

— Giacomo !

— Subito, subito, répondit-on.

Je tournai la tête vers l'endroit d'où paraissait venir cet accent masculin. Un grand gaillard que la couleur de ses vêtements, se confondant avec la teinte du sol, ne m'avait point permis de remarquer tout d'abord, était nonchalamment étendu, à quelques pas de là, sur le revers d'un fossé, le dos appuyé au talus. Son bras gauche, ramené derrière la tête, remplaçait avec avantage l'oreiller absent, tandis que sa main droite lui rendait, par ses fréquentes et rapides évolutions, l'inappréciable service de modérer pour quelques instants, — trop courts, il est vrai, — l'importunité d'ennemis invisibles, mais bien acharnés, si nous en jugions par la vivacité de la défense.

Du reste, à part cet exercice hygiénique, notre homme ne paraissait pas se livrer à une occupation autrement sérieuse que celle de contempler de rares nuages fuyant dans l'azur du ciel.

Nous attendîmes quelques instants, pendant lesquels rien ne sembla nous indiquer que l'homme interpellé voulût bien se décider à sortir de ce *dolce far niente*, mal endémique, nous le savions, aux habitants de ce fortuné pays. Cependant, quelque intérêt que pût offrir à l'observateur curieux le symptôme assez accusé de paresse qu'il nous était donné de contempler en sa personne, cet intérêt perdait beaucoup de son charme par le caractère tout exceptionnel de gravité dont la conjoncture présente le revêtait à nos yeux. Allions-nous être réduits au triste sort d'Ugolin, ou donnerions-nous à ces gens simples et naïfs le barbare spectacle d'un festin à la mode des Battas ou des insulaires de la Polynésie?

L'églogue s'annonçait mal; notre œil découragé se leva de nouveau, plein de supplications muettes, sur la jeune femme; mais, épuisée sans doute par son premier effort, elle avait repris sa couture et retrouvé son silence un moment interrompu. Dans l'espoir qu'un appel, plus impérieux, cette fois, pourrait avoir peut-être aussi plus d'efficacité, je criai à mon tour : GIACOMO! du ton que prendra sans doute, au dernier jour, l'ange chargé de convoquer les vivants et les morts dans la vallée de Josaphat.

Mon appel provoqua l'inévitable réponse : *Subito! subito!* mais n'obtint pas un résultat sensiblement plus appréciable que le précédent; toutefois Giacomo fit un mouvement. Le corps se souleva *un pochissimo*; la main gauche se détacha du terrain sur lequel le poids de la tête l'avait incrustée, et la droite, s'arrêtant dans le travail incessant qui l'absorbait, alla jouir à sa place d'un repos péniblement et légitimement acquis. Grâce à cette mutation, la main gauche, devenue libre et remplaçant à son tour la droite dans son emploi primitif, entra en fonctions aussitôt par cette sorte de *va-et-vient* continu dont le mouvement de la *bielle* peut donner une idée assez exacte.

Décidément les choses allaient se gâter ; le fouet de la voiture pendait à portée de ma main, sur laquelle il semblait exercer une irrésistible attraction ; j'ignore ce qui serait arrivé si Dieu n'avait pris en pitié notre détresse. J'allais, sans doute, succomber à la tentation de faire jouer à cette utile lanière le rôle de réveille-matin, quand la Providence daigna se montrer à nous sous les traits de notre *vetturino*.

Pietro n'avait eu qu'une préoccupation en arrivant, celle d'assurer le bien-être de ses bêtes ; aussi s'étaient-ils dirigés tous les trois, avec l'habitude que donne la parfaite connaissance des lieux, vers une sorte de hangar qualifié pompeusement du nom d'écurie. Leur pitance assurée et sa sollicitude en repos sur ce point, le digne garçon revenait tranquillement vers ses voyageurs, ceux-ci n'occupant, sans doute possible, qu'une place bien inférieure dans son esprit. D'un coup-d'œil il saisit le nœud de la question et nous offrit de jouer le rôle du *Deus ex machinâ*. Son offre fut acceptée avec empressement, vous pouvez le croire ; d'une main dédaigneuse il repoussa dans la voiture le fouet tentateur, bourra méthodiquement sa pipe qu'il alluma avec un flegme tout oriental, et, les mains dans les poches de sa culotte de velours, s'avança en se dandinant vers le paresseux *locandiere*.

Vous comprenez facilement, Madame, quel intérêt passionné nous attachions aux démarches de notre ambassadeur et quelle oreille attentive nous prêtions à ses paroles. Ses premiers mots changèrent notre étonnement en stupéfaction et nous démontrèrent, clair comme le jour, que nous étions de fort tristes apprentis diplomates ; bien évidemment l'Etat ferait acte de haute sagesse le jour où il consentirait à priver ses chancelleries du secours de nos lumières.

Après avoir aspiré, puis rejeté, successivement, quelques bouffées de tabac avec la gravité du sauvage fumant autour du feu du conseil, Pietro s'enquit avec sollicitude de la santé du brave hôtelier ; nous apprîmes avec joie que ce chapitre-là, du moins, ne laissait rien à désirer, et, instinctivement, l'espoir rentra dans nos cœurs. La santé de la femme, celle des enfants, la dureté des temps, la rareté des voyageurs furent autant de sujets d'informations particulières, après quoi il daigna enfin s'occuper de nous et apprit au *signor* Giacomo que les honorables Excellences qu'il venait de déposer à la porte de son osteria désiraient avoir l'honneur de lui offrir à déjeuner avec eux.

J'allais tenter une rectification qui me paraissait urgente et présenter les choses sous un jour plus conforme à la vérité et surtout à notre dignité, lorsque Maxime, craignant qu'une vivacité intempestive ne vînt tout gâter, m'engagea à attendre au moins la fin de la négociation. La prudence parlait par sa bouche : en conséquence, retenant la protestation sur mes lèvres, j'attendis. La proposition parut sourire à Giacomo, qui tourna alors, pour la première fois, son regard vers nous et répondit à *notre* gracieuseté par un geste que Pietro nous assura être un signe d'acquiescement. En effet, Giacomo étira ses grands bras, bâilla largement, et rétablit enfin dans sa position normale, c'est-à-dire perpendiculaire, cet *os sublime* qui, selon l'expression du philosophe latin, son célèbre devancier, est le privilège le plus remarquable de la royauté des fils d'Adam. Le plus difficile était fait ; aussi se dirigea-t-il vers sa demeure pour apprêter la pièce qui devait nous servir de salle à manger. Nous le priâmes de n'en rien faire, notre dessein étant, si rien ne s'y opposait, de déjeûner en plein air, à l'ombre du vieil ormeau, sur ces tables de bois dont la blancheur avait une coquetterie provoquante. Inutile d'ajouter que la chose demandée nous fut octroyée avec l'empressement que met tout italien pur sang à se décharger d'une besogne quelconque. Restait le couvert à dresser ; ce fut l'affaire de la *padrona* ; elle se leva à son tour, administra, en passant, une taloche à l'aîné des marmots qui en était venu à ses fins, et rapporta du dressoir rustique, ornement de la principale pièce de l'*albergo*, une pile d'assiettes qu'elle posa symétriquement sur la table.

Ne voulant point faire les choses à demi, nous acceptâmes assez philosophiquement cette interversion de rôles, et fîmes ajouter aux nôtres le couvert de toute la famille, nous promettant de demander plus tard à maître Pietro l'explication de sa conduite et de son offre, au moins singulières.

Disons tout de suite qu'aux questions qui lui furent ultérieurement adressées à ce sujet, Pietro nous répondit fièrement que son ami Giacomo n'était point un hôtelier ordinaire. Sa profession actuelle était une sorte de *dérogeance*, car il avait commandé, lui aussi, en des temps meilleurs. La formule toute particulière dont il s'était servi à son égard était une marque de déférence respectueuse envers un ancien chef, qu'un ordre quelconque eût certainement blessé dans sa légitime susceptibilité. Il nous insinua, en outre, en forme de conclusion, que nous devions nous tenir pour fort honorés de ce qu'il avait si gracieusement accepté de partager notre repas ; honneur qu'il était loin d'accorder à tout le monde, et qui avait, paraît-il, singulièrement augmenté la somme de considération dont nous jouissions déjà dans l'esprit de lui Pietro.

Satisfaisantes ou non, nous dûmes nous contenter provisoirement de ces réponses et du surcroît d'honneurs qui nous arrivait d'une manière si imprévue, laissant au temps, qui explique tout, le soin de nous dévoiler le mystère que nous flairions déjà.

Je vous ai dit, Madame, que l'osteria offrait un riant aspect dans un site ravissant ; mais c'était tout, car ce premier et unique avantage était loin de compenser la pauvreté de son approvisionnement. Quelques œufs, des racines de fenouil, quelques tubes de macaroni rancis et cette inévitable poudre de fromage, qui me poursuivra, sans doute, jusqu'au jour du jugement dernier, composaient, avec une dizaine de fiasques de *colle-rosso* la carte ordinaire du lieu. Point de volatiles autres que ceux qui barbotaient et picoraient sous nos yeux. Je ne me sentis pas le courage de les arracher à leur insouciante tranquillité ; toutefois, ce mouvement de pitié fut moins dû, je l'avoue, à l'attendrissement que nous causait leur sort, qu'à la crainte trop fondée de cette résistance coriace de leur chair, résultat infaillible d'un trépas si subit.

En présence de cette pénurie presque absolue, un soupir de douleur s'échappa de nos poitrines. Nous entrions à peine en campagne et il fallait déjà porter la main sur l'arche sainte, toucher aux provisions que renfermait notre voiture et qu'une sage prévoyance nous avait fait réserver pour les cas désespérés. Nous nous assemblâmes en conseil ; l'urgence fut déclarée à la presque unanimité. Maxime atteignit en gémissant le *sac aux vivres*, et Gaspard fut chargé d'exécuter les arrêts du conseil ; j'allais surveiller pendant ce temps la confection d'une omelette à laquelle je désirais éviter le contact adultère du chou frit dans l'huile anisée, dont nous étions menacés. L'omelette confectionnée et déposée solennellement sur la table, chacun s'assit et mangea de son mieux ; les habitants de l'albergo avec l'entrain d'estomacs affamés à qui n'échoit pas souvent pareille aubaine, nous avec la *furia* du désespoir qui ne compte plus ses victimes.

Que vous dirai-je, Madame! la mêlée fut terrible. Notre hôte lui-même, si insoucieux naguère, mis à cette heure en belle humeur par ce festin de Lucullus, poussa la gracieuseté jusqu'à nous proposer du café, ce qui fut accepté incontinent. Pietro s'offrit à le griller et à le moudre... *comme au bon temps*, dit-il en guignant de l'œil à l'adresse de Giacomo. Celui-ci asséna sur la table un formidable coup de poing qui fit trembler les fiasques dans leur cuirasse d'osier.

Corpo santo! fit-il d'une voix sombre, ne parlons plus de cela. Tais-toi. Va faire ton café, ajouta-t-il brusquement, en poussant un profond soupir.

Pietro se leva.

— Fais-le griller au grenier, lui cria Giacomo.

— Ah? répondit simplement Pietro ; et son regard interrogateur se fixa sur la jeune femme.

Celle-ci rougit et sourit.

— *E vero!* montons au grenier, conclut Pietro.

Quelques minutes après, l'air chargé des émanations odorantes de la fève arabique nous annonça que notre homme s'occupait à nous préparer

« ..... *Cette boisson si chère*
« *Qui manquait à Virgile et qu'adorait Voltaire.* »

Avant de poursuivre ce récit, Madame, je crois

qu'il est nécessaire d'ouvrir une parenthèse et de laisser, pour un moment, Pietro se livrer à son intéressante besogne. Quelques explications préalables me paraissent indispensables pour l'intelligence de ce fragment de dialogue, qui, sans cette précaution, serait de tous points incompréhensible pour les *forestieri* peu familiarisés avec les us et coutumes de ce pays superstitieux à l'excès.

CHAPITRE XXI.

Par où l'homme d'esprit ressemble à l'imbécile. — De l'influence des cornes sur le bonheur. — Considérations sur les nez pointus et les nez camards. — L'auteur montre le bout de son nez. — Le voyageur dit des choses très-risquées à propos des nez pointus. — Bruits qui courent sur leur compte. — L'auteur tente une entreprise hardie dans laquelle il échoue misérablement. — Bacchanales. — Orage. — Intérieur à la Rembrandt. — La carte à payer. — Où le lecteur, flatté dans son amour-propre, apprend avec plaisir que les français sont des romains. — Souvenirs d'un dragon.

Vous saurez, Madame, que, dans la campagne de Rome, parmi les privilèges dont une coutume bizarre investit depuis un temps immémorial les femmes à qui vont bientôt incomber les devoirs sacrés de la maternité, celui dont elles se montrent le plus jalouses est la faculté que l'usage leur accorde d'empêcher qu'on ne grille ou qu'on ne pulvérise du café *au-dessous*, ou *au niveau* de leur personne, tant que dure pour elles cette période qu'on est convenu d'appeler *intéressante*.

Cette pratique superstitieuse, que j'ai constatée mainte fois et dont, malgré toutes mes recherches, je n'ai pu découvrir l'origine, est généralement exilée aujourd'hui des grands centres de population ; toutefois, elle règne en souveraine à peu près absolue sur le bas peuple où la civilisation n'a que fort difficilement porté le bienfait de sa lumière.

C'est ce droit que Giacomo réclamait pour son intéressante moitié et que confirma l'empressement du vetturino, après le regard interrogateur qu'il échangea avec celle-ci.

Du reste, Madame, j'ai retrouvé chez ces braves *compagnuoli* toutes les superstitions de nos provinces de France, revues, corrigées et agrémentées de tous les enjolivements dont la différence des mœurs et du climat a dû nécessairement les broder. Notons, en première ligne, la croyance au *mauvais-œil* ou *jettatura*. Cette croyance est tellement enracinée dans presque toutes les classes de la société, qu'un de ces hommes que leur science professionnelle rend ordinairement sceptiques sur bien des matières, un savant docteur en médecine, avec qui je m'entretenais de ce sujet, me disait qu'*après Dieu, c'était la chose à laquelle il croyait le plus fermement au monde.*

Les effets de la *jettatura* sont non moins variés que désastreux; tout le monde les connaît, mais le remède préventif est heureusement aussi d'une simplicité qui le met à la portée de tous.

Sans parler des amulettes bizarres que les Italiens des deux sexes lui opposaient si victorieusement dans l'antiquité et que nous retrouverons dans notre excursion aux villes enfouies d'Herculanum et de Pompéï, nous dirons qu'un simple bijou en corail, en or, en argent, en bronze ou en tout autre métal, pourvu qu'il ait la forme d'une corne ou d'une main droite dont l'index seul est relevé, forme un préservatif suffisant ; à défaut de ce bijou, qui se porte indifféremment au cou, en bague, en breloque ou en épingle, le pauvre y supplée aussi efficacement en donnant à l'une de ses mains la position indiquée, lorsqu'il se croit menacé de cette néfaste influence.

Je vous dois, Madame, un aveu que m'impose ma franchise de narrateur : les nez pointus sont véhémentement soupçonnés ici d'être un des signes caractéristiques des *jettatori* ; leurs possesseurs doivent s'attendre fréquemment à certains mécomptes, dont un sort injuste et partial a exempté absolument les gens camards ou ceux que la nature a pourvus d'un nez à la Bourbon. Il est vrai que cet ostracisme n'est point, paraît-il, partagé d'une manière aussi absolue par la plus belle moitié du genre humain, qui se montrerait volontiers disposée à leur accorder, — toujours d'après le bruit public, — certaines immunités bien enviables parfois ; ce qui paraît, dès-lors, opérer une sorte de compensation en leur faveur, ces dames ayant, vraisemblablement, reconnu qu'un nez pointu est, presque toujours aussi l'indice de précieuses qualités.

Malheureusement, je n'ai pu récolter, jusqu'à ce jour, que les inconvénients de la situation. Mon organe olfactif n'appartenant, sans conteste possible, à aucune des deux catégories susnommées, j'ai dû rentrer de plein droit dans la classe redoutée de ceux qu'on peut suspecter au premier chef de détenir au moins quelques parcelles de ce fatal pouvoir. Le ciel m'accordera-t-il les dédommagements auxquels cette acuité me donne des droits incontestables? C'est le secret de l'avenir, et je ne suis, vous le savez, Madame, ni un Don Juan assez raffiné, ni un Lovelace assez émérite pour oser soulever un coin de son voile mystérieux.

Est-ce l'une des causes primordiales du froid accueil que nous reçûmes tout d'abord à la *locanda del Olmetto,* ou faut-il l'attribuer seulement à cette passion immodérée du *far niente* qui anime le peuple italien? *chi lo sa!* Mais ce que je puis vous donner comme une certitude confirmée par une série d'expériences multiples et qui toutes ont fatalement abouti à un résultat identique et désastreux, c'est ce fait, incontestable désormais à nos yeux, qu'en Italie, ce ne sont point les aubergistes qui nourrissent les voyageurs, mais bien ces derniers qui nourrissent les aubergistes.

Revenons à Pietro.

Une de ses phrases m'avait frappé : « *Comme au bon temps,* » avait-il dit. Cette allusion au passé me parut grosse d'événements, surtout en songeant à la profession primitive du drôle ; aussi, le soupçonnâmes-nous d'avoir eu « en ce bon temps » quelques accointances, plus ou moins avouables, avec notre hôte. Si ces soupçons ne pouvaient contribuer en aucune manière à grossir la dose d'estime dont jouissaient dans notre esprit les deux *honorables* gaillards entre les mains desquels nous nous trouvions présentement, en revanche ils nous permettaient d'espérer quelque récit attrayant, dont nous pourrions enrichir nos souvenirs de voyage.

Toutefois, le mouvement brusque par lequel Giacomo avait répondu à l'allusion du vetturino nous causa quelque inquiétude. Evidemment le souvenir de ce passé, avec lequel il semblait avoir rompu, lui inspirait une véritable antipathie ; mais cette antipathie prenait-elle sa source dans un remords ou dans un regret? C'était le point à éclaircir, l'écueil que notre curiosité vivement excitée résolut de doubler à tout prix.

Je vous ai dit, Madame, que la voiture renfermait des provisions que notre prudence y avait sagement entassées, en prévision d'une disette éventuelle. Nous les destinions à jouer, au milieu de nos pérégrinations, qui devaient durer une semaine, le rôle de la manne dans le désert. Vous avez vu comment le ciel, qui se rit parfois des vains projets des hommes, nous mit, grâce à cette subite et désolante pénurie, — inconcevable pour ceux-là qui ne connaissent pas le délabrement des auberges italiennes — nous mit, dis-je, dès le début de cette campagne, presque aux portes de Rome, dans la misérable nécessité de leur porter une si rude atteinte. Or, parmi ces provisions, certaine caisse de frascati, encore intacte, y occupait un rang fort honorable. Le frascati, Madame, est un petit vin blanc, limpide comme de l'or pâle en fusion, et qui, sous les dehors les plus inoffensifs et les plus calmes, n'est rien moins qu'un feu infernal à l'état liquide. Le nôtre était du bon crû, vous pouvez vous en fier aux aptitudes œnophiles de Gaspard ; du vin de *vrai raisin*, *vino di uva vera,* comme disent les enseignes.

Ne croyez pas, Madame, que ces mots soient un pléonasme fantaisiste. Cette inscription, fréquemment reproduite sur les pancartes de certaines *trattorie*, a, chaque fois, ouvert à ma rêverie des profondeurs insondables. Avez-vous songé quelquefois à ce que pouvait donc bien être un raisin faux ?...

Rassuré sur la parfaite authenticité du nôtre, je comptais sur les vertus de cet auxiliaire pour tenter à notre profit un pendant au miracle opéré par Notre-Seigneur J.-C. venant de Sidon à la mer de Galilée ([1]). La précieuse caisse fut donc mise à contribution et quelques bouteilles furent apportées sur la table, avec les égards qui convenaient à l'âge respectable et à la puissance présumée du miraculeux élixir.

Pietro, sa besogne terminée, revint prendre sa place à côté de nous ; son œil s'illumina soudain à la vue de cette gracieuse surprise, due à la généreuse muni-

---

(1) Evang. — Saint Marc, ch. VII. v. 31, 32, 33, 34, 35.

ficence de nos Excellences ; aussi sa satisfaction se traduisit-elle immédiatement par un clappement de langue des plus significatifs. La topaze fondue étincela bientôt dans les verres où elle ne fit que briller un instant ; l'éclair était allé s'éteindre au fond de nos poitrines.

Que vous dirai-je, Madame, nous avions affaire à de rudes buveurs, car nous répétâmes longtemps, hélas ! ce désastreux exercice, sans pouvoir atteindre le but que nous nous étions proposé. Sages, si nous avions su nous en tenir là et constater simplement notre défaite, quelque humiliante qu'elle pût être ! L'obstination nous perdit sans retour. Maxime et moi, retirés de la lutte dès les premières libations, nous bornâmes à rester spectateurs de la scène, tout en essayant vainement quelques tentatives découragées pour amener Giacomo sur le terrain des confidences ; mais le malheureux, trop rapidement grisé par le terrible Frascati, trépignait un *salterello* de son invention que Gaspard accompagnait d'une élégie allemande, tandis que Pietro, rendu plus mélancolique et plus tendre par le divin jus de la treille, hurlait amoureusement un chant des Abruzzes : « *Di no piangere !...* » Nous avions atteint le *fiasco* le plus complet !

Nos provisions, trop gravement atteintes, ne nous permettaient plus de continuer notre tournée d'exploration sans un ravitaillement sérieux. Nous résolûmes donc de rentrer à Rome le soir même pour combler cette lacune importante, mais la chaleur du jour ne nous permettant d'effectuer cette retraite que le soir, j'ai pris, en attendant, mon album et mes crayons, et me suis lancé intrépidement à la découverte de quelques motifs de paysage. Je n'ai pas eu besoin de chercher longtemps pour trouver un de ces tableaux délicieux, dont la nature se montre si prodigue pour qui sait lire et comprendre son divin poëme. Ma moisson faite, j'ai repris le chemin de l'auberge, où j'ai retrouvé notre personnel moins bruyant et plus calme.

..... Il était vraisemblablement écrit là-haut, Madame, que nous devions épuiser en ce jour néfaste le calice de toutes les déceptions, car le ciel lui-même sembla conspirer contre nous et se liguer avec nos bourreaux. Sur le point de quitter l'*Olmetto,* le tonnerre gronda sourdement dans le lointain, nous annonçant un orage qui s'avançait avec cette rapidité particulière aux pays chauds. De larges masses plombées, noires, livides, s'élevant de l'horizon, formèrent bientôt au-dessus de nos têtes un dôme épais et sombre qu'entr'ouvrait seule, par moments, comme une crevasse lumineuse et sinistre, la clarté rougeâtre de l'éclair; le soleil ne nous envoyait plus qu'un jour terne et blafard; le vent sifflait dans les aiguilles des pins dont il courbait la tête avec un bruit semblable à celui de la vague en courroux.

Bientôt de larges gouttes de pluie nous forcèrent à

chercher un refuge dans l'intérieur. Sous le souffle puissant de la rafale, l'orage arriva promptement sur nous où il éclata dans toute sa majestueuse intensité. Je doute, Madame, que vos oreilles aient jamais été déchirées par un vacarme plus infernal que celui dont l'artillerie céleste nous a gratifiés à ce moment-là ; c'était à croire que les éléments déchaînés se livraient un combat à outrance. Ah ! Madame, qu'elle ondée ! Les cataractes du ciel se sont ouvertes et nous ont déversé leurs trésors avec une prodigalité qui nous a fait croire un instant à un nouveau cataclysme.

Agenouillés devant une madone enfumée, les propriétaires de l'albergo s'aspergeaient d'eau bénite avec une fervente profusion ; les enfants, effarés et tremblants cachaient leur tête moite dans les jupons de leur mère, qui, saisie d'effroi et prête à se pâmer elle-même, murmurait, à chaque détonation de la foudre, des prières sans fin. Parfois elle s'interrompait dans sa pieuse pratique et se relevait pour ajouter un nouveau luminaire au lustre rustique que le vent d'orage, s'engouffrant par la fenêtre mal close, balançait devant l'image sainte. Sa lueur vacillante se réflétait, à chaque mouvement de retour, dans l'acier d'une carabine retenue transversalement par deux crochets au-dessus de la tablette de la cheminée, et y allumait de faibles et fugitifs éclairs.

Véritablement, Madame, cette vue d'intérieur eût

fait la joie de Rembrandt, comme la figure de notre hôte eût mis en liesse Salvator Rosa, en personne.

Tout ce vacarme s'apaisa pourtant, mais la pluie continua à tomber abondamment, et sa persistance nous fit craindre de ne pouvoir regagner Rome le soir même. Nous en fûmes quittes pour la peur. Au bout de quelques heures, l'*astre-roi* sortait de son humide enveloppe et descendait à l'horizon, semblant étendre sur la campagne reverdie, comme pour lui donner le baiser du soir, ses longs rayons pâlis par le sommeil.

Avant de nous laisser monter en voiture, l'hôtelier nous a présenté *la carte*. Nous avons cru à une plaisanterie; point. C'était fort sérieux. Et comme nous allions nous récrier, le signor Giacomo a bien voulu nous assurer qu'il avait des prix fort supérieurs pour ceux qui n'avaient point l'honneur de compter au nombre de ses bons amis, comme nous avions l'heureuse fortune de l'être : notamment « *per gli Inglesi, che hanno molto moneta e che sono tutti hereti! Ma per gli Francesi e altri Romani e sollante cinque franchi.* »

Nous avons remercié, comme il convenait, cet honnête industriel, et lui avons témoigné toute notre admiration pour cette lumineuse idée qui fait payer double et triple aux Anglais parce qu'ils sont hérétiques, mais qui, à l'égard des Français et *autres Romains*, se contente d'une modique pièce de cinq francs par tête.

N'allez point, cependant, vous hâter d'en conclure que nous soyons en haute vénération dans ce bienheureux pays ; loin de là. Jaloux de toute supériorité, oublieux de toute reconnaissance, l'Italien nous envie et nous déteste. Selon le milieu social dans lequel il brille, s'agite ou végète, je l'ai trouvé pour nous froid souvent, hostile presque toujours, sympathique jamais. Il va sans dire que j'ai pu constater avec bonheur de fort honorables exceptions à cette règle, mais leur petit nombre même ne fait que donner plus de force à mon assertion et confirmer le proverbe.

Du reste, cette antipathie entre les deux nations ne date pas d'hier seulement ; écoutez, à l'appui, cette anecdote restée dans mes souvenirs et où vous pourrez voir l'esprit français et l'esprit romain en lutte ouverte.

C'était en 1849 ; le dernier coup de canon venait de nous ouvrir les portes de la Ville Eternelle ; nous parcourions les rues ; la population sombre et frémissante s'était retirée devant nous ; un silence glacial régnait dans les établissements publics aussitôt que nous en approchions et personne ne montrait le moindre empressement à nous servir. Nous entrâmes dans un café pour déjeuner.

— Que désirez-vous, signori ? demande le chef de l'établissement.

— Du café.

— Il n'y en a plus.

— Donnez-nous alors du chocolat.

— Nous n'en faisons pas.

— Servez-nous un bol de punch.

— En fait de punch, nous n'avons que le journal anglais de ce nom.

— Eh bien, servez-le, en attendant mieux.

— Il est en lecture.

— Alors un verre d'eau, dîmes-nous en nous asseyant.

— Les Français ont coupé l'aqueduc qui nous apportait l'eau.

Le cafetier souriait, content de ses réponses, et les habitués italiens l'encourageaient du regard.

Nous nous levâmes tranquillement.

— Un café si mal approvisionné n'est plus un café; nous allons en faire une caserne.

Le sourire s'éteignit sur toutes les lèvres, et le cafetier, humble et tremblant à cette menace, sut retrouver tout ce qui lui avait été demandé, café, chocolat, eau, punch et journal.

CHAPITRE XXII.

Où l'on voit poindre des brigands. — Histoire épouvantable. — Les brigands entrent en scène. — A quoi l'on s'expose en allant au-devant de sa fiancée. — Coup de tonnerre dans un ciel serein. — Comme quoi l'on peut reconnaître quelqu'un que l'on ne voit pas. — Utilité d'un chien. — Dénouement tragique. — La nonne pâle. — Justiciers et justiciables. — Alessandro ménage ses effets. — Tableau final.

La sensibilité d'Alessandro s'est vivement émue au récit de nos infortunes. Le digne garçon prétend que nous aurions pu avoir à moins de frais des *histoires de brigands*, s'il nous avait cru friands de ces sortes d'aubaines. Au surplus, pour nous montrer sans doute qu'il n'était pas tout à fait un ignorant, et, qu'à l'exemple de Sancho, il avait, lui aussi, sa petite philosophie tout comme un autre, il lui a paru bon de nous défiler, au sujet de notre déconvenue, une longue série de proverbes, tous plus profondément vrais les uns que les autres : notamment celui qui prétend « que les voyages forment la jeunesse, » proverbe qui vaut autant d'or qu'il est gros de vérités, et fort ancien, vous le voyez, puisqu'il était déjà connu du temps de Mentor et de Télémaque

..... La fatigue nous a ramenés de bonne heure au logis. Désireux de mettre à l'épreuve le talent de narrateur d'Alessandro, nous l'avons chargé de nous rendre moins lourdes les longues heures de notre veillée anticipée, le sommant de nous raconter une *histoire* de son répertoire. Il s'en est acquitté en nous narrant, dans le baragouin panaché que vous savez, l'histoire que voici et dont j'ai dû nécessairement éliminer tous les détails oiseux, toutes les superfétations inutiles dont le chargeait sa faconde italienne.

Les voyageurs qui suivent la route de Vergheretto à Frascolane, peuvent apercevoir, non loin della Punta, au sommet d'un des contreforts de la montagne qu'environnent d'épaisses forêts, un espace complètement dénudé que le rocher troue çà et là.

Sur l'une de ces aspérités rocheuses qui lui ont donné son nom s'élève la magnifique demeure connue sous le nom de château de Roccanera. Sa terrasse à balustres de marbre s'avance à pic au-dessus des arbres séculaires qui lui forment une verdoyante ceinture. De la plateforme, qui lui sert de cour principale, on découvre un des plus beaux panoramas que l'œil puisse rêver. Cette demeure princière était, de temps immémorial, la résidence de prédilection de la noble famille des Passerini.

Il y a une dizaine d'années environ, c'est-à-dire à l'époque où s'accomplirent les faits que je vais raconter à vos Excellences, le château était habité par la vieille comtesse de Passerini, veuve du comte de ce nom, et par son fils Stefano, jeune homme de vingt-trois ans, dernier rejeton de cette race illustre, qui avait donné des sénateurs à Rome, des gonfalonniers à Florence et des cardinaux à notre sainte mère l'Eglise catholique. — Ici Alessandro se signa dévotement, après quoi il continua de la sorte : Les comtes de Vitticari, leurs proches parents, possédaient, à quelques milles de là seulement, non loin de Pungiglione, une délicieuse villa, où ils venaient, d'ordinaire, passer la saison des chasses. Le voisinage de leur demeure, facilitant les visites réciproques, n'avait pas tardé à favoriser une alliance plus étroite que les deux familles appelaient de tous leurs vœux.

Bientôt, en effet, la jeune comtesse Giuditta Vitticari fut fiancée au comte Stefano, son cousin, qu'elle aimait éperdûment.

Les fêtes de la Saint-Jean furent l'époque choisie pour la célébration de ce mariage, et de part et d'autre on fit les plus magnifiques préparatifs.

Tout marchait donc à souhait et la joie des deux amants était à son comble. Egalement beaux tous les deux, jeunes, riches et amoureux, que pouvaient-ils envier de plus !...

Mais, comme le savent vos Excellences, nulle félicité n'est parfaite ici-bas. La divine Providence... (nouveau signe de croix d'Alessandro).

— Tiaple tôme, fit Gaspard, faites-nus crasses, mon pon, de vos révlexions ; margez tuchurs, audrement fus n'afrez pas vini engor témain madin.

Maxime et moi protestâmes comme un seul homme; Alessandro nous jeta un coup-d'œil reconnaissant et, désormais sûr de notre approbation, continua en s'adressant plus particulièrement à nous :

— Je disais donc à vos Excellences que la divine Providence, — et comme le narrateur s'apprêtait à se signer derechef, l'incorrigible Gaspard s'écria :

— N'en vaides blis, cèdre dro vaticant. Ché vérai lé zignes té groix bur fus, guand il vautra.

Et joignant le geste à la parole l'interrupteur obstiné murmurait entre ses dents :

— Ein nom ti bère, ein nom ti vis…

Nos rires couvrirent la fin de sa phrase. L'hilarité causée par cet intermède s'étant un peu apaisée et Gaspard ayant promis d'être désormais silencieux comme l'Harpocrate du Capitole, le narrateur, un moment interdit par cet éclat de gaîté, put reprendre sans nouvelle interruption :

— Quelques jours avant la fête nuptiale, le comte de Passerini résolut de donner un dîner de gala, auquel de nombreux amis furent invités; je n'ai pas besoin de vous dire que parmi les nobles hôtes conviés au château de Roccanera, la famille Vitticari et la belle Giuditta devaient occuper le premier rang.

L'heure de la réunion approchant, le comte Stefano, mû par un sentiment fort louable de galanterie empressée, voulut aller à la rencontre de sa future; il descendit donc la montagne et s'avança dans la vallée. Le comte montait un cheval superbe qu'il maniait avec la grâce et la science d'un écuyer consommé. Trouvant que la voiture de la jeune fille tardait à paraître, il voulut rapprocher autant que possible une distance trop longue au gré de ses amoureux et impatients désirs, il rendit la main et pressa légèrement sa monture. Le cheval s'élança et atteignit bientôt la lisière du bois, dans lequel il s'engagea. Arrivé à un endroit de la forêt où les arbres plus pressés lui rendaient la marche moins facile, il ralentit son allure.

Tout à coup une troupe d'hommes armés fond sur lui. C'était, comme on l'apprit plus tard, un détachement de la bande du trop célèbre Vicenzio Cepitani, qu'on était bien loin de soupçonner dans ces parages et qu'on croyait, en ce moment, réfugiée dans les montagne de Favalto. Le comte était brave ; il se défendit vaillamment ; mais que pouvait-il seul contre les bandits qui l'entouraient ? Ses efforts désespérés ne firent que rendre sa perte plus imminente ; il tomba bientôt, terrassé et percé de coups. Sa résistance n'avait fait qu'accroître la rage de ses sauvages agresseurs qui l'assassinèrent lâchement, et, le dépouillant de ses habits, de ses bijoux, de son or, partagèrent entre eux le butin.

Une bague qu'il portait à la main droite n'ayant pu être facilement ôtée de son doigt, un des bandits lui coupa la main ; après quoi, les assassins recouvrirent à la hâte le cadavre d'un peu de terre et se retirèrent, en emmenant avec eux le cheval de leur infortunée victime.

Cependant, les Vitticari, qu'une circonstance fortuite avait détournés du chemin qu'ils suivaient ordinairement pour aller à Roccanera, étaient arrivés au château par la route de Pungiglione. Ils y trouvèrent les convives réunis. La comtesse fut surprise de ne pas voir son fils ; mais le changement d'itinéraire des Vitticari expliquait la cause de son absence, et l'on attendit, confiants, le retour de Stefano.

Les heures s'écoulaient et le jeune homme ne paraissait pas ; justement alarmée de ce retard inexplicable, la mère envoya un domestique à la recherche de son fils. Celui-ci partit aussitôt, précédé du chien favori du jeune comte. L'animal s'élança sur la route en gambadant ; bientôt ses gambades désordonnées cessèrent et firent place à une fiévreuse agitation ; le chien se mit à flairer plaintivement tous les buissons, comme s'il eût espéré y trouver celui qu'il cherchait.

A Roccanera l'impatience, vous le comprenez, n'avait pas tardé à se transformer en une véritable inquiétude. Néanmoins on était loin de soupçonner encore l'affreuse vérité. On se mit à table, mais les convives semblaient en proie à de mornes pressentiments ; un silence glacé, des visages consternés, n'annonçaient que trop le trouble qui envahissait peu à peu tous les cœurs. La jeune fiancée, surtout, pouvait à peine maîtriser sa douloureuse agitation. Ses sanglots mal contenus, ses beaux yeux pleins de larmes disaient plus éloquemment que toutes les paroles la douleur qui la navrait. Tout à coup une des agrafes de son collier se rompt et les perles dont il est formé roulent de toutes parts sur la table. A ce sinistre présage, les convives effrayés se lèvent précipitamment.

Au même instant et comme si le ciel avait voulu s'associer à la douleur de ces infortunés en lui imprimant un caractère plus terrible de désolation, l'orage qui menaçait depuis le milieu du jour éclata tout à coup avec une violence inouïe. Le vent de la tempête courbait comme des roseaux la cime des arbres dont la montagne est couverte ; les éclats de la foudre se mêlaient à leurs lugubres gémissements et répandaient partout l'épouvante et la consternation. L'orage s'apaisa cependant et permit d'apercevoir le domestique envoyé à la recherche du comte, revenant à bride abattue, comme s'il eût été poursuivi par des spectres invisibles.

Les convives attendaient, haletants d'anxiété et rangés autour de la comtesse douairière et de sa bru, toutes deux brisées, anéanties, muettes, mais espérant encore. Le chien pénétra le premier dans l'appartement, et, courant à la mère, posa à ses pieds une chose ensanglantée qu'il léchait en gémissant. C'était la main coupée que les assassins avaient rejetée après en avoir ôté la bague, objet de leur criminelle convoitise ; les deux femmes la reconnurent à une légère cicatrice que le comte portait au pouce de la main droite, et tombèrent sans connaissance.

A cet aspect, une partie des hôtes réunis à Roccanera s'armèrent aussitôt, et, suivis des gens du comte et des leurs, coururent à la forêt, qu'ils fouilllèrent dans tous les sens, pendant qu'un messager détaché en toute hâte allait requérir l'aide et l'assistance d'un détachement de carabiniers. Ils erraient ainsi depuis une partie de la nuit, cherchant à la lueur des torches quelque indice qui pût les mettre sur la voie, quand le chien fidèle, qui prenait part aussi à cette expédition, s'arrêta tout à coup auprès d'un monceau de terre fraîchement remuée, sur laquelle il se coucha en redoublant ses hurlements. On fouilla à cet endroit et l'on découvrit, presque à fleur du sol, le cadavre mutilé du comte. On improvisa un brancard sur lequel on coucha le corps de la victime et le funèbre cortège reprit la route du château, où on lui fit de magnifiques funérailles. Mais le coup avait été trop violent pour que la pauvre mère pût en supporter le choc ; ses forces ne purent y résister, et, un mois après elle était allée rejoindre dans la tombe le dernier descendant de l'antique famille des Passerini.

Gaspard, à qui il pousse habituellement des *vergiss mein nicht* plein le cœur, est ce soir, d'un scepticisme à rendre des points à Kant et à Berkeley. Comme il prétend que dans les histoires *ze guil brévère lé blis* s'*est la vin*, il a voulu *safoir se gue la pelle cheune ville édait tefenue abrès la berte te son coussin.*

— La comtesse Giuditta n'a pu se consoler de la mort de celui qu'elle avait tant aimé, reprit Alessandro ; elle a renoncé pour jamais au monde et a fondé, de son immense fortune, un monastère de l'ordre de Saint-Benoît, où l'on prie nuit et jour pour le repos éternel de l'âme du comte Stefano.

Si vos Excellences passent de jour à Porto-d'Anzio et qu'elles soient désireuses de visiter, au couvent degli Angeli, la magnifique toile de Cesare da Sesto qui décore le maître-autel de la chapelle, peut-être pourront-elles entrevoir passer, comme une ombre furtive, sous les arceaux du cloître, une femme au visage émacié par le jeûne et pâli par les austérités. Les religieuses, ses compagnes, s'inclinent avec un douloureux respect devant celle qu'elle nomment *la santa ;* sous la grossière étamine de ces filles du ciel, se cache celle qui fut dans le monde la jeune et belle comtesse Giuditta Vitticari.

Quant aux voleurs, poursuivis par la vengeance divine, traqués sans relâche ni merci par la police, ils furent, pour la plupart, arrêtés et pendus. Quelques-uns, néanmoins, s'étant soustraits aux recherches, purent, avec le temps, échapper au châtiment qui les menaçait, et, touchés enfin par la grâce, se sont réconciliés avec la justice des hommes, comme le repentir les avait déjà mis en bonne odeur auprès

du ciel. Ils sont devenus aujourd'hui, l'un du moins,
— celui qui s'empara de la bague à l'aide du procédé
expéditif que vous savez, — de bons pères de familles
élevant leurs enfants dans la crainte de Dieu et l'horreur du péché.

— Et, demandai-je à mon tour à Alessandro, qu'est devenu cet estimable citoyen ?

— Il a changé de nom, Excellence ; il était, à cette époque, le lieutenant de ce pauvre Vicenzio et s'appelait alors Lecca Nocenti. Aujourd'hui, Dieu a béni son petit commerce ; il vit tranquillement avec sa famille, à quelques milles de Rome, et n'a pas son pareil pour tresser des corbeilles de paille. Son nom de *riconciliato* est Giacomo. Vous avez déjeuné avec lui ce matin.

CHAPITRE XXIII.

Promenade au Capitole. — L'auteur présente ses hommages à Marc-Aurèle. — Chose ridicule que font des lions. — Deux Égyptiens devenus Italiens. — La tour et le vertige. — Archéologie. — L'auteur se livre à sa manie à propos de statues. — — Il devient amoureux d'une belle dame qui reste froide. — Quarante-huit heures de folie. — L'auteur court les champs.

Je ne vous ai pas encore dit un traître mot du Capitole, Madame, et pourtant, bien que vous ayez pu vous apercevoir déjà que nous n'avons nullement l'intention de nous enterrer dans les musées ou dans les bibliothèques, sans vouloir faire de ce voyage une promenade désœuvrée de gens du monde, non plus qu'une expédition de savants, notre pèlerinage artistique exige impérieusement que cette lacune soit comblée. Aujourd'hui, le vent de la fantaisie nous pousse vers cette œuvre du vieux Buonarotti, où s'abritent quelques-uns des joyaux les plus rares de la Ville Éternelle. Abordons résolûment la rampe spacieuse par où l'on y monte, du côté de la place de l'Ara-Cœli.

L'œil n'embrasse plus aujourd'hui cet ensemble, d'une majesté imposante et formidable, dont parlent Denys d'Halicarnasse et Plutarque; la vue ne s'y repose que sur des objets gracieux et agréables, qui en font un des plus beaux endroits de Rome. Deux lions de granit noir, jetant de l'eau par la gueule, forment la naissance des balustrades qui accompagnent la rampe, terminée elle-même par deux statues colossales, Castor et Pollux, ayant auprès d'eux leurs chevaux de bataille ; le tout en marbre pentélique : tout auprès, les trophées connus sous le nom de trophées de Marius.

La rampe franchie, nous nous trouvons sur la place du Capitole. C'est un carré parfait, dont le principal ornement est la statue équestre de Marc-Aurèle, en bronze doré. Cette statue, *la seule grande statue équestre, en bronze,* qui nous soit restée de toutes celles de l'ancienne Rome, s'élève à l'endroit précis où fut brûlé le corps du trop célèbre disciple de l'infortuné Abeilard, Arnold de Brescia. Vous voyez qu'elle est précieuse à plus d'un titre.

Trois grands édifices entourent cette place : le Palais Sénatorial, le Palais des Conservateurs et le Musée Capitolin. Traçons un aperçu succinct du premier, qui fut construit par ordre de Paul III. Deux colosses couchés, de marbre blanc, qui ornaient autrefois le temple de Sérapis, remplissent aujourd'hui les fonctions de dieux marins, et sont chargés de représenter, l'un le Nil, l'autre le Tibre. Ils décorent, en cette qualité, l'entrée du grand escalier qui conduit aux salons à l'usage des sénateurs et des juges du tribunal. Les amateurs d'ascensions et ceux dont la tête ne redoute pas les effets du vertige pourront, moyennant quelques baïoques, monter de ces salons au sommet de la tour du palais ; ils auront un panorama splendide, qui les dédommagera de leur fatigue, et tel qu'on le peut désirer à une élévation de 291 pieds au-dessus du niveau de la mer.

Le palais des Conservateurs, qui remplissaient à Rome des fonctions analogues à celles de nos anciens échevins, est celui où ces dignitaires tiennent leurs séances. Sans être aussi riche en œuvres d'art que son voisin le Musée, il renferme cependant quelques morceaux d'une importance capitale, notamment une statue de J. César, seul portrait, à Rome, reconnu pour être véritablement celui de ce grand capitaine. Un beau groupe, trouvé dans l'Almone, et que l'eau a considérablement endommagé, celui d'un lion déchirant un cheval, a été restauré par Michel-Ange. Ce morceau, d'une énergie magnifique, est protégé par un grillage de fer, ainsi que les restes de la colonne rostrale de C. Duilius, consul, que l'on trouve en face de la première rampe ; l'inscription qui y est gravée est un précieux et bien rare monument de l'ancienne langue latine. Le palais des Conservateurs renferme la Protomothèque, dont je vous ai déjà parlé à propos du Panthéon. Ne sortons pas du palais sans nous arrêter devant la *Louve antique*, en bronze, allaitant Romulus et Rémus ; elle fut trouvée sous le

Palatin, près du figuier *Ruminale*. C'est là qu'elle fut érigée en l'an de Rome 458, par C. et Q. Oqulninus, édiles curules. Cette même louve, dont il est question dans les récits de Tite-Live et de Denys, mérite une attention toute particulière, car c'est un des objets d'art les mieux conservés de l'antiquité. Je vous parlerais bien d'une autre statue en bronze, délicieux motif connu sous le nom de *Marzio*, mais je serais forcé de vous établir longuement les motifs qui me le font prendre pour le *puerum distrigentem* tant vanté par Pline, et je préfère m'abstenir; d'autant plus qu'après vous avoir signalé, en sculpture, le buste en bronze de Junius Brutus (fort rare), premier consul et vengeur de la liberté romaine, et en peinture une Sainte Famille de J. Romain, je vous aurai désigné les œuvres hors ligne de ce second palais, et nous serons quittes envers lui.

Il ne nous reste plus maintenant qu'à visiter le Musée Capitolin, qui rivalise de richesses avec celui du Vatican. Comme pour ce dernier, la description de ses joyaux serait la matière de plusieurs volumes; bornons-nous donc à vous signaler les plus remarquables.

La cour d'entrée est ornée de la célèbre statue colossale de l'Océan, connue sous le nom de *Marforio*, du *Forum Martis*, près duquel elle était placée. Franchissons le vestibule, que décorent les statues de Minerve, d'Apollon, l'Endymion et son chien, Cybèle, un Captif, en marbre violet, détaché de l'arc de Constantin, une Diane dont les draperies sont du style le plus pur ; passons rapidement dans la salle des Urnes et dans celle des Inscriptions ; pas plus que les précédentes, la salle des Sarcophages ne vous offrirait un bien vif attrait ; passons encore ; j'ai hâte de vous conduire d'abord au salon du Faune, statue en rouge antique, placée au milieu de la pièce qui lui doit son nom ; puis, après avoir admiré cette œuvre comme il convient, soulevons une portière à notre droite et contemplons le célèbre morceau de sculpture grecque connu sous le nom du Gladiateur mourant. Avez-vous jamais vu, Madame, le marbre copier plus parfaitement la chair, et, si je pouvais, sans puérilité, me permettre cette antithèse, la mort mieux imiter la vie ?

Si tant est que vous vous souveniez de mes observations à propos du Laocoon, appliquez-les à cette œuvre et jugez... Remarquez cependant qu'il s'agit ici d'un gladiateur. César a fait un signe, le doigt blanc et rose de la jeune Vestale s'est levé, le Gaulois n'a plus qu'à mourir ; il le sait et s'arrange pour tomber avec grâce. « *Ave, Cesar, morituri te salutant.* » Tout autour de ce morceau capital, remarquons encore des chefs-d'œuvre, tels que l'Amazone tendant l'arc, le célèbre Antinoüs et le Faune, de Praxitèles.

Arrivons maintenant au bouquet, à la salle dite

Cabinet réservé. Ce salon est entièrement tendu de velours rouge et ne contient que trois œuvres, mais devant lesquelles s'épuisent forcément toutes les formules de l'admiration : la Vénus du Capitole, en marbre de Paros, le groupe sublime de l'Amour et Psyché et celui du Cygne et de Léda. Devant de pareils objets, la parole est impuissante. Pour la première fois de ma vie j'ai compris les ravissements de l'extase. Maxime assure que j'en suis resté fou pendant quarante-huit heures ; la chose ne me paraît pas absolument impossible.

Il y a bien à côté une galerie de tableaux qui se compose de deux salles, dans lesquelles rayonnent çà et là quelques toiles de Giorgione, de Pierre de Cortone, du Guide, de Vélasquez, de Véronèse, de Tintoret, du Titien, du Carrache, de Salvator Rosa, et la toile immense, chef-d'œuvre du Guerchin, la Mort de Sainte-Pétronille, qui occupe à elle seule tout un des côtés de la seconde salle ; mais ces grands noms même, avec lesquels nous ont déjà familiarisés nos visites aux palais, sont impuissants, pour aujourd'hui, à nous distraire des souvenirs du cabinet rouge. Je n'ai rien voulu voir de plus après cela ; je suis sorti en proie à une sensation étrange et indéfinissable... Contournant le tombeau de Bibulus, un des plus anciens monuments de Rome, et redescendant par la via Campidoglio, j'ai trouvé à peine un coup-d'œil pour le panorama que j'avais sous les yeux : à mes pieds le temple de la Concorde, la vue du Forum jusqu'au Colysée, c'est-à-dire dans toute sa longueur ; à l'horizon les dernières croupes de l'Apennin semblant fermer la via Sacra dans une vapeur lointaine irisée d'or et d'argent. Je me suis jeté dans une voiture et me suis fait conduire à la villa Pamphili, hors la porte Saint-Pancrace.

CHAPITRE XXIV.

La villa Pamphili. — L'auteur s'exprime avec une réserve extrême sur le compte d'une dame, mais se montre assez irrévérencieux pour un monsieur. — Façons brutales et impolies des boulets français. — Jeux d'ombre et de lumière. — Un carillon se mêle à la rêverie de l'auteur, dans la bonne et évidente intention de le distraire. — L'auteur abuse perfidement de la crédulité d'un gardien. — Son impolitesse envers un faune qui jouait de la flûte. — Visite nocturne au Colysée. — *Ave crux spes unica.*

Cette villa appartient aujourd'hui au prince Doria; la route qui y conduit est assez belle et ne semble participer en rien à la monotonie ordinaire des routes italiennes. A deux milles environ, sur un des bords du chemin, une habitation, qui dut avoir jadis assez fière apparence, étale maintenant à l'œil attristé sa toiture effondrée et ses murs écroulés par larges pans sous les boulets de 1849. Fermons les yeux sur ce lamentable spectacle; la nature, toujours bienfaisante, toujours généreuse, accourt faire son œuvre réparatrice, et recouvre ces ruines de ses draperies de velours, cachant les brèches, enveloppant les clochetons démolis, et jetant partout sur ces dévastations, dues, hélas! à des mains françaises, ses superbes tentures de lierre et de gazon.

La villa Pamphili est une merveilleuse résidence, Madame. Immense est son étendue, précieux, dit-on, sont les trésors qu'elle renferme. Je n'étais venu pour voir ni ses bronzes, ni ses bas-reliefs, et la somme d'enthousiasme qui me restait était loin de pouvoir suffire à la minime quantité qu'exigeait l'œuvre de l'Algardi, le buste de Mme Olympia, nièce d'Innocent X. Suivant au hasard les détours de ses allées, je me suis assis au penchant d'une pelouse ombragée à son point culminant par une magnifique touffe de pins parasols. A sa base se creuse une gorge délicieuse, pleine de fraîcheur et d'ombre, où les pins, les chênes verts et l'olivier se mêlent avec une variété de tons infinie. De la tête des arbres, que le lointain confondait en une masse compacte, aux contours vaguement dessinés, émergeaient les monts de la Sabine dont le premier plan se détachait en bleu sombre sur un fond de nuages gris-perle, formés par la vapeur du soir qui commençait à s'élever à l'horizon. Les jeux de la lumière la frangeaient tour à tour d'argent et d'or, tandis que les rayons obliques du soleil couchant teignaient en rose pâle les aspérités neigeuses de leur cime, ou faisaient chatoyer les teintes violet-clair de leurs arêtes éloignées. Sur l'outremer du ciel se détachait en blanc crû le dôme de Saint-Jean de Latran.

Tout au fond de la gorge, le pelage noirâtre d'un troupeau de buffles tachait çà et là le vert du pré ; la voix grêle de leur sonnette de cuivre formait un dessus plaintif au grave carillon des cloches de Saint-

Pierre, dont la sonnerie m'arrivait à volées sourdes et intermittentes. Je suivis quelque temps encore d'un œil rêveur les dégradations successives de la lumière, et je repris, à travers de nouvelles allées bordées d'aloès, de cactus et de lauriers roses, qui croissent en pleine terre, le chemin de la grande pièce d'eau près de laquelle j'avais laissé ma voiture.

Le custode du lieu insista beaucoup pour me faire visiter l'hémicycle où l'on voit un faune en marbre jouant d'une flûte que fait sonner une espèce d'orgue, mû par le moyen d'une machine hydraulique, mais il ne put vaincre ma résolution bien arrêtée. J'adoucis son désappointement à l'aide d'une *piècette* et par la promesse d'un prompt retour. Y reviendrai-je?... vraisemblablement non; je ne l'ose. J'y ai vécu quelques heures de la vie du rêve, c'est assez. J'y retrouverais, sans doute, la même nature dorée par le même soleil, mais non plus assurément les mêmes impressions. C'est un poëme rapide, sur lequel il faut fermer la page et, comme Paolo, « *n'en pas lire plus avant.* »

Quand je rentrai à Rome, la lune, se levant au-dessus de Monte-Celio, baignait de sa pâle lueur les ardoises de la Domnica.

Nous remontâmes au pas de nos chevaux cette série d'enchantements, toujours nouveaux pour nous, qu'on nomme la Voie Sacrée. Arrivés au Colysée, la fantaisie me prit de visiter au clair de lune cet édifice imposant et majestueux dont Auguste conçut l'idée, que Vespasien mit à exécution et que termina Domitien. Remontant par la pensée les siècles écoulés, je me rappelai les récits de Suétone et ces jeux de la dédicace qui durèrent cent jours, durant lesquels s'y entr'égorgèrent, pour les plaisirs du Peuple Roi, aux yeux des cent sept mille spectateurs qu'enfermait dans ses vastes flancs le colosse de pierre, de marbre et d'airain, cinq mille bêtes féroces et plusieurs milliers de gladiateurs.

Quand vous visiterez Rome, Madame, faites votre pèlerinage au Colysée à pareille heure. Parcourez ces galeries qui conduisaient aux gradins intérieurs; franchissez l'entrée du pulvinaire impérial, donnant accès aux places du *podium*, et, quoique émue peut-être un peu, suivez, sans frayeur néanmoins, le passage secret dans lequel l'empereur Commode fut assailli par les conjurés; puis entrez dans l'arène par une de ces ouvertures destinées aux belluaires et aux athlètes; quand votre œil aura mesuré cette vaste superficie, qu'on inondait à volonté pour y donner le simulacre d'un combat naval, terminez par un dernier regard d'ensemble du haut des galeries intérieures du second étage. Je vous promets dans cette excursion nocturne quelques émotions assez satisfaisantes pour occuper pleinement votre pensée.

Une immense croix, dressée contre les murs du *podium* païen, étend aujourd'hui ses bras sanctifiés par le supplice de l'Auguste Victime sur cette enceinte rougie de tant de sang humain, pour la purifier et l'envelopper d'oubli, de tendresse, de miséricorde et de pardon.

CHAPITRE XXV.

Les oiseaux de passage. — Les points cardinaux et les affections. — *Imperfect man*. — Empaillage et baronne. — Voyage autour d'une voiture. — L'auteur rencontre un enfant nouveau-né qui fermait une rue. — Saint-Jean de Latran. — Ce qui faisait la joie de Teutmosis III. — Pourquoi les bourgeois de Thèbes en voulaient tant à Constantin. — Un volcan sous la neige. — La belle Ftaknefptchatfré.—Ce que disent les chats, les canard, les ibis et les crocodiles. — Vive Henri IV. — Intérieur de la basilique. — Eblouissements sans admiration. — L'escalier saint. — L'auteur constate avec douleur que sa force n'égale pas sa piété. — Il se crée des droits à la reconnaissance de son tailleur. — Où l'on traite des rapports qui peuvent exister entre une vieille femme et un pantalon. — Le voyageur caractérise d'un mot profond le Musée de Latran. — Les beautés de la campagne révélées. — Saint-Pierre *in vincoli*. — Vicissitudes d'un tombeau. — *Moïse*. — Comment un homme peut remplacer une femme. — L'auteur cherche à faire du tort aux dictionnaires. — Où les gens sérieux apprennent un jeu nouveau.

... Rome commence à perdre peu à peu ses visiteurs. L'époque des chaleurs approche; c'est le règne du *sirocco* et de la *mal'aria*, ou *aria cattiva*, qui s'annoncent avec leur inévitable cortège de fièvres ou d'insolations, frappant en aveugle l'étranger et l'indigène. Toutefois, ce dernier, mieux acclimaté, supporte plus facilement cette rude épreuve que les pauvres *forestieri*, oiseaux voyageurs qui, dès les premières haleines du souffle empesté, s'empresseront d'ouvrir leurs ailes au vent du passage. De ce nombre se trouve malheureusement le comte de L***, notre compatriote et notre ami, qui se dispose à passer l'été dans sa délicieuse et fraîche villa, sur les bords du lac Majeur. Plus d'une fois nous regretterons dans notre *exil doré* ses bonnes et spirituelles causeries, ses manières exquises, son accueil si cordial et si franc, cette *vigna* hospitalière où nous avions retrouvé la patrie, je dirais presque les joies du foyer.

Conoscarsi, discortarsi.

C'est la vie, Madame. Quel miraculeux bienfaiteur de l'humanité mettra jamais les points cardinaux d'accord avec les affections !

Nous avons assisté hier soir, chez notre ami, à un concert d'adieu. La belle et savante lady que nous avons rencontrée au palais Doria et qui est, je crois vous l'avoir déjà dit, une amie de la comtesse de L***, lui a présenté un gentleman d'une espèce assez rare, toutefois, malgré la réputation bien méritée d'*excentricity* dont jouissent ses blonds compatriotes. Sir Edward R*** était encore l'année dernière à Londres ce qu'on appelle un *imperfect man*, c'est-à-dire un homme qui n'a pas fait son tour, qui n'a pas voyagé. Or, vous le savez, à Londres, un homme qui n'a pas quitté son pays pour voyager est tellement incomplet qu'il ne compte pas.

L'honorable baronnet avait, à l'encontre de ses compatriotes pérégrinateurs, les habitudes les plus casanières ; aussi n'avait-il jamais quitté son château du Lancashire que pour venir passer à Londres les trois ou quatre mois de la saison. Amateur passionné d'ornithologie, il avait eu la gloire bien rare d'empailler presque toutes les espèces de volatiles connus, depuis le banal rouge-gorge jusqu'au gnau bleu qui ne se trouve que dans les déserts de la Grande-Cafrerie, cette contrée voisine des parages où pousse la mandragore. Sir Edward jouissait de la flatteuse réputation du plus grand empailleur des Trois Royaumes, mais sa gloire ornithologique n'avait pu faire oublier un dédain des convenances impardonnable chez un gentleman. A trente ans, il n'avait pas encore franchi le détroit. Ses amis lui démontrèrent avec tant de persistance que l'étrangeté de sa conduite compromettait la *nobility* tout entière, qu'il fit un violent effort sur lui-même et prit le parti de payer sa dette au despotisme de la convention. Il commanda une immense berline de voyage dans laquelle il fit placer un lit, une table, ses instruments de dissection, ses livres scientifiques et ses cadavres emplumés. Dans l'arrière-train de sa voiture, il établit sa batterie de cuisine et son cuisinier, puis il ordonna à son valet de chambre de le conduire dans les pays les plus pittoresques, à travers les sites les plus renommés du continent.

C'est en cet équipage que, depuis un an, l'honorable baronnet accomplit strictement ses devoirs de parfait gentleman, et se propose de rapporter à Londres quelques centaines de nouveaux volatiles disséqués et empaillés dans son voyage. Jusqu'ici, il a dormi, bu, mangé et empaillé dans sa berline, sans avoir songé une seule fois à mettre la tête à la portière. Sa visite de ce soir, due à un accident de voiture, est une infraction unique et involontaire à cette règle dont il se propose de ne plus se départir. Il va se remettre en route pour le Lancashire ; désormais l'honneur est sauf : sa voiture aura franchi la Manche et parcouru le continent.

Nous qui n'avons nulle intention de l'imiter et qui ne nous sentons nulle aptitude pour cette branche de la science où se sont illustrés les Blainville, les Schœffer, les Audubon et les Toussenel, nous allons reprendre le cours de nos promenades et mettre à profit le temps qui nous reste encore à passer à Rome, car ici c'est fête éternelle pour l'œil de l'artiste, le cœur du poète ou l'âme du penseur.

… Ce matin, comme nous débouchions de la Via della Croce dans le Corso, un embarras de voitures nous a fermé le passage. Un véhicule, nonchalamment traîné par deux chevaux de fiacre, suivait la rue du Corso, qu'il descendait ; en dehors des portières flottait une loque blanche, et à mesure que s'avançait ce singulier chiffon, les voitures se rangeaient sur son passage. Un équipage cardinalice, reconnaissable à sa livrée et aux houppes rouges qui surmontaient la tête des chevaux, arrivait à grand fracas du côté opposé. A l'aspect du mystérieux étendard, le cocher galonné a rassemblé ses guides et s'est arrêté lui aussi. Informations prises, on a bien voulu nous répondre que cette *velturaccia* portait un nouveau-né qu'on allait baptiser à l'église prochaine; le linge qui pendait hors des stores est de tradition en pareil cas, et, selon la vieille coutume romaine, toute voiture, fût-elle le carrosse d'un prélat, se range en signe de respect devant l'être fragile qui va, dans quelques instants, faire partie de la grande famille chrétienne.

La circulation rétablie, j'ai continué ma promenade, me dirigeant vers Saint-Jean-de-Latran, but de mon excursion de la journée.

Cette basilique est le premier temple de Rome et du monde catholique; aussi l'appelle-t-on *Ecclesia urbis et orbis, mater et caput ecclesiarum*. C'est la cathédrale du Souverain Pontife, en tant qu'évêque de Rome, et voilà pourquoi il en prend solennellement possession à son exaltation au trône.

Nous n'avons pas à nous occuper ici de la célébrité que lui ont, en outre, valu ses douze conciles, ni de l'incendie qui la détruisit de fond en comble pendant que les papes résidaient à Avignon. L'œuvre actuelle, réédifiée et embellie par une longue série de pontifes, doit seule nous intéresser aujourd'hui.

L'église est précédée d'une vaste place, sur laquelle se dresse le plus grand et le plus ancien obélisque qu'il y ait à Rome. Ce monolithe faisait, paraît-il, depuis Teutmosis III, la joie des bons bourgeois thébains, lorsque Constantin jugea à propos d'en disposer autrement ; de par son droit de conquête, il en orna la ville de Rome, au grand déplaisir des précédents possesseurs.

Si vous me demandez à quelle source j'ai puisé ces renseignements historico-rétrospectifs et le degré de certitude qu'ils peuvent présenter, je vous répondrai, Madame, que je les tiens d'un ami, savant et antiquaire, à qui je n'ai connu qu'un amour dans sa vie, mais vivace et enraciné comme peut l'être un pareil sentiment quand il se loge en despote absolu sous un crâne chauve et académique. Mon ami s'est épris d'une passion insensée pour la déesse *Fta-knef-pchat-fré*. C'est vous dire qu'il a étudié avec un soin jaloux tout ce qui, de près ou de loin, peut avoir trait à son idole. Les sarcophages de Rhamsès, les sphinx de Sévékhotep, les obélisques de Ménephta, les stèles de Scheschonk, les hiéroglyphes de Nectanébo n'ont aujourd'hui pour lui nul secret ; il a bien voulu puiser en ma faveur dans les trésors d'une science qui lui est familière à ce point qu'il a pu lire les détails qui précèdent dans les divers chats, canards, ibis, crocodiles et autres animaux bizarres dont le monolithe est couvert.

Outre la basilique, la décoration de la place est complétée par le palais de Latran, qui renferme le musée de ce nom, par le Baptistère et deux hôpitaux à façade monumentale. Maintenant, entrons sans plus de retard dans le splendide édifice élevé sur le lieu même qu'occupait autrefois la demeure de Plautius Lateranus, mort dans la conspiration de Néron, et saluons, en franchissant le portique, la statue en bronze du plus sympathique et du plus populaire de nos rois. C'est bien là le masque bourbonien et railleur du héros au panache blanc. Le chapitre lui a érigé cette statue comme au bienfaiteur de la basilique. Disons, en outre, en passant, que le chef de l'Etat, en France, est de droit, chanoine de Saint-Jean-de-Latran.

La façade principale du monument, élevé par Alex. Galilei, est en marbre travertin, décorée de quatre colonnes engagées et de six pilastres composites soutenant un entablement et un fronton. Parmi les cinq balcons qu'elles supportent, celui du milieu, orné de quatre colonnes de granit, est destiné aux bénédictions papales. On entre dans la basilique par cinq grandes portes dont la principale, en bronze, fermait autrefois la basilique Emilienne au Forum. Mani, Ph. Valle, Ludovisi et Pietro Bracci ont sculpté les bas-reliefs des autres baies. L'intérieur du temple est à cinq nefs, et dans toutes resplendit l'or, miroite le marbre, reluit le stuc, s'étalent les mosaïques, se dresse le bronze des statues, étincellent les pierreries, se drapent les velours ; merveilleuse féerie qui éblouit plus l'œil qu'elle ne parle à l'imagination. Une de ces chapelles, celle des princes Corsini, renchérit encore sur tout ce luxe décoratif; je lui préfère sa crypte souterraine où l'on voit, sur l'autel qui s'élève au milieu d'elle, une magnifique *pièta*, due au ciseau d'Ant. Montauti.

Dans cette chapelle latérale, mon attention est attirée par un spectacle singulier, et, dont je ne puis, à première vue, m'expliquer le sens.

Un prêtre, assis dans un confessionnal, confesse ses pénitentes. Devant lui passent, à de fréquents intervalles, quelques fidèles, qui s'agenouillent silencieusement à quatre ou cinq pas de distance. Aussitôt le prêtre leur touche légèrement la tête avec un goupillon de crins emmanché d'un long roseau, dont il est armé; après quoi, le passant se relève et reprend la porte de sortie, si mieux il n'aime faire un bout de méditation devant l'autel.

Informations prises, c'est de cette façon expéditive paraît-il, que les fidèles reçoivent l'absolution de fautes vénielles, qui ne nécessitent pas le désagrément de la confession auriculaire.

Le maître-autel de la basilique garde les têtes de Saint-Paul et de Saint-Pierre. Je donnai un dernier coup-d'œil à la toile du Giotto : *Boniface VIII publiant le Jubilé*, et j'allai demander à la *Scala Santa* un peu de cet entraînement pieux que m'avait refusé l'œuvre placée sous le puissant patronage du précurseur du Messie.

L'Escalier-Saint, Madame, est en profonde vénération parmi les Romains. Ses vingt-huit degrés de marbre qui, du palais de Pilate, furent transportés à Rome, ont été sanctifiés par le sang de Jésus-Christ, qui le monta et le descendit plusieurs fois durant sa passion. On ne le monte qu'à genoux et on descend ensuite par l'un des quatre escaliers latéraux. Le concours des fidèles venant accomplir chaque jour cet acte de haute dévotion devint bientôt si considérable que les marches en eussent été promptement usées. Pour obvier à cet inconvénient, on les recouvrit de fortes planches de noyer, que l'on a dû souvent renouveler pour le même motif.

J'ai voulu tenter à mon tour le pieux et fatigant exercice, mais le Ciel ayant négligé de mettre mes forces au niveau de mon courage, j'ai dû m'arrêter à la quatrième marche. J'ignore s'il me sera tenu compte là-haut de cette tentative d'ascension, mais j'en ai emporté l'assurance qu'ici-bas mon tailleur m'en sera reconnaissant. Une vieille femme, qui cousait dans l'église et à laquelle je demandai une aiguille et du fil, eut pitié de mon inexpérience à me servir de ces objets, et, en quelques minutes, sa main tremblante et secourable eut paré au plus pressé.

A côté de la Basilique est le Baptistère. Je trouve

que tous ces monuments se ressemblent. C'est toujours l'éternelle salle circulaire, pavée de marbre et ornée, à son centre, d'une urne plus ou moins antique. De belles fresques de Maratta et une superbe statue en bronze par J. Della Porta, voilà le seul attrait de celui-ci.

Quant au Musée, son voisin, il est peu riche en originaux. Des plâtres, des tronçons de statues, quelques-unes assez bien conservées, et deux jolies mosaïques composent son bilan artistique. Somme toute, intérêt médiocre.

Je me suis rejeté sur le coup-d'œil. D'ici, la campagne est charmante. La fière ligne des aqueducs de Néron, qui vont rejoindre ceux de Claude, coupe de ses arcades effritées le paysage, qui prend à un demi-mille plus loin des allures grandioses. Sur la gauche, les ruines de l'amphithéâtre Castrense marient vigoureusement les chauds reflets de leurs briques aux tons de laque et de vert de Schéele des jardins Variani.

Nous avons continué notre route et dirigé nos pas vers Saint-Pierre *in Vincoli*, où l'on garde les chaînes dont le prince des apôtres fut lié dans sa prison. Nous voulions voir les deux chefs-d'œuvre que cette petite église renferme, une statue et un tableau : ce dernier est la *Sainte-Marguerite,* du Guerchin, l'autre est le *Moïse*, de Michel-Ange. En face de ces deux œuvres, bien diverses cependant, les paroles sont inutiles;

c'est ici qu'il faut sentir au lieu de raisonner. La *Sainte-Marguerite* est le digne pendant de la *Sybille*, du même maître, qui rayonne dans la *Tribune* de Florence. Nous y retrouvons le même sentiment du coloris à sa dernière puissance. Tout ce qui est beau dans la nature, tout ce qui sourit aux yeux, s'embellit encore pour ce *magicien de la peinture*, comme l'ont surnommé ses compatriotes, des mystérieuses influences d'une harmonie radieuse, que ses sens ont eu le singulier privilège de percevoir dans ses nuances les plus délicates. Véritablement, on croirait que la chaleur et le chatoiement des couleurs contenaient, dans l'idée du maître, la propriété d'exprimer toutes les pensées, tous les sentiments, toutes les impressions. Ces deux toiles, au dessin énergique et doux, tout à la fois, d'une peinture robuste et franche, raniment et élèvent l'esprit par leur attitude naïvement grandiose et simplement poétique, qui est l'attitude des figures immortelles.

Pour le *Moïse*, tout est naturel et formidable dans cette personnification sublime qui surpasse de cent coudées les héros des âges fabuleux. Cédons pour quelques instants la parole au plus compétent de nos contemporains, qui est, en même temps, l'une de nos plus grandes gloires littéraires, sur l'appréciation de cette œuvre immortelle; vous ne vous en plaindrez pas; mais laissez-moi vous rappeler, toutefois, que Jules II, comme je crois vous l'avoir dit précédemment, avait lui-même choisi cette église pour l'endroit où serait placé son tombeau. Il aimait ce titre cardinalice de Saint-Pierre-aux-Liens. Son oncle Sixte IV, qui avait jeté les bases de la grandeur de sa famille, l'avait porté le premier. Lui-même avait été cardinal de San-Pietro-in-Vincoli pendant trente-deux ans, et, devenu pape, avait transmis cette dignité au plus chéri de ses neveux.

Par une suite d'incidents qu'il serait trop long de vous énumérer, le dessin du mausolée, qui devait être en origine le plus grand monument de ce genre que les hommes eussent jamais vu, avait été réduit à une simple façade en marbre, adossée au mur de l'église de Saint-Pierre-aux-Liens. Mais une de ces fatalités qui s'attaquent aussi bien aux œuvres d'art qu'à la vie des artistes, semblait peser sur celle-là; tous les pouvoirs divins et humains vinrent s'opposer à l'achèvement de ce tombeau, quelque réduites, quelque amoindries qu'en fussent successivement les proportions. Une nef à San-Pietro renferme aujourd'hui ce qui reste de tous ces projets avortés. C'est là que se trouve le *Moïse;* encore cette statue, toute admirable et terrible qu'elle est, arrachée à sa destination première, déplacée de son point de vue naturel, isolée de l'ensemble dont elle devait faire partie dans la pensée de l'artiste, ne produit-elle pas aujourd'hui la moitié de l'effet qu'elle aurait dû produire élevée à vingt pieds de hauteur, assise éternellement au bord de l'immense tombeau, entre le ciel et la terre, au milieu d'un cortège de prophètes et de sybilles, à la place que lui avait marqué le sculpteur.

« Rien dans ce chef-d'œuvre ne rappelle un précé-
« dent quelconque, une idée reçue, une tradition
« même lointaine ; rien ne ressemble à l'antique ou au
« classique, ni par la conception, ni par le style, ni
« par la forme. C'est un rêve étrange et colossal,
« traduit dans le marbre, dans une nuit d'insomnie
« et de terreur. C'est une inspiration biblique de la
« plus haute puissance, et telle que le Dante lui seul
« saurait nous la décrire.

« Entrez dans l'église *San-Pietro-in-Vincoli*, seul,
« à la nuit tombante ; contemplez, à la lueur incer-
« taine du crépuscule, cette apparition surhumaine,
« et vous serez saisi d'un de ces épouvantements
« hyperboliques que produit sur une imagination
« fiévreuse la lecture de l'Apocalypse.

« Le demi-Dieu est assis dans sa majesté olym-
« pienne. Un de ses bras est appuyé sur la table de la
« loi, l'autre est ramené en avant avec la superbe
« nonchalance d'un homme qui n'a besoin que d'un
« froncement de sourcils pour se faire obéir de la
« multitude. Une barbe épaisse et séculaire se
« répand par flots sur sa vaste poitrine, comme un
« torrent qui déborde. Le caractère agreste et primitif
« de ce grand pasteur des peuples est empreint dans
« chaque muscle de son corps, dans chaque pli de

« ses vêtements. Le double rayon que la vision de
« Jehova a laissé, comme une marque indélébile, sur
« le front du prophète, ressemble, d'une manière
« frappante, à la double-corne acérée qui vient de
« percer la tête d'un bouc. Cet ensemble d'énergie
« sauvage et de force animale ajoute je ne sais quoi
« d'étrange et de redoutable à la physionomie du
« colosse; car, en vérité, homme ou monstre, réalité
« ou symbole, cet être pense, et le peuple hébreu,
« comme l'a dit un poète, n'aurait pas eu tout à fait
« tort de se prosterner devant lui. Dieu lui eut par-
« donné peut-être. » (ALEX. DUMAS.)

Telle est l'œuvre que nous venions visiter, Madame,
et vous me croirez quand je vous dirai que nous
sommes restés longtemps abîmés dans la contemplation de cette merveille due au ciseau du plus complet
et du plus prodigieux artiste qui ait jamais existé;
de cette triple incarnation du génie qui nous a laissé
dans trois arts différents les plus grands ouvrages qui
existent : en peinture, le *Jugement dernier*, de la
chapelle Sixtine ; la *Flagellation*, de Naples ; la
Déposition, de Viterbe ; et les crucifix, de Plaisance et
de Bologne ; en sculpture, le *Moïse*, les mausolées de
Julien et de Laurent de Médicis, le *Saint-Jean au
désert, David et Goliath*, et le célèbre groupe de la
Pietà, le *Christ mort sur les genoux de sa mère*, qu'il
sculptait dans les derniers jours de sa vie, à ses
heures de noire tristesse et d'inconsolable amertume;

et en architecture, enfin, la *Sacristie* et la *Bibliothèque de Saint-Laurent*, le *Couronnement du palais Farnèse*, l'*Eglise Saint-Jean des Florentins*, le *Capitole*, et la merveilleuse *Coupole de Saint-Pierre de Rome.*

La voix du sacristain qui entamait son *boniment* nasillard vint couper les ailes à notre rêverie et la rejeter violemment à terre.

Ah! l'engeance des sacristains et des *ciceroni* patentés!... Quand donc nous délivrera-t-on de ces admirations à froid, de ces enthousiasmes de commande?...

Nous sommes revenus par le Forum Romain, notre promenade de prédilection. Sur les marches de l'ancien temple d'Antonin et de Faustine, trois ou quatre indigènes masculins humaient paresseusement le soleil en tricotant des bas. L'un deux suspendit un instant son *travail* (?) pour juger d'un coup incertain dans une partie de *môra*, que deux *contadini* jouaient à leurs côtés.

Savez-vous ce que c'est que la *môra,* Madame? Non. Je m'en doutais. Ne feuilletez pas votre dictionnaire; vous ne trouveriez dans ce livre estimable que la définition suivante :

Môra. s. f. mûre, tas de pierres, mourre, délai, négresse, retard. Cela vous apprendrait, peut-être, que l'italien, comme le turc de Covielle, est « une langue admirable, qui peut dire bien des choses dans un seul mot », mais cela ne vous indiquerait nullement en quoi consiste le jeu en question.

Je vais essayer de combler cette lacune.

Les joueurs, au nombre de deux, se placent en regard l'un de l'autre, et doivent ouvrir, *en même temps*, un certain nombre de doigts de leurs mains. Ce nombre est naturellement facultatif, vous le comprenez, et laissé au caprice individuel ou à l'inspiration des partenaires ; mais la somme des doigts ouverts par les deux joueurs doit être rapidement devinée par l'un d'eux et le chiffre énoncé aussitôt par lui à haute voix ; le gagnant est celui qui trouve le chiffre exact.

Vus à distance, ceux qui se livrent à ce passe-temps ont littéralement l'air de s'envoyer des coups de poing dans la figure ; et comme ils hurlent leurs chiffres sur un mode assez élevé, rhythmé souvent par la rage du perdant, la scène n'en acquiert qu'un caractère plus saillant de bizarrerie aux yeux surpris de l'étranger. Ce jeu avec lequel on se familiarise, du reste, assez promptement par l'habitude, est le délassement chéri des Romains du Transtévère, qui s'y cramponnent comme à une vieille tradition. Peu répandu dans les classes moyennes, il est, en revanche, difficile de ne pas trouver dans les *osterie* des faubourgs, un certain nombre de ses intrépides et bruyants adeptes. L'enjeu est assez généralement une ou plusieurs *fiasce di vino*, dont l'effet, joint à son caractère entraînant qui passionne les joueurs, les altère, les excite et les échauffe à ce point qu'il n'est pas rare de voir la *móra* se terminer par l'intervention brutale et sanglante *del coltello*, cette *ultima ratio* de toute querelle italienne.

Nous laissons nos joueurs s'enrouer à leur aise, et nous remontons jusqu'au Forum de Trajan.

CHAPITRE XXVI.

On est fier d'être français quand on regarde la colonne. — Le chant liturgique mis en romance. — Apparition sinistre. — Théâtre préféré de l'auteur. — Réflexions morales et philosophiques. — Les pénitents. — Le cimetière. — La vie dans la mort. — Serrement de cœur sur une tombe. — Prière des morts aux vivants. — L'auteur se hâte de fuir un lieu si lugubre. — Préoccupation singulière.

Ne vous attendez pas, Madame, à ce que je vous dépeigne longuement ce lieu jadis si célèbre, si riche, et aujourd'hui déchu de sa splendeur passée. De ses colonnades superbes, œuvre du célèbre architecte Appollodore, de sa basilique, du temple de Trajan et de la fameuse bibliothèque Ulpiane, il n'a rien gardé. Sa seule richesse actuelle est la magnifique colonne Trajane qui a servi de type à sa sœur de notre place Vendôme. Je ne sais si les Romains éprouvent à sa vue les sentiments de fierté que la contemplation de la nôtre nous inspire, selon la chanson, mais il est certain que c'est un des plus beaux monuments que nous ait légués l'antiquité, car dix-huit siècles écoulés l'ont laissée admirablement intacte. Elle doit à Sixte V la seule modification qu'elle ait reçue. Ce pontife fit placer sur le faîte la statue de Saint-Pierre, en bronze doré, qui la surmonte aujourd'hui, en remplacement de la statue primitive de Trajan, aussi en bronze doré, qui fut enlevée au moyen âge. Dégagée des masures qui l'entouraient, isolée sur cette magnifique place dont le sol a été remis au niveau primitif de la Rome antique, tel qu'il est indiqué par la colonne de Phocas, elle étale fièrement aux regards ses blocs de marbre de Carrare, où ne figurent pas moins de deux mille cinq cents personnages, outre un nombre infini de chevaux. Ses cent trente-deux pieds d'élévation écrasent un peu la coupole des deux églises, relativement modernes, qui font encoignure décorative sur la place.

Je voulus visiter celle de droite, bâtie sur les dessins de San-Gallo et renfermant, m'avait-on dit, une belle statue de Flamand. On y chantait l'office sur un air de romance.

... Via delle Frate, nous rencontrons un enterrement; impossible d'avancer, il faut s'arrêter ou rebrousser chemin. Nous prenons le premier parti; le spectacle, d'ailleurs, en vaut la peine, car pour nous c'est une nouveauté intéressante; la rue est un théâtre toujours changeant, riche de faits curieux, où la flânerie enseigne souvent plus que bien des livres.

Quels trésors de science nous devrions avoir amassés !...

Le cortège approche. Tous les fronts se découvrent; seuls, deux passants, bras-dessus bras-dessous, coupent bravement la file des confréries qui le précèdent, sans même soulever leur chapeau et sans paraître se douter le moins du monde du respect dû à toute dépouille mortelle, lors même que cette dépouille est celle d'un inconnu. Cela m'a péniblement impressionné. Je n'aime pas que l'on se mette ainsi au-dessus, je ne dirai pas seulement d'un usage, mais de ce sentiment involontaire de respect, en face d'un événement solennel devant lequel s'éteint la haine elle-même. La couche de légèreté qui recouvre ces gens est-elle donc assez épaisse pour qu'ils ne puissent comprendre instinctivement qu'une justice supérieure s'est emparée d'une créature humaine, et n'est-ce pas manquer à sa dignité personnelle que de protester ainsi par l'indifférence ou le mépris? C'est l'exception, me direz-vous : tant mieux. Plaignons-les, nous qui aimons à nous imaginer que tout n'est pas fini avec l'existence, et qu'un lien secret et mystérieux subsiste entre l'être qui survit et celui qui vient d'entrer dans les sombres régions de la mort.

Celui qu'on portait à sa dernière demeure paraissait être un mort de qualité à en juger par la foule qui l'accompagnait, dans l'ordre que voici : en tête, une bannière de confrérie accostée de deux acolytes portant des cierges, — si l'on peut appeler cierges des masses de cire de ce volume. — Derrière la bannière viennent des *pénitents*, désignés par la couleur de leur costume variant selon l'ordre auquel ils appartiennent, et dont la nuance parcourt l'échelle des tons du noir au blanc en passant par le gris et le bleu ; d'où leur nom de pénitents blancs, pénitents gris ou pénitents bleus, tous uniformément revêtus d'une cagoule qui, descendant jusqu'aux pieds, leur couvre la tête et les épaules, les enveloppant comme un large sac à manches.

La cagoule est percée de deux trous pour les yeux ; c'est tout ce qu'on voit de leur visage.

Une corde à la ceinture, un chapelet d'une main, une torche de l'autre, ils s'avancent en procession sur deux files, chaque confrérie précédée de sa bannière particulière ; puis viennent la croix et le clergé, et enfin, porté sur les épaules, le cercueil contenant le mort, qui, suivant l'usage italien, est conduit au cimetière à visage découvert. Le brancard sur lequel il repose a la forme d'un lit de parade, recouvert d'une large et magnifique draperie, aux couleurs gaies et éclatantes, qu'on prendrait à première vue pour un riche tapis si une petite tête de mort brodée à l'angle n'en indiquait seule la funèbre destination. Une voiture de deuil, dont les chevaux sont tenus en main par des valets de pied, toute la livrée tête nue et aux portières, complètent ce lugubre défilé fermé par la foule des assistants.

La fantaisie nous prit de nous mêler au cortège et de faire ainsi notre visite à la vaste nécropole de Rome, située à Campo-Varano. Nous vîmes un cimetière luxueusement compris ; son portique est monumental, de belles fresques modernes le décorent; tout ce que l'art peut faire pour chasser, dans la mesure du possible, les tristes pensées, hôtesses inévitables d'un pareil séjour, l'art italien l'a fait. Les allées sablées, les plantations exotiques, les corbeilles verdoyantes et fleuries, les statues de marbre sont prodiguées dans ce suprême asile du dernier sommeil.

Franchissant un escalier de pierre de six à huit marches, nous avons parcouru l'immense enceinte disposée en jardins anglais. Hélas, ici les massifs sont un lugubre amas de sépultures et de cyprès!... Deux tombes, cachées sous l'herbe épaisse et drue, ont arrêté quelques instants nos pas. Là reposent, couchés côte à côte dans la mort, deux de nos compatriotes, artistes et poètes charmants, enlevés tous les deux, à la fleur de l'âge, au monde qu'ils auraient charmé, et que le démon sceptique et inconstant du siècle a emportés sur ses ailes voyageuses pour les précipiter dans l'abîme éternel. Comme des oiseaux blessés par le plomb du passant, sur le sable des grandes routes, ils ont péri misérablement. L'un, succombant à une affection de poitrine, est mort dans la misère; l'autre a disparu dans une tempête, et le flot a rejeté sur la rive son cadavre défiguré. « Une larme, une prière! » Nous les leur avons données toutes deux sympathiques et sincères.

Pauvre Ch. Servet! qui se souvient aujourd'hui de ton *Semeur* mélancolique marquant, de l'aube au crépuscule, la trace de son pas alourdi dans les sillons sans nombre ? oh ! certes, ce n'est pas un caprice vulgaire qui guida ton pinceau. La nature est prise sur le fait, avec son soleil splendide, mais si cruel pour celui qui gémit sous l'ardeur de ses embrasements. Il y a, jusque dans l'âpreté de ton exécution, comme un style abrupt, nerveux, qui sent l'expérience du travail et de la misère. La peinture perd peut-être quelque attrait de convention à cette furie de brosse, mais l'expression y prend une sincérité qui surpasse toutes les coquetteries de l'art. En face de ton œuvre, on suppute, malgré soi, les flots de sueur, on calcule la somme des efforts qui courbent ce levier humain, le *semeur*, et l'on songe pour quels nobles résultats tant de précieuses existences s'affaissent et succombent.

Pauvre Léon Marchand, qui avais su éveiller tant d'intérêt dans le cœur des femmes, et qui avais tant de raisons mystérieuses pour t'écrier comme Shelley, ton frère en infortune et en poésie :

..... Les jeunes filles...
Savent quel est le mal dont je souffre et je meurs.
Rêveuses et debout sur le seuil de leur père,
Me suivant du regard et me nommant leur frère,
Elles pressent ma main, l'œil humecté de pleurs.

Nous n'avons retiré de cette triste visite que de pénibles impressions. La vue de la basilique Saint-Laurent où nous sommes entrés n'était point faite pour les dissiper ; aussi le retour s'est effectué presque en silence, Maxime et moi rêvant à ces destinées tranchées dans leur fleur, à la vie de ces deux enfants qui ont offert une si désolante image de ces révoltes de l'esprit, de ces instincts supérieurs qui enlèvent au monde positif de jeunes imaginations pour les abandonner plus tard, — Gaspard, lui, en proie à une vive préoccupation :

— Où tiaple, nous a-t-il demandé tout-à-coup, enderre don les goguins ? — Lissez les ébidaves !... fu ne truffez que tes anches, fu ne ferrez que tes anches : pon bère, pon vis, ponne puce ; c'est tomache t'en foir dant mûrir !...

XXVII.

L'auteur hasarde un rapprochement criminel. — Il monte courageusement à l'assaut. — Il dit du bien de lui, mais il passe légèrement sur Saint-Paul. — Un empereur et un oiseau. — Sur quoi les jeunes Romains font des incongruités. — L'auteur les invective. — Paysage. — Où l'on cite encore Horace. — La Providence s'habille en cardinal. — L'auteur se dispose à recevoir les Vestales. — Exercices gymnastiques. — Ce que contenaient des urnes. — Métempsycose et limaçons. — L'auteur expose sa vie pour découvrir des petits pots. — L'auteur rentre affamé et mange des chapeaux.

Nous avons déjeuné ce matin à une charmante petite *vigna* qu'un de nos amis possède hors de Rome, à peu de distance de la porte Saint-Paul. La *vigna* ne mérite que des éloges, mais le déjeuner, emprunté, hélas ! aux plus pures recettes gastronomiques du répertoire national, m'a laissé froid, et, quelque bonne volonté que j'y misse je n'ai pu trouver un mot d'éloge à l'adresse de la cuisinière qui l'avait perpétré, et qui est pourtant, parait-il, un *cordon bleu* distingué... dans son genre. Involontairement je me rappelai, en le lui appliquant, ce mot, de l'humoriste président Hénault, je crois : « entre elle et la Brinvilliers il n'y a de différence que dans l'intention. »

Je ne mentionne ce détail vulgaire, Madame, que parce qu'il m'amène à vous parler de la basilique

Saint-Paul, qui se trouvait sur notre chemin et dans laquelle nous avons fait, naturellement, une halte obligée. Quand je vous aurai dit que malgré la sévérité de la consigne nous avons escaladé le mont Aventin, qu'on est en train de fortifier pour mettre Rome à l'abri d'un coup de main de ce côté, que, redescendant par la pente opposée, sur la *via Ostiensis* nous avons pris un croquis des restes de l'aqueduc de l'eau Claudia et franchi l'arc Saint-Lazare, je vous aurai démontré, victorieusement, je l'espère, que nous savons, en toute circonstance, mêler l'utile à l'agréable. C'est pour rester fidèle à cette ligne de conduite que je vous parle aujourd'hui de Saint-Paul, car l'église actuelle toute moderne et à laquelle on aboutit par une longue avenue de près de deux kilomètres bordée d'une double rangée d'arbres de Judée, n'a rien de commun avec l'antique basilique, la plus ancienne non-seulement de Rome, mais de toute la chrétienté, qui s'élevait autrefois au même lieu. Une nuit, — celle du 15 au 16 juillet 1823, — a suffi pour anéantir dans les flammes l'œuvre de quatorze siècles avec ses chefs-d'œuvre et ses richesses.

La basilique nouvelle est déjà presque terminée. Ses dimensions grandioses en font la plus grande église de Rome, après Saint-Pierre ; sa décoration intérieure la rend bien la digne sœur de l'œuvre de Valentinien, mais on regrettera toujours l'édifice primitif, si précieux à tant d'égards. Où sont les belles mosaïques du xiii° siècle, les portes de bronze transportées de Constantinople, le merveilleux autel papal, d'Honorius Longhi, et ses colonnes de porphyre ; où sont les peintures de Muziano et de Fontana ?...

« *Qual soggeto di lagrime et qual perdita !...* »

L'homme ne fait rien qu'avec le temps, dit le proverbe. Hélas ! le temps se passe fort bien de l'homme pour détruire l'œuvre à laquelle ils ont travaillé ensemble.

Nous en avons eu une nouvelle preuve, Madame, en faisant ce soir le tour du palais des Césars, au Palatin. Des substructions, quelques parties informes des appartements d'apparat, des fragments de mosaïque qui disparaissent chaque jour sous le doigt indiscret du voyageur qui les égrenne en souvenir de son voyage, voilà tout ce qui reste, sur ce berceau de la Rome antique, de ce palais incomparable où Néron se trouvait « presque logé comme il convient à un homme, ». et qu'il ne put cependant parvenir à terminer, quoiqu'on y eut déjà dépensé, comme nous l'apprend Suétone, la somme prodigieuse de *six milliards quatre-vingt-quinze millions sept cent quatre-vingt-dix mille francs*. Quelque formidables que ces chiffres vous paraissent, Madame, sachez toutefois qu'ils ne purent entièrement satisfaire le caprice impérial de ce « grand artiste couronné que le monde allait perdre. » Il rêvait d'ajouter encore de nouvelles merveilles à l'œuvre de ses prédécesseurs, lorsque la main complaisante d'Epaphrodite mit fin à la dynastie des Césars.

Aujourd'hui, le chêne vert, le laurier, le cyprès et l'acanthe se mêlent à ces ruines magnifiques et les enveloppent d'une manière si pittoresque qu'elles produisent un délicieux effet. Dans les hautes branches, une joyeuse famille de chardonnerets a établi sa demeure aérienne et gazouille au soleil avec un entrain ravissant, insoucieuse des vicissitudes d'ici-bas. De cette fantaisie monstrueuse, fille insensée d'une imagination en délire, le voyageur ne retrouve qu'un peu de mousse sur des murs écroulés, quelques plantes parasites et le chant d'un oiseau.

Nous sortons par les jardins Farnèse, dans lesquels on dépose actuellement les objets que les fouilles quotidiennes du Palatin mettent au jour : des morceaux d'entablement, de frises, de corniches, tous de marbre *lunense*, sont déjà sortis de la terre où ils étaient enfouis depuis des siècles. Un torse splendide que les ouvriers viennent de découvrir excite surtout la curiosité des flâneurs, et pique au plus haut point la sagacité des savants et des antiquaires. Depuis hier, les loustics romains crayonnent leur nom sur ce pauvre bonhomme de marbre.

Ayez donc été de votre vivant un héros ou un demi-Dieu, ayez mérité de la vénération ou de la reconnaissance des peuples, des autels ou des statues, pour que ce témoignage de votre gloire passée serve un jour à enregistrer le cri du facile triomphe d'un courtaud de boutique. « *Io sono amato d'Isolina*, » ou les réflexions moroso-philosophiques de quelque moraliste chagrin et incompris: *Fa egli d'uopo che i mortali siano felici in sogno soltante.* »

Oh ! la gloire.....

Tout en devisant de la sorte, nous avions insensiblement dévié du but que nous nous étions proposé le matin. En effet, au lieu de la région que nous comptions explorer, la longue et large voie aboutissant au Quirinal s'ouvrait devant nous. Revenir sur nos pas, il ne fallait point y songer. La journée était belle, l'air était tiède, nous nous résolûmes à marcher franchement droit devant nous, et à fureter, au hasard des trouvailles, remettant à cette bonne Providence, « qui donne la pâture aux petits des oiseaux, » le soin de nos personnes. Ce fut, sans doute, ce guide tutélaire qui nous inspira la pensée de faire une station au palais pontifical commencé par Grégoire XIII et dont les embellissements furent terminés sous Pie VII. Chaque pièce de ce palais est à elle seule un musée. Les salons du Consistoire secret, des Audiences, des Congrégations, et les appartements destinés aux princes étrangers auxquels le Saint-Père fait les honneurs de l'hospitalité sont d'une grande magnificence. C'est un luxe inouï de statues, de tapis des Gobelins, de soie, de velours et de dorures. Vous parlerai-je des tableaux? C'est une féerie où Guerchin, l'Espagnolet, Bassano, le Dominiquin, Carrache, Pierre de Cortone, Jules Romain, Sébastien del Piombo, Véronèse, Giorgione, luttent à l'envi d'imagination, de véhémence, de couleur, d'expression, de génie enfin.

Nous franchissons la porte Pia. La petite église de Sainte-Agnès est sur notre route ; nous descendons les quarante-cinq degrés de marbre qui conduisent à la nef, et, après avoir pris un croquis d'un beau candélabre antique de marbre blanc, d'un travail exquis, nous remontons au niveau du sol. Maxime constate sur son carnet que cette église présente mieux que toute autre la forme exacte des basiliques civiles des anciens Romains. J'y souscris de grand cœur et nous reprenons, enfin, notre marche au plein air. Au bout de quelques pas, la route tourne brusquement à gauche et le terrain s'incline en pente douce ; à l'horizon, le Soracte supporte encore sur sa tête chenue son fardeau de neige.

..... *Altâ stet nive candidum*
    Soracte...

Dans la vallée, l'Anio roule ses eaux bourbeuses ; nous les franchissons sur le pont monumental de Lamentano et nous escaladons le Mont-Sacré, absolument comme si nous avions été en l'an de Rome 261, disposés à entendre l'ingénieux apologue de Ménénius Agrippa. Pour plus de couleur locale, Gaspard juge à propos de nous régaler de la traduction du récit de

Tite-Live. Sa harangue burlesque lui mérite un succès de fou rire, mais ne nous amène ni Augures ni Vestales ; il est vrai que la chose a moins d'importance que l'équipée à laquelle les tribuns du peuple durent leur origine.

En regagnant la via Montana, nous croisons le carrosse d'un cardinal ; il nous donne, à travers les glaces de la portière, une bénédiction que nous n'avions pas songé à lui demander, je l'avoue ; la faveur n'en a, sans doute, que plus de prix.

Sur notre droite se trouve la Vigna Ruffigna, renfermant les restes assez bien conservés d'un antique *columbarium* contenant cent quatre-vingt-une urnes destinées à recevoir les cendres des trépassés.

La plupart de ces urnes, en terre cuite, sont en parfait état, extérieurement du moins. Rangées chacune dans sa petite niche et toutes contiguës les unes aux autres, elles figurent assez bien des bocaux de pharmacie ; les inscriptions qui les surmontent ne nuisent en rien à la ressemblance. Le pavé garde encore des fragments de mosaïque et un œil attentif peut retrouver sur les murs quelques vestiges de fresques, mais tout cela s'émiette et s'efface chaque jour un peu.

On grimpe à ce columbarium par un escalier, ou plutôt une échelle, dont l'ascension est bien faite pour jeter une véritable terreur au cœur du touriste médiocrement résolu. J'eus besoin, pour mon compte, de faire un sérieux appel à mes souvenirs de gymnastique, décidé que j'étais à tenter l'aventure. Aujourd'hui que je vous écris de sang-froid, Madame, et que je me remémore tout ce qu'il m'a fallu déployer d'agilité pour mener cette entreprise à bonne fin, je me demande comment il peut se faire que je ne me sois pas vingt fois rompu les os dans cette périlleuse entreprise où une chèvre eût certainement échoué? La bénédiction du cardinal, Madame, la bénédiction! Riez-en, si vous le voulez, mais je n'ai pu trouver jusqu'ici de raison plus plausible; et puis, pourquoi pas?

Arrivé au but, j'ai osé soulever d'une main profane le couvercle de ces urnes pour demander son secret à la mort. C'est la vie qui m'a répondu : la plupart étaient remplies d'escargots. Si je croyais à la métempsycose, pourtant!

Une heure après, nous étions au *Falcone d'oro*, attablés devant un plat de *gnocchi di late* et de *capelli*, sorte de pâte affectant la forme conique d'un chapeau tyrolien ; ces deux ingrédients sont censés constituer un potage, et ne constituent, en réalité, que le mets le plus abominable de l'abominable cuisine italienne. Que Dieu vous en garde, Madame, et vous préserve aussi de l'*orvietto dolce rosso* qui l'accompagne.

CHAPITRE XXVIII.

Sacs et parchemins. — L'aristocratie romaine. — Palais et villas. — Rancune de l'auteur contre ces dernières. — Les fontaines hydrophobes et les éteignoirs verts. — Ce que l'on ne voit pas et ce que l'on voit. — L'auteur raconte ses goûts et laisse entrevoir qu'il est frotté de littérature. — Des sapins dans une boîte.

Je vous ai parlé, Madame, des trésors artistiques accumulés dans leurs galeries princières par les membres les plus éminents de l'aristocratie romaine, mais je ne puis, vous le comprenez, vous parler en détail de tous ces palais qui les renferment, et qui sont pourtant, eux aussi, des modèles achevés d'architecture civile. Ils ont eu pour architectes les *Bramante,* les *San-Gallo,* les *Balthasar Peruggi,* et tant d'autres maîtres célèbres ; n'est-ce pas vous dire que ce sont des œuvres qu'on ne peut se lasser d'étudier et qui joignent à leurs richesses intérieures la magnificence de leur architecture? Malheureusement, quelques-uns de ces palais sont dans un état d'abandon regrettable à tous les titres. L'aristocratie romaine possède, en général, plus de noblesse que de revenus, et il faudrait une fortune immense pour entretenir à peu près convenablement ce luxe quasi-royal. On voit bien, il est vrai, dans les fêtes, dans les cérémonies de *gala*, dans les *ricivimenti*, les dames romaines exhiber pour ces occasions leurs plus riches toilettes et des parures de diamants ; je sais bien que plus d'une d'entre elles portent, sur la tête et sur les épaules, pour deux ou trois millions de pierreries ; mais ces diamants sont inaliénables comme faisant partie du majorat et le propriétaire n'en est que l'usufruitier. Il en est de même pour les galeries de tableaux, pour ces toiles et ces peintures de prix qui couvrent les murs, les plafonds et les portes, donnant à ces grandes salles cet aspect grave et solennel, bien préférable, à mon avis, aux dorures éclatantes et aux satins cramoisis de nos salons. Les sommes représentées par tant de chefs-d'œuvre sont immenses, mais immobilisées ; l'Etat seul pourrait autoriser une mutation de propriété ; or, il n'a garde, vous le devinez sans peine, de les laisser sortir du territoire et de tarir ainsi, par leur dispersion, une des sources les plus abondantes de la richesse nationale sans cesse alimentée par l'affluence de tant de voyageurs.

Je viens de vous dire, Madame, que la noblesse romaine était ordinairement plus riche d'aïeux que de *scudi*, mais, comme toute généralité, cette règle a aussi ses exceptions. Il est telle famille, celle des Borghèse, par exemple, qu'on aurait tort de comprendre dans cette *aurea mediocritas* du poète ; ses alliances successives avec les Aldobrandini et les Salviati, dont elle a recueilli les biens, comme elle avait eu précédemment ceux des Cenci, ont porté à un haut degré la fortune de cette maison. La famille Borghèse, dont la prospérité ne s'est point ralentie un instant tout le long de son histoire, soutient brillamment son nom princier. Cette observation peut s'appliquer encore aux Torlonia, mais, je le répète, c'est le petit nombre. « *Apparent rari.* » Quoi qu'il en soit, ce que le visiteur ne peut s'empêcher de reconnaître, c'est le gracieux empressement que met, en général, la noblesse romaine à ouvrir ses palais aux touristes et à les laisser étudier tout à leur aise les œuvres d'art qui ont excité leur admiration.

L'un des plus beaux et des plus riches de Rome est, sans contredit, le palais Borghèse, dont la galerie comprend quinze salles immenses remplies d'œuvres qui en font l'heureux rival du palais Corsini, au Transtévère; mais ne pouvant vous parler en détail de toutes ces habitations, je me borne à vous signaler les plus importantes, dans l'ordre de mes souvenirs : le palais Colonna, résidence de l'ambassadeur de France; le palais Farnèse, bâti sur les dessins de Michel-Ange et occupé par la famille royale de Naples; la célèbre Farnésine, dont Raphaël peignit les fresques et où l'on admire son *Triomphe de Galathée;* le palais Rospigliosi, dont le principal attrait est l'*Aurore* du Guide; le palais Sciarra, qui possède trois merveilles : le *Joueur de violon,* de Raphaël, la *Vanité et la Modestie,* de Léonard de Vinci, et la *Donna del Tiliano;* et enfin, pour clore cette sèche nomenclature, le palais Spada, dont la grande curiosité est la statue colossale, en marbre, au pied de laquelle César tomba sous le fer des conjurés.

Si des palais nous passons aux *villas*, nous verrons qu'elles ne font que continuer sous une autre forme le luxe des premiers. Je leur préfère, de beaucoup, le moindre de nos jardins anglais, où l'art cherche, du moins, à produire l'illusion d'une libre campagne. A part la villa Pamphili, qui a su échapper par son ordonnance et son étendue à la monotonie rectiligne de ses pareilles, le jardin italien n'est qu'un prétexte à un plus vaste développement de décorations architectoniques, voilà tout. Aussi les avons-nous visitées bien plus pour la satisfaction de notre conscience que pour contenter notre goût personnel. Cette éternelle nature, peignée, taillée, peinte et bariolée comme une vieille coquette, m'irrite au possible. Ces minces filets d'eau suintant à grand'peine le long de maigres rocailles, et qu'on force, — les pauvrets, — à soupirer en *musique*, avant de se jeter dans un bassin de marbre dont toute l'onde ne suffirait pas à noyer le mignon petit pied d'albâtre d'une Naïade, me causent une peine affreuse.....

Si vous saviez pourtant, Madame, quels splendides paysages ils pourraient avoir ! Comme leur ciel est pur, comme leurs horizons sont lumineux, comme leurs bois sont frais et sourds, et combien la nature s'est montrée prodigue envers ces *indignes*, qui, semblables aux idoles des nations, « ont des yeux pour ne point voir! ». Tenez, non loin de Saint-Paul, — aux trois fontaines, — un peu sur la gauche, se trouvent des prés d'un vert admirable; à peine si une légère brume les voile au matin. Aux premiers rayons du soleil, l'atmosphère s'éclaire et l'herbe apparaît étincelante et fraîche, tandis qu'au fond du tableau de hautes futaies étalent leurs riches frondaisons d'un vert sombre où éclatent, de loin en loin, quelques teintes rouges ou jaunies. Je prends un indicible plaisir à m'égarer sous leurs grands bras noircis. Là, point d'allées tracées au cordeau, point de statues, il est vrai, mais aussi point d'arbres bêtement taillés en triangle, en boule ou en serpentin. Un demi-jour, cette humidité douce que dégage la terre des bois et qui rend plus pénétrants les parfums du sol et l'arome de thé qu'exhalent les arbres, tout, jusqu'au bruit que font mes pas sur les feuilles qui jonchent la mousse, tout m'enchante et me ravit dans cette nature franche, un peu sauvage, si vous voulez, mais vraie, et qui ne doit rien, du moins, à l'art ou à la convention. Aussi, pour ma part, je ne repousse point l'hypothèse que ces lieux étaient jadis hantés par les Dryades, les Querculanes, les Napées et autres apparitions mythologiques, à cette époque bénie et *regrettable...*

... Où les Nymphes lascives

Se jouaient au soleil parmi les fleurs des eaux
Et d'un éclat de rire agaçaient sur les rives
Les Faunes indolents couchés dans les roseaux...
Où les Sylvains moqueurs, dans l'écorce des chênes,
Avec les rameaux verts, se balançaient au vent
Et sifflaient dans les airs la chanson du passant.

Ils sont assez jolis pour cela. Et ne croyez point que ces tableaux soient rares, ou tout au moins éloignés ; il n'est nullement besoin, pour en jouir, de faire de longues excursions. A un quart d'heure de Ponte-Molle, contournez le champ de manœuvres, et vous y trouverez un petit cours d'eau délicieux qui, après avoir circulé au milieu des plus riantes prairies, s'étale paisiblement entre deux rives couvertes de saules, d'aulnes et de peupliers, qui lui font un cortège des plus pompeux. Si la fantaisie vous prend de suivre son cours, vous verrez de tranquilles perspectives, comme on en trouve dans les tableaux de Ruysdaël : tantôt l'eau miroite, tantôt la colline verdoie, et par-dessus le tout s'étend un ciel paisible, à peine strié d'un flocon gris qu'une caresse du soleil rehausse d'une légère teinte d'or. Çà et là, quelque ruine pittoresque, quelques vestiges de ces monuments dont le laboureur étonné découvre à chaque instant les débris :

Grandiaque effossis mirabitur ossa sepulchris,

et que les plantes parasites, vivaces et grimpantes,

couvrent de la plus folle végétation. Là, vit tout un petit monde de jolis lézards argentés qui se grisent de soleil et de lumière, dans cet asile où seul le pas du touriste vient parfois les troubler.

Je vous avoue, Madame, que, si je possédais de semblables choses, je me priverais volontiers du plaisir de bâtir une *villa* comme la plupart des villas romaines, pour l'enjoliver de ces arbres ridicules qu'on dirait empruntés à une vaste boîte de joujoux de Nuremberg. En vue d'échapper à ces immenses éteignoirs verts qui pullulent à nos regards au milieu de tout un peuple de marbre, nous venons de faire une des plus jolies promenades que puissent offrir les environs de Rome : une excursion à Frascati.

CHAPITRE XXIX.

Frascati. — Souvenirs rétrospectifs. — Grandeur d'âme de l'auteur. — De quelle manière Alessandro comprend ses devoirs. — Ce que les honnêtes gens ont de commun avec les coquins. — Le ciel dans une armoire. — *Light! Light!* — Paysage. — L'auteur parle avec une certaine déférence du cardinal Aldobrandini et de son architecte. — Platitude à l'adresse d'une jeune demoiselle. — Un coin de la Judée. — Kaléidoscope. — Un prêtre assassin. — Eglogue. — Impolitesse d'un écho. — La moisson aérienne. — Halte au cabaret. — L'auteur se réconcilie avec deux ennemis. — Ce qui surprendrait le vieux Caton. — — Simple question à la *Cie delle Ferrovie Romane*. — Le paradis des chevaux. — Droits régaliens d'un uniforme bleu. — L'auteur achète un homme dix sous. — Il se souvient de ce que disait Horace.

Frascati est le village moderne substitué à l'ancienne *Tusculum*, dont il ne reste que des débris aujourd'hui, mais dont le souvenir est intimement lié à celui du prince des orateurs romains, qui y possédait une maison de campagne et où il écrivit les célèbres *Tusculanes*. Si cette œuvre philosophique, fruit des loisirs que lui créèrent les suites de la bataille de Pharsale, ne pouvait rien ajouter à la gloire de son auteur, en revanche, il m'en souvient, elle a considérablement grossi, dans le temps, nos ennuis de collége. Toute cette philosophie aura du moins produit un effet posthume : nous avons pardonné à sa mémoire.

Hier était le jour fixé pour cette excursion. Malheureusement notre *factotum* Alessandro, chargé de nous réveiller assez tôt pour que nous puissions prendre le train du matin, a jugé à propos d'intervertir les rôles, et il en est résulté que c'est nous qui l'avons réveillé « juste à temps pour être trop tard, » comme disent les Irlandais. Nous lui avions imprudemment accordé la veille *la permission de dix heures*, et le malheureux, rentrant dans un état de fatigue, bien inconcevable pourtant de sa part, ne tarda pas à goûter ce que j'appellerai « le sommeil du juste » si ce bienheureux état ne me paraissait être aussi, fréquemment, le partage de bien des gredins avérés. Toutefois, quelque profond que fût son assoupissement, une vague idée du devoir qui lui incombait flottait, paraît-il, dans ses rêves, car, sous l'empire de ce sentiment louable, Alessandro se relève, trouve une porte sous la main et l'ouvre pour s'assurer de l'état du ciel. Les ténèbres les plus épaisses l'enveloppent, sa vue ne parvient pas à découvrir la plus petite étoile au firmament.

— Quelle nuit affreuse, pense notre homme ; il va pleuvoir toute la journée et la promenade se trouvera remise à plus tard.

Imbu de cette consolante idée, si favorable à sa paresse, et, tout fier d'avoir scrupuleusement accompli sa mission de vigilance, il se recouche avec le calme d'une conscience satisfaite et n'en savoure qu'avec plus de volupté le sommeil bienfaisant d'où nos imprécations bruyantes parviennent à le tirer à huit heures du matin.

Le dormeur s'éveille en sursaut. Une lumière radieuse inondait la nature ; pas un nuage ne rayait l'indigo du ciel. Toutefois, fort de son innocence, le malheureux essaie d'abord de comprendre quelque chose à nos reproches, puis, quand la lumière s'est faite dans son esprit, il s'embarque dans une explication justificative de sa conduite ; mais voici qu'au moment de nous démontrer, victorieusement selon lui, l'épreuve nocturne à laquelle il a dû sa sécurité, son œil se dilate tout à coup, l'ahurissement le plus complet envahit toute sa personne, la parole se fige sur ses lèvres entr'ouvertes et son geste involontaire nous désigne une porte encore mal refermée. Tout nous fut expliqué. Hélas ! Madame, cette porte accusatrice était la porte d'un cabinet de débarras que le malheureux Alessandro, tout ensommeillé, avait ouverte, la prenant pour celle de sa chambre, laquelle donne sur un petit balcon prenant jour sur une cour intérieure. Le mal était sans remède, ce jour-là ; le désespoir comique du pauvre diable acheva de désarmer notre sévérité ; nous prîmes donc philosophiquement le meilleur parti, celui de rire de notre mésaventure, tout en nous promettant de mettre à profit, pour nos courses ultérieures, cette leçon de l'expérience.

Revenons à notre promenade.

Le chemin qui conduit à Frascati côtoie, jusqu'à la station, la base des montagnes de la Sabine. Nous ajournâmes à notre retour la visite de la localité et nous prîmes un chemin montant, bordé d'oliviers, qui aboutit à la villa Aldobrandini. Vous connaissez mon sentiment sur ces maisons de plaisance ; je n'insiste donc pas sur l'ensemble de celle-ci, qui ne peut d'ailleurs modifier en rien ma manière de voir à ce sujet ; mais, pour être juste à son égard, tenons-lui compte de quelques détails, d'un mérite réel ; encore les doit-elle plus à la nature qu'à l'art. Sa terrasse, adossée à la montagne ombragée de platanes, d'oliviers et de pins séculaires, surplombe la petite ville de Frascati et offre un panorama grandiose : à droite, l'œil embrasse la longue chaîne des monts Sabins, tandis que devant soi s'étend la vaste enceinte de Rome, masse confuse et bleuâtre d'où émergent les dômes des basiliques et que domine de toute son imposante majesté la coupole de St-Pierre ; à gauche, la plaine immense, qu'une foule de petits villages, aux maisons crépies à la chaux, piquent d'un blanc éclatant, et, tout au fond, comme une bande métallique, la mer, qui sous le soleil de midi prend des reflets d'acier.

Je ne veux nullement, Dieu m'en garde, médire du cardinal Aldobrandini et de son architecte, mais quand ces deux estimables personnages n'auraient point *enjolivé* la *cascine* par ce Centaure et ce dieu Pan soufflant à s'époumonner dans une sorte de *mirliton* ridicule qu'on dirait emprunté à la foire de Saint-Cloud et qu'une ombre de cascatelle a bien de la peine à faire sonner, l'ombre de Clément VIII n'y eût point trouvé à redire, je crois. Pendant un instant j'ai cru cette petite cascade en verre filé, et j'allais m'extasier sur cette œuvre de patience, quand je vis Maxime essayer d'y remplir sa gourde. C'était une flatterie délicate à l'adresse de cette pauvre Naïade qui se mourait de consomption et de soif.

Non loin de la terrasse serpente au flanc d'un coteau aride, d'une sécheresse et d'une désolation *judéenne*, un sentier perdu dans les herbes folles. Nous avons suivi ses sinuosités, qui, à travers des touffes d'arbustes chétifs et rabougris, nous ont conduits à la *Ruffinella*, propriété actuelle de la princesse douairière de Sardaigne. Après une halte de quelques instants, consacrés à l'examen des fouilles intéressantes qu'on y poursuit par ses ordres, nous continuons à gravir le coteau ; la végétation s'épaissit, les broussailles se font taillis, les arbustes deviennent des chênes. Une échappée de vue « ménagée à souhait pour le plaisir des yeux » nous montre tour à tour *Castelgandolfo*, résidence d'été des souverains pontifes ; *Albano*, que des avenues d'arbres séculaires, chênes-verts et ormeaux, enchevêtrés les uns dans les autres et formant une voûte impénétrable au soleil, relient à Castelgandolfo ; *Rocca di Papa*, fièrement campé sur sa base volcanique de

Monte-Cavo ; *Genzano* et son poétique *Miroir de Diane*, le beau lac de Némi, « qu'aucun souffle ne ride » et sur les rives duquel la vierge chasseresse possédait un temple où régnait cet usage barbare et cruel dont parle Strabon : « Pour être prêtre de ce temple, il fallait « avoir tué de sa main celui qui l'était auparavant. »

— Çà et là, sur les collines avoisinantes, paissent de grands troupeaux de moutons noirs et de chèvres. Une loque rouge, un point blanc, s'agitent au milieu d'eux ; c'est le berger, Tircis ou Mœlibée, à notre choix.

Nous parvenons ainsi aux *Grottes de Cicéron*; c'est le nom donné aux ruines de la maison de campagne du célèbre orateur. Nous y avons relu sa IIe lettre, cette magnifique et douloureuse page qu'il adresse à son ami Brutus, après avoir perdu sa fille Tullie.

Hélas ! Madame, l'écho ne nous a pas même répondu. Le bruit de quelques passants ignorés a seul troublé cette paisible retraite où retentit la voix de cette illustre victime d'Antoine, et que vint frapper d'un dernier outrage l'aiguille d'or de la vindicative fille de la vieille louve romaine.

A quelques pas plus loin, nous rencontrons les restes d'un théâtre assez bien conservé, les ruines d'un établissement de bains et les substructions de l'aqueduc qui conduisait les eaux hors de la ville. Tout cela gît au milieu de ronces et de plantes sauvages, de mousses et de lierres qui lui donnent un pittoresque achevé. Nous avons voulu continuer notre ascension au plus haut sommet du mont; trajet rude et difficile; les cailloux roulant sous nos pieds rendent la marche plus pénible et moins sûre; la respiration devient oppressée, l'air vif et frais des hauteurs nous pénètre et nous enveloppe d'un manteau glacé; un dernier effort nous amène au but. Le dédommagement de nos fatigues est une vue splendide; du point culminant qui nous sert de piédestal nous embrassons le cercle entier de l'horizon.

Il faut enfin songer à redescendre, et nous opérons notre mouvement de retraite par le chemin qui traverse la forêt, passe devant le couvent des Camaldules et aboutit à la villa Mondragone, dont il ne restera bientôt plus que le souvenir.

Des cris et des éclats de rire nous attirent au coin de la terrasse, vers un bois touffu planté d'oliviers, de pins et de lauriers. Nous sommes tombés en pleine cueillette d'olives; une troupe de bambins des deux sexes s'occupe à cette besogne aérienne et voltige de branche en branche avec l'agilité de ces oiseaux gazouilleurs dont ils ont le frais et bruyant ramage. Traversant leurs bandes joyeuses, nous débouchons par une avenue grandiose sur la place de l'église Saint-Pierre, de Frascatti.

L'église étant le seul monument de la ville du fils d'Ulysse, nous entrons voir ce qu'elle peut offrir à notre curiosité ; malgré toute notre bonne volonté, il nous est impossible de mentionner autre chose qu'un bas-relief passable, celui du maître-autel, Saint-Pierre recevant les clés symboliques des mains de Notre-Seigneur Jésus-Christ.

En attendant l'heure du départ, nous nous arrêtons à la Porta Romana, chez Spillman, qui nous réconcilie un peu avec les vins d'Italie, dans la personne du *colle rosso* et d'un certain *Falerne* avec lequel je serai heureux de renouveler un jour connaissance. La cloche d'appel de la station vint brusquement interrompre les marques non équivoques de l'intérêt marqué que nous étions à même de prodiguer à ces deux illustrations du crû ; puis le sifflet de la machine a jeté sa note stridente aux échos étonnés de la patrie du vieux et rigide Caton, et nous avions eu à peine le temps de nous reconnaître dans notre boîte à compartiments que nous étions déjà à *Ciampino*.

Pourquoi y a-t-il une station à Ciampino ? c'est une question à laquelle je n'ai jamais pu trouver une réponse à peu près satisfaisante, n'y ayant vu d'autres traces d'habitations que la maisonnette du garde. Un troupeau de chevaux en liberté, avançant curieusement la tête par-dessus la barrière, regardait défiler le convoi avec un sentiment presque humain de satisfaction. Loin de s'effrayer du bruit insolite de la machine, ces intelligents quadrupèdes avaient l'air d'apprécier en connaisseurs l'immense service qu'elle leur rendait en leur créant désormais de si doux loisirs.

La campagne était délicieuse à cette heure de la soirée. La Sabine semblait recouverte d'une gaze transparente sur laquelle un rayon lumineux venait parfois broder une fleurette d'or. Sur le ton grisâtre et monotone de la plaine surgissaient, par intervalles, quelques maisons d'un blanc cru ; tantôt un pan de mur ruiné dressait son profil ébréché, couleur de terre de Sienne brûlée, sur le fond orangé du ciel ; tantôt une meule de foin que maintenait, en la traversant comme une longue aiguille, une perche inclinée, arrondissait son dôme verdâtre auprès de quelques bouquets de pins clairsemés. Les teintes orangées s'effacèrent successivement et ne présentèrent bientôt plus qu'un ton lumineux et chaud, fond d'or byzantin sur lequel s'enlevaient en vigueur les lignes hardies de l'aqueduc de Claude, se continuant presque sans interruption jusqu'aux portes de Rome. Arrivés là, le paysage avait disparu ; la douane coupait les ailes à la poésie. Je ne connais rien qui jette du froid sur l'enthousiasme comme un douanier. Pourtant, Madame, que les nôtres ne vous épouvantent pas trop. Quelques instants de conversation avec un douanier romain suffisent, généralement, à vous ouvrir la porte sans trop d'ennuis, — si vous avez la réponse et le pourboire faciles. Le pauvre diable chargé d'*inquisitionner* nos personnes s'en acquitta avec une résignation stoïque et reprit mélancoliquement sa pipe où *charbonnait* du tabac — de contrebande, sans doute.

Demain nous allons clore la série de nos excursions foraines par une promenade à Tivoli. Je ne sais si

« ... *l'Anio murmure encore*
« *Le doux nom de Cynthie aux rochers de Tibur,* »

mais l'illustre Mécène l'habita, la poussière de ses cascatelles mouilla maintes fois la lyre de Catulle, et le solitaire de Tibur s'y écriait :

« *Sit meæ sedes utinam senectæ !*
. . . .
« *Ille terrarum mihi præter omnes*
« *Angulus ridet !* »

Nous saurons demain si le chantre de Lydie disait vrai.

CHAPITRE XXX.

Suite des choses dont se souvient l'auteur. — A quoi l'on s'expose en prenant un voiturier qu'on ne connaît pas. — Croisement ornithologique. — L'auteur témoigne la plus vive gratitude à un eunuque. — La vertu récompensée. — L'auteur n'est pas fâché qu'on le prenne pour un hercule. — Un pape belliqueux et un empereur pacifique. — Tivoli. — Le lecteur retrouve les Pyrénées. — Un Dieu qui se fait fabricant. — L'auteur voit ce qui n'existe pas. — Il dîne avec Lydie, Glycère et Galathée. — Il fait la cour à la maîtresse de la maison et adresse de viles flatteries à la lune. — Comme quoi un *in-18* peut devenir une massue. — Déplorable négligence des hôteliers romains. — Retour à Rome. — Départ.

Tivoli n'est qu'à 28 kilomètres de Rome ; vous voyez, Madame, qu'on peut, sans trop de fatigue, se procurer l'agrément de cette visite, surtout lorsqu'on part de grand matin et que de joyeux compagnons de route emploient toutes les ressources d'un esprit ingénieux à vous faire oublier la longueur du chemin.

Nous avons fait le trajet en voiture, à défaut de *strada ferrata*. Toutefois, ne nous en plaignons pas trop ; le voyageur y perd quelques aises de locomotion, car les voitures, dans cette bienheureuse Italie, laissent fort à désirer sous le rapport du confortable, mais le pittoresque de la route a de quoi satisfaire le plus exigeant des touristes.

« L'aurore aux doigts de rose ouvrait les portes de l'Orient, » selon l'expression du vieil Homère, comme nous sortions de Rome par la porte San Lorenzo, suivant la voie Tiburtine, qui traverse directement la plaine, dans une de ces calèches fantastiques, les dernières, je l'espère, qu'il sera donné à notre génération de connaître; une de ces voitures semblables, sans aucun doute, à celles qui faisaient la joie de nos pères avant l'invention de la vapeur. Le postillon qui nous conduisait, sourd, mais malheureusement pas muet, avait cru devoir, pour la circonstance, revêtir une livrée de la plus haute fantaisie où le goût prononcé de ses compatriotes pour les couleurs voyantes s'était donné ample carrière. Avec sa figure pointue, son nez en bec d'oiseau et sa démarche sautillante, on eût pris ce petit homme, courbé sur son porteur, pour un serin coupé de chardonneret. Sous l'impulsion *furiosa* du premier *lancer*, nous ne tardons pas à arriver au bord d'un petit ruisseau à odeur de gaz hydrogène sulfureux très-prononcée. La voiture s'engage dans le *fiumicello* et le traverse à gué. Jugez de ma joie, Madame, un vrai gué !... C'était à se croire encore au temps de « la berline de l'émigré; » vous savez, cette fameuse berline dans laquelle le noble fugitif emportait généralement pour quelques centaines de mille francs d'or et de pierre ries. L'Anio se présente à nous, au bout de quatre milles environ ; le fleuve, démesurément grossi par les pluies, coule à pleins bords, mais le pont Mammolo nous prête son secours, et nous bénissons Narsès d'avoir si bien réparé l'acte de vandalisme de ce barbare Totila. Grâce à la précaution du célèbre eunuque, nous nous retrouvons sur l'ancien pavé de la voie Tiburtine construite, comme toutes les grandes voies romaines, en gros blocs polygones de lave basaltine noire et bordée par deux trottoirs.

Sans autre incident marqué que ceux d'une conversation à bâtons rompus avec notre sourd, nous gagnons Martellone, voisin du *lac des Tartres*, ainsi nommé parce que ses eaux avaient, paraît-il, la propriété de pétrifier les végétaux sur lesquels elles déposaient des substances tartreuses et calcaires. Nous y avons vu des roseaux et des arbustes convertis en pierre, qui méritent, en effet, de fixer la curiosité des amateurs d'histoire naturelle.

Une remarque topographique : à ce point, la voie se partage en deux branches ; l'une qui va s'éloignant sur la gauche, franchit l'Anio au pont de l'*Acquaria*; l'autre le traverse au pont *Lucano* et aboutit à Tivoli par la *ville d'Adrien*. C'est par cette dernière que nous voulions arriver au pont de *la Solfatara*; nous en fîmes l'observation à notre postillon.

— *Stia tranquille!* nous répondit-il avec son plus gracieux sourire. *Capisco, capisco.* C'est ma route d'habitude. Dernièrement encore, fit-il en se rengorgeant, j'y ai conduit un noble étranger qui voulait voir le lac, lord Lightson. La voiture versa à un endroit que je montrerai à Vos Excellences ; il y en verse beaucoup, ajouta-t-il en manière d'*à parte*. Bien généreux seigneur ce mylord, fit-il avec componction ; aussi la Providence permit-elle qu'il ne se démît qu'un poignet. Bien généreux seigneur, *veramente !*

Nous crûmes devoir laisser passer inaperçu cet appel indirect à notre munificence, mais, en revanche, nous fîmes remarquer à ce digne vetturino que si pareil accident nous arrivait, comme il était peu probable que nous fussions aussi avant dans les bonnes grâces de la Providence que le digne lord, dont nous admirions la résignation sans la partager, nous emploierions les membres qui nous resteraient intacts à rosser d'importance l'auteur de la mésaventure. En conséquence de quoi, nous l'engagions à méditer profondément sur l'issue d'une maladresse éventuelle.

Nous arrivâmes sans encombre au lieu redouté ; rendons-lui cette justice, c'est un des plus agréables petits casse-cou que je connaisse.

Ce lac de la Solfatara, appelé aussi *lac des îles flottantes*, doit cette dernière dénomination aux crasses et aux matières bitumineuses que ses eaux forment continuellement, et qui, se réunissant à la poussière et aux herbes transportées par le vent, se condensent par la force du souffre et forment à sa surface des corps semblables à de petites îles auxquelles leur légèreté et leur mobilité a valu ce nom d'îles flottantes. Vous pensez bien, que l'antiquité, qui connaissait ces eaux sous le nom d'*albula*, n'avait eu garde de ne point les mettre sous la protection immédiate de quelque divinité mystérieuse ; aussi y avait-elle placé l'oracle de Faune que venait consulter Latinus. Plus tard Esculape réclama aussi ses droits et Agrippa y fit construire des Thermes où le *divin* Auguste venait se baigner comme un simple mortel.

La voiture reprend sa course et voici le pont *Lucano*, un des endroits les plus pittoresques que l'on puisse imaginer. Tel était aussi, paraît-il, l'avis du Poussin, car il a reproduit ce paysage admirable, avec une exactitude merveilleuse, dans son tableau que possède le palais Doria. Tout auprès se trouve un monument funèbre ayant assez de ressemblance avec le tombeau de Cecilia Metella, sur la voie Appienne ; il affecte, comme lui, la forme circulaire et renfermait les restes de la famille Plautia. Paul II en fit une espèce de fortin et couronna son sommet des étranges constructions qui la dominent encore ; plus loin nous trouvons les ruines de la villa Adrienne, prodigieux amas de débris informes, seuls restes de ces constructions magnifiques élevées par l'empereur Adrien, à l'imitation des plus célèbres monuments qu'il avait admirés dans ses voyages. Nous apercevons enfin Tivoli, où nous arrivons, un quart-d'heure après, par la porte Sainte-Croix, d'où l'on jouit d'une vue superbe de la campagne de Rome; régal exquis pour les yeux, mais absolument insuffisant pour des estomacs creusés par 28 kil. de cahots. Nous déjeunons à l'hôtel de la Sybille, et, après un repas où domine une trop forte dose de couleur locale, nous nous disposons à parcourir ce lieu de délices des anciens romains.

Là abondent les monuments et les sites les plus variés. La première chose qui s'offre à nos yeux est le temple circulaire de Vesta, où l'on ne compte plus que dix colonnes; leur entablement est singulièrement orné de festons et de têtes de bœufs, mais tout cela forme un très-joli portique, digne introduction à la *Cella* bâtie en petits polygones de tuf. Placez le monument au sommet d'un rocher, sur le bord d'une profonde et large vallée, en face de la grande cascade de l'Anio, et vous aurez la physionomie à peu près exacte de l'œuvre de Numa Pompilius.

Son voisin est le temple de la Sybille, aujourd'hui transformée en église, placée sous le patronage du preux chevalier « monseigneur Saint-Georges. » La chaire du Dieu de vérité a remplacé le trépied de l'antique prêtresse.

Marchons encore un peu, et voici la *Grotte des Sirènes*, gouffre qui engloutit une partie des eaux du fleuve et les rejette dans la vallée où elles tombent en bouillonnant à travers les rochers. On dirait un coin de rideau levé sur un de nos sites pyrénéens. Ce contraste, mêlé d'horrible et de beau, d'étrange et d'attrayant, ces masses rocheuses, aux formes bizarres, qui semblent solliciter vos pas, ces arêtes aiguës sur lesquelles on serait infailliblement brisé au moindre vertige, ont peut-être valu à ce gouffre son surnom mythologique. Nous nous arrachons à ses séductions et, en prenant un petit sentier, sur notre droite, nous remontons vers les Cascatelles. Chemin faisant, nous pouvons constater que la poésie ne règne pas seule en maîtresse absolue sur ce terrain qu'elle a jadis consacré, car elle partage aujourd'hui fraternellement son empire avec le Génie de l'industrie. Le fleuve lui-même songe à l'utile avant de s'adonner à l'agréable. Le vieux Teverone ne se livre plus à la confection des cascatelles qu'à temps perdu ; il alimente d'abord les fabriques de cuivre et de fer, qui tachent de ci de là le paysage, et ne va passer sous la maison de Mécène que lorsqu'il a vaqué à ses occupations d'honnête industriel.

Pauvre vieux Neptune ! décidément son frère Saturne a bien fait de lui démolir sa Grotte de Tibur. Quelle déchéance prosaïque de sa lignée marine !... Les dieux s'en vont !...

Ces petites cascades sont au nombre de deux. La première, qui est la plus grande, est formée par deux cascatelles, la seconde en a trois, qui sortent de la maison de Mécène et forment une chute d'eau d'une centaine de pieds de hauteur; nappe d'argent éblouissante dont l'éclat, se mariant aux tons bruns des rochers et à la mousse verte qui les recouvre en partie, forme les plus heureuses oppositions de couleur qu'on puisse voir. Puis, toute cette petite furie liquide s'apaise, le fleuve n'exhale plus que par un grondement sourd son emportement factice, et bientôt, comme fatigué de cette colère en miniature, il s'étend paresseusement dans la plaine, heureux de rouler ses ondes, paisibles désormais, sous l'ombrage des grands bois qui bordent ses rives.

Notre guide nous fit faire le tour des Cascatelles pour nous montrer la seule chose qui reste de la villa de Catulle... l'emplacement; et encore ai-je toutes les raisons du monde pour croire cette désignation apocryphe. Qu'importe! « la foi nous sauve. » Nous ne sommes pourtant qu'à la première étape de nos déceptions. Avançons et nous allons boire à pleines lèvres à la coupe amère des désillusions. Oyez plutôt : la maison de campagne d'Horace est aujourd'hui une église sous le vocable de... Saint-Antoine. Que diable vient faire ce solitaire de la Thébaïde à côté de l'aimable épicurien? Celle de Varius, son ami, renferme, à son tour, une église dédiée à la Vierge de Quintiliolo. Les seules ruines un peu présentables sont celles de la villa de Mécène. J'espère me rattraper de ce côté du moins, et j'essaie de reconstruire par la pensée la fastueuse résidence de ce sceptique lettré « qui comptait des rois parmi ses aïeux. » Je revois le corridor monumental, la grande cour carrée entourée de demi-colonnes et d'arcades formant portique, les chambres aux triclynium de pourpre, où venaient s'asseoir Horace, Virgile, Properce ; j'y évoque les ombres de Lydie, de Glycère, de Phylis, de Galathée, douces et immortelles figures qui inspirèrent le chantre de Venôse et qu'il me semblait voir passer dans un rêve charmant. A ces croisées, dominant la vallée de l'Anio, se dressait jadis la tête sculpturale de la belle Trentia, cette épouse altière et infidèle que le favori tout puissant d'Auguste, reprit et quitta plusieurs fois, ne pouvant se résoudre à vivre avec elle, ni sans elle.....

Merveilleuse puissance que celle du génie ! Deux mille ans ont passé sans ajouter une ride à ces visages charmants et éternellement jeunes, chantés par un poète amoureux. Quelques vers ont suffi pour colorer à jamais d'un charme enivrant tout cet âge lointain.

Assis sur un fragment de colonne, mon Horace sur mes genoux et le regard tourné vers le splendide paysage que commençaient à dorer les feux du couchant, mon esprit demeurait tout entier attaché aux tableaux du poète. Bientôt ces images se confondirent avec les objets qui frappaient ma vue et finirent par prendre une telle consistance, que je me crus un instant transporté au milieu de ces fêtes resplendissantes, et, tout rempli d'émotions tendres et poétiques, je chantai avec le chœur du *Carmen seculare* :

« *Phœbe, sylvarumque potens Diana.* »

Mon imagination s'envolait dans les espaces d'azur quand Maxime, qui avait écouté mes divagations avec le calme inaltérable du sage et l'impassibilité du savant, me plaça brusquement le livre de Nibby sous les yeux. D'après ce vénérable bouquin, les vestiges que nous foulions n'étaient autres que les ruines d'un temple d'Hercule… Cette révélation me fit l'effet d'une douche d'eau glacée. Je fermai machinalement mon Horace et le remis dans ma poche ; tout me devenait indifférent. Qu'il est amer le retour des riants domaines de l'imagination aux rives ingrates de la réalité ! Peu s'en fallut que je ne prisse Maxime en horreur ; je me contentai de vouer Nibby et ses impertinentes inductions à toutes les colères des dieux infernaux.

Nous rentrâmes affamés à l'hôtel de la Sybille. Dieu seul sait le nom des mets qu'on nous y servit et la nature des choses qui se cachaient sous ce masque plus fallacieux que culinaire. L'hôtelier ne prit point avec nous la même précaution qu'Horace prévenant Mécène, en l'invitant à dîner, de la médiocrité de sa table et de son vin : « Vous ne boirez chez moi, lui
« écrivait-il, que des vins de la Sabine, que j'ai mis
« moi-même dans des bouteilles grecques… Chez
« vous on boit le cœcube et le calès… pour moi, ni
« les vignes de Formies, ni les coteaux de Falerne ne

« me fournissent de quoi adoucir le vin de mon cru. »
— Constatons avec douleur que les crus de la Sabine ne se sont pas améliorés depuis cette époque.

Quelques minutes après, nous quittions les « vallons où se plaisent les tendres brebis, » aux voluptueuses clartés d'une belle nuit d'Italie. Nous avions navigué « sur l'océan des âges ; » le roulement de notre voiture, qui reprenait la route de Rome et nous rapprochait d'êtres plus présents, acheva de rompre le charme ; c'était l'adieu aux songes brillants du passé.

A l'exemple de Sa Seigneurie lord Lightson, nous espérons avoir laissé quelques souvenirs dans la mémoire de notre petit postillon jaune.

Nous voici maintenant, Madame, parvenus au terme de notre odyssée romaine, car si nous ne quittons pas l'Italie, du moins notre séjour dans la Ville Eternelle ne compte plus sa durée que par heures. L'idée de ce départ m'attriste profondément ; il m'en coûte de m'arracher à cet attrait singulier et mystérieux, à cette fascination inouïe qu'exerce la vieille reine du monde sur ses visiteurs, qui deviennent si souvent ses habitants ; séduction facile à comprendre d'ailleurs, car cette étrange cité devient bientôt pour le catholique, pour l'artiste ou pour le savant, une source féconde d'intérêt et de charmes, en même temps qu'elle ouvre au désœuvré, à l'observateur ou au touriste une mine inépuisable de précieuses observations. Vous le dirai-je, Madame, la pensée de la quitter me donne déjà la nostalgie du retour.

Le Saint-Père a bien voulu nous recevoir en audience de congé et remettre à chacun de nous des chapelets et des médailles bénies par lui-même, à cette intention. J'ai reçu, en outre, son portrait avec quelques lignes écrites de sa main, précieux témoignage d'une auguste bienveillance, mais moins précieux encore à mes yeux, que la touchante bénédiction dont il l'a accompagné.

..... Je ne vous écrirai plus maintenant que de Naples, où notre petite caravane va se diriger à travers la route pittoresque des Abruzzes.

FIN DE LA PREMIÈRE PARTIE.

DE ROME A NAPLES

A TRAVERS L'ITALIE

JOURNAL D'UN TOURISTE.

DE ROME A NAPLES.

CHAPITRE Ier.

Dissertation profonde et hautement philosophique. — Une famille d'émigrants. — *Poor-Ireland*. — Nouveau renfort. — Une question de plastique. — L'auteur ouvre une parenthèse et s'y renferme avec des dames. — Parallèle sérieux et impartial entre lui et Scipion l'Africain. — Le voyageur recueille des bruits injurieux sur le compte du beau sexe. — Velletri. — Les petites vieilles. — Goûts et couleurs. — L'auteur refait une églogue de Virgile. — Un nid sous les fleurs. — Feu de veuve. — Scène d'intérieur. — La médaille bénie. — Gauloiseries et germanismes. — Les trois mille curiosités de Valmontone. — L'auteur regarde un effet de soleil couchant et admire une jolie servante.

A Monsieur Albert B***.

Ferentino, le...

Connaissez-vous rien de plus triste, mon ami, que l'heure inexorable de la séparation ? heure sombre qui brise nos liens les plus chers, nos amitiés les plus douces, nos relations les plus précieuses et nous pousse, désolés et seuls, sur les chemins, à la poursuite d'affections et de sentiments que les mêmes causes broyeront sous l'empire implacable des mêmes nécessités.

Cette heure a sonné pour nous avant-hier. Nous avons quitté Rome comme on quitte une seconde patrie, avec un regret si profondément gravé au cœur que nous avons pu dire avec raison, nous aussi :

« *Nos patriæ fines et dulcia linquimus arva.* »

Ne jugeant pas à propos de parcourir en explorateurs les pays que nous connaissions déjà, nous avons décidé de les traverser en chemin de fer. Nous descendrons de wagon sur les frontières de l'*inconnu*, et alors, tantôt en voiture, quand la route le permettra, tantôt à cheval, tantôt à pied, suivant les circonstances, nous traverserons ainsi ce pays montagneux des Abruzzes, à l'âpre climat, aux forêts profondes dont l'ours et le loup ne sont pas les hôtes les plus farouches que puisse rencontrer le voyageur.

Les préparatifs du départ ont été rapides. Les malles et la *robba* toute entière ont été mises à l'express de Naples pour nous y précéder et nous y attendre. Nous ne gardons avec nous que l'indispensable, nos armes et notre sac de touriste ; vous voyez d'ici notre équipage. La voiture a traversé rapidement le Corso, et tournant la place d'Espagne, s'est bientôt engagée dans un dédale de rues qui nous ont conduits à l'extrémité de la ville la plus rapprochée des grands murs de l'enceinte d'Honorius. C'est là que doit se bâtir la gare nouvelle et que s'élève la gare provisoire.

Vous connaissez le va et vient indescriptible qui fait de ces monuments une vraie fourmilière. Je ne vous dirai donc rien de celui-ci, ni de la foule bigarrée qui encombrait les guichets, demandant ses billets ou faisant enregistrer ses bagages dans toutes les langues possibles. Dans un coin de l'immense salle, cependant, une famille composée du père, de la mère et de trois enfants, dont l'aîné paraissait avoir une dizaine d'années, attendait, accroupie auprès d'un pauvre et chétif mobilier, à peine emballé dans de vieux paillassons usés. Rien de navrant comme l'expression famélique peinte sur les visages résignés de ces malheureux. Recouverts, plutôt que vêtus, de loques à lambeaux qui avaient perdu toute forme, ils attendaient l'heure de quitter cette terre inhospitalière pour eux, et allaient demander à d'autres rivages de quoi ne pas mourir de faim en travaillant. A quelques mots échangés entre la femme et le mari, je crus comprendre qu'ils étaient anglais. Je m'approchai et essayai d'entamer une conversation avec eux, comprenant à peine ce qu'ils me disaient et me faisant encore plus difficilement comprendre. En les voyant si pâles, si malingres, si étiolés, je leur demandai comment il se faisait que la générosité de leurs compatriotes les eût ainsi laissés sans ressources sur ce sol où le touriste anglais répand chaque année ses banknotes, en prodigue et en grand seigneur. Ce mot de compatriote parut les étonner.

— Mais n'êtes-vous pas Anglais ? leur demandai-je.

— Oh ! non, me répondit l'homme, avec une sorte de fierté et une profonde tristesse ; nous sommes de la pauvre et catholique Irlande. « *We are from poor and catholic Ireland.* »

Le ton dont ces derniers mots furent prononcés, je ne puis vous le rendre, mon ami. Il y avait tout un poëme de désolation dans ces mots : « *Poor and catholic Ireland.* »

Ces hommes ne se plaignent pas. A quoi bon ? Ils sont *Irlandais*, et ce seul mot sonne aux oreilles anglaises comme le mot de *chrétien* aux oreilles d'un sectateur de Mahomet. Ce que nous pouvions faire pour ces pauvres gens nous l'avons fait. Puisse la terre Américaine qu'ils vont chercher, être plus clémente et plus douce à ces pauvres abandonnés.

Quelques minutes après nous perdions de vue les tours gothiques, les flèches gracieuses de Sainte-Marie-Majeure et les clochers byzantins de la ville des Papes.

... Pendant que, semblables au prophète Élie, nous sommes emportés sur un char de feu, laissez-moi vous présenter un nouveau compagnon de route, le comte Adhémar de***, attaché militaire. Cette adjonction porte à cinq le nombre de notre petite troupe ; le cinquième est un Napolitain, désireux, en se rapatriant ainsi à peu de frais, de remplacer jusqu'à Naples le signor Alessandro dans ses fonctions multiples auprès de nous.

Le comte Adhémar, en raison de son grade, est élu à l'unanimité, général en chef. Le premier acte de son commandement est de me conférer le double poste de chef d'état-major et d'interprète.

Nous avions projeté d'abord de filer à toute vitesse jusqu'à Ceprano, bourg frontière ; un ordre du jour du général, fortement motivé, nous décide à descendre à Velletri. Ce temps d'arrêt apportait une modification notable à notre itinéraire, mais tous les *Guides* locaux affirmant que les femmes de Velletri sont les plus belles de toute l'Italie, il était urgent, paraît-il, de s'assurer si cette opinion méritait quelque créance, et sur quelles bases raisonnables s'appuyait une telle assertion.

Ouvrons ici une parenthèse. Vous le voyez, mon ami, j'aborde un sujet délicat, qui, je le sens, mériterait un chapitre particulier dans un voyage à travers la Péninsule. En effet, la première, ou tout au moins une des premières questions que l'on adresse au voyageur qui revient d'Italie est invariablement celle-ci :

— Eh bien ! mon cher, et les femmes ?

Question à laquelle on répond avec un de ces sourires mystérieux, gros de fatuité ou d'indiscrétion, mais toujours destiné à laisser sous-entendre un nombre incalculable de bonnes fortunes.

Dussé-je vous paraître ridicule au premier chef, la vérité m'oblige à vous confesser que je n'ai pas, en cette matière, le moindre exploit notable à vous raconter. Je regrette fort cette lacune ; une petite histoire romanesque se fût merveilleusement encadrée dans mes paysages, et eût agréablement varié la monotonie de mes descriptions où vous ne voyez que « *festons et astragales.* » Mais qu'y faire ?
« *Rien n'est beau que le vrai ; le vrai seul est aimable.* »

Ce n'est pas que la chronique italienne ne puisse bien fournir, de ci de là, quelque petit scandale affriolant et que les nouvellistes n'aient souvent beau jeu à enregistrer sur leurs tablettes quelque aventure galante, mais je ne suis, je vous le répète, ni un Lovelace assez raffiné, ni un Don Juan assez irrésistible pour être en droit d'ajouter *ab experto* un chapitre de plus aux victoires et conquêtes du livre de la galanterie. Maintenant je ferme la parenthèse ; je crois qu'elle n'était pas inutile pour vous démontrer combien ma curiosité était platoniquement scientifique et toute dégagée de préoccupations personnelles.

Nous voici donc descendus du train, et, le fusil sur l'épaule, nous engageant à travers les rues étroites et montueuses de l'ancienne ville des Volsques, à la recherche de ce type merveilleux. Les premières filles d'Eve qui se présentent à nous sont, avouons-le, d'affreuses vieilles voûtées et difformes.

Evidemment, ce ne pouvait-être là qu'une exception ; en tout cas, le fait était assez grave pour mériter un examen plus approfondi ; or, comme il fallait, à tout prix, rectifier cette erreur de plastique ou confirmer l'assertion, Adhémar, appuyé par le Germain, nous exhorta chaleureusement à la patience et nous promit que nos recherches auraient, quelle qu'en fût l'issue, un résultat scientifique important.

Installé dans une chambre de l'hôtel de la Poste, je laisse le détachement remplir sa mission à sa fantaisie, et je profite de ce temps d'arrêt pour coordonner mes notes et contempler le paysage. Car, vous le savez, mon ami, pour moi, le principal attrait du voyage, c'est de voir des arbres et le ciel ; c'est la manière dont le soleil se couche sur des horizons inconnus ; c'est un monument visité, un grand souvenir rencontré, un édifice exploré ; ce sont les mille bruits qui passent dans le vent, que recueille l'oreille, que commente la rêverie ; le murmure du torrent, le bêlement du troupeau, le bourdonnement sourd de la ville, la chanson de l'oiseau ou la mélodie rustique de la fileuse dans le bois ; en un mot, c'est une échappée sur ce doux « pays de fantaisie » dont parle Montaigne, et qui me charme par dessus tout.

Puis, le soir venu, je vide mon butin du jour, — bien pauvre souvent, — sur les pages de mon journal d'archéologue et de curieux, heureux quand je puis grossir quelquefois mon humble moisson d'un peu de poésie et de souvenirs.

... Mon travail terminé, et pendant que l'on apprêtait le repas, j'ai fait une promenade à pied dans les environs. Un chemin perdu, moitié ravin, moitié sentier gazonné, m'a conduit auprès d'un petit torrent qui tient à se donner des allures importantes, et brise le plus sérieusement du monde quelques flocons d'écume argentée aux racines des ormes et des saules, qui s'abaissent sur ses bords avec des mines fantasques et penchées de l'effet le plus pittoresque. A quelques pas plus loin, un petit pont à demi-ruiné, aux pierres rouillées et vermoulues, semble se cacher sous un massif de verdure, d'où s'élance bravement sur l'autre rive son arcade effritée. Ce petit coin de paysage sollicite invinciblement le pinceau. Dans le champ voisin où s'épanouit une luxuriante végétation d'orties, de ronces et d'herbes folles, pâture un troupeau de chèvres ; un berger aux haillons multicolores, appuyé à un ormeau rabougri qu'entortillent péniblement quelques vignes maigres, souffle une mélodie étrange dans une sorte de chalumeau antique.

Entraîné par ce courant d'idées *virgiliennes*, j'ai poursuivi ma promenade et me suis trouvé bientôt devant une charmante maisonnette, bien humble et bien modeste, mais si blanche, si coquettement assise au soleil, si spendidement enveloppée de plantes grimpantes sous lesquelles elle semblait vouloir se cacher, comme un nid sous la branche, que je me suis dirigé de ce côté. Un parfum de clématite et de jasmin embaumait l'air autour d'elle. Par la porte entr'ouverte, j'apercevais une femme qui me parut jeune encore; elle travaillait auprès d'une couchette d'enfant, et chantait à demi-voix une berceuse dont la mélopée traînante et douce me donnait, je ne sais pourquoi, envie de pleurer. Le timbre de la voix était frais et caressant. Je me suis avancé, désireux de contempler le tableau de plus près, et j'ai pris le prétexte banal de demander du feu pour rallumer mon cigare éteint.

La femme m'a désigné du doigt le foyer où se consumaient quelques tisons devant lesquels chantait une façon de bouilloire, puis a continué sa besogne en agitant du pied le berceau rustique où s'affaissait un pauvre petit être pâle et amaigri. Le *poverello* venait, me dit la mère que j'interrogeai, d'échapper par miracle à une fluxion de poitrine; la convalescence était longue, mais le danger avait disparu. Ferventes, vous pouvez le croire, avaient été les prières devant l'image de la Madone enfumée, fixée par une épingle à la paroi du mur, et devant laquelle brûlait une petite chandelle jaune retenue par un fil de laiton. La Mère de toutes les douleurs avait voulu épargner cette suprême angoisse de la dernière séparation à la pauvre veuve qui avait déjà vu son mari, garde forestier du comte Andrea Neretti, tomber sous la balle d'un braconnier. Puis étaient venus pour la petite famille, privée de son chef et de ses ressources, des jours de terrible épreuve, supportés vaillamment, avec le courage de la mère et la résignation pieuse de la chrétienne. Tout cela raconté sans emphase, sans amertume, avec ce sentiment de foi naïve qui soutient et console.

Pendant que j'écoutais avec un vif intérêt ces détails touchants, l'enfant s'agita et se réveilla tout-à-fait ; son grand œil noir, allangui par la fièvre, se fixa curieusement sur moi, puis retomba sur sa mère qui lui souriait et le *buvait des yeux*.

Si cette femme était jeune ou vieille, laide ou jolie, mon ami, je l'ignore. Je ne vis que ce rayonnement de l'amour maternel qui faisait resplendir son visage d'un éclat surhumain, et je songeai à ces paroles du moraliste : « Quand tous les hommes renieront Dieu
« et voudront couvrir la terre de ténèbres, il y aura
« toujours une lueur pour la femme qui veille auprès
« de son enfant... et la lumière sera. »

Le petit malade se releva sur son lit et par un de ces gestes gracieux, familiers aux enfants, tendit à sa mère un cordonnet usé où pendait encore un reste d'anneau. Ce cordon soutenait jadis une médaille d'argent aujourd'hui perdue. La mère comprit l'interrogation de son *bambino* et lui promit de la remplacer au prochain jour... plus tard; celui-ci, insistant avec un petit air chagrin pour qu'on satisfît son caprice, je lui donnai une de ces médailles de Lorette, que j'avais rapportée de Rome et que le Saint-Père avait daigné bénir lui-même en ma présence. L'enfant s'en saisit avec un cri joyeux qui fit monter une larme attendrie aux yeux de sa mère. J'avais franchi le seuil de la maisonnette en étranger curieux, indiscret peut-être, j'en sortais en ami, et tout joyeux de laisser à la pauvre femme cette faible marque de sympathique souvenir.

J'ai repris le chemin de mon auberge, cheminant et causant avec une jolie fille, ma foi, dont le frais et riant visage a dissipé la première impression que la rencontre fâcheuse des *vieilles* avait fait naître d'abord en notre esprit. Peu d'instants après mon retour, la caravane est arrivée triomphante.

— Guelles pelles prunes nous afons truffés, cria Gaspard, guelles pelles prunes! Saperment!

— L'enfant dit vrai, appuya Maxime; nous avons trouvé, et c'est tout simplement superbe. Adhémar a même apporté un soin si méticuleux, paraît-il, à ses explorations que nous avons eu une peine infinie à le remettre en route.

Cela promettait, vous le voyez, et nous n'étions qu'à 42 kil. de Rome.

Secouant en toute hâte les délices de cette autre Capoue, nous sommes montés en carriole au point du jour et avons pu visiter ainsi les restes des murailles antiques et les portes en blocs cyclopéens de Segni. Par contre, nous n'avons pu nous arrêter à Valmontone qui s'étage en amphithéâtre au-dessus de la route, sur sa montagne volcanique. Nous avons dû passer outre, malgré notre vif désir de contrôler les assertions de Vallazzi, qui écrit ceci : « petite ville à deux milles de « la station du chemin de fer. — Auberge. — Curio-« sités : un tableau du Crucifiement dans la chapelle « San-Vicenzo, 3,000 habitants. » Il eut été intéressant de pouvoir s'assurer jusqu'à quel point les trois mille habitants de Valmontone étaient tous des curiosités.

Nous arrivons à l'albergo de Ferentino au coucher du soleil. Les garçons d'écurie s'emparent de notre attelage ; une servante accorte nous débarrasse prestement de notre léger bagage et nous précède, vive et sautillante, dans une salle à manger, d'un aspect tout à fait réjouissant. Par les croisées ouvertes, nous voyons la plaine élargie et verdoyante, où viennent se perdre les croupes onduleuses des monts Albains, que nous avons contournés ; çà et là quelques maisons de plaisance, perdues dans les oliviers, puis sur la gauche, à travers les vapeurs grises qui commençaient à ramper lourdement dans la campagne, s'élève un petit village aux tons d'ocre dont les cheminées secouent mollement à la brise du soir leur léger panache de fumée.

Villarumque procul tecta culmina fumant.

Les fenêtres des maisons se sont allumées peu à peu, pendant que la cime des arbres se teignait d'une indéfinissable teinte rose, reflet du couchant ; au bord opposé de l'horizon, la lune nouvelle profile l'arc délicat de son croissant nacré.....

CHAPITRE II.

Ferentino. — Alatri. — Collepardo. — Les montagnes russes. — L'auteur cause un effroyable scandale. — Il se livre à sa manie et examine des constructions pélasgiques. — Il marche sur l'herbe épaisse, qui lui rappelle des choses passées. — Il veut montrer son adresse et ne réussit qu'à se faire siffler. — Ce qui fait que Collepardo l'emporte sur Velletri. — Où il est traité des diverses qualités des nourrices. — Comme quoi Sganarelle fut moins heureux que Saint-Thomas. — Effets de jupons courts. — Statues vivantes. — Croquis d'auberge. — Dans quelle circonstance un père peut paraître imposant quoique aubergiste. — Encore la jolie servante. — Le lit mystérieux. — Les yeux noirs de Mlle Giuglielmina. — Les vieilles femmes et les jolies filles. — Le voyageur entend des choses effrayantes et surnaturelles. — Commencement d'une aventure étrange. — Dialogue horrible entre deux spectres. — Le voyageur s'engage à leur poursuite. — Ce qu'il trouve dans le lieu sinistre où il est allé. — Incident. — L'auteur s'acharne à son noir dessein. — L'incident se complique. — Illustre et mémorable issue d'un combat terrible.

Couvent du Mont-Cassin.

... Vous nous avez laissés à Ferentino, mon ami ; vous nous retrouvez aujourd'hui dans une cellule du couvent du Mont-Cassin où nous sommes arrivés brisés de fatigue mais intacts.

Nous avons passé deux jours à Ferentino ; non que l'on ne puisse bien voir en quelques heures les murs cyclopéens de la ville antique et ses sources d'eaux sulfureuses, mais nous étions désireux de pousser une excursion jusqu'à Alatri et à Collepardo, et ce laps de temps nous devenait dès lors indispensable.

Un jeune gaillard, à la figure ouverte et bronzée, à la démarche décidée, s'est offert à nous servir de guide dans cette promenade de seize kilomètres, pour laquelle il nous fournira *sa voiture*. Nous acceptons le guide et le véhicule. Ce dernier, sorte de char-à-banc, aux roues démesurées, à la voie étroite, semble bien plutôt construit pour brouetter des colis que pour transporter des voyageurs. Nous nous hissons au sommet de cette *machine* et nous roulons sur un affreux petit pavé qui nous imprime des soubresauts terribles. A un demi-mille environ nos douleurs se calment… pour de courts instants ; un gazon frais, court et serré, recouvre, comme d'une housse verte, les francs bords d'un chemin assez uni pour nous inspirer une sécurité trompeuse. Un *raidillon* se présente, nous le franchissons sans trop de peine, mais à partir de ce point jusqu'à la jonction de la route qui conduit à Veroli, notre course n'est plus qu'un jeu vertigineux de montagnes russes. La route devient fouillis; au milieu d'une descente insensée, je vois se succéder, comme dans un rêve, à gauche des rochers, à droite des bois d'oliviers, des taillis de chênes, puis des broussailles. Ici c'est un sentier perdu, enroulé comme un long serpent au flanc gris de la montagne et bordé de gros bouquets de fleurs sauvages où abondent des plantes de toute forme et de toute espèce. Tout à coup, un coin inattendu où quelque paysan de Fumone cultive un carré de plantes légumineuses, péniblement arrachées à l'âpreté du terrain ; au-dessus de nos têtes un croissant de montagne ; au-dessus de la montagne, le dôme bleu du ciel. Nous arrivons, haletants et altérés, aux portes d'un petit hameau dont j'ai oublié le nom ; je demande un verre d'eau. Une femme au teint plombé, aux yeux de diamant noir, le cou chargé de colliers de perles rouges et coiffée comme la statue de Viciria, me tend un verre d'eau coupée d'une goutte d'eau-de-vie ; je lui donne une *piécette*, ma générosité fait scandale ; la carriole repart et ne s'arrête plus qu'à destination. Nous nous tirons de notre panier à salade comme nous pouvons, et, après quelques minutes d'examen, destinées à nous assurer de la parfaite intégrité de nos personnes, nous nous dirigeons vers les ruines.

Alatri offre par sa situation sur une colline un aspect assez pittoresque. Toutefois, quelque charme que puisse y trouver l'indigène, cet attrait seul ne saurait suffire au visiteur. Heureusement pour ce dernier, peu de villes possèdent comme celle-ci des restes de constructions pélasgiques aussi imposants. Ce formidable assemblage de gros blocs cyclopéens, non équarris, posés à sec les uns sur les autres, tels que la main des Tyrrhènes ou des Sicanes les a élevés, il y a trois mille cinq cents ans, est un spectacle magnifique devant lequel nous avons aisément oublié le prix douloureux dont nous avions dû le payer.

D'Alatri à Collepardo il n'y a qu'une promenade; nous l'avons faite en chassant. Vous connaissez mon goût pour ces sortes d'excursions pédestres et les sensations de tout ordre dont elles sont la source. En voyage, tout me va, « *contentus parvo*; » la nouveauté des objets me suffit. Tout à l'heure nous avions les pays montagneux et boisés, maintenant nous suivons une vallée qui s'épanouit, luxuriante et fraîche, entre deux beaux caprices de terrain; chaque détail du paysage a sa grâce particulière. Au velours vert des prés succèdent des champs d'une belle teinte fauve; ici un bouquet de chênes-liéges, là un carré cultivé entouré de haies vives et de cactus; ailleurs, un *contadino* pousse devant lui son maigre attelage; plus loin un *ruscellino* fait rage contre les pierres qui servent à l'enjamber.

Je marchais ainsi, depuis une demi-heure environ, à travers champs, écrasant l'herbe épaisse sous mes pieds et sentant avec délices monter jusqu'à moi cette senteur âcre des plantes sauvages que j'aime tant, lorsqu'un volatile, dont je n'ai pu définir l'espèce, s'est envolé brusquement d'une touffe de genêts. A peine ai-je eu le temps de lui envoyer un coup de fusil, l'animal avait disparu. Le sifflement moqueur d'un merle des rochers, perché je ne sais où, est venu mettre le comble à mon humiliation. Nous entrons *bredouilles* à Collepardo.

Vous savez, mon ami, que ce petit bourg qui compte à peine un millier d'âmes, est le rival heureux de Velletri, — s'il ne lui est supérieur, — en fait de beautés féminines. Mais, ce que vous ne savez peut-être pas, c'est que Collepardo possède de plus que son rival une spécialité qui eut mis en joie ce pauvre Sganarelle, celle de fournir d'admirables nourrices aux *bambini* romains dont les parents riches peuvent se permettre *ce luxe*. N'ayant pas à l'égard des belles Collépardes les mêmes privilèges que le célèbre *médecin malgré lui*, et ne voulant pas m'attirer de quelque farouche Jacqueline locale un

Gnia office qui quienne ; je n'ons qu'faire de ça,
je n'ai donc pu juger que sur les apparences, mais je le proclame hautement, elles sont toutes en leur faveur. Quelles admirables créatures, et comme auprès d'elles pâlissent, sans conteste possible, les belles Transtévérines elles-mêmes ! Leurs formes sculpturales, l'agencement pittoresque de leur costume en font un type superbe. La jeune fille de notre hôtesse revenait de la fontaine à notre arrivée ; l'un de ses bras gracieusement arrondi soutenait sur sa tête, une cruche aux contours antiques, pendant que l'autre main s'arc-boutait au corps avec un abandon plein d'élégante coquetterie. Cette attitude charmante, qui évidait la taille, faisait saillir la hanche et met-

tant en relief toutes les richesses du corsage, lui donnait une grâce exquise. On eût dit une de ces merveilleuses canéphores dont les fresques d'Herculanum et de Pompeï nous ont conservé le souvenir.

Je ne sais si la marche avait aiguisé notre appétit, mais nous fîmes dans ce petit bourg perdu un des meilleurs repas improvisés qu'il nous eût été donné jusqu'ici de manger en Italie. Si vous passez jamais à Collepardo, mon ami, vous vous arrêterez devant une maison de chétive apparence, mais si coquette, pourtant, dans sa pauvreté et surtout si fleurie qu'elle attirera invinciblement vos regards. Franchissez bravement les degrés qui exhaussent sa porte d'entrée du sol; l'escalier extérieur en est bien peut-être un peu rompu, mais la mauve, la pimprenelle, le fraisier, la marjolaine, le thym et la scabieuse sauvage en dérobent si splendidement les marches boîteuses que vous me saurez gré de vous l'avoir indiquée, surtout quand dame Marzia vous aura dressé une table, recouverte d'une nappe blanche de la grandeur d'un mouchoir de poche, et que le signor Ruffo, son mari, vous aura cuisiné un morceau de venaison que vous servira avec un gentil sourire leur fille Giuglielmina.

Toutefois, que le vin du cru et les beaux yeux de la signorina ne vous inspirent pas des idées par trop folâtres; il pourrait advenir qu'un coup de couteau fût la réplique immédiate à quelque geste imprudent ou mal compris. Dans ce pays primitif et sauvage, une mimique trop expressive peut n'être pas sans de graves inconvénients. Vous pourrez d'ailleurs, si vous y tenez absolument, vous rattraper à Frosinone. Mais si, comme je le suppose et le désire dans votre intérêt, l'hôtesse et le dîner vous ont laissé la tête froide et le cœur libre, allez voir l'abîme de *Pozzo di Antullo*, qui se trouve dans le voisinage ; la visite en vaut la peine ; ce gouffre est une des œuvres les mieux réussies de dame Nature.

Quand nous rentrâmes à Ferentino, le soleil semblait se dissoudre au couchant en deux grandes barres de feu que la nuit éteignait lentement à l'horizon.

..... Souper à Ferentino si l'on a faim et se coucher aussitôt, surtout si l'on doit partir à l'aube, sont les deux seules choses raisonnables que puisse y faire le touriste ; c'est ce que nous avons fait. La voix de la gente chambrière qui nous avait apporté nos bougies, venait à peine de nous donner, dans sa gracieuse formule « dolcissima nottè è sogni ridenti, » l'adieu du soir, que je me disposai à savourer les rapides « délices » d'une nuit d'auberge.

Etendu bientôt sur ma couchette, que je pris au premier contact pour un bloc pélasgique, je me sentis envahir peu à peu par cette douce somnolence avant courrière du sommeil et qui n'est pas sans charmes. Mes sensations, devenant de plus en plus confuses, s'en allaient une à une à la dérive, sur la pente insensible de la rêverie qui pénétrait dans mon esprit et l'acheminait tout doucement vers le pays des songes. Cependant *l'autre,* — pour me servir de l'ingénieux système métaphysique de M. Xavier de Maistre, — *l'autre* se livrait, de son côté, à un monologue intérieur que lui suggérait la simplicité par trop primitive de son lit :

— Heureux l'homme des champs s'il connaissait... les sommiers ! pensait-il, en essayant vainement d'ingénieuses combinaisons ayant pour objet de ramener jusqu'au cou un drap de lit (?) dont la tête et les pieds ne pouvaient jouir que séparément et à tour de rôle. — Quelle douce chose que le sommeil !... quand on dort... — Ce lit est d'un dur à faire craindre que le matelas ne soit en lave basaltine...

Or, pendant que *l'autre* se livrait à cet ordre de lamantations, l'âme allait son train, et Dieu sait où elle allait !

— Quels grands yeux noirs avait cette Giuglielmina !... Quelle belle fille ! Son nom lui va bien... il est joli. — Comment, diable, peut-il se faire que d'aussi jolies jeunes filles puissent devenir d'aussi laides vieilles femmes ! — Hà... à... âa ! — Ici, je l'avoue avec humilité, un bâillement prolongé de *l'autre.* — A cette incongruité l'*âme rappela sa bête* et toutes deux constatèrent avec étonnement qu'un bruit singulier semblait accompagner leurs pensées en cadence ; bruit vague, indéfini, monotone, intermittent. Toc, toc ; toc, toc, — que coupait, par intervalle, un cri lugubre comme la voix sinistre d'un enfant de la nuit. — Rrouôôï !

Je me lève effaré sur mon lit. Grand Dieu, m'écriai-je avec désespoir, je ne dormirai pas ! Quel est ce bruit? On dirait que l'on frappe de la monnaie. Toc, toc. C'est bien cela ! Santissima madre ! C'est le coup sourd du balancier ! Toc, Ah ! ça, mais, nous sommes donc dans une caverne de faussaires !... Toc, toc. Je ne m'étonne plus que l'Italie soit infestée de fausse monnaie, comme elle l'est. Toc. Ah ! les misérables ! Toc, toc... non-seulement nous voler... toc ! notre or si pur de France... toc... et si apprécié... rrouôôuï... mais encore nous empêcher de dormir... Toc... Détestables pervers !... Toc... Un hôte qui avait pourtant une figure si honnête !... Toc... Fiez-vous donc à la mine !... Rrouôôuï !... Ah ! corpo di Baccho ! star' in letto... Toc... e non dormire !... Toc... e una cosa... Toc... per far... Rrouôôuï... morire... toc. — Ah ! c'est assommant à la fin...

Et j'écoute, les mains crispées, ce toc et ce rrouôôuï éternels.

A bout de patience et voulant en avoir le cœur net, je saute à bas de mon lit et m'avance dans la direction du bruit.

A chaque pas le son se fait plus distinct et semble venir au-devant de moi. J'avance encore, et cette fois je suis en présence de l'ennemi que je découvre dans l'angle le plus obscur de ma chambre, où une main inhospitalière l'avait installé. C'était une horloge, mon ami, qui balançait, avec cette indifférence criminelle, son large disque de cuivre, dans sa gaîne de sapin. Le monstre était devant mes yeux, impassible, fatal, roulant à chaque seconde, sous son orbite de verre, sa large prunelle fauve où chaque mouvement d'oscillation allumait un rapide éclair.

Je vous dois une confession entière, mon ami. A cette vue, deux sentiments fort peu chrétiens, je l'avoue, envahirent subitement mon cœur : une haine féroce, une soif de vengeance exemplaire. Je tenais l'un de mes ennemis en mon pouvoir, mon noir dessein fut bientôt arrêté. J'ouvre la boîte maudite et saisis le balancier. Tout à coup un bruit infernal se fait entendre. La trompette du Jugement dernier ne sera pas plus terrible ; celles qui renversèrent les murs de Jéricho n'étaient pas plus éclatantes !... Je recule sous le poids d'une inexprimable angoisse ; le son fatal retentit, à jet continu, glaçant le sang dans mes veines... puis le silence... plus rien. J'écoutais, retenant mon souffle et n'entendais que les pulsations de mon cœur. Rassuré pourtant et le sang plus calme, je hasarde une nouvelle tentative ; ma main va frapper pour la seconde fois sa victime...

Horreur ! le bruit infernal retentit encore, et douze fois les vibrations de ses ondes sonores allèrent se perdre sur l'aile du vent des nuits... Alors, mon ami, ce ne fut plus seulement deux péchés capitaux qui se partagèrent mon âme, mais tous les démons de la rage et de la colère y firent irruption. Que vous dirai-je? Je saisis mon couteau et j'en jouai comme un paysan des Abruzzes; cinq minutes ne s'étaient pas écoulées, que je restai maître du champ de bataille, jonché de chaînes et de ficelles, trophées de ma nocturne victoire.

CHAPITRE III.

L'incident se comporte d'une façon lugubre et inexplicable. — Ce que faisait une chose invisible. — Férocité de l'auteur. — Ce qui réveille le voyageur à Ferentino remplit un saint de confusion. — Vertus épiques d'un aubergiste. — Irrévérence d'un spectre. — Petite cause d'un grand effet. — L'auteur donne pour boire au roi d'Italie. — Vallons et collines. — Le Mont Cassin.

... Pendant ce temps, qu'étais-tu devenu, ô doux sommeil, baume réparateur, souverain charmant du riant pays de Fantaisie ?...

... Dans quelles vapeurs roses et transparentes flottait à cette heure ton image, ô belle Giuglielmina ?

... Quelle fée bienfaisante, quelle baguette magique me rendront les songes d'or que j'avais perdus ?...

Je me recouchai ; j'en étais arrivé à un tel degré d'endurcissement dans le crime que j'entendis, sans m'émouvoir, le *rrouôôuï* funèbre qui, seul, persistait encore et se faisait plus lugubre et plus désespéré, si c'était possible.

V. Hugo écrit quelque part : « Les choses ont une âme. » Je fus heureux de le croire. Je me persuadai que ce son, sépulcral comme un râle d'agonie, était le gémissement plaintif de ma victime qui passait dans les airs, et je m'enfonçai voluptueusement dans mon oreiller.

Le sommeil vint, à la fin ; non ce sommeil bienfaisant qui donne des ailes au prisonnier, console le malheureux, berce la souffrance et nous entr'ouvre les portes d'ivoire de ces contrées fortunées peuplées de songes heureux, mais cet assoupissement fiévreux, oppressé, père du cauchemar, des monstres chimériques et des fantômes sinistres. Je commençais à rêvasser, sous le poids de je ne sais plus quelle obsession pénible, lorsque s'éleva dans le silence, claire et vibrante, la voix d'un « *chante-clair* » qui venait, sans doute, de perpétrer quelque mauvais coup. Ce fut un signal : à cet appel matinal de leur confrère, tous les coqs de Ferentino répondirent avec un ensemble qui dut faire pâlir la statue de saint Pierre sur son autel de marbre. Quant à moi, j'en avais fini avec les mythologiques pavots du vieux Morphée. J'avais hâte de chercher *une autre patrie*

Où de dormir en paix on eût la liberté.

... A ce propos, laissez-moi vous dire que l'aubergiste s'est montré assez accommodant sur le chapitre de mes exploits nocturnes, et n'a pas trop rançonné le vainqueur.

En montant en voiture, un bruit, hélas ! trop connu, m'a fait vivement relever la tête. Juste au-dessus de la fenêtre de ma chambre, une affreuse enseigne de fer-blanc grinçait péniblement autour de son axe rouillé, comme pour m'envoyer un dernier *rrouôôuï*. Son adieu moqueur s'est perdu dans la voix argentine des grelots de l'attelage qui nous emportait vers Ceprano, frontière des Etats du Pape, où nous attendait la visite de nos passeports. A midi, nous étions chez le roi d'Italie.

Il était trop tard pour s'aventurer à gagner San-Germano le jour même ; nous nous sommes acheminés, en chassant, jusqu'au petit bourg d'Isoletta, d'où nous avons une vue délicieuse des Apennins et du célèbre mont Cassin.

Le lendemain, nous frappions à la porte hospitalière du couvent de Saint-Benoît.

CHAPITRE IV.

Travail pénible de l'auteur qui veut entasser une montagne sur une autre. — Agriculture, érudition, topographie, archéologie et théologie en dix lignes. — Le voyageur pousse beaucoup de cris d'enthousiasme. — Où l'auteur se montre sans vergogne. — La lettre de recommandation.

Capoue, le...

Parbleu !

Vous l'avez, en dormant, mon cher, *échappé belle !*

Figurez-vous que j'ai failli vous envoyer le plus indigeste fatras de notes et de documents qui aient jamais alourdi les pages d'un journal de touriste. Je pensais que votre génie créateur saurait, comme à son ordinaire, faire jaillir la lumière de ce cahos, et que vous pourriez peut-être y trouver quelque renseignement curieux ou inédit. Je ne sais si je devais cette ardeur subite pour le travail à l'influence locale, mais j'ai passé toute une journée à noircir du papier, butinant, à votre intention, dans les innombrables volumes de la bibliothèque du couvent, compulsant les manuscrits, essayant de déchiffrer le grimoire des vieilles chartes, entassant notes sur notes... Pélion sur Ossa. Si notre séjour au mont Cassin s'était prolongé un jour de plus, vous étiez perdu sans miséricorde, et ne vous en seriez pas tiré à moins de trois ou quatre volumes *in-folio*.

Heureusement pour vous, j'ai différé mon envoi jusqu'à ce jour. Or, nous sommes maintenant à Capoue, et vous savez quelle influence délétère cette ville exerce sur les déterminations les plus robustes; voyez Annibal... — Bénissez Capoue qui ne vous vaudra qu'une description succincte de la célèbre abbaye, berceau de l'ordre des Bénédictins.

C'est une singulière destinée que celle de ce couvent ! Vu de la vallée, il a bien plutôt l'aspect d'une vaste forteresse que d'une maison de travail et de prière. Ses murailles grises, percées de baies étroites, s'élevant presque à pic sur la montagne qu'elles couronnent, dominent le village de San-Germano qui s'est couché docile aux pieds du colosse, et semble se reposer à son ombre.

Fondé, comme vous le savez, par Saint-Benoît, au vi⁰ siècle (529), il prospéra rapidement, et dut à ses immenses richesses le triste et sanglant inconvénient d'être le point de mire perpétuel de toutes les rapacités, de tous les vandalismes, de toutes les sauvageries barbares. Pillé, brûlé, saccagé, détruit plusieurs fois, l'édifice, semblable au phénix antique, est toujours sorti vivant de ses ruines et de ses décombres. Il a payé cher le glorieux privilège d'avoir servi de retraite à maints personnages illustres, deux notamment, dont l'un porta la tiare des souverains pontifes, et mérita le surnom de *Grand* que lui a confirmé la postérité et celui de *Saint* que lui décerna l'Eglise; c'est saint Grégoire. L'autre fut le célèbre ministre de Théodoric, l'écrivain Cassiodore qui y passa les dernières années de sa vie, faisant copier par les moines les précieux manuscrits de l'antiquité.

Comme ceux qui ont « combattu les bons combats », dont la vie n'a été qu'une longue et douloureuse épreuve, le couvent a gardé sur sa physionomie cette empreinte sombre, grave, austère que les événements impriment au front des vieux édifices aussi bien qu'au front de l'humanité. C'est entre ses épaisses murailles que vit, s'agite, travaille et prie la petite colonie conventuelle qui ne comprend pas moins de *trois cents* habitants, au nombre desquels il faut compter les vingt moines desservant l'abbaye et les cent-cinquante élèves, environ, qu'ils instruisent; le reste s'occupe des travaux manuels de l'exploitation. Aussi, quelle admirable et intelligente culture sur leur domaine !

Vous savez quel pitoyable agriculteur je fais et combien peu, — jusqu'ici, — il m'a été donné de ressentir les élans délicieux de la vocation en matière agronomique. Je pousse même la conscience de mon incapacité, notoire à cet égard, jusqu'à vous reconnaître le droit de me classer au rang de ces êtres évidemment incomplets à qui manque, — et manquera longtemps, je le crois, — le sens moral du *croisement des races* et de *l'élevage*, de ces déshérités de nature dont le nerf olfactif préfère, de beaucoup,

> *Un simple bouquet de lavande,*
> *D'aubépine ou de romarin,*

aux senteurs variées de toutes sortes d'engrais, plus efficaces les uns que les autres...Eh bien! croyez-moi, quoique cela puisse vous paraître une énormité, je me suis presque *extasié* devant des champs de blé, d'oliviers, de lin, de vignes et de mûriers cultivés par les *Moines-noirs*, dont les travaux considérables ont singulièrement métamorphosé cette partie de la Terre de Labour.

Le couvent occupe la place d'un ancien temple d'Apollon qui s'élevait jadis sur cette hauteur; aussi les religieux ont-ils emprunté, sans le moindre scrupule, à ce vénérable sanctuaire du dieu du Jour, les magnifiques colonnes de granit qui entourent le cloître actuel, et dont l'effet est tout simplement grandiose. Si du cloître le visiteur passe sur la terrasse, il s'arrête émerveillé. Je ne crois pas qu'il soit possible de trouver un panorama plus saisissant que celui dont on jouit de l'esplanade du monastère. Le Christ dut avoir un semblable spectacle lorsque Satan l'eut transporté sur la montagne.—A ce sujet, il me souvient d'avoir lu, je ne sais où, cette observation judicieuse que messire Satanas s'était montré, dans cette circonstance, bien au-dessous de sa réputation d'esprit proverbiale. Satan ne savait sans doute pas qu'il parlait au fils de Dieu ; c'est une circonstance atténuante qu'il est juste de mettre à son actif. Vous rappelez-vous le mot du curé de Joigny : « *Eh ! eh ! le diable n'est point un sot ?* » N'en déplaise au bon abbé, sans cette ignorance, les arguments du tentateur seraient on ne peut plus pitoyables. Offrir les richesses de ce monde au fils de Dieu, Dieu lui-même, sachant qu'on s'adresse à qui peut tout avoir, tout pouvoir, tout savoir, eût été de la dernière stupidité.

Laissons la Judée et revenons dans les Abruzzes ; le pas est un peu grand, mais je vous sais de ces lecteurs bénévoles dont l'indulgence pardonne volontiers, comme le dit V. Hugo,

« *Au poëte l'enjambement, au voyageur les enjambées.* »

C'est devant ces magnifiques horizons, en face, non de ce paysage, mais de cette carte géographique presque circulaire qui s'étale aux regards, estompée par la distance et la vapeur, que les bons Pères viennent, aux heures de la récréation, se délasser de leurs savantes études et « mettre leur âme en équilibre « avec l'âme de la solitude. » Quel plus admirable lieu pourraient-ils choisir, que celui-ci, où le Verbe s'épanouit dans le silence, où l'on voit la vie à la surface de tout et où l'on sent l'éternité au fond ? Quels artistes que ces moines laboureurs !

Le père *Dom Patrizzio* (vous savez qu'ils portent le *Dom* en signe de la noblesse de leur ordre) a bien voulu nous faire les honneurs de la bibliothèque, composée d'environ 40,000 volumes.

Chartes et documents authentiques, manuscrits curieusement enluminés, éditions rares, missels byzantins, trésors précieux, tout nous a été montré, commenté, expliqué avec tant de grâce et d'exquise obligeance que l'on ne sait, en vérité, ce qu'on doit admirer le plus, ou de la patience angélique du bibliothécaire ou de l'immense savoir du bénédictin.

... Dernière visite à la célèbre fresque de Giordano, peinte sur les murs de la chapelle et préparatifs de départ. Nous avons pris congé des bons moines, et, munis d'une lettre de recommandation du Révérendissime Prieur, à l'adresse de son ami Mattéo Stampa, syndic d'Annoni, pour le cas où la fantaisie nous prendrait de visiter la contrée qu'il administre, nous redescendons par la route de Rocca-Secca.

CHAPITRE V.

L'auteur cherche à nuire à la réputation des Abruzzes. — Arbres et rochers. — Route de nuit dans les bois. — San-Lupo. — L'auteur, à la tête d'une armée formidable de cinq hommes, s'empare d'une partie des États de S. M. — Terreur des naturels. — Le bivac. — Chapitre intéressant pour les économistes. — Importance capitale de la question alimentaire. — Machinations ténébreuses. — Le langage des yeux. — L'auteur se fait chef de cuisine. — Un festin de Lucullus. — Vainqueurs et vaincus. — *Male suada fames.* — Une page de Callot.

Je ne voudrais pour rien au monde avoir l'air d'un homme qui cherche à nuire à la réputation des Abruzzes, mon ami, mais franchement je dois vous déclarer que oncques n'ai vu un pays si sauvagement désolé que celui que nous venons de parcourir. Des contrées boisées d'arbres chétifs et malsains; des ravins arides, profondément sillonnés, comme un déchirement de montagnes; des mamelons hérissés de broussailles, où végète tristement une bruyère courte et grise; quelques flaques d'une eau noirâtre et corrompue; des blocs de rochers trouant çà et là un site morne et pierreux; des chemins semblables à des lits de torrents desséchés, où l'ornière devient fossé, où le fossé devient abîme, tout cela vous pénètre d'une tristesse sombre, pesante, intense, et vous oppresse l'âme comme si vous aviez le désert sous les yeux. Seules, quelques mousses vivaces persistent, fleurissent, verdoient et semblent vouloir recouvrir de leur végétation microscopique ce sol ingrat et bouleversé. Ne cherchez plus l'herbe épaisse et drue, les feuilles humides, les branches gonflées de sève, les oiseaux qui fredonnent, les eaux qui courent babillardes et racontent si doucement aux roseaux de leur lit le secret des Napées et des Oréades; plus de ces belles et joyeuses libellules aux ailes d'or et de saphir, plus de ces jolis nécrophores cuivrés, plus de ces petits scarabées bleus qui cheminent avec tant d'entrain vers leur retraite cachée sous les racines des genêts... Nous sommes dans la patrie de l'*aria cattiva* et du *sirocco*.

... Nous avons marché tant et si bien dans cet âpre pays, à la recherche d'un gibier fantastique, nous avons fait tant de détours et de crochets que nous nous sommes littéralement perdus. Nos savants efforts pour retrouver notre chemin n'ont servi qu'à nous embrouiller davantage... et pourtant la nuit arrivait, sombre et rapide.

— Les oiseaux du ciel ont leur nid, les renards ont leur tanière, murmurait mélancoliquement Maxime, et nous sommes menacés de n'avoir pas une pierre pour reposer notre tête.

— Ein bière, ein bière, bur bosser la dède, fit Gaspard, che ne fois bas où zerait le mal guand té tignes grétiens bosseraient leur tède, blidòt sir cin coussin dé blimes... té ponnes blimes, appuya-til voluptueusement.

— Mon cher baron, connaissez-vous le conte du Petit-Poucet et de l'ogre, demanda Adhémar?

— L'ogre, ch'en gonnai teu ; répondit le Germain chez qui le peintre se réveillait.

— C'est mieux, fîmes-nous.

— L'ogre chaûne et l'ogre ruche ; mais che né gonnai ni gonte ni figonte qui s'abelle tu bétit-buchet.

De bruyants éclats de rire répondirent à cette boutade tudesque et allèrent réveiller les Sylvains moqueurs, endormis sous l'écorce des chênes. Cependant il devenait urgent de s'assurer d'un abri. Une clairière nous permit tout-à-coup d'apercevoir, un peu sur notre gauche, quelques lumières brillant au loin au milieu d'une masse confuse. Nous hâtons le pas vers cette lueur providentielle, et nous arrivons aux portes d'un chétif et sale amas de baraques qui répond sur mes notes au nom caractéristique de San-Lupo.

San-Lupo est bien le plus agréable coupe-gorge que l'imagination la plus hallucinée puisse rêver ; isolé dans une espèce de petit défilé, perdu dans le bois comme une tanière de fauves, on dirait un Salvator Rosa hors de son cadre. Quelques indigènes, accroupis sur le seuil de leurs portes, nous regardent passer avec une expression voisine de l'effroi et rentrent précipitamment dans leur bouge. Il est vrai que notre accoutrement mi-parti civil et militaire, où la fantaisie s'est donnée ample carrière, suffirait à exciter un étonnement moins naïf que le leur. Nous avisons une de ces cahuttes et nous demandons l'hospitalité. Après un examen scrupuleux et défiant de nos personnes, on consent, avec une contrainte visible, à nous octroyer l'usufruit temporaire d'un réduit attenant au logement principal. Une fenêtre unique, percée à deux mètres au-dessus du sol, sans châssis ni volets, éclaire seul ce taudis. Je soupçonne vaguement que nous succédons dans cet asile à un bétail quelconque anéanti par la maladie, mais, dans les Abruzzes et à pareille heure, on n'a pas le droit d'être difficile. Nous nous occupâmes donc aussitôt de l'installation provisoire de notre bivouac et demandâmes à souper.

Cette prétention parut, sans doute, exorbitante à nos hôtes, car leurs regards exprimèrent la plus profonde surprise. La famille, composée de deux femmes et de quelques enfants, — le père était absent depuis la veille, — se consulte et chuchotte. Pendant que les enfants jettent un œil effaré sur notre arsenal, une jeune fille d'une quinzaine d'années suit d'un œil fiévreux tous les mouvements de Gennaro, dont la fière mine semble exercer un pouvoir mystérieux sur ce jeune cœur. Dans un coin, une vieille, dont le profil grimaçant et ridé ne déparerait pas une gravure de Callot, entrecoupe de gestes bizarres une conversation où le mot *sindaco* revient fréquemment ; tout-à-coup un drôle hâve, à face de carême, rampe vers la porte et se sauve à toute vitesse.

Cependant la question alimentaire ne paraissait pas devoir aboutir rapidement à une solution satisfaisante.

— Voyons, fit Adhémar, il faudrait pourtant en finir. Demandez donc, mon cher, me dit-il, s'ils ont l'intention de nous laisser mourir de faim. *Corps de Bacchus!* on doit pouvoir manger dans ce village, que diable ! quoique toutes ces faces maigres et patibulaires ne me donnent qu'une bien triste idée de la chère qui nous y attend.

J'exposai la chose de mon mieux ; la réponse fut une exhortation à la patience : le village était pauvre ; la maison ne possédait que peu de ressources, un peu d'huile rance et quelques châtaignes ; quant au pain, il n'y avait pas à y songer. Il fallait donner le temps de réunir les provisions nécessaires, — c'était une affaire de deux ou trois heures au plus, voilà tout.

Ce laps de temps parut encore trop long à nos estomacs affamés.

Deux imprudentes *sarne* (1) égarées, que leur mauvais destin avait poussées sous mon rayon visuel,

(1) Sorte de perdrix grise.

avaient trouvé dans mon carnier une tombe provisoire ; le moment était venu de les en extraire et de leur donner une sépulture moins éphémère et plus en rapport avec notre appétit. De son côté, Maxime s'était enrichi, chemin faisant, d'un lapin qui avait eu l'imprudence de s'aventurer hors de son terrier, au lieu de rester tranquillement *rasé* dans les ajoncs où certes il ne serait pas allé le chercher. C'était un appoint considérable ; le tout réuni nous présentait, tant bien que mal, la perspective d'un dîner ; il ne s'agissait plus que de procéder à sa confection.

Nous offrîmes, en conséquence, à nos hôtes, les éléments du repas, pourvu qu'on nous prêtât les ustensiles nécessaires à notre cuisine. Là, mon ami, était une autre difficulté qui nous causa un cruel embarras : les ustensiles les plus élémentaires faisaient absolument défaut. La chose n'avait rien de bien surprenant, d'ailleurs. Les hôtes et le logis semblaient se compléter l'un par les autres : tous deux respiraient le même état de délabrement et de misère. Les enfants presque nus, les femmes revêtues de sales oripeaux, et dont les cheveux, crêpés par un froissement prolongé, ne connaissaient plus depuis longtemps les services salutaires du peigne, trouvaient un cadre digne du tableau dans ces vieux murs enfumés, noircis et troués, où quelques poignées de chaume, détrempé par l'eau des pluies, s'opposaient seules au passage du vent et des frimas.

Qui n'a pas vu cela, mon ami, ne connaît pas la misère ! Certes ! les mendiants que nous avions rencontrés jusqu'ici avaient l'air de grands seigneurs, en comparaison ! Le fellah d'Egypte, avec sa simple chemise, aurait l'air d'un bon bourgeois à San-Lupo !...

Il fallait se résigner. Tentales infortunés, nous étions menacés de mourir de faim et de soif au milieu d'une abondance relative, si la Providence ne venait à notre secours. Le ciel nous envoya une inspiration lumineuse.

Qui m'eût dit, mon ami, alors que je dévorais d'un œil avide et enfantin les aventures prodigieuses de l'ingénieux héros de Daniel de Foë, qu'un jour viendrait où je serais réduit, moi aussi, à faire une application sérieuse des procédés culinaires et primitifs du malheureux Robinson. Ce fut pourtant ce qui m'arriva ; la fiction sortait du domaine du rêve et allait trouver sa réalité pratique. Les *sarne* plumées avec soin et le lapin dûment écorché furent, les unes grillées à crû sur des charbons vifs, pendant que l'autre, ingénieusement suspendu à une ficelle, présentait successivement toutes ses parties charnues à l'ardeur d'un feu que nous entretenions avec des copeaux. Le tout arriva, tant bien que mal, à un degré de cuisson sinon satisfaisant du moins supportable. Les châtaignes remplacèrent le pain absent.

Cependant notre présence dans le bourg avait

occasionné une certaine rumeur. Quelques indigènes, plus courageux ou moins discrets que les autres, se pressaient déjà dans l'embrasure de la porte, d'où ils suivaient attentivement nos étranges préparatifs. Leur mine n'avait rien de précisément bien rassurant, mais leur audace ne semblait pas dépasser une certaine mesure, car à chaque mouvement de nos personnes nous rapprochant de leur voisinage, le groupe battait bravement en retraite au dehors. Sans donc nous inquiéter autrement de cette surveillance où nous ne vîmes qu'une curiosité surexcitée, nous procédâmes incontinent à la grande opération du dîner.

Le repas fut rapide, comme bien vous le pensez ; quelques gouttes du rhum de nos gourdes dans de l'eau suffirent, en coupant la crudité du liquide, à éteindre momentanément l'ardeur de notre soif. Nos hôtes, invités à prendre place à côté de nous, refusèrent d'abord ; leurs yeux dévoraient avec avidité ces mets rudimentaires, mais d'où s'exhalait pourtant un fumet appétissant... Nos instances redoublèrent, et, vaincus cette fois par une horrible tentation, ils se jetèrent, hurlants et affamés, sur la pitance, que nous leur fîmes copieuse, vous pouvez m'en croire, et qui dut leur sembler un festin de Lucullus.

Ces femmes et ces enfants, mon ami, n'avaient peut-être pas mangé depuis la veille ! Nous fûmes pris à cette pensée d'un indicible sentiment de pitié ; car, voyez-vous, c'est une horrible chose de songer que ce repas sera pour eux un souvenir de toute la vie ! Manger à leur faim... se rassasier une fois, est le rêve qui brûle leurs nuits d'insomnie, décharne leurs membres débiles et allume dans leurs yeux caves la fièvre et son rouge délire. Rêve inassouvi presque toujours, chimère irréalisable pour la plupart !... Et ne croyez pas que j'exagère et veuille surprendre votre pitié au profit d'une souffrance imaginaire ; non, mon ami, quelque sombre que soit le tableau, il est d'une navrante exactitude. La misère, voilà la plaie d'une notable partie de l'Italie ! « J'AI FAIM ! » voilà le cri que nous y avons entendu trop souvent retentir à nos oreilles !...

Pauvres gens ! nous leur abandonnâmes bien volontiers toutes nos provisions ; nous y joignîmes, même, quelques piastres qui allaient assurer du moins la nourriture des enfants pendant quelques jours, puis, la bourse légère mais le cœur joyeux, nous nous disposâmes à gagner notre gîte rustique, dont un peu de paille étalée dans un coin faisait tous les frais.

CHAPITRE VI.

Trahison. — Aux armes! — Mystère. — Explications qui n'expliquent rien. — La bénédiction allemande et les jurons français. — Le nuage s'épaissit de plus en plus. — La clé de l'énigme et la clé d'un cœur. — Cahos d'où se dégage un ordre profond et effrayant. — Curiosité du hasard. — Les voies de la Providence. — Où l'auteur redoute la faiblesse de la chair et la promptitude de l'esprit. — Les buveuses de sang. — L'auteur abandonne lâchement ses compagnons à leur malheureux sort.

Je suis forcé, mon ami, de consacrer un chapitre spécial aux suites dramatico-burlesques de cette véridique histoire. Vous savez, pourtant, combien je suis de l'avis de Pascal : « le moi *est haïssable*, dit le grand philosophe, *et je le haïrai toujours.* » Cependant, quelque répugnance que j'éprouve à m'appesantir sur ce sujet, je vous dois un compte fidèle des aventures qui nous arrivent, car mon rôle d'historiographe impartial m'oblige à me souvenir que s'il est parfois amusant pour autrui d'inventer des aventures, il est aussi amusant pour soi-même d'en avoir.

Vous nous avez laissés en train de vider, ou à peu près, notre porte-monnaie dans les mains des pauvres diables qui nous avaient accueilli. Nous crûmes devoir y joindre quelques bonnes paroles et la promesse d'une chaude recommandation auprès de *notre ami* le vénérable abbé du Mont-Cassin. Nous écrivîmes dans ce sens une lettre, qu'à son retour le mari devait porter au couvent; peut-être même ne serait-il pas impossible de faire admettre la famille au nombre des travailleurs du domaine; dans tous les cas, notre lettre, écrite sur un feuillet de mon journal, était un appel pressant à la sollicitude des moines, et nous pouvions leur donner la presque certitude qu'il serait entendu, du moins pour les besoins les plus urgents. Nous nous attendions bien à quelques paroles de reconnaissance, mais non à la scène qui suivit. Les femmes n'eurent pas plutôt appris la bonne intelligence qui régnait entre nous et le couvent dont nous avions été les hôtes, que ce fut une formidable explosion de cris lamentables, et les voilà se traînant à nos genoux avec toutes les marques du plus sincère et du plus profond désespoir.

— Ah! poverò ohimè! Ah! misérables que nous sommes!... — Saint-Joseph, aie pitié de nous!... — et la Madone aussi!... — et tous les saints du paradis!... — Nous ne sommes que des misérables!...

Violemment intrigués par cette scène étrange dont le sens et la cause nous échappaient absolument, nous en interrogeons les acteurs sans pouvoir obtenir d'eux un éclaircissement suffisant. Des mots sans suite, entrecoupés de lamentations et de sanglots, répondent seuls à nos questions multipliées.

— Oh! oui, par le sang de la Madone! nous sommes des misérables! — Ah! grand Saint-Antoine, ayez pitié de nous!

— Votre pardon, excellentissimes seigneurs, votre pardon! glapissait la voix criarde de la vieille; votre pardon, au nom du Ciel! Nous ne sommes que des misérables!... Nous nous sommes trompés, pardonnez-nous.

— Mais quoi! *Corpo-Santo*! Que voulez-vous qu'on vous pardonne?... En quoi vous êtes-vous trompés?... Pourquoi êtes-vous des misérables?... Mais parlez donc, expliquez-vous, *sangue di Christo*!

— Magsime barle téja italien gomme cin babe. Il chire aveg cine vazilité rémarquable; gomme cin exgomunié, der teufel! remarqua Gaspard. Prafo, mon ger; che fus abrendrai à chirer en daïchtre et fuszerai gomblet.

— Ah! dignes seigneurs, reprenaient les voix, jamais nous n'oserons lever les yeux sur Vos Excellences avant qu'elles ne nous aient pardonné notre crime! Oui, c'est un crime! un crime sans miséricorde! Nous sommes maudits de Dieu!...

— Ces gens-là sont fous, sur ma parole, dit Adhémar, radicalement fous. Où sommes-nous? Que diable est ceci? Ces vieilles folles ameutent déjà tout le hameau par leurs cris... Allons, paix, vous autres! cria-t-il à ces spectres en jupons, qui couvraient de baisers nos guêtres et nos mains. Paix, vous dis-je, et si vous tenez à ne pas nous faire repentir de notre générosité à votre égard, expliquez-vous et tâchez d'être claires.

— Ya! tites leur te s'esbliquer. Zes ficilles volles nus vont murir d'imbaziance. Nus afons tu les buvoirs tu saint-bère bur les bardonner... et z'il le vaut ch'y choindrai mon pénédigzion, sacrement der teufel! ber Vaccho, gomme ils tissent.

En ce moment le Napolitain, qui, depuis un instant échangeait quelques paroles rapides avec la jeune *appassionnata*, frappa bruyamment ses mains l'une contre l'autre avec un cri d'une indicible expression.

— Arrêtés! exclama-t-il, arrêtés! et pourquoi?...

— Ah! dignes seigneurs, hurla plaintivement le chœur, pardonnez-nous; vous le voyez bien, nous sommes des misérables!

Le nuage ne faisait que s'épaissir davantage. Nous nous sentions instinctivement menacés d'un danger, mais lequel? En tous cas, la situation devenait grave.

— Aux fusils, messieurs, aux fusils, commanda Adhémar; nous avons donné sans doute dans un guet-apens; donc, la prévoyance est plus que jamais de saison. « Prudence est mère de sureté. N'oublions pas que les Abruzzes et la Calabre se valent de réputation. Approche, toi, fit-il au Napolitain; que te disait ce tendre gibier de potence, et pourquoi as-tu crié : « Arrêtés. » Arrêtés, qui ?

— Je dis, Excellence, répondit Gennaro, qu'on nous a pris pour des *birbone* et qu'on est allé prévenir le syndic du village voisin pour procéder à notre arrestation. Voilà ! ajouta-t-il insoucieusement. Nous avions tort de nous inquiéter d'un gîte ; nous sommes maintenant sûrs d'en avoir un... pour cette nuit, du moins, grâce à ce tas de canaille... *mà il tiempo fà tutto.*

La situation se *corsait*, mais l'énigme était enfin résolue. Un danger connu est à moitié évité ; cependant l'autre moitié ne se présentait pas sous un aspect absolument couleur de roses. S'il était flatteur pour notre amour-propre que le pittoresque de nos costumes nous eût fait prendre pour des émules de Fra Diavolo, d'un autre côté, il n'y avait pas à se dissimuler que, quoiqu'il n'y eût pour nous aucun péril sérieux dans cette équivoque dont nous tenions le dénouement entre nos mains, nous n'en aurions pas moins le désagrément d'une explication avec un agent de l'autorité.

Cependant, désireux de savoir, du moins, à quel fonctionnaire nous allions avoir affaire, j'eus l'idée de m'enquérir de son titre et de sa résidence.

— C'est le syndic d'Annoni, mon digne seigneur, répondit piteusement la vieille.

Nous poussâmes un cri de joie ; nous étions sauvés.

Je sortis triomphalement de la poche de mon carnier le pli que le digne prieur nous avait remis le matin, scellé des armes abbatiales, et sur lequel flamboyait miraculeusement cette bienheureuse adresse :

Al signor Sindaco Mattèo Stampa. — Annoni.

Cette lettre providentielle était non-seulement le salut, mais encore le triomphe. Nous n'avions plus qu'à attendre les évènements. Ce fut aussi l'avis de Gennaro, paraît-il, car sa figure, un instant assombrie, malgré le masque d'indifférence dont il s'efforçait de la revêtir, reprit bientôt toute sa sérénité.

Maintenant, mon ami, je vois d'ici votre rire moqueur, et j'entends vos lamentations ironiques sur notre ridicule équipée. Riez à votre aise, mais n'imitez pas les gens de San-Lupo et ne nous jugez pas sur la mine. Après tout, les pauvres diables étaient payés pour être soupçonneux, et leur frayeur anticipée avait une excuse presque légitime, comme vous allez le voir.

Quelques mois environ avant notre passage, Caprile venait d'être rançonné de la bonne sorte, en plein jour, par un lieutenant d'Orso Scapone ; selon l'habitude, l'audacieux bandit s'était retiré dans la montagne avec son butin. Or, ceux de San-Lupo, craignant que la bande ne fût restée dans le voisinage, redoutaient que, mis en goût par le succès de la dernière expédition, il ne prît fantaisie au hardi aventurier de tenter, avec non moins de réussite, un coup de main sur ce misérable amas de bicoques qu'ils appellent leur village. L'expérience personnelle nous permettait bien d'augurer que l'espoir *d'une bonne affaire* serait déçu, s'il était jamais né dans l'esprit des bandits, mais les craintes de ces pauvres *Sanlupiens* prenaient aussi leur source dans un autre motif, plus sérieux et partant plus redoutable; aussi ces infortunés se croyaient-ils à chaque instant sous le coup de la terrible visite. Pour ces farouches pillards, en effet, le vol n'est pas le seul mobile, et l'incendie de quelques masures n'est que trop souvent un moyen de dépister les recherches des carabiniers envoyés à leur poursuite. Des hommes de la bande, détachés en *enfants perdus*, mettent le feu à un village, puis, à la faveur de cet *acte de présence*, le gros de la troupe émigre sur un autre théâtre. Ce sont là de terribles stratagèmes, convenez-en, et avouez aussi que de pareils gaillards ne sont guère gens à reculer dans le choix d'une ruse de guerre, quelque criminelle qu'en soit l'exécution.

Sachez maintenant que Scapone est activement recherché par la police, que 300 ducats sont offerts à qui le livrera, que cette somme peut bien tenter des gens qui n'ont à vous offrir que de l'huile rance et des châtaignes, et vous concevrez sans peine que si l'on a dans sa compagnie, — et c'était précisément notre cas à l'égard de Gennaro, — une physionomie qui se prête, comme s'y prêtait celle du Napolitain, à une certaine ressemblance avec le sinistre héros de grands chemins, vous comprendrez, dis-je, qu'il eût pu nous arriver pire.

Toutes ces explications obtenues à grand'peine et rassurés désormais sur l'issue de cette aventure qui s'annonçait plus grave d'abord, nous nous jetâmes sur la paille destinée à nous servir de couchette; la fatigue l'emportant sur toute autre chose, nous essayâmes de dormir. Mon sommeil ne fut pas de longue durée; je me réveillai bientôt, transpercé de milliers de coups d'épingles; autant aurait valu essayer de se coucher sur un nid de guêpes. Je me tournai, me retournai, changeant de place vingt fois par minute, impossible d'obtenir un instant de répit. Quant à Gennaro, dont la fatale ressemblance avait été la cause de nos infortunes, on l'eût pris à son immobilité, pour la statue de Morphée. Je me levai à bout de patience; le cuir de mes guêtres disparaissait sous une couche brune et mouvante qui, partant du mur sur lequel elle dessinait de capricieuses arabesques, arrivait presque sans interruption sur ma personne; l'avant-garde tentait même déjà une reconnaissance sur le haut du pantalon. Je regardai mes compagnons de route, je les vis tatoués comme les insulaires de la Nouvelle-Calédonie. La figure de Gaspard souriait. Peut-être voyait-il en songe sa blanche Leutersdorf mirant aux flots clairs du Rhin ses clochers gothiques... Je n'eus pas le courage de l'arracher à son rêve ; je lui laissai son sommeil... et ses puces. J'allai secouer les miennes à l'air du soir.

CHAPITRE VII.

Stratégie nocturne. — L'auteur fait partie d'une troupe de brigands. — Chasse à l'homme. — Héroïsme et garde nationale. — Un syndic modèle. — !!! — Le crime puni et la vertu récompensée. — Un point noir à l'horizon. — Les délices de Capoue.

Cependant le temps avait marché, et le syndic avec lui. Le digne magistrat se présenta bientôt, suivi d'une maigre escorte de volontaires dont les mines rébarbatives tenaient visiblement à paraître martiales et n'arrivaient qu'au grotesque ; le physionomiste le moins expert eût pu lire, en effet, sur leur face pâlie, plus d'effroi que de désir d'assurer le respect de la propriété.

Le groupe était nombreux au départ, comme nous l'apprîmes ensuite, mais, la marche et les réflexions salutaires aidant, la troupe belliqueuse *se fondait* à vue d'œil. Scapone était redouté ; de plus, on savait qu'audacieux et brave, il n'était pas homme à se laisser prendre comme un chien mouillé ; la défense serait donc terrible, selon toute probabilité, et cette circonstance aggravante avait suffi pour calmer le courage des plus bouillants.

Aussi profitaient-ils avec enthousiasme des moindres plis de terrain, du plus mince bouquet d'arbres, pour se dissimuler aux regards du chef, et, grâce à l'obscurité croissante qui se faisait de plus en plus leur complice, les traînards se hâtèrent de regagner d'un pied leste le toit conjugal si imprudemment déserté.

Quelques-uns, cependant, les moins timides, voulurent persister jusqu'au bout. Peut-être se flattaient-ils intérieurement que leur dangereux adversaire ne les aurait pas attendus ; en ce cas, ils auraient fait, il est vrai, *buisson creux*, mais l'honneur serait sauf... — A l'entrée du hameau, cette espérance dut s'évanouir. Non-seulement les prétendus *brigands* étaient là, mais rien dans leur contenance n'annonçait, il faut bien le dire, le trouble ou l'épouvante ; bien plus, les habitants paraissaient pactiser avec eux ; évidemment ils avaient des intelligences dans la place. Dès lors il ne s'agissait plus d'une capture à opérer à la faveur d'une surprise, mais bien d'une bataille rangée suivie, au cas le plus favorable, d'un siége à entreprendre. Cette éventualité possible bouleversait toutes les dispositions.

Toutefois le syndic qui avait jadis servi dans la milice civique, essaya, pour l'acquit de sa conscience, une contenance belliqueuse, et, raffermissant sa voix, somma les hôtes de la bicoque d'avoir à lui en ouvrir l'entrée. On obéit. Au premier mouvement de la porte tournant sur elle-même, les braves volontaires se rangèrent précipitamment le long du mur, avec une agilité merveilleuse, laissant ainsi le pauvre magistrat découvert et exposé à la fusillade qu'ils redoutaient pour eux-mêmes. L'ensemble avec lequel ce mouvement imprévu fut exécuté nous causa une hilarité telle que le digne syndic en fut tout interloqué et ne savait plus quelle contenance garder ; il se crut l'objet d'une injurieuse mystification. Des hommes qui rient d'aussi bon cœur, en semblable conjoncture, ne peuvent être des bandits ; nous nous avançâmes vers lui désarmés et la main tendue. Quelques minutes d'explications lui suffirent pour comprendre la méprise abominable dont nous avions été les victimes. S'il avait pu rester quelques doutes dans son esprit, la lettre du prieur du Mont-Cassin nous recommandant chaleureusement à lui aurait suffi à les effacer. Nous complétâmes son édification en lui montrant, malgré son refus courtois, nos cartes de l'ambassade et nos références à Naples ; c'était plus qu'il n'en fallait pour nous tirer d'une situation plus critique que la nôtre.

M. Stampa, qui avait fait preuve dans cette circonstance d'un réel et méritoire courage, puisqu'il ignorait, après tout, au début, qu'il ne dût avoir affaire qu'à de paisibles et inoffensifs touristes, nous témoigna le désir de voir le personnage, cause première de cette alerte. Je dois à la vérité d'ajouter qu'à la vue de cette singulière ressemblance, le syndic ne put, malgré ses visibles efforts, maîtriser une légère émotion ; toutefois, l'air placide et niais dont le Napolitain supporta ce regard parut enlever un poids énorme à son esprit, car, se remettant aussitôt de ce trouble passager, il renoua l'entretien le plus naturellement du monde, et nous offrit, en dédommagement de nos fatigues et de nos émotions, une cordiale hospitalité. Quelque gracieuse et obligeante que fût son invitation, nous ne pûmes lui faire, comme il le désirait, « l'honneur et le plaisir » de l'accepter ; ce changement d'itinéraire nous ayant par trop éloigné du terme de notre course, auquel tendaient maintenant tous nos vœux.

Le jour s'annonçait doux, calme, tranquille ; une brise pleine de voluptueuses fraîcheurs agitait l'air ; nous nous mîmes en route, prenant congé de nos hôtes repentants et dûment admonestés ; nous les avions déjà perdus de vue qu'on les entendait encore criant au loin : « Nous sommes des misérables ! que la « Madone nous protège ! »

A quelque distance de San-Lupo il fallut se séparer des braves volontaires d'Annoni, qui, revenus de leur frayeur et remplis d'une ardeur rétrospective, saluèrent nos Excellences d'une belliqueuse salve d'honneur, ne voulant pas sans doute perdre une occasion aussi pacifique de brûler leurs amorces. Quant à Gennaro, qui les regardait comme s'il eût voulu s'incruster leurs traits dans l'esprit, un sourire de dédain courut sur ses lèvres, puis se détournant avec dégoût.

— A revederci, mucchiô de vigliachi! murmura-t-il. Fra pocô, servidorame !

Nous avons continué notre route, devisant de notre aventure et de la bravoure du syndic.

— Si, fit le Napolitain rêveur, coragio di leone ma piu anche finezza di volpe... — felicemente per gli, ajouta-t-il en *à parte*.

... Arrivés à Capoue sans autre encombre et descendus à l'albergo di Belvedere, qui, outre sa position exceptionnelle sur un des points culminants du Vulturne, possède un avantage inappréciable pour nous, des *lits sérieux*; la ville est, en outre, pourvue d'un établissement de bains. O, mon ami, quelle suprême volupté dans ce mot, pour des gens qui aspirent si ardemment aux délices d'une « onde pure ! » Gennaro n'a point voulu nous suivre à l'hôtel; il sera plus commodément installé, prétend-il, chez un parent qu'il possède dans les environs... Ainsi soit-il !

CHAPITRE VIII.

A quoi bon avoir été une grande chose. — L'auteur, aidé par Cicéron, cherche une ville dans l'herbe et ne peut parvenir à la trouver. — Paysage à travers la pluie. — Terreur que peut causer un morceau de papier. — Un coin du voile se déchire. — ????? — Prudence et Charabia mêlés. — Figure effrayante et extraordinaire que prend le paysage à la nuit tombée. — Le voyageur s'endort dans sa voiture. — Peinture approfondie et minutieuse de Maddaloni. — Croquis consciencieux et fouillé d'Acerra.

Capoue *(Capua nova)* n'offre par elle-même que peu d'attraits au visiteur. A part sa cathédrale, d'un beau style, ses fortifications qui ont pour nous le prestige de leur origine française, et son pont monumental, l'intérêt se concentre tout entier sur la ville antique, autrefois située au lieu où s'élève aujourd'hui *Santa-Maria-di-Capua*, c'est-à-dire à quatre milles environ ; et encore la curiosité du touriste y est-elle grandement déçue en ne retrouvant de cette célèbre cité étrusque, qui compta jadis trois cent mille habitants et eût la bonne fortune d'énerver l'armée du plus redoutable ennemi de Rome, que les ruines d'un amphithéâtre pouvant contenir soixante mille spectateurs ; mais de ces pompeux édifices, mais de cette fameuse école dont nous parle Cicéron et dans laquelle on dressait *quarante mille gladiateurs,* nous n'avons pu retrouver la moindre trace.

Du paysage, je ne vous en dis rien ; une petite pluie fine et serrée qui tombe depuis hier soir couvre la campagne d'un brouillard opaque et gris, à travers lequel la vue ne peut percer sans perdre toute notion de la couleur et de la distance. Je rentre à l'albergo assez désappointé.

… On vient de nous remettre à l'instant une lettre à l'adresse d'Adhémar, déposée dans la boîte de l'osteria par une main inconnue. Nous l'ouvrons ; voici la traduction de son contenu :

« Signor conte,

« Des circonstances graves m'obligent à me sépa-
« rer de vos Excellences avant le terme convenu ;
« cependant je désire ne pas les quitter sans les
« remercier de leurs bons procédés envers le pauvre
« Gennaro. J'espère que vous voudrez bien lui par-
« donner de s'être, à votre insu, abrité un instant
« sous votre respectable honorabilité, mais c'était
« pour lui le moyen le plus sûr de venir sans danger
« dans un pays où l'appelait une nécessité impé-
« rieuse. Pour écarter tout soupçon, j'ai dû prendre
« un nom d'emprunt ; vous avez accepté sans dé-
« fiance l'artisan napolitain, vous eussiez énergique-
« ment refusé

« Votre reconnaissant
« Orso Scapone. »

J'avoue que la lecture de cette singulière épître nous a fait passer un frisson dans le dos et nous a plongés dans la plus complète stupéfaction. Nous tournons et retournons l'étrange missive dans nos mains, sans pouvoir en croire nos yeux. Veillons-nous ou sommes-nous les jouets d'un effroyable cauchemar? Il a bien fallu pourtant se rendre à l'évidence et s'avouer, ou que nous avons eu, en réalité, pour compagnon de route le vrai Scapone, ou bien, hypothèse vers laquelle je penche fort, — admettre que nous sommes victimes d'une lugubre mystification. Quelque peu de compte que notre amour-propre puisse trouver à cette dernière supposition, je la préfère cependant de beaucoup à l'idée d'avoir *fraternisé*, même involontairement, avec un chef de bandits.

Mais s'il y avait mystification, quel en était l'auteur... et dans quel but?... — Nos commentaires allaient leur train.

— Chopine bur Sgabon, dit Gaspard; che barîrai gue cèdre lui. Foyez fus, dit-il en s'adressant à Maxime et à moi, za fus rentra, che banse, ein audre voix bli bridents; ci ne vaut bas groire pons les bremières chens gue l'on truffe.

— Mais, mon cher, dit Adhémar, il ne me répugne pas du tout d'avoir vu de près un *vrai* brigand. Je croyais qu'on n'en trouvait plus qu'à l'Opéra-Comique. C'est une vraie trouvaille.

— Trufaille, trufaille ! murmura le blond Germain d'un air mécontent, che n'aime bas drop les trufailles de zette esbèce.

— Allons cher, calmez-vous, dis-je en intervenant à mon tour, et rassurez-vous. Nous ne prendrons désormais que des guides connus, patentés et médaillés ; sinon on s'en passera.

— Ui, on z'en bassera, reprit Gaspard qui, au fond, est d'assez bonne composition.

Maxime lança savamment au plafond une bouffée de fumée d'un de ces affreux cigares italiens qui ne sèchent jamais et nous empoisonnent quotidiennement, depuis notre séjour en Italie, et se renversant sur son fauteuil :

— Peuh ! fit-il dédaigneusement, des guides patentés !... il n'y a de différence avec *l'autre* que dans le titre. C'est aussi cher et moins présentable.

Le garçon d'hôtel a ouvert la porte de la chambre :

— *Signore, il pranzo è in tavola.*

... Une heure après, nous franchissions à toute vitesse les vingt-huit kilomètres qui nous séparaient encore de Naples.

... A peine installé dans notre compartiment, je me suis étendu sur la banquette. La pluie nous faisait cortège. A travers les mailles serrées de son humide réseau, la campagne prend un aspect désolé. Les flaques d'eau des fossés crépitent sous les gouttes qui se succèdent avec une désolante continuité, rayant les glaces du wagon de leurs hachures mouvantes. Par intervalle, un spectre passe rapidement, comme entraîné par les fils d'une araignée gigantesque : c'est un poteau télégraphique. De farouches tignasses d'ormeaux apparaissent brusquement et s'évanouissent aussitôt. Est-ce lassitude, est-ce l'ennui intense que nous déversait à pleins bords un ciel gris et bas, je ne sais ; mais après avoir passé Caserte, je me suis endormi profondément. C'est de cette manière que j'ai vu *Maddaloni* et *Acerra*.

NAPLES.

CHAPITRE Iᵉʳ.

Arrivée à Naples. — Où l'on démontre jusqu'à l'évidence que baragouiner le latin et estropier le toscan c'est savoir le patois napolitain. — Vision magnifique. — L'auteur fait les réserves les plus expresses au sujet d'un proverbe. — Dithyrambe. — Le revers de la médaille. — Deux plaies inconnues des Egyptiens. — *Una piccola moneta.* — Biographie, monographie et épopée du pourboire. — Le douanier, le factionnaire, le cocher, le facchino, le garçon d'hôtel, le gouvernement. — La cour des miracles. — Utilité d'une canne. — Le voyageur marche sur les traces de Mithridate. — Quelques idées fort circonspectes touchant la cuisine italienne.

Naples, le...

Parthenope nunc me tenet.

En français, me voilà à Naples. Je vous fais grâce, mon ami, du détail non moins oiseux que fatigant de nos courses à la poursuite de nos bagages, de nos entretiens avec les cochers dans un idiôme dont toute votre science philologique ne vous tirerait pas; car, il est bon de vous le dire, le patois du bas peuple napolitain est à la langue italienne ce que le basque est à la langue française. Enfin nous avons pu, grâce à l'intervention bienveillante d'un *trucheman*, rentrer en possession de notre *robba* et procéder à notre installation dans un appartement de l'hôtel d'Angleterre, situé sur les quais, *Riviera di Chiaja*, c'est-à-dire dans la plus admirable position de la ville.

Mes croisées s'ouvrent sur cette verte émeraude appelée la *Villa Reale* et dominent le golfe, qui s'étend devant moi à perte de vue, semé de ses îles poétiques, Capri, Ischia, Nisida, Procida. Ici, c'est Pouzzoles et ses ruines pittoresques sur lesquelles planent toujours de radieux et mélancoliques souvenirs ; le Pausilippe, profilant sur le bleu dur et cru du ciel les dentelures de ses sinuosités verdoyantes, et dont l'écho apporte encore jusqu'à nous les noms illustres de Virgile, de Pompée, de Marius, de Cornélie, de Lucullus et de César. Le moyen-âge dresse devant nous les ruines du palais de la reine Jeanne et la sombre légende de Ladislas ; voici Mergellina et sa population de pêcheurs ; ailleurs, Castellamare, Sorrente,

..... *où la vague sonore*
Déroule ses flots bleus au pied de l'oranger.

puis Chiatamone, Santa-Lucia, Portici ; à l'arrière plan, le Vésuve, coiffé de son éternelle couronne de fumée. Sur la mer, calme et unie comme un miroir, des balancelles, des barques et des chaloupes sillonnent sans cesse « la plaine liquide, » livrant à la brise leur voile blanche et triangulaire qui les fait ressembler de loin à des oiseaux gigantesques rasant la vague de leur aile. Répandez sur cet ensemble magique, sur ce sublime et grandiose paysage, sur cette opulente nature un climat fortuné, la transparence prestigieuse d'une lumière éblouissante, et vous aurez la première impression que m'a causée Naples vu de ma fenêtre. J'ai compris à ce moment l'extase de l'Italien et son orgueilleux proverbe :

Vedere Napoli, poi morire.

Mais je n'apprécie que comme il convient son dernier souhait. Voir Naples, très-bien ; mais vivre me semble mieux. Vivre pour admirer ce ciel pur, ce sol varié, ces vertes campagnes, ces bocages d'aloës et de myrthes, d'orangers et de térébinthes, ce golfe qui n'a de rival au monde que le Bosphore, cette Naples indolente, enfin, sultane paresseuse qui baigne ses pieds dans la mer et s'accoude nonchalamment sur ces cratères désormais éteints, le Vomero, Saint-Elmo et Capo-di-Monte.

..... Pourquoi faut-il, mon ami, que je ne puisse pas rester sur cette note dithyrambique, et qu'après vous avoir décrit les splendeurs de cette terre fortunée, je sois forcé de vous montrer le revers d'une médaille sortie si éclatante des mains divines du suprême Artiste ? Je m'y décide à regret, mais il le faut, cependant. Voyageur impartial, je ne puis passer sous silence les deux fléaux qui nous gâtent tout cela : la mendicité et la cuisine. Avec ces deux plaies, l'Eden lui-même deviendrait un enfer.

Nous quittions à peine le wagon, descendant les marches de la Strada Fuori, Porta Nolana, que le premier de ces fléaux nous sautait à la gorge, nazillant de cette voix aigre et criarde que connaissent si bien ses victimes : « *Una piccola moneta !* »

D'abord, voici la douane qui, pour n'avoir pas à ouvrir votre malle, vous tend la main. Payez. Le bout de ruban qui rougit votre boutonnière, — moins encore que cela, un costume un peu propre, — détermine aussitôt, à votre sortie de la gare, un cliquetis d'acier : c'est le factionnaire qui vous présente les armes d'une main et vous tend l'autre, « *una piccola moneta ;* » même mouvement. Ne vous récriez pas, votre supplice ne fait que commencer. Le *facchino*, le cocher, le guide, le garçon d'hôtel, vont être autant de vampires acharnés à leur proie ; ils ne vous quitteront qu'après vous avoir sucé jusqu'au dernier *grain*. Regagnez votre domicile à pied, à cheval, en voiture, à votre aise. Ce ne sont plus alors des mendiants en uniforme ou des mendiants rasés, peignés, pommadés qui vont importuner « Votre Excellence », c'est une véritable armée qui vous menace ; culs-de-jatte, dartreux, lépreux, manchots, estropiés, bossus accourent à la rescousse et font le siège, — non plus de Votre Excellence, mais de « Votre Altesse. »

Voudrez-vous rester au-dessous de la flatteuse idée qu'on a de votre personne ? Non ; alors la pièce blanche sort princièrement de votre gousset et passe dans leurs mains. Pauvre ami, cette imprudence vous a bien et dûment perdu, allez ! vous entrez désormais dans ce terrible cercle de l'enfer où Dante lui-même n'a pas osé mettre le pied. Dès ce moment vous n'entendez plus autour de vous qu'un concert effroyable de cris, de pleurs, de gémissements, de lamentations ; vous n'avez plus désormais sous les yeux qu'un hideux spectacle de contorsions, d'enlacements, de grimaces, de convulsions suffisant à vous donner une idée de la gehenne de l'Evangile.

Allez, pauvre martyr, voici le moment de crier à votre cocher, de toute la force de vos poumons: *Avanti ! Avanti !...* et encore ne pourrez-vous échapper à cette meute aboyante et importune qui se lance sur les traces de votre voiture, s'accroche aux ressorts, se hisse sur le marchepied, se suspend aux brancards, et dont le timbre glapissant, dominant le tumulte de la rue, hurle à vos oreilles assourdies sa terrible requête : « *Una piccola moneta ! — Morti di fame !...* » exclame un autre groupe sur un ton lamentable.

Vous poursuivez votre course insensée, croyant avoir lassé cette vermine. Détrompez-vous, mon ami : vous n'avez lassé que le premier relai ; des troupes fraîches vous attendent, et votre supplice va recommencer avec une ardeur que rien ne peut éteindre. Exaspéré, hors de vous, haletant, furieux, enragé, il ne vous reste plus qu'une ressource suprême. Faites comme nous : arrachez le fouet des mains de votre cocher et brisez-le, à tour de bras, sur le dos de cette canaille sale et déguenillée. Cela fait, entrez à l'hôtel, car vous n'avez chance d'être débarrassé complétement qu'à la porte de votre chambre, et là, seul enfin, mais moulu, perclus, anéanti, brisé, goûtez un repos que vous avez largement mérité.

Mais votre enthousiasme, où est-il ?...

Vous ne voyez plus ni golfe limpide, ni atmosphère transparente, ni ciel d'azur, ni Vésuve, ni Pompéi, ni Castellamare, ni Sorrente, ni Baïa, ni Capri, ni Pouzzoles, ni Mergellina, ni Pausilippe, ni Chiaja... Vous n'avez devant les yeux qu'un spectre monstrueux et difforme : LA MENDICITÉ ; et cette langue toscane elle-même, que Dieu fit pour l'amour, n'a plus pour votre oreille qu'un cri sinistre, persistant et douloureux, qui perce votre tympan comme une vrille, et vient implanter fébrilement dans votre cerveau, comme une ritournelle lancinante, la phrase fatale : « *Una piccola moneta !* »

L'habitude et le séjour prolongé pourront seuls vous familiariser avec ce déplorable état de choses et vous rendre la quiétude nécessaire pour jouir en paix des magnificences réelles étalées à vos yeux.

Quant à l'empoisonnement continu et bi-quotidien,

désigné ici, — par euphémisme, sans doute, — sous le nom de repas, il ne laisserait pas que d'inspirer les craintes les plus sérieuses, si l'on ne se rappelait heureusement l'histoire de Mithridate. Il ne faut rien moins, en effet, que le souvenir du célèbre monarque asiatique pour se décider à l'inglutition de ces choses sans nom, servant, dans les *trattorie*, de prétexte à de mystérieuses combinaisons, nées dans les officines grasses et sales des émules napolitains de la Médée antique. J'estime qu'au bout de six mois d'un pareil régime, l'œsophage le plus récalcitrant peut braver impunément les poisons les plus subtils. Toutefois la Providence, qui ne veut pas la mort du pécheur, ici comme partout, a placé le remède à côté du mal. Nous aurons l'occasion de revenir sur ce chapitre essentiel.

Maintenant, mon ami, que je vous ai longuement exhalé mes griefs au sujet de ces deux plaies indigènes, reprenons, si vous le voulez bien, notre récit, car, malgré tout, Naples n'en reste pas moins un ravissant amphithéâtre de palais, de collines embaumées, et le cadre le plus délicieux où le rêve et la poésie puissent enchâsser leurs conceptions les plus étincelantes.

CHAPITRE II.

Description topographique. — Promenade sur les quais. — Types et costumes. — Silhouettes de femmes en chemise. — Comment se mouchent les jolies filles. — Remords que peut causer une prise de tabac. — Indélicatesse d'un personnage qui s'échappe d'une gravure. — Dieu vous bénisse. — Messieurs les forçats. — Arlequin et Debureau apparaissent à l'auteur. — La marquésa d'Amaëgui lui offre un verre d'eau. — Joseph et Putiphar. — Vacarme effroyable. — Tohu-bohu admirable. — L'auteur admire la facilité avec laquelle les voitures se promènent sur les toits.

Vous connaissez ma méthode en voyage et mon goût pour les *promenades de découvertes*. Je n'ai eu garde, comme vous le pensez bien, de faillir à mon système de prédilection. Le temps se prêtait d'ailleurs à souhait à une excursion de ce genre; muni de *l'en-tout-cas* blanc, *vade-mecum* obligé du bourgeois napolitain, je suis sorti pour *flâner* et prendre *l'air du pays*.

Naples, dans son ensemble, présente, du côté de la mer, la forme d'un 5 arabe assez bien dessiné. La partie supérieure est la plage de la Chiaja, la partie inférieure celle de la Marinella, et le milieu du chiffre, un peu allongé, nous offre, dans un court espace, le Château-de-l'Œuf, dont le nom vous indique la forme, le Port militaire, Castel-Nuovo, le Môle et Porto-Piccolo ou la Santé. C'est à cette longue ligne des quais que j'ai borné mon excursion d'aujourd'hui, baguenaudant de ci de là, d'une extrémité à l'autre de cette bruyante ligne de circulation ; car à part la strada di Toledo, importante artère aussi, mais située plus avant au cœur de la ville, les quais, c'est Naples, c'est-à-dire la vie, le mouvement, la foule, l'imprévu, le nouveau.

Nous n'avions pas fait dix pas que nous nous trouvions au quartier des pêcheurs. Sur une interminable file de tables étroites, en plan incliné, s'étalent des monceaux de concombres, des pyramides d'oranges et de limons, des montagnes de *cocomeri* ou melons d'eau, au milieu desquels nagent, dans des baquets larges et bas, des poissons de toutes sortes ; de petits sceaux, d'une contenance graduée, offrent à notre bourse et à notre estomac la tentation de ces belles huîtres du lac Fusaro, qui font tant de victimes dans la colonie anglaise, et formeront désormais un important appoint à notre déjeuner composite. Au milieu de cet étalage circule une foule bizarre : c'est le contadino, avec son mouchoir roulé en turban autour de la tête, à la chemise ouverte sur un torse bronzé ; c'est le lazzarone aux caleçons de toile blanche descendant jusqu'aux genoux et qui, pieds, jambes et bras nus, tempête, braille et crie ; plus loin, des pêcheurs débarrassent à grand fracas une troupe d'ânes des fruits, des légumes et de la marée dont leurs bâts sont remplis. Sur le seuil des portes, des jeunes filles aux yeux de diamant noir peignent leurs longs cheveux d'ébène au soleil et en disposent coquettement le fragile édifice sur le sommet de leur tête, sans se préoccuper des larges solutions de continuité que leurs mouvements pratiquent libéralement entre leur gorge et le tissu destiné à la protéger. Quelques-unes de ces filles sont bien belles, mon ami, mais cela ne les empêche pas de se moucher avec leurs doigts.

Un frère quêteur, la besace au dos, la tabatière à la main, m'offre une prise que je refuse et s'éloigne en murmurant quelques mots désolés; le remords me tourmente, je le rappelle, lui donne un *carlin* et j'accepte son tabac. La prise m'est saisie au vol, entre mon pouce et mon index, par un mendiant qui doit s'être échappé, à coup sûr, d'une gravure de Callot; j'ai eu à peine le temps de constater le larcin qu'elle était déjà humée avec une sensation de volupté inénarrable.

—Dieu bénisse Votre Excellence!.. et mon homme a disparu derrière un groupe de soldats retroussant fièrement leurs moustaches et se drapant avec une emphase grotesque dans leur longue capote de coton bleu. Ces messieurs, armés d'un fusil, bien évidemment trop lourd par une température semblable, fument et batifolent en suivant de l'œil quelques drôles, revêtus de casaques jaunes et rouges, chargés de balayer les dalles du quai ; c'est l'intéressante population du bagne qui fonctionne sous nos yeux, argousins et forçats. Je boutonne mon habit et je passe rapidement.

Voici Chiaja et sa façade monumentale de palais et d'hôtels ; Villa-Reale, avec ses bosquets mystérieux et ses épais ombrages. Un peu plus loin, deux *pifferari* des Abruzzes soufflent dans leur *zampogna* pendant qu'un couple de jeunes calabrais danse la vertigineuse tarentelle, et qu'une matrone dégingandée, au visage de dragon, tête nue et les cheveux épars, quête dans une sébille de bois quelques rares *grani*. Sur la droite, *Poltruccio*, le sosie de notre Pierrot français, hurle sa romance avec accompagnement de tambour de basque, de mandoline et de grimaces... légères.

Ici c'est Vittoria ; là Chiatamone et ses étranges zigzags qui ont pour cause le Château-de-l'Œuf, demeure des forçats, que maintiennent dans la soumission la plus absolue une centaine de gueules de canons incessamment braqués.

Franchissons ce passage étroit et boueux ; nous revenons à l'air, au soleil, à la joie. Nous sommes sur les rives populaires et turbulentes de Santa-Lucia, sur le domaine des vendeurs de *frutti di mare*. Ces corbeilles plates, décorées avec un goût exquis d'algues marines, contiennent le *cano lichio*, la *truffe* dans sa coquille blanche, le *vengolo*, la *patella reale*; à gauche, cet étalage de fleurs et de fruits abrite un fourneau rustique où cuisent des polypes, ce régal du lazzarone; ailleurs, de belles filles, au ton doré, et dont les formes rendraient des points à la merveilleuse marquesa d'Amaëgui, nous offrent de l'eau de limon ou du jus de sambucco, en murmurant à notre oreille des paroles mystérieuses soulignées par un regard voluptueusement expressif. Leur voix se perd dans le bruit causé par un groupe de pêcheurs arrivant de tous les points du rivage et criant à tue-tête : *Alici! Alici!* La foule s'empresse autour de leurs mannes, et va s'approvisionner de ces anchois frais et sans écailles, que l'acheteur emporte dans un cornet de papier. Les plus riches pousseront jusqu'à l'étalage du marchand de *ravioli* et complèteront ainsi à peu de frais, avec un de ces petits pains dorés et croustillants, un déjeuner de sybarite.

Jetez à travers tout cela une population de flâneurs, de buveurs, de lazzaroni aux trois quarts nus, de piétons, de voitures de place, d'équipages de maître, de *corricoli*, de gandins cavalcadours, tout ce monde s'agitant, criant, hurlant roulant, piaffant et jurant, voilà Santa-Lucia le jour. Vous croyez peut-être que, la nuit venue, le tumulte va s'apaiser! point. Naples s'allume, et la scène, pour se passer aux flambeaux, n'est ni moins tumultueuse ni moins variée qu'à la pure lumière du radieux soleil napolitain. C'est une féerie de plus, voilà tout, car chaque étalage va s'inonder de lampions de toutes couleurs et la cohue s'augmenter de ce peuple tapageur qui a pour domicile la rue. Là s'amuse, discute, fait ses affaires, boit, mange et dort toute cette canaille dépenaillée, qui porte sa saleté, ses loques et ses guenilles pouilleuses avec la fierté d'un roi.

Ah ! c'est un singulier peuple, mon ami, que le peuple napolitain !

..... Nous avons fait un peu d'*école buissonnière ;* il a fallu songer à revenir sur nos pas. J'ai levé les yeux du côté de la terre et me suis arrêté stupéfait de ce que j'ai vu : des voitures se promenaient sur le toit des maisons, au-dessous de Capo-di-Monte. Un examen plus attentif m'a bientôt donné la clé de l'énigme. J'ai compris que la ville s'élevant en amphithéâtre, certaines rues devaient, par conséquent, se trouver au niveau des toits inférieurs ; dès lors, ce bizarre effet d'optique devait inévitablement se produire à l'œil du spectateur placé au bas de la colline. La cause y perd son cachet fantastique, mais l'effet n'en reste pas moins étrangement pittoresque.

CHAPITRE III.

La rue de Tolède. — L'auteur décrit une chose indescriptible. — Détails absolument indispensables. — Esquisses et profils. — Effet d'un casque de dragon sur une chevelure de femme. — Ce qui fatigue le voyageur. — Argousins et marchandes. — Les galanteries d'un forçat. — Preuve péremptoire que le bagne est fait pour les honnêtes gens. — La vieille femme et la sage-femme. — L'auteur rêve aux choses qui ne sont plus. — Sous quelle forme lui apparaît la réalité. — Paresse et philosophie. — Ce qu'on peut voir derrière une grille. — Ce qui arriverait si Dieu avait des distractions. — La curée. — Nouvelle formule mathématique à l'usage des touristes. — Comment trois centimes suffisent à tout. — Un type effacé reparaît.

Je me suis un peu longuement arrêté sur les quais, mon ami, mais ne m'en veuillez pas. Que serait-ce si, dans cette excursion *di prima vista*, vous me suiviez dans la principale rue de Naples, la strada di Toledo, la plus belle, la plus large, la plus riche, la plus longue de la ville, et qui, d'une de ses extrémités à l'autre, ne mesure pas moins de 2 kilomètres de longueur? Le bruit des quais n'était que du tumulte, ici c'est de la frénésie; la cohue devient un pêle-mêle indescriptible. Je laisse passer les premières vagues de ce fleuve humain en regardant à la devanture d'un *orefice* ces merveilleux filigranes d'or et d'argent qu'on dirait tissés par la main des fées;

profitons de ce temps d'arrêt pour vous donner une définition, absolument indispensable, des rues, qui, dans ce bienheureux pays, prennent des qualifications différentes selon leur importance et leur situation topographique. Les plus larges s'appellent *strada*; les voies de moyenne grandeur se nomment *via*; on désigne sous la dénomination de *vico* toutes celles qui aboutissent à une artère principale, et de *vicoletto* les plus étroites; le nom de *sotto-portico* s'applique au *vico* qui passe sous un portique, — et, notons à ce propos, que ce genre de construction, commode peut-être, mais assurément fort laid, jeté en travers d'une rue étroite, interceptant l'air et la lumière, est malheureusement trop fréquent dans la partie de la vieille ville située à l'est, vers le port.—Les rampes prennent le nom de *salita* quand elles mènent hors de la ville, et celui de *calata* quand elles conduisent à la ville veille; on les désigne sous le nom de *gradoni* quand elles ont des escaliers. Enfin, dans cette singulière nomenclature, les places elles-mêmes perdent le nom de *piazza*, qu'elles portent dans tout le reste de l'Italie, pour prendre celui de *largo*, qui leur vient, sans doute, du large espace qu'elles occupent en avant d'un site ou d'un édifice quelconque. Un dernier détail: celui-ci accuse, du moins, un trait de ressemblance avec les autres villes de la péninsule. Comme à Rome, comme à Florence, le pavé se compose de larges dalles sur lesquelles roulent à merveille carrioli, calessine et corricoli, mais sur lesquelles aussi s'abattraient cent fois par heure leurs malheureux attelages, si la main des cochers italiens n'avait cette sûreté et cette habileté proverbiales à laquelle je me plais à rendre ici un nouvel et juste hommage.

Vous voici maintenant aussi savant que moi, mon ami, et vous pourrez désormais nous suivre à travers le dédale où nos courses vont nous conduire. Pour aujourd'hui, si vous le voulez, puisque nous sommes en pleine strada di Toledo, restons-y; le spectacle n'est point épuisé, tant s'en faut. Ajournons à plus tard l'exploration méthodique de la ville, de ses richesses artistiques, de ses environs si poétiques et si pittoresques, et mêlons-nous à la cohue.

Ici encore, des moines de tous ordres sillonnent la foule; çà et là le casque d'un dragon royal jette un éclair doré sur la brune chevelure des femmes du peuple. Place!... voici de petits abbés, au tricorne crânement incliné sur l'oreille; la brise de mer soulève leur léger manteau de soie dont le tissu brillant va frôler la tunique grecque des filles de Procida. Ce bonnet rouge, de forme phrygienne, bordé d'une ganse noire, surmonte la tête bronzée d'un lazzarone; l'uniforme bleu des soldats, l'aiguillette d'or des officiers ou le chapeau au large panache emplumé des bersaglieri, émaillent cette foule bigarrée, marée humaine où s'absorbe promptement notre individualité. La marche est déjà une difficulté à travers ce torrent tumultueux et rapide, mais le flot s'épaissit encore autour de nous, bientôt il nous serre contre nos voisins, immobiles et paralysés à leur tour : c'est un ânier qui passe, chassant devant lui huit ou dix baudets chargés de fruits et de légumes ; la caravane poursuit sa marche ; les uns jurent, les autres braient, et bêtes et gens vont s'engloutir à l'embouchure du Mercato-di-Montolivetto. La foule reprend son cours pour se briser de nouveau sur le plus prochain obstacle.

Ah ! j'oubliais un détail caractéristique. Cinq ou six forçats causaient et jouaient sur les marches de l'Eglise di Giesù nuovo, buvant de l'*acquajolo* et lutinant des marchandes de *ravioli*. J'ai cru d'abord à une erreur de ma part. Point : bonnets rouges et jaunes étaient bien et dûment la propriété incontestée d'une fraction de messieurs les locataires du Château-de-l'Œuf. Rendons leur cette justice, ces peu estimables citoyens m'ont paru, d'ailleurs, assez satisfaits d'eux-mêmes et de leur existence. Un argousin, le fusil en bandoulière, faisait semblant de surveiller ces drôles, mais prêtait, je crois, infiniment plus d'attention aux agaceries d'une marchande de *rizze* voisine qu'aux faits et gestes de ses pensionnaires. Je vous assure, mon ami, qu'à part la tache d'infamie que nous attachons à bon droit à cette classe de citoyens, — tache, disons-le en passant, dont le peuple napolitain semble faire assez peu de cas, — le forçat m'a paru jouir à Naples d'une latitude assez douce, sinon d'une liberté absolument illimitée. Il est vrai que les bonnets rouges sont des *bravi*, pour la plupart, et qu'aux yeux d'un indigène, *verser le sang*, comporte toujours avec soi quelque circonstance atténuante; somme toute, je trouve le *galeotto* infiniment mieux partagé que son ami le lazzarone.

Pendant que je me livrais à ces réflexions, une vieille, hideuse, aux cheveux gris tombant sur ses tempes comme un voile de saleté, s'accroche à mon bras pour attirer mon attention et obtenir une aumône. Un *grain* (menue monnaie valant 0,04 environ) me débarrasse de son contact nauséabond; je me réfugie en toute hâte derrière une litière éblouissante de dorures, portée par deux vigoureux lazzaroni, et dans laquelle se prélasse gravement une digne matrone tenant un poupon sur les genoux. La simplicité de sa mise, contrastant singulièrement avec l'élégance du véhicule, je m'informe. C'est une sage-femme, portant au baptême un enfant nouveau-né; la litière n'est qu'une litière de louage. C'est dommage! ce mode de transport m'avait fait rêver.

Adieu le rêve! La réalité revient au galop, et, se faufilant à travers mes jambes, manque de me faire choir sur la dalle; cette implacable réalité avait pris la forme d'un petit cochon. Oui, mon ami, d'un petit cochon ! gras, rose, au poil fin, ras et soyeux, marqué de taches gris-souris, comme celui dont Victor Hugo fit la rencontre à Francfort, et « qu'il aurait « acheté s'il avait su qu'en faire. » Le pauvret, non moins surpris que moi, regagnait, en grognant d'effroi, de toute la vitesse de ses petites jambes, le *viccolo* voisin, son bouge natal, sans doute.

..... J'ai voulu vous envoyer ma lettre aujourd'hui, mais encore peu familiarisé avec les rues de Naples, je me suis égaré en voulant aller la jeter moi-même au grand bureau du palais Gravina. L'heure me pressait; à défaut d'une Ariane secourable, j'avise un gaillard demi-nu, étendu sur les marches d'une église dont j'ignore encore le nom, et s'ébaudissant au soleil dans l'attitude la plus abandonnée. M'approchant du *facchino* je l'ai d'abord appelé sans en obtenir de réponse. Je m'y attendais un peu, il est vrai, aussi j'ai cru devoir joindre le geste à la parole ; je l'ai poussé du pied, et lui montrant une pièce blanche, l'ai chargé de ma commission. Un son caverneux, à peine articulé, a été la seule réponse de mon homme, qui n'a fait que changer de côté et se disposait à reprendre son immobilité de *santon*. J'ai suivi son mouvement d'évolution, et me replaçant devant lui avec la même ténacité, j'ai renouvelé ma demande en l'appuyant du même geste et des mêmes arguments.

—*No, Esselenza,* a fait mon homme, *o per mangiar.*

— Oui, aujourd'hui tu as de quoi manger, imbécile, mais demain ?

— *E Dio!...* Et d'un geste superbe le lazzarone m'a montré le ciel.

C'est à cette confiance absolue du pauvre diable en la Providence, que vous devrez un chapitre supplémentaire sur ces notions préliminaires. Vous m'avez demandé quelques pages ; *je t'en veux donner cent*, comme dit Orosmane. D'autant mieux que voici l'heure de la promenade aristocratique, le Corso de la fashion. Ce défilé du Corso est toujours l'incident caractéristique d'une journée napolitaine. Ce fouillis, ce pêle-mêle de piétons, de cavaliers et d'équipages, qui débouchent des rues adjacentes, et se pressent, est quelque chose qui surprend d'abord, puis épouvante et finit par intéresser ; il semble impossible que cet écheveau hippo-humain se débrouille sans accidents ; mais quand on voit les files se former peu à peu, la queue des voitures s'accuser dans l'avenue, la procession des fantassins se dessiner sur les bas-côtés, on retrouve les douces émotions que l'on a ressenties au dénouement inattendu d'un mélodrame qui se décide à couronner son héroïne sans ensanglanter la scène. Regagnons donc la Chiaja et entrons à la Villa-Reale ; accoudés au parapet qui supporte la grille d'enceinte, nous pourrons, derrière ce rempart élégant, braver le danger tout à notre aise et jouir commodément du défilé des équipages, s'avançant au pas sur la chaussée, pendant que les cavaliers caracolent sur le trottoir sablé qui leur est réservé. Tout à l'heure je vous parlais du corricolo; tenez, en voici un qui vient justement de notre côté et s'apprête à prendre la file parmi les plus somptueux échantillons de la carrosserie italienne. D'ordinaire il est plus modeste, mais il a mis aujourd'hui sa parure de fête; ses harnais étincellent de plaques et de clous de cuivre, ses grelots sonnent à assourdir les oreilles les plus endurcies et des plumes multicolores empanachent la tête de son unique cheval, dont la bride et le frontal sont ornés de petites images de la Madone. Celui-ci ne fait que traverser la foule ; il se rend à Pouzzoles et sa cargaison est complète. Jugez-en plutôt : sur l'unique siège de cet étrange véhicule, dont le bon marché seul fait tout le charme, s'empilent cinq ou six personnes ; deux gros moines occupent naturellement la place la plus commode, pendant que leurs quatre autres compagnons se tiennent debout ou s'enchâssent comme ils peuvent dans cette atroce machine; quatre autres sont à califourchon sur les limons, et dans le filet, suspendu comme un hamac sous la voiture, grouillent trois affreux gamins et deux femmes. Une planchette fixée à l'arrière sert de piédestal au conducteur, qui, debout sur ce frêle appui et dominant sa cargaison humaine, conduit sa haridelle à grandes guides, par-dessus la tête de cette pyramide vivante. Comment tout cela, au milieu de cette course effrénée dont le corricolo semble avoir le privilège, n'est-il pas broyé cent fois par heure? Je ne sais, ou plutôt je vous répondrai comme mon facchino : « *E Dio!* »

Cette bonne Providence doit avoir terriblement d'occupations à Naples, car nulle part je n'ai vu l'existence des gens, indigènes ou *forestieri*, aussi fréquemment mise en péril qu'ici. J'ai tout lieu de supposer même qu'un ange gardien spécial est chargé de veiller sur ces derniers, car vous n'avez pas plutôt fait un pas dans la rue, que l'indigène, avec son flair infaillible, dont la subtilité participe du chien de chasse ou du sauvage, vous a éventé, reconnu, entouré, assailli, foulé et..., souvent même fouillé. La foule s'amoncelle autour de vous, et si votre protecteur céleste se permet la plus légère distraction, vous devenez bientôt la proie de ce monde sans vergogne qui hurle comme une fournée de damnés. L'un brosse votre habit; n'ayez pas l'imprudence de fuir, car votre pied est emprisonné dans les mains d'un second gaillard qui entreprend, à son tour, d'essuyer sur votre chaussure des taches imaginaires. Survient un cocher qui, pour vous décider à user de son véhicule, vous serre du cheval et des roues contre la muraille. Un grand drôle à l'allure décidée vous débarrasse de toutes ces importunités et personnifie déjà, à vos yeux, votre génie tutélaire; une action de grâces se presse sur vos lèvres... ne vous hâtez pas et retenez au plus vite l'expression de votre reconnaissance, l'officieux n'est qu'une variété de l'espèce. Le drôle va s'imposer comme valet de pied et vous escortera partout sous le prétexte de vous rendre une foule de petits services. Il n'est pas jusqu'à votre mouchoir ou votre canne dont il ne prétende vous éviter la fatigue. Gardez cette dernière et cassez-la lui sur le dos ; le pied ou la main pourront, au besoin, remplacer avantageusement la canne brisée. Votre tranquillité est à ce prix. Plus vous frapperez, plus vous les verrez devenir serviles et rampants. Vous pouvez en croire mon témoignage corroboré de notre expérience personnelle. Aussi, puis-je donner à cette assertion une formule précise, mathématique, et poser comme un fait acquis que, chez le bas peuple napolitain, l'arrogance croit *en raison inverse du carré* de la fermeté déployée à son égard.

Pourtant, ce peuple est bon, dit-on ; c'est possible, mais c'est bien la nation la plus criarde, la plus turbulente et la plus paresseuse en même temps, qui soit, je crois, sous le soleil ; car, ne vous y trompez pas, cette activité fébrile, insupportable, que le facchino déploie autour de l'étranger et à l'encontre de sa personne, n'a qu'un but : obtenir à force d'importunités et d'indiscrétion, voire même par d'autres moyens infiniment moins licites, quelques *grains* [1]

---

[1] Le système décimal s'infiltre fort lentement chez le peuple Napolitain, qui s'obstine, en dépit de la loi nouvelle, à compter par piastre, ducat, taro, etc.

qui lui permettront de ne plus rien faire le reste du jour que s'étendre au soleil, grignoter ses lazagnes ou manger des pastèques, ce fruit délicieux qui lui procure, moyennant trois centimes, la facilité de : « boire, de manger et de se débarbouiller la face. »

— *Co tre calle,* crient ou plutôt vocifèrent à pleins poumons les vendeurs de cette denrée, *vive, magne e te lava la faccia !*

Vous le voyez, mon ami, j'avais raison de vous le dire, quel peuple que ce peuple napolitain, singulier mélange de finesse et de bouffonnerie, d'astuce et de gaîté, de pénétration et d'insouciance ! C'est bien toujours le fils de la vieille Parthénope, le Grec dégénéré du Bas-Empire, qu'un ciel toujours pur, qu'une nature éternellement souriante, une vie facile entretiennent perpétuellement en joie. Pourvu que les glacières soient approvisionnées d'une quantité de neige suffisante pour lui fabriquer son *acqua fresca*, il ne demande rien de plus au ciel ; son caractère se refuse au chagrin, et il ne lui faut plus ici-bas que ce *dolce far niente,* si cher à toute population italienne.

Voici un aperçu de la valeur de ces diverses monnaies, ramenées à notre unité monétaire, le franc :

```
La piastre vaut 12 carlins, soit 5 f. 10 c.
Le ducat    — 10      —      4   24
Le taro     — 20 grains, soit »  85
Le carlin   — 10      —      »   42
Le grain    — »       —      »   21
Le tornese  — »       —      »   02
```

CHAPITRE IV.

Charmes de l'imprévu. — L'auteur aborde avec ménagement un sujet épineux et délicat. — Dangers que courent les voyageurs affamés. — Marine. — Un ange entre deux squelettes. — Le voyageur rencontre une princesse des contes de fées. — Un rayon dans la nuit. — Eclipse. — Une nuit horrible. — Combat acharné. — Ruses de guerre. — *Vœ victis!* — Situation lamentable.

..... Ce kaléidoscope vivant de la rue, ce spectacle incessant et varié, où chaque minute apporte avec elle son contingent d'épisodes burlesques ou gracieux, ridicules ou lamentables, attendrissants ou grotesques, mais toujours imprévus, n'est pas le caractère le moins saillant de cette ville originale et celui qui frappe le moins le touriste, en excitant chez lui cette curiosité passionnée, grâce à laquelle il oublie presque jusqu'aux premiers besoins de la vie. Aussi le temps a-t-il marché rapide pour nous dans cette cohue sans nom. Doublement préoccupés de la nouveauté des objets qui nous retenaient sur ce théâtre instructif et du besoin de veiller sur toute notre personne, nous avions parfaitement oublié le boire et le manger. La soif s'est réveillée la première; l'acquajolo voisin nous offrant le moyen d'apaiser ses exigences, nous nous rafraîchissons avec un verre d'*acqua di sambucco*. Nous n'avons pas eu plutôt cessé d'avoir soif, qu'il s'est trouvé que nous avions faim ; aussi le dîner a-t-il été décrété à l'unanimité, et c'est avec un ensemble parfait que nous avons franchi la distance de Santa-Lucia au Café de l'Europe, situé largo San-Ferdinando, tout auprès de San-Carlo.

Je voudrais pouvoir vous dire du bien de la cuisine italienne, mais ma plume se refuse absolument à écrire le moindre mot d'éloge à ce sujet. On nous a pourtant servi des *frutti di mare* élégamment couchés sur leurs algues vertes ; je crois même avoir vu figurer sur la table une chose vague, désignée sous le nom d'anguille des marais Pontins ; le rôti s'intitulait aussi, Dieu me pardonne, avec une orgueilleuse fierté culinaire, cailles de Capri. Eh bien ! dussent tous les *cordons bleus* de Naples me jeter *nel mare con pietra*, j'ai trouvé le tout à peu près exécrable, depuis le potage aux *vengoli* jusqu'à ces sauces couleur d'ocre et de cinabre dans lesquelles nagent ou flottent des ingrédiens mystérieux. Heureux les estomacs capables de recéler ces choses et d'en jouir en paix ! On m'a prédit que j'y viendrai !... En attendant que j'en sois réduit à cette cruelle extrémité, je n'ai d'autre alternative que de mourir de faim ou de souper avec quelques figues de Barbarie et de tremper mon *ravioli* dans un sorbet accompagné d'un verre d'eau glacée. *Di talem avertite casum !...*

Nous revenons l'estomac léger, et la bourse aussi, flâner sur la terrasse de la Villa-Réale, en compagnie de trois grandes et sèches ladies et d'une pâle et blonde miss qui viennent écouter le *gémissement de la vague*. La soirée est délicieuse. La rade s'entoure peu à peu d'un interminable cordon de feu, mais ce n'est encore que l'illumination de la terre ; patience, celle de Dieu va commencer. Des milliers d'étoiles constellent déjà l'azur assombri ; la vague se brise à nos pieds et se frange d'innombrables paillettes d'argent. Au loin le flot se couronne d'une vive clarté bleuâtre qui s'éteint avec l'affaissement de la lame. De tous les points du golfe surgissent des millions de points lumineux s'étendant en spirales mobiles ou jouant follement à la surface des eaux. Semblables à des feux-follets, ils fuient, reviennent et s'éteignent pour se rallumer aussitôt. Le rivage ruisselle de feu ; le remous, en frappant la grève, semble pétiller et s'embraser à des fournaises invisibles. Des embarcations sillonnent le golfe, laissant derrière leur proue un sillage éblouissant. Quelques marmots, absolument nus, jouent sur le bord de la mer et s'aventurent en nageant jusqu'au pied de la terrasse qui nous sert d'observatoire ; les gouttes d'eau qui couvrent leur corps se changent, à la sortie, en paillons de feu. Une poignée de sable que je jette à la mer fait rejaillir l'eau en perles rutilantes. Devant ce spectacle magique de la phosphorescence des vagues, j'ai senti une immense indulgence m'envahir le cœur, et j'ai presque pardonné à Naples ses mets indéfinissables, son écœurante *polenta* et ses cigares incombustibles. Dieu est grand !

Il n'est pas jusqu'à mes trois raides compagnes qui n'aient subi, elles aussi, l'influence pénétrante de cette merveilleuse féerie ; seulement, leur admiration se traduisait comme elles la ressentaient. « *Beautiful! very splendid!* » murmuraient-elles, tandis que la jeune miss, — une vraie princesse des contes de fées, — laissait franchement couler, en silence, de vraies larmes qui venaient mouiller les longs cils blonds sous lesquels se cachait une prunelle bleue comme le ciel qu'elle réflétait.

Cependant le *kant* britannique et l'humidité reprenant le dessus :

— Allons, Lucy, dit la plus âgée des duègnes à la pâle enfant, rentrons ; le vent fraîchit et fatiguerait votre poitrine ; soyez prudente, mon amour, rentrons.

La belle créature se leva, docile, et suivit son anguleux Mentor. Nous échangeâmes un salut, et, quelques minutes après, je quittai la place à mon tour.

. . . .
. . . .

..... Je n'y tiens plus, mon ami ; je n'ai pu fermer l'œil, et vous allez en subir les conséquences ; tant pis pour vous. A quoi serviraient d'ailleurs les amis, sinon à supporter le contre-coup de notre mauvaise humeur.

Je me suis couché hier soir plein d'admiration et de gratitude envers la Providence, je me réveille le cœur ulcéré et le visage labouré par les moustiques. Ces damnés animaux s'en sont donné à pleine trompe sur ma personne, qu'ils ont rapidement transformée en un amas de collines et de montagnes d'un aspect effrayant. Ma face seule compte une quinzaine de ces hideuses boursoufflures ; je ne vous parle pas de mon nez, Gaspard prétend *guil vlamboie gomme ein folgan en erubzion.* O mon ami, quelle nuit !

Rentré dans ma chambre, dont les croisées, comme je crois vous l'avoir dit, donnent sur le golfe, j'ai voulu me rassasier encore une fois de ce magnifique spectacle auquel je ne m'étais arraché qu'à regret, et j'avais commis la grave imprudence de laisser ma fenêtre ouverte pour respirer quelques instants la brise du soir. Je venais à peine de fermer les yeux, la tête encore toute pleine des féeries de la plage, qu'il m'a semblé entendre l'odieux bourdon de l'ennemi voltiger à mon oreille et me crier, comme à Macbeth : « *Tu ne dormiras plus.* » Bientôt le bourdonnement devient une fanfare, et l'attaque de mon individu commence avec l'entrain et la furie de monstres altérés de sang. Je jure de mon côté de vaincre ou de mourir ; mais je sens que pour remplir avec plus d'efficacité la première partie de mon programme, il me faut recourir aux ruses de la guerre. La pose inoffensive d'un sommeil simulé trompe, en effet, l'ennemi. Le premier soubresaut l'avait éloigné, il se rapproche maintenant, tournoyant au-dessus de ma tête, décrivant une spirale sans fin, dont chaque cercle le rapproche de mon oreille ; son aile me frôle, il va piquer… je le sens… voici l'instant suprême… D'un élan soudain, dont la colère décuple la force, je m'assène une tape à renverser un bœuf. Convaincu d'en avoir fini avec lui, je savoure ma vengeance et je rentre les jurons énergiques qui scandaient naguère mes pensées. Quelques secondes de silence me confirment dans une sécurité trompeuse, et je rends déjà grâces de ma victoire au Dieu des armées, lorsque la fatale trompette sonne encore à mes oreilles endolories sa fanfare railleuse. Piqué au jeu, — et ailleurs, — j'épie les mouvements de l'horrible bête avec plus d'attention encore ; je les suis de l'ouïe, car je ne puis le voir ; le bruit cesse, mais je pressens une nouvelle attaque… Le voilà, il hésite… il va se poser. — Pan ! nouvelle tape… hélas ! aussi inutile que la précédente. Une insupportable démangeaison au-dessous de l'œil m'avertit bientôt de la manière insidieuse dont il a percé mon épiderme et déjoué mes savantes manœuvres, le lâche !…

Alors, n'y tenant plus, je me lève sur mon lit pour combattre; armé d'une serviette, je m'escrime dans le vide, administrant dans toutes les directions des coups formidables qui auraient fait honneur à un prévôt de salle d'armes, n'interrompant ma besogne offensive et défensive que pour me gratter à maints endroits où se révèle à chaque minute un prurit nouveau. A bout de forces et d'énergie, je tombe enfin, vaincu et épuisé, dans un sommeil lourd et fatigant qui me livre pieds et poings liés à mon ennemi triomphant.

Vers cinq heures du matin, le tapage de la rue a commencé; le réveil m'a rendu au sentiment de ma lamentable situation. Le premier rayon du soleil m'a montré le coupable repu, bouffi, gonflé du plus pur de mon sang; l'affreux insecte montait péniblement aux rideaux du lit, m'offrant désormais une victoire facile, mais un triomphe inutile et sans gloire.

..... Nous allons courir la ville et, me dissimulant le plus possible dans la foule, visiter le musée, les églises et autres monuments.

Que Dieu nous ait en sa sainte garde !

CHAPITRE V.

Le Musée. — Bêtes et savants. — L'auteur traite cavalièrement une docte corporation. — Palais et caserne. — Pourquoi la justice déménage. — Un souvenir au président de Brosses. — Chose inconvenante que faisaient les Espagnols. — Fresques et statues. — La marchande d'amours. — Dissertation technique, artistique et mythologique. — L'auteur décrit dans l'intérêt de l'art une coiffure antique et prend la liberté de parler du chignon moderne. — Sage conseil aux coquettes de tout âge. — La Vénus Callypige. — Légende. — Deux princesses pour un berger. — Un juge dans l'embarras. — Tout est bien qui finit bien. — Mosaïques. — Comment un custode bleu et un custode rouge peuvent ressembler aux idoles.

Nous avons commencé ce matin le cours de nos explorations artistiques. Notre première visite a été consacrée aux magnifiques collections du Musée. Soyons justes, mon ami, il mérite à tous égards cet honneur comme monument capital; mais, pour être franc aussi, je vous avouerai que notre curiosité, déjà vivement excitée par tout ce que l'on nous avait dit de son importance, était encore plus avide de contempler les trésors arrachés aux ténèbres de Stabie, aux cendres d'Herculanum et de Pompéï, aux ruines de Pœstum et de Caprée.

Nous remontons la longue rue de Tolède jusqu'à

l'extrémité du Mercatello, qui lui fait suite, et nous trouvons à main droite le *largo delle Pigne*. Là s'élève le musée que le peuple s'obstine à nommer *Museo Borbonico*, malgré la plaque de marbre sur laquelle resplendit en lettres d'or la qualification moins séditieuse de *nazionale*. Je vous donne les deux adjectifs, vous choisirez celui qui vous conviendra le mieux, soit que vous partagiez l'affection reconnaissante des Napolitains pour la dynastie dépossédée et si populaire encore parmi eux, soit que vous désiriez grossir les rangs, — assez clairsemés d'ailleurs, — des partisans *d'el re galantuomo*. Préférez-vous, au contraire, garder une indifférente neutralité, appelez-le, comme les savants, les *Studi;* cela ne vous engagera à rien, pas même à le parcourir ; ils seront les premiers à vous en donner l'exemple.

Sachez d'abord que ce pauvre monument a eu les fortunes les plus diverses ; écuries sous le duc d'Ossuna, il se relève sous le duc de Lemos, son successeur, qui juge à propos d'y installer l'Université. Succéder ainsi brusquement à des chevaux et à des ânes, c'est *raide!* Ne croyez-pas, je vous prie, à un rapprochement malicieux de ma part; l'âne joue un très-grand rôle à Naples et y tient une place fort distinguée, je vous l'assure ; j'en sais quelque chose. Mais enfin, si honorable qu'y soit la position de cet utile quadrupède et quelque indispensables que deviennent ses services, l'Université parut s'émouvoir de ce procédé par trop *hidalgo ;* la transition lui sembla trop brusque pour être flatteuse ; aussi la docte corporation transporta-t-elle bientôt ailleurs ses pénates et ses vénérables perruques. Les rayons de ses bibliothèques devinrent des rateliers d'armes ; le Génie de l'antiquité, indignement réveillé par des mains soldatesques, secoua la poussière classique de ses ailes et s'envola sur les traces de ses vénérables maîtres ; le sanctuaire des sciences devint une caserne. Celle-ci garda sa destination jusqu'à la mise en pratique du fameux *cedant arma togæ*, en vertu duquel la force fit place au droit représenté par dame Justice, qui y installa ses grands et petits appartements. Soit qu'elle s'y trouva mal logée, soit pour tout autre motif resté inconnu, on affirme qu'il était très-difficile de l'y rencontrer. Enfin, une heureuse et dernière métamorphose en a fait aujourd'hui le temple inviolable des arts, le glorieux dépositaire d'inappréciables richesses.

Si l'âme du pauvre président de Brosses revient quelquefois errer la nuit dans les longues salles de la galerie, elle doit être pleinement consolée à l'heure qu'il est, en voyant si superbement logés ces tableaux que les Espagnols, « ces Goths modernes, avaient si
« brutalement arrachés du palais de Parme et laissés
« pendant trois ans sur un escalier borgne, où le
« Guide et le Corrége étaient chaque jour souillés par
« l'... des passants, par suite de l'usage auquel cet
« escalier était employé. »

Procédons par ordre et visitons d'abord les salles du rez-de-chaussée.

Ces statues, qui meublent le vestibule d'entrée, ornaient autrefois le théâtre de Pompée à Rome. Sur les murs sont plaquées des fresques assez bien conservées, recueillies à Herculanum et à Pompéi. Leur exécution à la détrempe et à l'encaustique, leur style et leur facture, dénotent, n'en déplaise au docte P. Bécharra, une époque qui ne doit pas être de beaucoup antérieure à l'ère chrétienne. Quelques-unes ont une notoriété célèbre : la *Marchande d'amours*, les *Danseuses* de Pompéi, *Ariane abandonnée* ; puis vient une série de peintures monochromes, sur marbre, qui sont, je crois, un des rares exemples connus de ce genre de peinture chez les anciens. Le milieu de la salle est occupé par le fameux groupe en marbre blanc, connu sous le nom de *Taureau Farnèse*, œuvre des sculpteurs rhodiens Apollonius et Tauriscus. Je ne puis vous analyser en détail, vous le comprenez, ce chef-d'œuvre des chefs-d'œuvre, mainte fois reproduit par la gravure, mais laissez-moi vous dire que le taureau et le corps de Dircé, attachée par les cheveux, sont bien certainement une des plus pures conceptions de l'art grec. Ce voisinage dangereux a son pendant, inimitable aussi, dans l'*Hercule Farnèse*. Je ne pense pas qu'il soit possible de pousser plus loin la beauté et la régularité des formes, la hardiesse du style et la science anatomique. C'est le dernier effort de l'art dans son plus complet développement. Je vous aurais signalé le **Gladiateur Farnèse,** si je n'avais vu le **Gladiateur mourant,** de Rome. Ce dernier m'a gâté.

Les salles du **Musée Egyptien** possèdent une délicieuse petite statue, en marbre blanc, de l'Isis antique, admirable de fini et de délicatesse. Je la préfère de beaucoup aux curiosités qui s'étalent dans les vitrines et offrent à nos regards des momies de prêtres, de femmes et de jeunes filles. Passons rapidement devant ces figures grimaçantes et revenons jeter un coup-d'œil sur ces merveilleuses peintures murales que le génie de l'homme a su préserver de la destruction et dont les couleurs nous apparaissent encore aussi fraîches, aussi brillantes qu'à l'époque où elles décoraient les demeures patriciennes dans lesquelles on les a découvertes.

Etes-vous curieux de connaître le procédé dont on se sert pour enlever, sans les altérer, ces peintures de la muraille où l'artiste les fixa? Voici comment on opère : « On commence d'abord par ouvrir, à petits coups de marteau, le mur autour de la peinture qu'on veut enlever. Ceci fait, on applique dessus un châssis composé de quatre pièces de bois solidement maintenues par des tringles de fer ; puis on scie la muraille par derrière et on enlève le sujet, en prenant la précaution de le fixer au châssis préalablement garni, à cet effet, d'une bordure en saillie sur sa face antérieure enduite elle-même d'un mastic. On étend, en dernier lieu sur la face postérieure, une couche du même mastic, destinée à jouer le rôle de la feuille de carton qui protège une gravure encadrée. »

Ce procédé, d'une simplicité remarquable, a été poussé maintenant jusqu'à la perfection, car on est parvenu à ne donner qu'une épaisseur insignifiante à la partie de muraille ainsi détachée. Grâce à cette méthode, on a pu recueillir plus de *seize cents* fresques parfaites de couleur, de touche, de style et de trait. Les sujets, *presque tous* d'un goût exquis, arabesques, groupes, fruits ou natures mortes, sont empreints d'un charme indéfinissable. Deux scènes d'intérieur, la *Camérière indiscrète*, lisant furtivement les messages de sa maîtresse — (les femmes de chambre d'alors ne valaient guère mieux que celles d'aujourd'hui, paraît-il) — et le *Repas de famille*, où l'un des convives boit en faisant couler le vin dans sa bouche sans que les lèvres touchent le vase, — méthode encore usitée chez le *peuple* italien, — pétillent d'esprit et de malice et nous donnent, en même temps, une idée fort exacte des us et coutumes des anciens. Je voudrais pouvoir vous citer tout, mon ami, mais je dois forcément me borner. Finissons par la *Jeune fille à sa toilette*, un vrai bijou de pudeur coquette, de grâce candide, et qui contraste singulièrement avec son voisin de droite, le *Satyre et l'Enfant.*

Il faut s'arracher pourtant à ces curieux vestiges

de l'art chez un peuple disparu ; mais le temps s'écoule et nous ne sommes encore qu'au début de notre visite. Voici le portique des Balbus ; entrons-y ; le ciseau du sculpteur va rivaliser ici avec le pinceau du peintre.

Au milieu de la salle sont les deux statues équestres de M. N. Balbus, père et fils, préteurs et proconsuls à Herculanum. Remarquez que ce sont les deux seuls groupes de ce genre qui nous soient parvenus, avec le Marc-Aurèle du Capitole. Les types sont beaux, mais le marbre a souffert ; l'action de la lave l'a calciné et décarbonaté. Une fille de Balbus, coiffée de tresses ondoyantes, et une autre fille, sa sœur sans doute, nous offrent un bizarre échantillon de sculpture polychrome. La coiffure de la femme du proconsul m'a montré le savant parti que la coquetterie, guidée par le goût, pouvait tirer d'une chevelure féminine. Avis aux monstrueux et disgracieux chignons de nos dames ; il leur serait si facile de ressembler à Viciria.

Pourquoi a-t-on relégué dans un petit coin, à gauche, un torse de Psyché d'une perfection inimaginable ? Cette œuvre, exquise entre toutes, est pourtant célèbre et devrait être mise un peu plus en lumière. J'ai failli passer sans la voir, ce dont j'aurais conservé un vif regret. En revanche, nous n'avons donné qu'un coup-d'œil rapide à ces *bustes* d'empereurs et d'impératrices, à ces sarcophages et bas-reliefs, à ces amphores et à ces putéals sans nombre, pour nous arrêter devant ce prodige de l'art que l'on nomme la *Vénus Callipyge*, bien digne à tous les points de vue de la réputation européenne dont il jouit.

Vous aimez les légendes, mon ami ; en voici une qui a cours au pied de l'Epipoli de Syracuse et qui a trait, précisément, à la statue qui nous occupe, puisque c'est non loin de là que se serait passée, selon la tradition, l'aventure des sœurs Callipyges, Syracusaines de naissance, comme vous le savez. Ces deux jeunes demoiselles, dit le chroniqueur à qui j'emprunte ces détails, étaient non-seulement les plus riches héritières de la ville, mais encore les deux plus belles personnes que l'on pût trouver de Mégare au cap Pachinum. Parmi les dons que la nature libérale s'était plu à leur prodiguer, brillait entre tous cette exubérante richesse de formes dont elles tiraient leur nom. Or, un jour que les deux sœurs se baignaient ensemble, elles se prirent de dispute, chacune d'elles prétendant l'emporter sur l'autre en beauté. Le procès était difficile à juger par les parties elles-mêmes ; un berger qui faisait paître ses troupeaux dans les environs fut choisi pour juge du litige. Il était jeune et beau, paraît-il, et si l'histoire ne dit pas que ce fut la raison déterminante de ces dames, on peut du moins en inférer que ces qualités ne nuisaient en rien dans leur esprit à l'impartialité présumée du juge. Un juge de vingt ans !.....

Sur un signe de ces demoiselles, le berger accourut ; aussitôt les deux sœurs lui posèrent la question, et pour qu'il pût se prononcer en toute connaissance de cause, sortant de l'eau l'une et l'autre, elles se montrèrent à lui dans toute leur éblouissante nudité. Le nouveau Paris regarda, longtemps indécis ; ses yeux se portaient, ardents et irrésolus, de l'aînée à la cadette sans pouvoir préciser son choix ; enfin, le juge se trouble, soupire et tombe éperdu aux pieds de l'aînée, qui, enchantée du jugement, lui offre son cœur et sa main. Vous comprenez bien que le berger accepta avec reconnaissance.

Or, mon ami, au moment où se prononçait cette sentence, renouvelée de la scène de l'Ida, le frère cadet du juge venait par hasard le rejoindre ; le nouveau venu déclara s'inscrire en faux contre cette décision. Sur ce, la seconde, enchantée à son tour de cette appréciation, fit la même offre à son jeune admirateur, qui mit non moins d'empressement que son frère à l'accepter. Les quatre jeunes gens élevèrent alors dans un transport de reconnaissance bien légitime un temple à la beauté ; et comme chacun d'eux continuait de soutenir son opinion, — (Virgile l'a dit : *rara concordia fratrum*), — les deux sœurs se décidèrent à en appeler au jugement de la postérité : elles firent faire par les plus éminents artistes de l'époque les deux statues qui portent encore aujourd'hui leur nom et que vous pourrez admirer comme nous, l'une à Naples, l'autre è Syracuse. Deux mille trois cents ans se sont écoulés depuis cette époque, et la postérité indécise n'a point encore jugé la chose. Heureux temps où les bergers épousaient des princesses ! et quelles princesses, encore !...

Voilà la légende. *Se no e vero e ben trovato.*

Je pourrais vous citer encore cinq ou six Vénus, plus ou moins pudiques, notamment la Vénus accroupie, presque aussi belle que la Vénus Callipyge, mais je vous le répète, Rome nous a gâtés ; cependant, ne quittons pas ce portique sans vous signaler deux groupes ravissants de fini et de vérité, l'*Enfant à l'oie*, *Bacchus et le Faune* ; il ne manque à ces marbres que la parole.

Varions nos sujets et entrons dans la salle des mosaïques. Nulle part vous n'en verrez une collection plus complète et plus riche. Où trouverez-vous plus de vérité que dans cette *Gazza ladra*, qui tire avec une dextérité sans pareille un miroir d'un panier dont elle soulève le couvercle? Quoi de plus délicat que ce *Nain*, en manteau de philosophe, agaçant un coq? A côté, remarquez cette sinistre antithèse que le paganisme introduisait souvent dans ses salles à manger pour exciter à la jouissance des plaisirs par l'image de la brièveté de la vie :

Carpe diem quam minimum credula postero...

..... dum loquimur fugerit invidia

OEtas.

C'est un squelette debout, tenant dans chaque main un vase à boire. Vous souvenez-vous de cette fameuse tête de mort couronnée de roses que l'on plaçait au milieu de la table du festin?

Voici maintenant l'œuvre capitale, découverte en 1833, dans la maison du Faune, à Pompéï : *Bataille d'Ipsus*, selon les uns, *Passage du Granique*, selon les autres, mais pour tous l'échantillon le plus remarquable de ces pièces connues sous le nom de *lithostrata*, et bien certainement l'un des monuments classiques les plus importants par la perfection de l'art, l'excellence de la composition et la science distributive des personnages, qu'il révèle. Cet immense parquet n'a pas moins de 198 palmes carrées. On a évalué que les petits cubes de couleur dont il est composé devaient s'élever, avant que le tremblement de terre de l'an 69 l'endommageât, à près d'*un million trois cent quatre-vingt mille.*

CHAPITRE VI.

Aspect de la ville basse. — Les yeux s'ouvrent, les oreilles se ferment. — Dangers que court un menuisier. — Chaussures et plat à barbe. — Le voyageur dans l'huile bouillante. — Le *largo del Mercato*. — Sombre vision, sombre souvenir. — Deux enfants. — Lueurs qui traversent l'histoire. — 1268-1282. — Leçons de la Providence. — Un peu d'histoire à propos d'une grande figure. — Le tribun. — Qui grandit empiète. — La justice du peuple. — Feu et sang. — Enivrement. — Un décret singulier et peu connu. — A fils insensé, mère raisonnable. — Le capitole et la roche Tarpéienne. — Apothéose. — La tombe sans nom. — Tout ce que l'auteur n'a pas vu à l'église *del Carmine*.

Il n'est que trois heures, nous allons terminer la journée par une excursion dans la basse ville. Revenant sur nos pas à travers le dédale de *strade* et de *vicoli* du vieux Naples, nous parcourons des rues étroites, serrées, anguleuses, sillonnées de carrefours et d'impasses. A des fenêtres en ruines s'étalent effrontément des lambeaux sans nom, zébrant de leurs couleurs déteintes des murs verdâtres et lézardés. Là, plus de trottoirs ni de refuges d'aucune sorte pour le piéton ; la rue est la propriété du peuple et il en abuse en tyran. La vie élégante a disparu ; ce n'est plus qu'une tourbe informe de passants, sillonnée sans cesse de corricoli populaires, de charrettes encombrantes, d'âniers étourdissants, de bouviers farouches. Ici, un forgeron a disposé son enclume au milieu de la rue, les étincelles jaillissent de toutes parts sous son pesant marteau et vont couvrir l'étalage du menuisier voisin ; celui-ci rabotte ses planches et taille ses madriers sans se préoccuper autrement de l'embarras du piéton, à chaque instant menacé d'un accident. Plus loin, un rassemblement coupe la voie et intercepte la circulation : c'est un savetier qui essaie une paire de sandales à un gros moine pansu ; les flâneurs du quartier donnent leur avis et causent entre eux de leurs affaires en échangeant quelques lazzis avec le barbier, qui entaille en plein air un malheureux patient. Plus loin, un boucher porte sur son épaule un quartier de viande saignante et nous heurte en braillant. Si la pratique l'arrête au passage, la vente et le débit de la marchandise ont lieu aussitôt ; le couperet taille et tranche à tour de bras sur le billot rouge de sang que porte son acolyte. Puis voici le marchand de poisson et son fourneau ; l'huile bout et n'attend plus que la friture. La voici : c'est un merlan ; le liquide brûlant rejaillit de toutes parts et vous inonde ; la friture est faite, en voulez-vous ?

Supposer que tout cela n'est accompagné que d'une agitation ordinaire, c'est mal connaître le Napolitain ; pour lui le bruit est un besoin ; aussi ses moindres actions sont-elles précédées, accompagnées et suivies d'un indescriptible vacarme. Du milieu de cette masse grouillante, mille voix s'élèvent, mugissent, rugissent, tonnent et se réunissent en un formidable *rinforzando* qui suffit à vous rendre sourd pour jamais. Puis enfin, toujours et par dessus tout, des moines de toutes couleurs et de tous ordres, allant, venant, causant, prêchant à demi-voix, donnant leurs conseils, répondant aux questions. Telle est, mon ami, prise au vol, l'esquisse rapide de cette partie de ville, unique au monde assurément.

Nous poussons plus avant, jusqu'à la strada del Porto. Cette rue met en communication le quai de la Marinella avec le fameux *largo del Mercato,* où se sont déroulées deux des plus sanglantes pages de l'histoire de cette Naples turbulente, dont les annales ne comptent pas moins de quarante-cinq ou quarante-six révolutions; ce qui me semble plus que suffisant, — même pour des Napolitains. C'est là, sur cette place où nous venons de nous arrêter, que le dernier rejeton des Hoënstauffen, le fils de Conrad IV, empereur d'Allemagne, petit-fils de Frédéric, neveu de Manfred, élevé à la cour de son aïeul le duc de Bavière par sa mère Elisabeth, femme au cœur noble, à la puissante pensée, et lui-même plein d'âme et de cœur, c'est là, dis-je, que Conradin et son frère d'armes Frédéric d'Autriche, orphelin comme lui, dépouillé de ses Etats comme lui, jeune et courageux comme lui, vaincus tous les deux en 1268, dans cette terrible partie engagée avec Charles d'Anjou et dont la souveraineté de Naples était le prix, furent décapités avec quatre des principaux chevaliers de leur suite, par ordre de l'impitoyable vainqueur. Vous savez que Conradin mourant jeta son gant *au plus brave.* Ce gant fut ramassé par Henri d'Apifero, qui le porta à Pierre d'Aragon, seul héritier de la maison de Souabe, comme mari de Constance, fille de Manfred.

Charles d'Anjou ne jouit pas d'ailleurs longtemps de sa victoire. Quatorze ans après, c'est-à-dire en 1282, Jean de Procida et don Pèdre d'Aragon furent les instruments choisis par la Providence pour venger le meurtre de ces deux enfants. La mémorable journée des *Vêpres Siciliennes* enleva pour jamais la Sicile au frère de Saint-Louis.

En 1647, un héros populaire aussi, Thomas Aniello, familièrement appelé par abréviation *Masaniello,* expia sur cette même place del Mercato, son éphémère triomphe sur la tyrannie espagnole. C'est cette fameuse insurrection de Naples que l'ingénieux esprit de Scribe et la charmante musique d'Auber ont un peu *embellie* dans le célèbre opéra : *la Muette de Portici.* Rétablissons, en passant, la vérité des faits, si vous le voulez bien : *grosso modo,* car je suis forcé d'être bref. Si vous désiriez des détails, vous pourriez puiser aux documents précieux que nous ont laissés les contemporains, témoins de ce drame sinistre,

Alessandro Giraffi, Rafaële di Torino et Tommaso di Soutis ; la source est instructive et abondante, je vous l'assure.

Le premier but de l'insurrection, qui commença le 15 juillet 1647, fut l'abolition de la gabelle des fruits. Don Rodrigo, prince de Leon et duc d'Arcos, était, à cette époque, vice-roi de la cour d'Espagne. Il avait besoin d'un million. — Qui n'a pas besoin d'un million à certains moments ? — Il eut l'idée de taxer les fruits. C'était affamer la population pauvre, dont les fruits formaient alors comme aujourd'hui la nourriture ordinaire. Aussi le mécontentement général ne tarda-t-il pas à éclater.

Parmi les mécontents se faisait remarquer un jeune homme de vingt-sept ans à peine, revendeur de poissons, nommé Thomas Aniello. Il était des plus obscurs, sa vie était des plus misérables, mais son cœur était énergique, son âme fortement trempée, et la Providence avait marqué son front noble et gracieux du sceau des grandes destinées. A la nouvelle de l'impôt inique qui va frapper d'un coup mortel tant d'existences, les pêcheurs, les paysans des campagnes, les pauvres gens de la ville se réunissent sur la place du marché ; l'agitation et l'inquiétude sont à leur comble. Masaniello est au milieu des groupes ; sa parole est facile, son langage hardi ; la surexcitation est dans tous les esprits ; tous les cerveaux sont en ébullition : la tempête gronde, sourdement encore, il est vrai, mais on sent qu'un fait, un mot peuvent la déchaîner. Ce mot est bientôt prononcé : *A bas l'impôt ! Chez le gouverneur !* et la foule se précipite sur les traces du jeune pêcheur en hurlant de ses mille voix son cri de ralliement : *A bas l'impôt ! A la Vicaria !* — La Vicaria était à cette époque le palais du vice-roi. Le duc d'Arcos était un vrai gouverneur espagnol, c'est-à-dire mettant rarement le nez à la fenêtre pour s'inquiéter de ce qui se passait dans la rue ; aussi, comme tous les gouverneurs possibles, ne se doutait-il nullement de la gravité de la situation. Son palais est envahi, ses gardes sont bousculés, ses portes sont forcées et les députés du peuple se présentent à lui.

— *A bas les gabelles !...* tel est le cri général.

Remarquez la progression : le premier cri a été : *A bas l'impôt !* maintenant on crie. *A bas les impôts !* L'appétit vient en mangeant.

Le duc d'Arcos, surpris et embarrassé, cherche à gagner du temps ; il temporise tant qu'il peut, et imagine de lasser cette effervescence populaire à force de persévérance. Toutefois, comprenant qu'il n'arriverait à son but qu'en faisant quelques concessions, le duc s'y résout de bonne grâce et rédige deux ordonnances : la première abolit les impôts ; la seconde accorde une dotation au pauvre pêcheur d'Amalfi. Masaniello lit la première au peuple, mais déchire l'autre avec mépris, aux applaudissements frénétiques d'une foule en délire qui le regarde déjà comme un être surnaturel.

Cependant des bandes de lazzaroni ont fait irruption dans le palais ; la vie du gouverneur n'est plus en sûreté ; il se retire au château Saint-Elme, et bientôt, des hauteurs de la forteresse, il peut contempler, aux lueurs de l'incendie qui dévore non-seulement les bureaux de perception, mais encore les palais des seigneurs, le massacre des nobles et de ses partisans.

La révolution a marché ; le peuple triomphe ; Masaniello est maître de la ville, et ses ordres deviennent des lois aveuglément obéies par la multitude qui l'acclame. Les prisons son vidées ; tous les Napolitains de vingt à cinquante ans sont appelés sous les armes. Le jeune lazzarone, vêtu de son simple caleçon de toile blanche, armé de son épée nue, et monté sur une estrade élevée au milieu de la place, dicte sans relâche des décrets qu'il scelle avec la médaille de plomb suspendue à son cou.

Cette place, nous l'avions sous les yeux, et nous nous reportions par la pensée à cette nuit terrible, employée tout entière, ainsi que la moitié du jour suivant, à juger tous les personnages de la ville soupçonnés d'avoir prêté la main aux exactions du vice-roi. Aussitôt condamné, le coupable était mis à mort, sans appel ni rémission. Ce dût être un horrible spectacle que de voir, à cette clarté sinistre et rougeâtre des torches et de l'incendie, la hache du bourreau s'abattre tant de fois sur tant de têtes. Les faussaires et les assassins subirent à leur tour le même sort; leur sang coula en ruisseaux sur le pavé; leurs cadavres décapités jonchant le sol, s'entassant en effroyables pyramides, frappant les regards de tous côtés, témoignèrent en cette occasion que si la colère et la vengeance du peuple sont terribles et aveugles parfois, cette révolution sût, du moins, conserver jusque dans ses excès ce caractère de désintéressement et d'impartiale justice qui devraient marquer toutes les révolutions, quand le peuple ne se bat que pour ses droits.

Masaniello n'ambitionnait alors, disait-il, d'autre couronne que celle de la Vierge, d'autre fortune que celle de délivrer le peuple des impôts, voulant reprendre ensuite ses corbeilles et continuer à vendre ses poissons. Mais l'ambition ne tarda pas à échauffer le cerveau du chef plébéien. Il avait une femme qui, flattée de devenir dame de gouvernement, le poussa à ramasser dans la boue et dans le sang la couronne du vice-roi. Masaniello s'écriait bien encore poétiquement dans ses discours à la foule: « Après la pêche
« de nos libertés publiques dans la mer orageuse de
« cette ville affligée, je reprendrai mon ancienne
« pêche; je retournerai vendre mon poisson sans
« m'être enrichi d'une épingle. » Mais déjà il s'habillait selon les lois de l'étiquette; déjà il jurait de servir fidèlement S. M. le roi d'Espagne qui, chose

singulière, était respecté autant que son représentant était haï, et déjà la duchesse d'Arcos recevait chez elle, avec toutes sortes d'honneurs, la femme de Masaniello. Ce fut là le poison qui altéra vraisemblablement l'esprit du pêcheur d'Amalfi ; je dis vraisemblablement, car je n'ajoute qu'une foi très-médiocre aux bouquets de la duchesse et à ses vins empoisonnés renouvelés de l'étrange poison des Médicis et des Borgia.

Quelle qu'en soit la cause, ce qui est certain, c'est que, nommé capitaine du peuple après que l'abolition des gabelles eût été consentie, il commença à perdre la raison. Parmi les décrets qu'il rendit à cette époque, il en est un surtout assez piquant et assez ignoré, je crois, pour mériter une place ici. On prétendait avoir saisi un brigand déguisé en femme, dont les armes étaient dissimulées sous les vêtements. Masaniello décida qu'à l'avenir « toutes les robes seraient coupées à la hauteur du genou, » mesure à laquelle durent se soumettre non-seulement les femmes du peuple, mais aussi les plus illustres dames.

Cependant le duc d'Arcos avait chargé Masaniello de contenir la foule passionnée, de remettre tout dans l'ordre, de calmer l'agitation qu'il avait fait naître, et Masaniello avait accepté ce rôle avec son courage habituel. Il devait succomber sous ce lourd fardeau. Enivré de son pouvoir, il commença à rechercher la flatterie, à trancher du grand seigneur. L'idée lui

passa par la tête de convertir en palais son humble demeure; il manda à cet effet des architectes, des maçons et des marchands; ces derniers appelés à lui fournir les plus riches tentures. Les maisons environnantes gênant son entreprise, il les rasa, sans se préoccuper autrement des clameurs des intéressés; sa livrée fut nombreuse et brillante; les airs les plus pompeux se mêlèrent à ses manières incultes et formèrent le plus étrange contraste. — Hélas! mon ami, que de Masaniellos en ce monde! — Seule, au milieu de tout cela, la vieille mère du parvenu gardait un peu de bon sens. « Avertissez, disait-elle au
« chevalier de Fonsecca, avertissez le seigneur vice-
« roi que mon fils n'obéit plus qu'à Dieu et à Son
« Excellence, et qu'il serait nécessaire de le réfréner
« un peu pour empêcher le cours de ses folies. »
Quos vult perdere Jupiter dementat, dit le poëte. En effet, dès le sixième jour de son triomphe, tous les actes de Masaniello sont frappés au coin de la démence. Il se promène à moitié ivre dans la felouque du duc d'Arcos. Le libérateur des Napolitains en devient bientôt l'oppresseur. Il pille les églises, saccage les couvents et décapite tout ce qui s'oppose à ses ordres. Une révolte, habilement fomentée par le vice-roi, ne trouve que trop d'écho dans ce peuple frivole et changeant, qui maudit bientôt son idole de la veille. Pour échapper à ce revirement de fortune, Masaniello se retire à son tour dans le monastère des

Carmes, d'où il sort pour recevoir quatre balles dans la poitrine. Son cadavre, mutilé et bafoué, fut traîné dans la fange et couvert d'outrages.

Deux jours après, la disette se faisant cruellement sentir, les lazzaroni éperdus appellent à grands cris leur martyr. Tout l'amour du peuple pour la victime s'est réveillé dans son cœur, plus intense que jamais. On cherche ses dépouilles, on en recueille avec un pieux respect les tronçons lacérés, on les place sur un brancard; on ceint la tête d'une couronne de fleurs, on attache à sa main coupée son épée des six jours, et on recouvre le tout du manteau royal. Le lugubre cortège parcourt processionnellement les rues de la ville et se dirige enfin vers l'église *del Carmine*, où le cardinal-archevêque procède à la cérémonie funèbre de l'inhumation avec la pompe des obsèques princières.

Cette église *del Carmine*, nous avons voulu la visiter ce soir même. Le soleil en teignait les vitraux de ses rayons mourants; la nef était remplie de lazzaroni, hommes et femmes; on donnait la bénédiction du saint-sacrement. L'orgue gémissait ses plaintives harmonies, auxquelles se mêlaient, malheureusement, les voix glapissantes et criardes des fidèles. Une vieille femme, entre autres, au regard stupide, errant dans le vague avec une expression hébétée, hurlait avec rage une litanie incompréhensible et discordante, mettant une désolante obstination à devancer de beaucoup de mesures le chant liturgique. J'attendis que la foule se fût écoulée pour rester seul avec mes pensées, puis je suivis un des bas-côtés de la chapelle, aspirant avec délices ces vapeurs d'encens qui flottaient en nuages épais autour de moi. Je vis le tombeau de l'infortuné Conradin, sa statue en marbre blanc, par Thorwaldsen, mais je cherchai vainement la tombe de Masaniello, qui repose pourtant sous ces dalles.

— Chut!... fit le vieux sacristain à qui je la demandai.

Je n'en ai pas moins donné un pieux souvenir à cette ombre égarée et je suis sorti le cœur oppressé, sans avoir vu la Vierge Noire peinte sur bois, apportée du Mont-Carmel, et le Crucifix miraculeux que l'on conserve dans le tabernacle du maître-autel.

CHAPITRE VII.

Collection Pompéienne. — Le voyageur rajeunit de deux mille ans. — Peintures, mosaïques, curiosités diverses. — Armes, et ustensiles de ménage. — Le monde d'une femme. — Une page des *Mille et une Nuits*. — Transformation étonnante d'un chronomètre. — Pourquoi l'on fermait les volets d'une croisée. — L'auteur s'assied sur un nuage. — Le *corricolo*. — L'auteur retrouve un instrument de supplice. — Affreux détails. — Le voyageur visite des religieux qui ont peur du diable. — Précautions. — Vision éblouissante. — Le voyageur s'échappe des mains du bourreau. — Une tempête sous un beau ciel. — L'auteur remplace avantageusement une gargouille. — Entretien mémorable avec un aubergiste. — Précieux enseignements qui en découlent. — Un illustre protecteur.

Reprenons nos visites quotidiennes par la série des objets trouvés à Herculanum et à Pompéï. Au milieu des salles qui les renferment, le xixe siècle disparaît, la nationalité s'efface et l'humanité rétrograde de dix-huit cents ans. Nous sommes transportés, maintenant, non plus sur les ailes de l'imagination, mais, par des objets *tangibles*, à ces époques lointaines que nous n'avons entrevues jusqu'ici qu'à travers le brouillard poétique du temps et des rêves; la réalité nous saisit corps à corps et vient confirmer le témoignage de nos sens. Cette mosaïque est le pavé de ce palais de Caprée où le vieux Tibère abrita ses défiances, couva ses haines féroces, satisfit ses effroyables vengeances et assouvit ces monstrueuses débauches, nées de désirs terribles, sans cesse éveillés par la vue des peintures lascives dont il aimait à s'entourer et qui toutes lui retraçaient l'image de voluptés inouïes.

Ce candélabre de bronze, dont la forme élégante dessine le pilastre corinthien et auquel se suspendent par des chaînettes quatre lampes d'un travail exquis, fut trouvé dans les celliers de la maison Diomède, auprès du cadavre d'une jeune femme, entourée elle-même de seize autres cadavres de femmes et d'enfants. Le corps de cette infortunée est là, à côté de nous ; le funèbre suaire de cendres qui la recouvrait a conservé dans toute sa magnifique pureté de lignes l'empreinte du sein et des épaules de la victime. On dirait que la mort a eu horreur de son œuvre de destruction et a voulu transmettre aux âges futurs les formes gracieuses de ce corps charmant. Quelques lambeaux de tunique, le crâne et le bras droit adhèrent encore à ce sinistre linceul. Auprès d'elle sont les bijoux qu'elle portait à son dernier jour et que son squelette garda longtemps. Ils sont aujourd'hui sous une vitrine.

Avançons un peu. Ce double siége est le *bisellium*, fauteuil d'honneur trouvé à Herculanum ; les chaises voisines sont des *chaises curules* destinées aux magistrats dans les monuments publics ; le bronze de l'une d'elles a conservé ses dorures intactes. Ici sont les *litières* pour porter les dames et d'autres personnages ; là l'unique *lectisterne* trouvé à Pompéï. Une baignoire, des lits, des berceaux d'enfants.

Désirez-vous être initié aux détails de ménage des anciens ? faisons quelques pas encore et voici leurs ustensiles de cuisine, dans lesquels nous allons retrouver tous les nôtres, tous, jusqu'aux fourneaux économiques dont la construction, plus élégante que celle de nos jours, offre les mêmes avantages. La bouilloire figure à côté d'un vase que j'ai pris à première vue pour un *samowar*, et qui n'est autre que celui dont se servaient les Romains pour confectionner leurs boissons chaudes désignées sous le nom de *thermopoles*.

Voici les cratères de bronze avec leurs anses dissimulées et mobiles, puis l'arsenal complet de la batterie de cuisine : pots, entonnoirs, poissonnières, casseroles, sceaux, pincettes, moules à pâtisserie, chaudières, écuelles, coquemars, fours de campagne, grils, huiliers, tourtières, plateaux... que sais-je ? Tout cela orné, agrémenté, ciselé, incrusté avec une délicatesse merveilleuse. Cela vous donnerait faim, surtout à Naples ! Le pain est là, sous les vitrines, tel qu'on l'a retiré du four du boulanger ; vous en avez de toutes les formes ; celui-ci est rond, il a été cuit dans un moule, à l'usage d'un gourmet ; vous pouvez même lire sur une de ses faces le nom du faiseur :

ERIS... Q. CRANI... R... SER. Cette assiette contient des grains de coriandre; plus loin s'étalent des noisettes, des figues, des cerises sèches, des olives conservées dans la saumure ; voici des brioches placées sur une serviette ; le linge est bien un peu jauni, par exemple, mais dam ! il y a près de deux mille ans qu'il n'a pas été lessivé : c'est une circonstance fort atténuante, ce me semble.

Avez-vous soif, le vin remplit encore ces amphores en forme de navet allongé, dont la base pointue s'enfonçait dans le sable pour conserver la fraîcheur du liquide. Celle que nous avons sous les yeux porte écrit sur son ventre le mot HEPCVANI. (??)

Voulez-vous des panoplies? la vie militaire est là tout entière. Ces casques de bronze renferment encore la tête de leurs propriétaires, victimes infortunées de la consigne, que la mort a surpris en sentinelle sur divers points de la ville. Puis viennent des cuirasses, des bottines en bronze de gladiateurs, des lances, des épées, des javelots, des poignards, des ceinturons aux agrafes dorées, des sabres de prétoriens...et même jusqu'à des clarinettes... à huit tuyaux !... Infortuné Duilius !...

L'équipement des chevaux n'est ni moins complet, ni moins varié : mors, brides, têtières, frontal, selles, éperons, chars de triomphe occupent longuement l'attention d'Adhémar, qui, en sa qualité d'officier de cavalerie, se livre à de savantes dissertations sur l'hippiatrique comparée des anciens et des modernes.

Ailleurs les cachots nous livrent à leur tour le secret de leur inflexible discipline et de leurs supplices barbares. Cet ingénieux instrument, qui tenait lieu de notre *salle de police*, est la *barre de justice;* quatre cadavres de soldats y étaient encore attachés lorsqu'on le découvrit. Cette pesante masse de fer est l'instrument dont on se servait pour assommer les criminels voués au dernier supplice. Ces chaînes... Mais quittons bien vite cette exhibition lugubre. Je préfère vous conduire dans le boudoir d'une jeune Pompéïenne. Vous pourrez vous convaincre, une fois de plus, que les filles d'Eve sont les mêmes sous toutes les latitudes, et que celles de notre époque n'auraient rien à enseigner à leurs coquettes devancières; rien! absolument rien. Si vous en doutez, soulevez le rideau et jetez un coup-d'œil dans ce cabinet de toilette, véritable arsenal où la beauté la plus raffinée peut facilement aiguiser ses armes meurtrières. Sur cette tablette, surmontée d'un miroir de métal blanc, sont rangés des peignes et des démêloirs en or et en ivoire; voici les parfums, les cosmétiques, les fards, le rouge et le blanc aussi, et le bleu pour dessiner les veines, et le pinceau pour les sourcils, et les flacons d'eau de senteur, et les pinces à épiler; rien n'y manque, vous dis-je, pas même...

— Bien! vous êtes convaincu maintenant, n'est-ce pas? Alors laissons Maxime et Gaspard, que tourmentent les réminiscences de Juvénal et de Pétrone, s'égarer dans le *Museo segretto* où le sexe fort a seul le droit de pénétrer... avec autorisation; qu'ils examinent à leur aise ces bijoux étranges que les Romaines portaient à leur cou, suspendus par une chaîne d'or, et que la pruderie moderne, par un sentiment de convenance, louable d'ailleurs, a sagement relégués dans cette pièce où l'artiste et l'antiquaire vont seuls les étudier. Pour nous, revenons au boudoir; asseyons-nous sur ce *pulvinar* et, le *coude replié*, à la manière antique, ouvrons ces écrins. Comptez, si vous le pouvez, ces bijoux sans prix, ces pendants d'oreilles en forme de balance dont les plateaux sont des perles, ces colliers d'émeraudes, ces bracelets en or formant onze couples, réunis par autant de chaînons du même métal et que terminent des feuilles de vigne servant d'agrafes; d'autres figurent un serpent enroulé dont les yeux sont formés d'escarboucles; ils pèsent *deux livres d'or*. Des bagues, en voici de toutes sortes, de toutes formes, de toutes matières.

Voulez-vous une coupe digne de recevoir toutes ces merveilles, regardez la fameuse tasse Farnèse, en sardoine orientale, monument unique au monde par le fini du travail, la grâce exquise de l'œuvre et la grandeur de la pierre; elle ne mesure pas moins d'un pied de diamètre.

En voilà assez, n'est-il pas vrai, pour lasser le

plus patient nomenclateur? Songez que j'aurais des milliers de pièces à vous décrire, si je voulais tout vous signaler. Mais vous savez l'effet que cela produit : un objet vous attire et vous frappe, un second vous semble plus digne encore d'attention, puis un troisième efface, à son tour, les deux autres, et ainsi de suite, jusqu'à ce que, fasciné, émerveillé, ébloui, transporté, ravi, vous ne sachiez plus auquel vous arrêter. Alors les notes se succèdent rapides, forcément incomplètes, et votre embarras redouble au moment de faire un choix définitif. C'est mon cas ; j'ai pris au hasard ; à votre imagination à faire le reste sur ces données ; si fertile qu'elle soit, croyez bien cependant qu'elle ne dépassera jamais la réalité ; car j'omets à dessein la collection des pierres précieuses. Tourmalines, calcédoines, jaspes, agathes, cornalines, améthystes, saphirs, rubis, opales, marcassins, topazes, escarboucles, grenats, émeraudes, flamboient sous leurs vitrines comme une vision des *Mille et une Nuits*.

Passons également sous silence les *cinquante mille* terres-cuites, lampes ou vases italo-grecs, ainsi que les verres antiques, les verres à vitre, les amphores et les flacons en verre bleu émaillé ; vous y perdriez la tête, et moi aussi.

D'ailleurs un peu de repos nous est absolument indispensable avant de nous livrer à l'étude des bronzes et de la galerie de peinture, que nous garderons pour un autre jour. Toutefois, avant de rentrer « dans le monde mesquin des vivants, » jetons un dernier regard sur le passé que nous foulons aux pieds et qui n'est autre chose que la belle mosaïque de la Maison du Poëte tragique, à Pompéï. Elle représente un chien de garde, avec la légende traditionnelle, *cave canem.*

Oui, *prenons garde au chien,* qui semble avoir été commis à la garde de ce dressoir voisin, chargé de l'argenterie de table exhumée d'Herculanum et de Pompéï. Fourchettes à une seule dent, cuillières, assiettes, vases à boire, tasses, le tout enrichi de précieux bas-reliefs qui rehaussent encore par la perfection de la ciselure la valeur considérable de la matière.

Le chien n'aboie pas, mais l'huissier le remplace avec avantage. Ce chronomètre fait homme, ce fonctionnaire-Bréguet, est obligé, chaque soir, de nous mettre littéralement à la porte par les épaules. Qui diable peut remonter ainsi tous les jours, avec tant d'exactitude, ce custode automate?

..... Maxime et Gaspard viennent de nous rejoindre, poussés, eux aussi, par l'impulsion mécanique du même ressort. Cependant, ledit ressort agit envers les visiteurs récalcitrants de son domaine spécial d'une façon plus sommaire et plus expéditive ; il ferme l'unique croisée du *gabinetto,* et tout est dit.

« *Nox ruit. — Vox tacuit.* »

Ces messieurs m'ont paru, du reste, enchantés, sinon des façons de leur cerbère, du moins de la *raccolta pornografica*, et signalent spécialement à l'attention des amateurs un sarcophage de marbre blanc dont les bas-reliefs représentent une bacchanale ; les détails en sont traités avec un luxe de minutie qui donnerait pleinement raison aux reproches satiriques des moralistes de la décadence. Le milieu du cabinet est occupé par le célèbre groupe le *Faune et la Chèvre* qui vaut aussi, à lui seul, tout un poëme.

Cependant, ne croyez pas qu'en faisant cette visite, mes deux excellents amis n'aient cédé qu'à un sentiment de curiosité malsaine. Ce serait méconnaître, à la fois, et l'élévation de leur caractère et le côté scientifique du but qu'ils se proposaient. Quand il arrive au degré de perfection qui se dégage de ces diverses œuvres, l'Art plane alors à de telles hauteurs, qu'il cesse de percevoir les considérations mesquines et les étroits préjugés modernes, pour communiquer à l'esprit audacieux qui l'a suivi jusque dans ces sphères sublimes, sa majestueuse sérénité. En sculpture comme en peinture, il y a un moment où le nu cesse d'être l'indécence et s'appelle le Génie ; sa flamme ardente et divine purifie tout. Vous figurez-vous l'*Apollon du Belvédère* ou l'*Hercule Farnèse* en toge et en laticlave ? En quoi l'*Hermaphrodite*, de

Pompëi, vous scandaliserait-il plus que la *Source*, de Ingres !

..... Nous avions aujourd'hui trop vécu avec les anciens, pour nous décider à rentrer ainsi de plein saut dans la vie contemporaine ; aussi nous sommes-nous décrété, à l'unanimité, une excursion aux *Camaldoli*. Ce couvent est situé sur un plateau très-élevé, non loin du Vomero, et toutefois assez rapproché de Naples pour permettre d'aller jouir, du haut de la terrasse, du coucher du soleil. Nous pouvons nous flatter d'avoir eu là une bien jolie inspiration !

Pour gravir la longue rampe de la Strada dell'Infrascata et ménager nos jambes, nous avons fait un signe d'appel au premier véhicule venu. C'était un *corricolo*. Le cocher ne s'est pas fait prier, vous pouvez le croire, et, tout joyeux d'une pareille aubaine, nous a prestement hissés dans sa voiture, qui m'a donné une fière idée de la solidité de notre machine humaine. A peine partis, nous formulions déjà du plus profond de notre cœur un acte sincère de tardive contrition. A la moindre rugosité de terrain le corricolo se livrait, avec une facilité déplorable, aux brusques mouvements qui s'emparaient de lui et le secouaient avec rage, nous rappelant ainsi, pendant toute la route, les douceurs du roulis et les charmes du tangage. Il résultait de cette bienheureuse combinaison que la plus légère secousse se multipliant par elle-même à la hauteur de l'essieu, en arrivait à la troisième puissance sur notre siége, si bien que le plus petit caillou nous faisait retomber cinq ou six fois de suite au même endroit, comme si nous avions voulu enfoncer un clou en nous y asseyant dessus.

Bientôt la route s'escarpe et se complique d'ornières et de flaques d'eau. A dater de ce moment, nous jouons le rôle du volant sur la raquette; nous sautons, dansons et rebondissons, pour nous arrêter enfin sur l'esplanade des Camaldules, but de notre promenade d'*agrément*. Il était temps; un quart d'heure plus tard, les moines n'eussent trouvé

« ... *Qu'un horrible mélange*
« *D'os et de chairs meurtris et traînés dans la fange.* »

Le frère portier, après s'être assuré que notre petite troupe ne contenait aucun représentant de ce sexe timide et faible que les bons Pères, — moins forts, paraît-il, que leur saint confrère Robert d'Arbrissel, — redoutent à l'égal du diable, consentit à nous ouvrir la porte. Il nous conduisit à la chapelle, fondée en partie par le fameux marquis de Pescaire, le mari de Vittoria Colonna, nous fit admirer la magnifique *Cène*, de Stanzioni, qui la décore, nous mena à travers le cloître à arcades trilobées, sur la plateforme, et nous abandonna à nos réflexions.

L'imagination est impuissante à se figurer le tableau qui se déroulait à nos yeux du haut de cette terrasse. Le panorama du mont Cassin pâlit et s'efface devant celui-ci : Naples, son golfe, Sorrente, le Vésuve, le Pausilippe et ses ruines, les îles, la mer sans bornes, les champs de feu et leurs volcans éteints, devenus des lacs aujourd'hui, Agnano, Monte Nuovo, Astroni, la Solfatare, une des soupapes du Vésuve, le Lucrin, l'Averne, Pouzzoles, Baïa, Cumes, Misènes... que vous dire ? C'est un éblouissement, une féerie, un vertige.

Pâles et muets d'admiration, nous nous sentions écrasés par cette vue de l'immensité qui nous laissait tout entiers à ce sentiment de l'altitude et du silence que l'on éprouve sur les plus hauts sommets. Le soleil s'abaissa lentement à l'horizon, semblable à un énorme disque de feu, déchirant le voile de pourpre qui rougissait les coteaux. Cette pénombre douce, avant-coureur du crépuscule, parut s'éclairer quelques instants des lueurs fantastiques d'une immense flamme du Bengale, puis s'évanouit et disparut dans la brume, tandis que la nuit s'épaississait à nos pieds, voilant par degrés, de son manteau sombre, le flanc des grandes collines.

Il a fallu revenir à Naples, c'est-à-dire subir en descendant le supplice atroce que nous nous étions si stupidement infligé en montant. Cette perspective nous glaçait d'effroi. Gaspard, plus hardi, monte le premier, tente de s'asseoir, pousse un cri de douleur, et déclare la chose impraticable ; chacun de nous se livre à la même expérience et aboutit à un résultat identique. Notre cocher est payé et congédié; la descente se fera à pied. Que la *Musa pedestris* nous protège!

Nous remarquons, à cent pas du couvent, une petite statuette de Madone délicieusement fruste, dont le dessin naïf est plein de grâce modeste. L'image vénérée ne fait point trop de bruit et ne se flatte pas de guérir miraculeusement tous les maux... par malheur! Nous ne l'avons pas moins invoquée pour cela et en avons reçu, en échange, ce qu'on est toujours sûr d'obtenir quand on monte jusqu'au rocher qu'elle domine, une heureuse disposition à bien souper. Ici, la grâce a son prix.

Je ne sais comment cela s'est fait, mais, sans que nous ayons rien vu venir au firmament, l'obsurité s'est encore épaissie, le vent, frais d'abord, s'est mis à souffler en bourrasque, et comme nous débouchions à l'Infrascatta, un rapide éclair a sillonné la nue, bientôt suivi d'une formidable détonation. Nous avons eu beau presser le pas, les cataractes d'en haut se sont ouvertes, versant leurs eaux en cascade sur nos têtes et nous transformant en autant de dieux marins; nous recevions l'eau par le col de la chemise et la rendions par les bottes. C'est à l'état d'êtres amphibies que nous sommes rentrés à l'hôtel. Dix minutes après, le vent troua d'un coup d'aile la voûte de nuages que nous avions sur la tête et en dispersa les débris dans le ciel avec une ardeur sans pareille;

l'éternelle coupole bleue reparut, appuyant à l'horizon son dôme de saphir, la nuit venait de retrouver sa sérénité.

Une bien jolie inspiration que nous avons eue là !
Ces orages subits sont d'ailleurs chose fréquente à Naples.

— Ah ! monsieur ! me disait notre hôtelier, c'est un immense avantage pour nous, allez ! — Et comme je ne paraissais apprécier que fort médiocrement le charme de ces averses imprévues.

— Voyez-vous, ajouta-t-il, on ne balaie jamais les rues de Naples ; elles deviendraient donc bientôt un immonde foyer d'infection si le ciel n'avait pitié du peuple napolitain qui est, comme vous le savez, son peuple de prédilection.

— Ah ! fit Maxime étonné, je ne le savais pas.

— Mais certainement si, insista le brave hôtelier visiblement piqué, le peuple napolitain est celui que Dieu préfère. Il l'a même affirmé au glorieux saint Janvier, notre bien-aimé patron, puisque son sang se liquéfie !...

— C'est juste, répondit Maxime étourdi du coup ; je n'ai plus rien à dire. Comment diable n'avais-je pas songé à cela ! Continuez, je vous prie, cher monsieur Morini.

— Je disais donc à Vos Excellences que Dieu ché-rit le peu-ple na-po-li-tain par-des-sus tout.

26

M. Morini s'arrêta un instant sur cette phrase scandée pour voir si nous le contredirions.

Maxime fit un signe de tête approbatif et répéta :

— C'est vrai ; Dieu chérit le peuple napolitain par-dessus tout.

— Eh bien ! continua notre hôte, satisfait de cette amende honorable, c'est pour cela qu'il a voulu se charger lui-même de l'entreprise, et c'est dans ce but hygiénique qu'il inonde aussi fréquemment la ville.

Nous nous rendîmes à cette judicieuse appréciation, et le bonhomme fut au comble de la joie en nous voyant applaudir, sans rancune, à ce procédé céleste, qui nous rappelait la manière expéditive d'Hercule à l'égard d'Augias.

CHAPITRE VIII.

Petites causes et grands effets. — L'auteur fonde un restaurant. — Il s'expose à se faire massacrer par les cuisiniers italiens. — Ce qu'il faut penser du macaroni. — Accouplements monstrueux. — L'auteur rencontre avec plaisir Philémon et Baucis. — Description de leur chaumière. — Duo de l'auteur et d'une poêle à frire. — L'auteur se fie à la parole de sainte Rosalie et s'en trouve bien. — Beautés épiques d'un déjeuner. — Magnificence de la cérémonie qui s'en suit. — Encore le Musée. — Bustes et statuettes. — Ce que l'on trouve dans un tas de charbons. — Galeries de tableaux. — Où l'auteur craint que la vertu ne soit une question de teint.

... Avez-vous remarqué, mon ami, combien des causes les plus futiles découlaient souvent de grands effets ? Une lampe se balance dans le chœur d'une église et donne naissance à l'invention du pendule. Une pomme tombe aux pieds de Newton ; ce fait si vulgaire le met sur la voie de la gravitation universelle, et le système du monde est connu. Le couvercle d'une marmite où cuisait de la gélatine se soulève, et Papin trouve la force de la vapeur. Un cuisinier nous sert une sauce détestable, chose habituelle à Naples, et... nous fondons un restaurant. Oui, mon ami, un restaurant, et ce ne sera peut-être pas notre moindre titre à l'admiration reconnaissante de la postérité... française

Je m'étais promis de ne plus vous faire part de nos lamentations sur cette éternelle et monotone cause de nos désespoirs quotidiens; mais chaque jour, nous initiant davantage aux élucubrations fantaisistes des *chefs* napolitains, et amenant encore avec lui une interminable série de surprises non moins étonnantes que désagréables, nous avons cru ne pouvoir jamais assez protester contre cette atroce plaisanterie, déguisée sous le nom fallacieux de cuisine, et qui n'est autre chose, en réalité, qu'une suite d'expériences *toxicologiques* pratiquées deux fois par jour sur notre personne; *in anima vili*, comme dit la science.

Ces tortures de la faim jamais assouvie, vous les ignorez, vous, seigneur fortuné du mont et de la plaine, qui prélevez sur ce que ce bon M. Delille appelle si poétiquement « les hôtes des forêts, » le plus riche tribut gastronomique, que la main savante de votre cordon bleu transforme en mets succulents. Mais, dites-moi, vous êtes-vous jamais demandé ce que pouvait être du potage au vermicel, où le lait, le poisson, le fromage, le fenouil et le safran se livrent aux rapprochements les plus illicites et les moins attendus? Le rêve fiévreux de l'indigestion a-t-il jamais offert à votre cerveau alourdi par un vin douceâtre et huileux, le tableau de l'effroyable hymen du piment et de la confiture? Enfin il n'est pas jusqu'au macaroni lui-même, le mets national par excellence, cette friandise si ardemment convoitée des jeunes lazzaroni qui vous baisent les mains à satiété, en vous répétant de leur douce voix enfantine, — et avec quelle expression d'inénarrable gourmandise !

— *Un grano per manggiar maccheroni.*

Il n'est pas, dis-je, jusqu'à cette suprême ressource de l'estomac aux abois, qu'ils n'aient indignement rendue méconnaissable, les traîtres ! à l'aide de je ne sais quels monstrueux accouplements.

Il fallait, vous le voyez, prendre un parti héroïque si nous ne voulions avoir la fin lamentable du cheval de Jean Pichou ; vous savez, ce pauvre animal (je parle de la bête) qui, sevré d'une manière absolue de toute nourriture, mourut au bout de six jours, *juste au moment où il commençait à s'habituer à ne plus manger ni boire.*

Ce parti, nous venons de le prendre ; l'essai nous a réussi, et, qui sait ! peut-être cette fantaisie d'un estomac capricieux vient-elle d'asseoir les bases de la fortune future d'un pauvre pêcheur.

La cause, vous la connaissez ; l'effet, le voici.

Nous nous promenions, selon notre habitude matinale, explorant en flâneurs les rives du golfe, du quartier de la Chiaja à la grotte du Pausilippe, et déjà nous avions dépassé d'une centaine de pas environ le palais de la reine Jeanne, lorsqu'une cabane de pêcheurs, dissimulée par une anfractuosité de terrain, frappa nos regards. La barraque était en planches, mais pittoresquement jetée s'il en fut. Sa base antérieure reposait sur une rangée de pilotis battus par la vague, tandis que le bord opposé s'appuyait à la falaise dont il n'était séparé que par un fossé destiné à l'écoulement des eaux pluviales ; une passerelle vermoulue, jetée sur ce canal factice, reliait la chétive *campanella* à la terre. Sur le toit verdâtre murmuraient, au souffle des brises de mer, ces innombrables petites forêts qui s'installent et prospèrent sur toutes les vieilles masures. L'espèce d'auvent naturel engendré par la disposition architecturale de la bicoque, abritait une barque, retenue à l'un des pieux antérieurs et munie de ses agrès ; les divers ustensiles de pêche dont elle était, en outre, garnie, dénotaient suffisamment l'industrie de son possesseur.

Un léger nuage de fumée bleuâtre qui s'élevait au-dessus du toit fut pour nous toute une révélation.

A quoi tiennent pourtant les choses !

Sans ce peu de fumée, c'en était fait de ma découverte ; je ne l'entrevoyais même pas ; mais la cheminée fumait, ce fut un avant-coureur... J'eus le pressentiment qu'il allait se passer de grandes choses. Un homme parut sur le seuil de la porte ; il tenait un superbe poisson à la main ; ce fut un trait de lumière, et, comme Archimède, je m'écriai : *Eurêka*.

— Nous allons déjeûner ici, dis-je à mes compagnons... et l'œil inspiré, le visage prophétique : *Suivez-moi !* ajoutai-je sur l'air de Rossini. Tous les trois me suivirent, partageant si aveuglément la foi dont j'étais embrasé, que Maxime, — le plus sceptique de la bande, — eut transporté le Vomero.

Je m'approchai du pêcheur et lui demandai si le poisson qu'il portait ne pourrait pas, avec un peu d'aide (je lui montrais mon porte-monnaie), changer de destination en notre faveur et passer de sa main dans une poêle.

La chose était d'autant plus facile que le brave homme n'y voyait d'autre obstacle que l'opposition présumée du principal intéressé, lequel, comme s'il eût été conscient de son sort, s'agitait désespérément au bout d'une tige d'osier. Certains d'avance que la protestation du vertébré se bornerait à cette danse de caractère, nous décidâmes que son mutisme équivalait à un acquiescement, et il fut en conséquence passé outre à l'exécution.

Nous entrâmes; quelques secondes après, le frillement joyeux de la poêle nous annonça que l'arrêt venait d'être exécuté. Nos estomacs affamés n'attendaient plus que le corps de la victime. Une table recouverte d'une nappe blanche fut l'autel du sacrifice; une bouteille de vin blanc sec, tiré d'un bouchon voisin, servit aux libations, qui, dégustées d'abord avec défiance, reçurent bientôt l'ample réparation à laquelle nos injustes soupçons leur donnaient droit.

... Cependant l'intérieur de la cabane était misérable; à travers les ais mal joints d'une porte délabrée se glissait un vent frais, fort appréciable, sans doute, à ces heures terribles de la canicule, où, selon l'expression napolitaine, « on ne rencontre dans les rues « que des chiens ou des Français, » mais parfaitement incommode lorsque souffle le « Favonius » d'Horace et de Virgile, autrement dit le S.-O. J'eus la curiosité de l'ouvrir; bien m'en prit. Elle donnait accès sur une sorte de terrasse extérieure, large balcon couvert, supporté par deux piliers de bois grossièrement équarris, d'où l'œil embrassait le panorama du golfe jusqu'à Sorrente. Je poussai un cri d'étonnement qui fit accourir mes compagnons. Notre résolution fut aussitôt arrêtée, et j'entrai en pourparlers avec la vieille hôtesse de céans.

Le résultat de la conversation dépassa nos espérances. Il fut convenu que nous viendrions déjeuner, tous les matins, à la cabane, où l'on nous servirait du poisson *frais* de toutes sortes, des huitres de Fusaro, de ces *ravioli* dorés et croustillants qui tiennent lieu de pain, plus deux bouteilles de ce vin si amplement réhabilité dans notre estime depuis une demi-heure. Si nous voulions du gibier, nous préviendrions depuis la veille, et l'on s'engageait, sur les « précieuses reliques du bienheureux saint Janvier », à ne l'assaisonner que d'ingrédients stipulés par nous; de plus, les volatiles ne devaient, *sous aucun prétexte*, être soumis à l'épreuve de l'eau bouillante avant leur cuisson. Un article additionnel spécifia que le couvert serait dressé sur la terrasse.

En échange de quoi nous devions payer une rétribution d'une piastre par repas (5 fr. 10) pour nous quatre.

C'était à n'y pas croire !

La vieille se méprit à notre hésitation et nous jura par sainte Rosalie, sa patronne, qu'elle ne nous surfaisait pas d'un *carlin*. Nous la crûmes aisément et nous nous hâtâmes de la rassurer.

Cet état de chose dure depuis huit jours, et nous déjeunons comme des princes en *villeggiatura*. Nos hôtes sont enchantés de cette aubaine, et ces repas, servis chaque matin avec un zèle que rien ne lasse, des attentions que rien ne rebute, une propreté que rien n'altère, nous font, chaque fois, trouver un mot de reconnaissance pour notre brave et honnête cuisinière, et un hymne d'actions de grâces à saint Janvier qui est, décidément, un bien grand saint.

Il est juste de dire aussi que la brave femme possède une merveilleuse facilité pour *s'assimiler* (passez-moi l'expression), les recettes culinaires dont nous nous plaisons, en déjeunant, à orner sa mémoire. Grâce à ces entretiens instructifs, qu'elle recueille comme des oracles et qu'elle met en pratique pour nous ménager ainsi, de temps en temps, des surprises agréables, nous en arrivons peu à peu à déguster des repas qui, par tous pays, seraient réputés excellents.

Vous verrez que nous la mettrons à la mode. En

conscience, nous lui devons bien cela. Nous lui avons promis d'être les parrains de l'hôtel fashionable qu'elle ne pouvait manquer d'élever par la suite. Elle a hoché la tête d'un air mélancolique, et avec un triste sourire :

— Hâtez-vous, alors, Excellences.

Maxime a écrit, en formidables majuscules, sur la porte extérieure :

TRATTORIA DELLA RIPA.

— L'enfant est baptisé, dit Adhémar.

— Que Dieu et la Madone le fassent grand ! répondit-elle à son tour.

..... Voilà bien du bavardage, mon ami ; maintenant que vous êtes rassuré sur notre sort, vous plairait-il de revenir avec nous au Musée? Ne frémissez pas, nous ne vous y retiendrons pas longtemps ; mais les bronzes, les peintures, les papyrus méritent, à tous égards, la mention particulière que leur assigne, non leur importance numérique, — assez restreinte d'ailleurs, — mais la valeur artistique des objets dont se composent ces collections. Aussi ne vous montrerai-je dans la galerie des bronzes que les principaux : le buste de *Tibère*, aux yeux incrustés d'argent; celui de *Livie*, chez lequel l'artiste a si complètement exprimé cette préoccupation de l'élégance inquiète, que traduit la coiffure affectée de la coquette impératrice. Voulez-vous contempler un inimitable chef-d'œuvre de l'art grec, la perle de la galerie? regardez ce *Faune dormant*, de Pompéï, et dites-moi si vous avez vu jamais plus calme sommeil, abandon plus ravissant.

A côté de lui, le *Faune ivre*, chef-d'œuvre encore; c'est du bronze, mais sous le métal on sent une âme; il vit, il respire. L'ivresse appesantit ses paupières qu'il soulève avec peine pour jeter dans le vague un regard noyé; sa main droite cherche à simuler le jeu des castagnettes, tandis que ses jambes fléchissantes ne parviennent qu'à ébaucher une danse confuse, au-dessus de ses forces. Son pendant naturel, le voici: c'est la *Danseuse*, l'un des bronzes les plus rares et les plus curieux du *proscenium* d'Herculanum. On dirait un exercice des *clowns* de nos cirques; mais quelle grâce sur cette boule qui lui sert de support. Citons encore pour mémoire le beau buste de *Scipion l'Africain*; le groupe charmant, trouvé dans la maison de Pansa, *Bacchus et Ampélos*; *Sénèque*, un des plus beaux portraits de cette série; le *Mercure au repos*, bien certainement une des plus exquises statues du Musée, et terminons enfin cette rapide nomenclature en mentionnant une petite statuette d'*Alexandre*, monument précieux, et un charmant buste de *Bérénice*... avant la consécration de sa chevelure à Vénus.

Nous voici maintenant dans la salle des Papyrus. Ne vous récriez pas; ce que vous prenez au premier aspect pour un entrepôt de charbons, n'est autre qu'une collection précieuse de manuscrits... calcinés. Hélas! oui, mon ami, ces trois mille petits rouleaux noirs, de 0,05 à 0,10 centimètres de longueur sur 60 millimètres environ de diamètre, sont d'inappréciables trésors littéraires de l'antiquité, retrouvés à l'état de charbon sous les cendres du Vésuve. Vous allez voir le parti que le génie moderne en a tiré. Lorsqu'on les découvrit pour la première fois, dit M. Du Pays, les ouvriers n'y attachèrent aucune importance et les jetèrent, les prenant pour des morceaux de bois brûlé. Un examen plus attentif fit connaître parfaitement que ces soi-disant charbons étaient formés de couches concentriques d'une ténuité extrême, et présentaient, sur leur surface extérieure, des traces de caractères d'écriture. Dès lors la vérité fut entrevue; des expériences décisives levèrent bientôt tous les doutes; on se trouvait bien en présence de manuscrits, il est vrai, mais la difficulté de les lire paraissait encore insurmontable. La persévérance du P. Antonio Piaggi en vint à bout. Il trouva le moyen de dérouler et de fixer sur une membrane transparente ces cylindres qui ne présentaient guère plus de consistance que le papier brûlé et noirci par la fumée. C'est son appareil que vous pouvez voir fonctionner dans le cabinet suivant. A mesure que le fil de soie dont l'instrument est muni déroule délicatement le manuscrit, les lettres apparaissent plus nettes, et le copiste, suivant d'un œil attentif le développement progressif du cylindre, en transcrit, au fur et à mesure, le contenu. Les morceaux, fixés ensuite sur les membranes, sont plaqués sous des vitrines, où leurs divers fragments présentent assez bien l'aspect de cartes géographiques teintées de noir.

... Montons le grand escalier ; notre visite touche à son terme ; nous voici dans la galerie de peintures. Là encore l'énumération sera courte, car des sept ou huit cents toiles dont elle se compose, on n'en compte guère qu'une trentaine de vraiment magistrales ; aussi les a-t-on réunies dans un salon spécial, appelé salle des chefs-d'œuvre, *capi d'opera*. Elle renferme un tableau de Ribera, *Saint Jérôme effrayé par la trompette du jugement dernier*. On n'analyse pas une semblable toile, mon ami ; un pareil maître était digne de traiter un pareil sujet ; les deux noms se valent. Puis viennent le Corrège avec sa *Zingarella* (vulgo, la Vierge au lapin) et sa célèbre toile, le *Mariage mystique de sainte Catherine de Sienne* ; le Dominiquin et l'*Ange gardien*, puis une *Assomption*, de Bartholomeo della Porta ; plus loin, deux figures sévères, œuvre du Titien, le *Pape Paul III* et *Philippe II*, roi d'Espagne. Une mention spéciale à notre illustre compatriote Claude Lorrain et à son splendide paysage avec la Nymphe Egérie.

Marchons encore et, sur une des parois latérales.

Raphaël nous présente son admirable *Sainte-Famille*, dite la *Madona col divino amore*; à côté de la *Madone à la Chatte (Madona della Gatta)*, de Jules Romain, An. Carrache nous offre le *Christ mort*, dans les bras de sa mère. Est-il une composition plus noble, plus touchante, un fini plus remarquable, un corps plus divinement *cadavérique*, une douleur maternelle plus navrante? Je ne le crois point pas même dans la toile voisine, du Garofalo, un *Christ mort*, avec les trois Marie, Nicodème et Saint-Jean, une des plus belles et des plus vastes compositions du peintre de Ferrare.

Je me suis arrêté devant le dernier tableau, *Hercule entre le Vice et la Vertu*, signé du Carrache. Gaspard a vu là une occasion toute naturelle d'affirmer une fois de plus la solidité de ses principes. Se substituant modestement au célèbre demi-dieu, il trouve que le geste ne repousse pas avec assez de conviction la perfide enchanteresse. Le bras, trop mollement tendu, semble ne l'éloigner qu'à regret.

— A za blace ché n'héciterai bas cinc zegonde. —
... L'audre est bli cholic et bli biquante. Ché bréfère la prune.

O vertu germaine, ne serais-tu qu'une question de teint?...

CHAPITRE IX.

Visite à Saint-Janvier. — L'auteur tient des propos malséants sur la demeure du saint et le talent des architectes modernes. — Description de la basilique. — Tombeaux du xvie siècle. — Sombre histoire. — *Santa Restituta.* — La première Madone de Naples. — Par où un sacrement peut ressembler à un potage. — Un peu de statistique. — Eglise Saint-Dominique. — Le crucifix miraculeux. — L'auteur lève la tête et voit des cadavres à un balcon. — *Santa Chiara.* — Eloge senti et littéraire du badigeonnage. — *Chiesa dei Gerolomini.* — Une église en mauvais lieu. — Le quartier sans nom. — L'auteur y pénètre. — Description de ce qu'il y voit. — Ce que les habitants dédaignent; ce que recherchent les voyageurs.

..... Depuis deux jours nous visitons les monuments religieux, tournant autour des couvents, entrant dans les églises, montant sur les clochers, usant toutes les formes de l'admiration et arrivant par là à n'avoir même plus la force d'admirer. Que de ravissantes choses, en effet, nous découvrons du haut de ces galeries *ajourées !* Adhémar, surtout, qui n'avait jamais vu de si grands parti-pris d'ombre et de lumière, module, à chaque point de vue nouveau, tous les tons de la gamme exclamative.

Dans un voyage comme le nôtre, mon ami, et entre voyageurs comme nous, il y a réellement des sensations d'une douceur infinie. L'homme réduit à sa seule individualité est un être fort incomplet, mais il se complète en assimilant à la sienne d'autres individualités avec lesquelles le hasard ou la volonté le mettent en contact. Chez nous, l'un s'achève par l'autre, et je vous assure que les beaux vers que nous jetions parfois au vent se mariaient admirablement à cette grande et belle nature.

Suivez-nous maintenant dans quelques-unes de nos excursions à la ville basse.

Pour nous conformer au proverbe : *à tout seigneur, tout honneur*, notre première visite est pour saint Janvier, le bien-aimé patron de la ville de Naples, en l'honneur duquel s'élève la cathédrale *San-Gennaro*, bâtie sur l'emplacement d'un ancien temple de Neptune. Mais, tout d'abord, laissez-moi faire un reproche à cette merveilleuse opulence artistique de l'Italie : je lui trouve une couleur mythologique un peu trop uniforme. Cette terre si rapprochée de la théogonie païenne, est toujours grecque ; ses églises sont encore pleines de souvenirs antiques ; la plupart sont bâties avec des marbres conquis sur les dieux de l'Olympe, et leurs bénitiers ne sont que de vieilles conques baptisées, qui ont jadis contenu l'eau lustrale des sacrifices. D'art moderne, peu ou point, hors la peinture. En voulez-vous une preuve ? regardez la cuve qui tient lieu de fonds baptismaux et signale l'entrée de la cathédrale. C'est un vaste bassin de basalte égyptien, orné de masques bachiques, de thyrses, de festons de lierre ; on dirait la coupe immense d'un Bacchus gigantesque. Pénétrez plus avant encore: examinez les cent dix-huit colonnes de granit oriental, de marbre africain, de précieux cipollino, qui séparent les trois nefs de l'édifice, et vous vous convaincrez aisément de leur provenance païenne.

Revenons maintenant au détail de l'église. Elle forme une croix latine ; ses nefs latérales de droite et de gauche conduisent aux entrées des chapelles de Santa Restituta et de San Gennaro. La porte principale a pour décoration les tombeaux de Charles d'Anjou, de Ch. Martel, roi de Hongrie, et celui de sa femme Clémence, tous les trois œuvres du XVIe siècle. Le maître-autel est flanqué, en guise de candélabres, de deux merveilleuses colonnes du plus précieux jaspe sanguin. Dans le transept de gauche, à côté du splendide tombeau d'Innocent IV, se cache, modestement encastrée dans le mur, près de la sacristie, une simple pierre tombale. Hélas, mon ami, ce dernier asile, échappé bien souvent à l'œil du visiteur, contient pourtant le cadavre ensanglanté du malheureux André, frère du roi de Hongrie, époux de cette fameuse Jeanne Ire de Naples, fille du grand Robert d'Anjou, et l'une de ces deux Jeanne, sinistres constellations, qui semblent avoir laissé, sur ce beau ciel de l'Italie, un long sillon de sanglants souvenirs.

Vous connaissez ce drame lugubre, commencé

dans les enivrements d'une lune de miel qui semblait devoir être éternelle, et terminé par un meurtre abominable. Vous savez qu'un soir, sur la terrasse du monastère de San Pietro di Morena, par une de ces nuits où le golfe resplendit et reflète les paillettes diamantées du ciel, où la brise souffle embaumée, toute chargée des parfums des orangers et des lauriers-roses, André se tenait assis sans défiance sur des coussins de velours, les paupières closes et la tête renversée en arrière, appuyée aux genoux de sa jeune femme. Le vent du soir se jouant dans les cheveux du couple royal les soulevait si doucement que chacun d'eux n'avait qu'à se pencher un peu vers l'autre pour les rencontrer à moitié chemin sous ses baisers. Tout-à-coup, un camericre se présente et demande à parler au roi. Jeanne, qui a préparé la scène mortelle, pâlit et sent le frisson envahir ses veines. Le duc de Calabre, à peine entré dans son appartement, est saisi par des mains invisibles, traîné sur le balcon, percé de coups, et, lancé dans le vide, ne tombe à terre que pour y être aussitôt étranglé par un lacet de soie.

A la nouvelle de ce crime horrible, l'Europe entière s'émut d'indignation. Le Pape Clément VI évoqua l'affaire; il y eut des supplices et des tortures; une Catanaise, complice et confidente de Jeanne, fut mise à la torture, mais la vérité ne put se dégager entièrement du nuage qui l'obscurcissait. Un chanoine de San Gennaro, *Orso Minutolo*, recueillit le corps assassiné et l'ensevelit pieusement derrière la pierre tombale que nous venons de voir.

Dans la nef de gauche, une porte d'assez modeste apparence et passablement étroite donne accès à un petit oratoire appelé *Basilica di santa Restituta*. Si la grandeur pompeuse du titre vous paraît peu en rapport avec l'exiguïté de la chapelle, souvenez-vous qu'au IV° sièle les chrétiens n'eurent point d'autre asile pour y célébrer les saints mystères, et cette étroite enceinte vous semblera alors bien vénérable. On nous y montra la première madone que Naples ait possédée; elle est en cubes de verre coloré et m'a paru dater du XIII° siècle.

De la basilique à la grille de la chapelle de Saint-Janvier, il n'y a que la nef du Dôme. Je ne vous parlerai point aujourd'hui de toutes les splendeurs de ce sanctuaire; en vous racontant le *miracle du sang*, ce sera le moment de vous esquisser la chapelle du saint, dont le corps repose dans une fort belle crypte, située sous le maître-autel de la cathédrale.

Nous nous disposions à quitter San Gennaro lorsque des vagissements d'enfant ont attiré notre attention vers les fonds baptismaux. C'était un baptême.

Les cérémonies différant peu des nôtres, je n'y aurais prêté qu'une médiocre attention, si je n'avais vu le prêtre puiser l'eau régénératrice avec une immense cuiller à servir le potage, et en déverser intégralement le contenu sur la tête nue de l'enfant, que cette aspersion inonda de la tête aux pieds. La sage-femme couvrit aussitôt la tête du pauvre bébé d'une poudre rougeâtre, le coiffa par-dessus et l'emporta sans autre précaution. De parrains et de marraines, point.

J'ai demandé au bedeau s'il se sauvait beaucoup de ces pauvres petites créatures après un bain semblable.

— Oh! m'a-t-il répondu, toujours assez, allez. Il y a vingt baptêmes comme cela, par jour, à Naples.

Il vit ma surprise à ce chiffre qui me semblait peu en rapport avec la population de la ville.

— Nos filles se marient à quinze ans, songez donc!... et puis, ajouta-t-il naïvement, il vient tant d'étrangers à Naples.

Nous sortons sur ce mot caractéristique et nous franchissons le largo qui précède l'église. Une porte cochère est ouverte devant nous. Entrons-y : c'est le couvent de *San Domenico*, c'est l'entrée de l'église de ce nom.

Ne vous effrayez pas de voir si souvent les églises revenir dans mon récit. Naples en possède, il est vrai, cent vingt-deux, mais j'ai l'intention de ne vous parler que des plus célèbres; vous en serez donc quitte pour cinq ou six, au plus; vous voyez que je vous ménage. Du reste, je ne vous propose pas celle-ci comme un modèle de goût, quoiqu'elle puisse passer pour un assez joli édifice gothique, malgré les couleurs aux tons criards et disparates dont on a cru, sans aucun doute, l'embellir. Ce que je veux vous montrer, c'est la grande merveille du lieu, le crucifix qui, d'après la légende, parla, un jour de l'an de grâce 1272, à Saint-Thomas d'Aquin, un des religieux de ce monastère. L'angélique docteur venait de composer son livre admirable, sur l'Eucharistie. Un jour qu'il était en prières devant la divine Victime, le Christ releva la tête et lui dit :

— *Benè scripsisti de me, Thoma : quam ergo mercedem recipies ?*

— *Non aliam nisi te, Domine*, lui répondit le saint.

Nous avons visité la cellule de l'illustre savant ; on y garde un fragment du pupitre sur lequel il travaillait.

La chapelle est un vrai musée où brillent un *Saint-Joseph*, de Giordano ; la *Descente de Croix*, de Zingaro ; la *Vierge aux poissons*, de RAPHAEL.

Aimez-vous les émotions fortes ? Montez les degrés de cet escalier étroit ; il conduit à un balcon faisant galerie autour de la sacristie. Nous sommes dans l'ossuaire de la maison d'Aragon. Ces caisses, décorées de crépines de velours et d'or, d'écussons, de bannières, sont des cercueils. Soulevez ce couvercle entr'ouvert. C'est le cadavre de Petrucci ; il porte encore ses vêtements coupés à la mode espagnole de l'époque ; mais le temps a fait son œuvre et a forte ment endommagé le pourpoint. Son voisin est le célèbre marquis de Pescaire, si noblement pleuré, si éloquemment chanté par sa veuve Vittoria Colonna. Voici les deux Ferrante d'Aragon ; puis la reine Jeanne. Que reste-t-il de cette célèbre beauté ? un masque hideux et grimaçant. Plus loin, Isabelle d'Aragon côtoie dans la mort Marie, marquise de Visto, dont le cercueil ne contient plus qu'un amas de poussière gris sale. De tant de splendeur, de tant de beauté, de tant de jeunesse, il ne subsiste plus que quelques boîtes osseuses qui sonnent creux comme une courge vide sous l'ongle d'un sacristain.

Quelques minutes après, nous étions à *Santa Chiara.*

De San Domenico, Saint-Denis de la maison d'Aragon, à Santa Chiara, Saint-Denis de la maison d'Anjou, la transition est facile ; cependant je ne m'y appesantirai pas, car l'église ne contient, pour moi, de remarquable que le tombeau du roi Robert, œuvre de Mazaccio, et la célèbre *Madonna delle Grazie*, du Giotto, qui seule a échappé, par miracle, au stuc et au badigeon imbécile dont on a *orné* l'édifice. Quant à son architecture, c'est celle d'une salle de spectacle de province, de troisième ordre. J'ignore le nom de l'architecte qui l'a restaurée, mais que Dieu lui fasse la paix ! Au fond de l'église est le tombeau de Jeanne Ire, cette épouse criminelle et adultère dont je vous ai ébauché l'histoire. Santa Chiara n'est, elle-même, qu'une transition à la *Chiesa dei Gerolomini*, l'une des plus belles églises de Naples. Sa façade est de marbre et son intérieur est des plus riches ; cependant la magnificence de sa chapelle, dédiée à Saint-Philippe de Néri, ne doit pas nous faire oublier la sacristie, qui est, elle aussi, une autre chapelle, et au point de vue artistique, l'accessoire est bien autrement important que le principal. Voyez plutôt cette toile magistrale de Guido Reni, la *Rencontre de Jésus et de Jean;* ce *Saint-François*, du Tintoret ; ce *Saint-André*, de Ribeira ; cette délicieuse composition de Mignard, la *Sainte-Famille;* la *Lutte de l'Ange avec Jacob*, de Palma il Vecchio, et les *Apôtres*, du Dominiquin. C'est un véritable musée, vous dis-je ; rien n'y manque ; pas même une bibliothèque, car celle qui est annexée à cette église possède dix-huit mille volumes et une centaine de manuscrits, parmi lesquels brille entre tous le fameux Sénèque, du xive siècle, orné des belles miniatures de Zingaro.

En sortant de l'église, nous nous trouvons à la Vicaria, tout auprès de la porte de Capoue (Porta Capua)... quartier que je ne vous décrirai pas, et sur lequel les documents personnels me font entièrement défaut, je vous prie de le croire. Cependant, puisque nous nous y étions insciemment fourvoyés, il fallait en sortir. Vous dire les ruelles sans nom, les ruisseaux fangeux, les obstacles de toute nature qu'il nous a fallu traverser pour nous tirer de ce dédale est impossible. Ulysse eut certainement moins de peine à doubler ses deux célèbres écueils.

De temps en temps, néanmoins, notre œil curieux plongeait dans l'intérieur de quelque bouge, et alors, dans la pénombre, nous distinguions ou une femme raccommodant un filet, ou une jeune fille debout et demi-nue, peignant ses longs cheveux aux reflets bleuâtres, tombant jusqu'à terre. Tout cela était étrangement misérable, tout cela était sale à faire frémir, et cependant, sous ces cheveux qui avaient tant besoin d'être peignés, brillaient des yeux noirs admirables, se cambraient des torses qui eussent fait envie à des statuaires; sur cette crasse s'étalaient des haillons si fièrement drapés que nous admirions malgré nous cet étrange sentiment de la couleur que la nature a mis dans l'œil harmonieux de ces enfants du soleil.

L'intérêt du spectacle nous absorbait peu à peu. Ne nous blâmez pas, mon ami; c'était quelque chose pour des touristes à la recherche du *pittoresque*. Nous l'aurions cherché vainement au cœur de la ville élégante; à peine l'avions-nous entrevu dans quelques fêtes officielles, et, comme tous les pittoresques de commande, celui-là ne nous avait que trop médiocrement satisfaits; celui-ci surgissait, au contraire, tout-à-coup à nos yeux, imprévu et complet. Car Naples est une ville charmante, il est vrai, mais Naples se *civilise* peu à peu, et, comme toute ville *civilisée*, commence par proscrire ce pittoresque si recherché, ou tout au moins à l'exiler dans ces quartiers sombres et mystérieux où quelque hardi et aventureux explorateur ose seul aller le découvrir. C'est triste, mais il faut le constater: en Italie, comme ailleurs, hélas! types et costumes vont s'effaçant de jour en jour; les physionomies et les tons des vêtements perdent peu à peu de leur valeur, et le moment est proche où les uns et les autres, se dégradant tout-à-fait, se confondront dans une teinte uniforme, monotone et bête.

CHAPITRE X.

Strada del porto. — La cuisine en plein air. — Pourquoi les femmes jolies pourraient battre les femmes laides. — Naples la nuit. — L'homme voit une chose qui faisait la joie d'un enfant. — Vices et vertus d'une marionnette. — Petites misères de la vie conjugale. — Le péché mignon d'une femme. — Pourquoi pleurait une jeune fille. — Paysage au clair de lune. — Quelques lignes spécialement destinées aux fumeurs. — Plus de doutes. — Encore le brigand.

Nous voici revenus à la cohue gastronomique de la strada del Porto... Circulons au milieu de la foule qui fait ses emplettes autour de nous et dévore son repas sur le pouce, en l'assaisonnant de lazzis; tâchons surtout d'éviter la petite guerre qui s'engage d'un groupe à l'autre, à coups de tranches de melons; préservons du moins notre figure, ne pouvant sauver nos oreilles, assourdies de mille cris divers:

— *Ostriche di Fusaro*, crient les uns.

— *Lasagne d'Amalfi*, hurlent les autres, *lasagne fondante!*

— *Ravioli dolci!*

— *Maccaroni di grano duro!*

Pendant que d'un autre côté on nous assassine de *Futelle! Cestole! Carbonchiosi! Carnesecchei! Scottate!*

Esselate! Megliaccie!

Le tumulte croît et grandit, c'est le soir qui arrive ; la flamme des foyers de cuisine ambulants éclate de toutes parts, activée par la graisse qui tombe des grils. Fendons le flot, au risque des éclaboussures, et reprenons la ligne des quais ; elle nous ramène à la Villa Reale.

La promenade élégante s'allume déjà, et, dans ce carré long qu'entoure un ruban de feu, il passe, à cette heure, tant d'admirables créatures à pied dans les allées sablées, tant de beautés merveilleuses en voiture sur la chaussée, que, si toutes ces femmes sont napolitaines, je commence à croire que ce sont les femmes laides qui font exception à Naples.

… Un coup de canon retentit. C'est le signal de la fermeture du port ; la nuit s'est faite par degrés, et le bas peuple va vivre de cette vie turbulente qui lui est propre. La musique d'un régiment de ligne se rend sur la place du palais San-Ferdinand, pour donner le concert qui précède chaque soir la retraite. Le premier morceau est une valse. Un danseur se détache du groupe des curieux dilettante, va chercher une jeune fille dans la foule et valse avec elle ; son exemple est bientôt suivi par d'autres couples ; quelques minutes sont à peine écoulées, et la Place Royale n'est déjà plus qu'une vaste salle de bal dont les musiciens de S. M. font les frais, à la plus grande joie de la population napolitaine.

Toutes les danses du répertoire moderne se succèdent ainsi pendant une heure, jusqu'à ce que le roulement des tambours donne le signal du départ. La foule s'écoule sur les pas de la troupe et va continuer sa soirée en écoutant les lazzis de *Pulcinella*.

Je ne vous ai rien dit encore de ce type populaire, père de notre Polichinelle, ce frère de Punch, de ce Guignol napolitain, dont la verve satirique toujours, parfois sanglante, met en liesse toute cette population des quais, paria de la civilisation, qui va chaque soir applaudir aux facéties grivoises de son bouffon bien aimé. Le drôle a, je vous l'assure, des mots qui feraient honneur à plus d'un poëte ou d'un philosophe. Toutefois, il faut avouer que sa plaisanterie n'est pas toujours assaisonnée de sel attique, et qu'il se prête volontiers au goût des gens qui le font vivre. Abaissant son esprit à leur niveau, il l'échange volontiers contre quelques *tornese*. D'ailleurs, gourmand comme un facchino, paresseux comme un lazzarone et fripon comme tous les deux réunis.

A mon arrivée, ce frondeur impitoyable, cet éternel contempteur de l'autorité, ne craignant ni Dieu ni diable, et pour le moins aussi débauché que Kara gheuz, son confrère de Constantinople, rossai d'importance sa femme, surprise en flagrant délit d *flirtation* trop accentuée. Cette correction maritale souleva de tels cris d'indignation parmi l'auditoire féminin, le malencontreux époux fut tellement hué par les brunes spectatrices, que je crus devoir demander à ma voisine, jeune et robuste pêcheuse de la Marinella et qui me paraissait une des plus animées, la cause de tout ce tapage. La belle enfant voulut bien m'expliquer obligeamment que l'indignation de ces dames, et la sienne propre, prenaient leur source dans la brutalité de ce mari jaloux, et « qu'il « ne valait vraiment pas la peine de battre sa femme « pour une semblable peccadille. »

Je remerciai ma complaisante interprète de son explication et, pour lui montrer qu'elle n'avait pas obligé un ingrat, je joignis mes applaudissements aux siens quand l'épouse coupable, mais non repentante, prit, à son tour, un manche à balai et le cassa sur les épaules de son trop pointilleux époux.

Je ne connais rien de charmant comme ces représentations en plein air, où le ciel bleu de la nuit, piqué d'étoiles, sert de plafond et où la lune joue le rôle de lustre. Et remarquez que là non plus l'illusion ne fait pas défaut à qui la cherche de bonne foi : j'ai vu des jeunes filles pleurer à chaudes larmes, aux infortunes amoureuses de cette pauvre *Civetta*, la fille malheureuse de ce barbare et dénaturé Pulcinella.

..... Nous allons terminer notre soirée par une promenade au bord du golfe. Naples est, à cette heure, enveloppée d'une de ces nuits splendides que le ciel semble avoir faites pour l'Italie seule. Quelque chose de diaphane comme de l'opale volatilisée flotte dans l'air, la brise de mer nous caresse doucement de son souffle doux et velouté, et à ce souffle imprégné de senteurs marines, de parfums d'orangers et de lauriers roses, il semble que la poitrine s'élargit et se dilatte ; on éprouve comme une surabondance de vie.

Suivant de notre pas le plus lent le chemin qui devait nous ramener à l'hôtel, la fantaisie nous a pris de manger une glace chez Benvenutto. Gaspard, chez qui les émotions de toute nature ont toujours un écho dans l'estomac, demanda quelque chose de plus substantiel et se mit bravement à table. Nous demandâmes pour nous des *sorbetti* et des cigares ; on nous présenta ces derniers avec un ingénieux système d'allumage. C'est une bougie à laquelle on adapte un petit appareil, à peu près semblable à celui dont on se sert pour poser les abat-jour de pianos, et terminé par deux crochets sur lesquels on couche le cigare. Lorsque ce dernier est consumé sur une longueur d'un centimètre environ, il est parfaitement sec et peut alors se fumer sans trop de difficulté.

Maxime, qui vient de jeter les yeux sur un journal, me le passe, soulignant, avec l'ongle de son pouce, l'article sur lequel il appelle mon attention. C'est le *Corriere di Napoli* qui parle ; je vous le traduis :

« On nous écrit d'Annoni :

« Le village de San Lupo n'est plus qu'un amas

« de cendres. Quelques hommes de mauvaise mine,
« qu'on avait vus rôder aux alentours, dans la
« matinée qui a précédé le désastre, et qu'on a tout
« lieu de croire appartenir à la bande d'Orso Sca-
« pone, sont soupçonnés d'être les auteurs de cette
« effroyable catastrophe.

« Une jeune fille de quinze ans, Bibiana, fille de
« Jaccoppo Mozzone, a disparu sans qu'il ait été
« possible de retrouver ses traces. On croit que les
« bandits l'auront emmenée avec eux dans la
« montagne. Un détachement de troupes royales a
« été envoyé aussitôt à la poursuite de ces audacieux
« malfaiteurs. Que le gouvernement nous permette,
« à ce sujet, de lui répéter encore une fois... etc. »

Suit une verte mercuriale à l'adresse du gouvernement, qui... et du ministre de la police, dont...

Pour nous, le doute n'est plus permis aujourd'hui. Orso Scapone s'est vengé. Le : *a revederci, magliarda!* est devenu une réalité. Le bandit prit, à nos yeux, une authenticité indiscutable, à faire pâmer d'aise toutes les *ladies* du commerce qui ont vu le jour dans Cheapside, entre Fleet-Street et Poultry.

Que n'eussent-elles pas donné pour pouvoir contempler de près, comme nous, un *vrai* brigand des Abruzzes, et... qui sait!... incendier, peut-être, leur âme à la flamme de quelque passion byronnienne. Quel superbe incident à noter sur son carnet de voyage!...

CHAPITRE XI.

Caprée. — Où il est question du déluge à propos de Tibère. — Description. — L'auteur escalade une montagne. — Ce que l'on voit du sommet. — Les femmes et les ânes. — Courageuse résolution. — Souvenirs d'histoire contemporaine. — *Vanitas Vanitatum*. — Le vin de Tibère. — Etymologie. — De vilaines choses sous un joli nom. — La grotte d'azur. — Le palais des fées. — L'homme qui a la tête noire et le corps blanc. — Quelques mots de physique.

Nous avions résolu de faire ce matin l'ascension du Vésuve, mais le jour s'est levé terne et grisâtre, enveloppant le soleil d'un manteau de nuages qui semblait, pour nous faire honneur, emprunté au ciel de notre belle France. Nous avons changé notre itinéraire et mis le cap sur Caprée. C'est par un temps pareil, me semble-t-il, qu'on doit visiter ce repaire où le monstre impérial abrita sa tyrannie, ses cruautés et ses effroyables débauches, dont la mémoire sinistre plane encore sur l'île et se lie invinciblement à son nom.

Quelque délicieux que soit ce pays de Capri, couvert de myrthes, de térébinthes, d'orangers et de palmiers, le cœur se serre en l'abordant et l'esprit évoque, malgré lui, le souvenir du farouche et cruel tyran qui s'y retira pour s'isoler du Sénat de Rome et gouverner le monde du haut de son rocher.

Caprée est entourée de rochers qui en rendraient l'accès impraticable si la nature n'y avait creusé deux anses où les barques peuvent aborder. Vue de la mer, l'île présente l'aspect de l'animal dont elle tire son nom *(capra)*, une chèvre accroupie, mais levant la tête. Le mont Solara, élevé de dix-huit cents pieds au-dessus du niveau de la mer, forme le dos de l'animal ; la tête est le promontoire qui regarde le cap Campanella ou cap Minerve des anciens. Notre barque partit de ces eaux où les navires du roi d'Ithaque avaient mouillé et nous prîmes terre au bout d'une heure de navigation.

Quoiqu'il y ait peut-être peu de points dans le monde offrant autant de souvenirs historiques que Caprée, je n'abuserai pas de la circonstance pour vous ennuyer d'une érudition facile et remonter jusques aux Osques et aux Tyrrhéniens, ses premiers maîtres. Comme Petit-Jean, « passons tout de suite au déluge » et rappelons seulement qu'Auguste l'acquit des Napolitains, en échange d'Ischia (Anarie), qu'il en fit un lieu de délices où il résida quatre ans et qu'il la légua en mourant à Tibère, son successeur.

Tibère, suivi de son terrible ministre Séjan, s'y retira à son tour, mais comme se retire dans son antre un vieux tigre qui va mourir. Vous savez ce qu'en dit Suétone : « Là seulement, entouré de vaisseaux qui nuit et jour le gardaient, il se crut à l'abri du poignard et du poison. Sur ces roches (où l'œil ne voit plus aujourd'hui que des ruines), s'élevaient douze villas impériales portant les noms des douze grandes divinités de l'Olympe. Dans ces villas, dont chacune servait durant un mois de forteresse à l'empereur, et qui étaient soutenues par des colonnes de marbre dont les chapitaux dorés soutenaient à leur tour des frises d'agathe, il y avait des bassins de porphyre où étincelaient les poissons argentés du Gange; des pavés de mosaïque dont les dessins étaient formés d'opales, d'émeraudes et de rubis; des bains secrets et profonds. Autour de ces villas s'élevaient deux forêts de cèdres et des bosquets d'orangers où se cachaient de beaux adolescents et de belles jeunes filles qui, déguisés en faunes, en dryades, en satyres, en bacchantes, chantaient des hymnes à Vénus, tandis que d'invisibles instruments accompagnaient leurs voix amoureuses; et quand le soir était venu, quand une de ces nuits transparentes et étoilées comme une nuit d'Orient, s'était abaissée sur la mer endormie; quand la brise embaumée, soufflant de Sorrente ou de Pompeïa, venait se mêler aux parfums que des enfants, vêtus en amours, brûlaient incessamment sur des trépieds d'or; quand des soupirs étouffés, des harmonies mystérieuses frémissaient de toutes parts, vagues et confus, un phare immense s'allumait qui semblait un soleil nocturne. Bientôt, à sa lueur, on voyait sortir de quelque grotte et marcher le long de la grève, entre son astrologue Thrasylle et son médecin Chariclès, un vieillard vêtu de pourpre, au cou roide et penché, au visage silencieux et morne, secouant, de temps en temps, une forêt de cheveux argentés qui retombaient sur ses larges épaules, ondulant comme la crinière d'un lion. Le vieillard laissait tomber de ses lèvres quelques mots rares et tardifs, tandis que sa main, aux gestes efféminés, caressait la tête d'un serpent privé qui dormait sur sa poitrine. Ces mots, c'étaient quelques vers grecs qu'il venait de composer, quelques ordres pour des orgies secrètes, quelque sentence de mort qui, le lendemain, allait, sur les ailes d'une galère latine, aborder à Ostie et épouvanter Rome. Car ce vieillard, c'était le divin Tibère, le troisième César, l'empereur aux yeux fauves qui, pareils à ceux du loup, du chat et de l'hyène, voyaient clair dans l'obsurité. »

De toutes ces magnificences il ne reste plus aujourd'hui que des ruines ; mais, plus vivace que la pierre et le marbre, la mémoire du vieil empereur est demeurée tout entière. On dirait, tant son nom est encore dans toutes les bouches, que c'est d'hier qu'il s'est couché dans la tombe parricide que lui avait préparée Caligula et où le poussa Macron ; on dirait qu'à défaut de son corps, on tremble encore devant son ombre, et les habitants de Capri et d'Ana-Capri, les deux cités de l'île, montrent encore les restes de son palais avec la même terreur qu'ils montreraient un volcan éteint, mais qui, à chaque jour, à chaque heure, à chaque minute, peut se ranimer plus mortel et plus dévorant que jamais.

En voilà bien long sur le vieux Caprée, n'est-ce pas? aussi ai-je voulu vous éviter l'ennui d'une froide description et laisser parler l'inimitable écrivain. Maintenant, laissez-moi vous dire que, s'il faut gravir un escalier de cinq ou six cents marches creusé dans le roc pour arriver au haut du mont Solaro, la fatigue de cette rude ascension est amplement rachetée par le panorama splendide que l'œil embrasse de son sommet. Nous avions Naples en face de nous; à notre droite, cette fille voluptueuse de la Grèce, Pœstum, dont les roses, « qui fleurissaient deux fois l'an, » allaient se faner au front d'Horace et s'effeuiller sur la table de Mécène; Sorrente « au doux nom, au doux rivage; » Pompéia, endormie dans son linceul de cendres et qui, à demi réveillée aujourd'hui de son sommeil plusieurs fois séculaire, voit le soleil napolitain redorer, comme autrefois, ses édifices de marbre, ses peintures ardentes, ses trésors innombrables. Puis Torre del Greco, puis Resina et Portici, ces faubourgs de Naples. A gauche, Pouzzoles et son temple de Sérapis, à moitié caché dans l'eau; Cumes et son antre sibyllin où descendit le pieux Enée; le golfe où Caligula, jaloux de la gloire de Xercès et désireux de le surpasser en... folie, jeta un pont d'une lieue dont on voit encore les ruines; Bauli, d'où partit la galère impériale qui devait s'ouvrir sous les pieds d'Agrippine; puis enfin Misène, où repose le corps du trompette d'Enée et d'où Pline l'ancien alla mourir sous les cendres de Stabie.

Représentez-vous, si vous le pouvez, toutes ces magnificences et couronnez-les par ce phare immense qu'on appelle le Vésuve et qui les domine de sa masse géante. Y a-t-il un spectacle plus féerique au monde?... Pour moi, j'en avais le vertige et peu s'en est fallu que je ne subisse le sort de Séjan, car j'ai failli dégringoler du haut de ce fameux rocher d'où le tyran précipitait ses victimes *post longa et exquisita tormenta*, comme le dit si bien Suétone.

Nous sommes entourés, à la descente, par un tourbillon de femmes et d'ânes; bêtes et gens nous bousculent de la bonne façon. Les uns braient d'une façon lamentable, les autres nous harcèlent de leurs offres de service pour parcourir l'île; prières criardes, lazzis railleurs s'échangent avec un vacarme infernal, mais ne peuvent en rien modifier notre détermination. Une espèce de petit cabaret nous offrant un abri, nous nous y sommes réfugiés avec enthousiasme; on y boit un petit vin blanc de Capr qui porte encore, — je ne sais trop pourquoi, — l surnom de *vino tiberiano*. Hâtons-nous d'ajouter à sa décharge que, malgré cette odieuse étiquette, c vin est fort savoureux et accompagne merveilleusement un rôti de ces cailles d'Afrique dont l'ile foisonne et auxquelles je ne ferai qu'un reproche, celui d'être trop grasses.

Mon amour-propre national a reçu quelques égratignures. Croiriez-vous, mon ami, que l'expédition de Lamarque, en 1808, qui arracha Caprée à la domination anglaise et en chassa ignominieusement son gouverneur, qui n'était alors qu'infâme et qui devait plus tard être bourreau, Hudson Lowe, croiriez-vous que cette expédition a laissé à peine un souvenir sur ce théâtre de la valeur française? Oh! la gloire de ce monde!

Vous ai-je parlé des *centum camerellœ*, ces cent chambres où l'abominable tyran enfermait les victimes de ses plaisirs et où se dénouaient ces drames des *Sellarii* et des *Spentriœ?* vous ai-je dit que nous avions pénétré jusque dans ces grottes qui servirent au culte de Mithra et que, pour cette raison, on appelle *Matrimunia*? Non, n'est-ce pas? Eh bien, tant mieux, car je serais forcé de mettre de bien vilaines choses sous ces jolis noms, et je préfère de beaucoup vous conduire avec nous dans l'intérieur de cette merveille nommée la Grotte d'azur.

Quand vous débarquez à Capri, il n'y a pas que les âniers et les ânes auxquels vous soyez en butte; les bateliers vous tirent aussi chacun de leur côté et vous assaillent à l'envi pour vous conduire à la grotte. Nous en choisîmes quatre, car il faut une barque et un batelier par voyageur, l'entrée étant si basse et si étroite qu'on ne peut y pénétrer qu'avec un canot très-effilé.

Quoique en beau temps, la mer brise néanmoins avec une telle force contre la ceinture de rochers dont la base de l'île est entourée que le ressac nous force à nous étendre à plat au fond de l'embarcation pour ne pas être jeté par dessus bord. Dans cette position horizontale, nous franchissons, portés par la lame, le petit trou noir et circulaire par où l'on pénètre dans la grotte. A quelques secondes d'obscurité, succède bientôt un jour azuré d'une lumière si transparente et si pure qu'on croit nager dans « de l'air épaissi. » Sur nos têtes, sous nos pieds, autour de nous, tout est bleu. Du plafond, couleur d'outremer, pendent de merveilleuses stalactites; au fond de l'eau, que pique un sable d'or, s'entrelacent des végétations sous-marines; le long des parois, des branches de corail enchevêtrent leur végétation éclatante et capricieuse. Nous roulions d'étonnements en admirations lorsqu'un de nos bateliers se déshabille, se lance à l'eau et nage en faisant mille évolutions autour de notre barque; alors le prodige devient une féerie. Le corps du matelot n'est pas bleu, il est d'une blancheur éblouissante; on dirait une statue de marbre de Paros se détachant sur un fond de cobalt; bien plus : à chacune de ses évolutions, la tête du plongeur, au moment où elle émergeait de l'eau, devenait du noir le plus foncé, du jais le plus étrange.

Rien au monde ne peut donner une idée de ce spectacle saisissant devant lequel le pinceau lui-même, ce grand enchanteur, demeure impuissant. Quelle Ondine, quelle Naïade, quelle Sirène a choisi ce merveilleux palais pour retraite? Suétone, que je vous ai cité plus haut et qui nous a si minutieusement décrit les Thermes de Tibère, n'en fait nulle mention : d'où il faut en conclure que la grotte d'azur était, sans aucun doute, inconnue des anciens; la mythologie païenne n'eut eu garde de passer sous silence cette piscine naturelle et n'aurait certes pas manqué de lui donner quelque déesse au nom harmonieux pour génie tutélaire.

Une demi-heure après, nous repassions sous la voûte sombre avec les mêmes précautions et le même bonheur, mais la clarté subite du jour nous aveuglait; nous fermâmes les yeux, et, quand nous les rouvrîmes, la vision enchantée n'était déjà plus pour nous qu'un rêve. La féerie redevenait un phénomène tout naturel de la décomposition du spectre solaire qui, changeant de direction en pénétrant dans un milieu dense, forme, avec la direction primitive du rayon lumineux, un angle différent. Or, les rayons bleus étant les plus réfrangibles pénètrent seuls, à travers l'eau qui obstrue l'orifice, dans l'eau de la grotte qui, par la réflexion des parois, se trouve ainsi éclairée tout entière de cette teinte d'azur.

Nous avions vu tout ce que Caprée pouvait nous offrir de curieux; nous remontâmes dans notre embarcation et reprîmes la route de Naples. La ville indolente et paresseuse s'étendait nonchalamment sur son amphithéâtre de montagnes, s'enveloppant ce soir, la coquette, dans un manteau de pourpre et d'or.

CHAPITRE XII.

Excursion au Vésuve. — Paysage du matin. — L'auteur craignant d'avoir froissé la susceptibilité des jeunes Napolitaines tente de regagner leurs bonnes grâces. — Ce qu'il a l'indiscrétion de leur demander. — Parallèle plein d'amertume entre les hôtelleries françaises et les *osterie* italiennes. — En route. — Tristesse. — Le vin de *lacryma-Christi*. — La mer de lave. — Le voyageur emprunte le cheval de Saint-François. — Un mot sur le Vésuve. — Les caprices d'un géant. — Ascension. — Abomination de la désolation. — Sur la montagne. — Horrible gouffre entrevu. — Ce que l'auteur y voit et entend d'effrayant. — Coucher de soleil. — Quelle pensée saisit le voyageur.

La voilà passée cette terrible journée.

J'ai failli, pour plus de couleur locale, vous dater ces notes du Vésuve et les écrire avec de la lave dissoute dans du lacryma-Christi, une coquille d'œuf cuit au feu du cratère, pour écritoire.

Je reviens du Vésuve moulu, brisé, anéanti, et je ne sais encore ce qui domine en moi, de la fatigue ou de l'admiration; toutes deux, je crois. Empédocle laissa ses sandales à l'Etna, qui les rejeta; j'ai laissé mes bottines au Vésuve, qui ne me les rendra jamais.

C'était hier. Le jour s'annonçait splendide; une vapeur tremblottante flottait comme un voile de gaze sur les hauteurs de Capo di Monte; à peine si quelques petits nuages, roses comme les chérubins des tableaux de l'Albane, traversaient le ciel ; à l'horizon, une fumée bleuâtre couronnait seule, comme un mouvant panache, le front du vieux géant dont nous allions troubler le sommeil.

Nous avions choisi la route de terre pour visiter plus commodément Portici, Torre del Greco, Resina, Torre del Annunziata. Nous montâmes à cheval au lever du soleil : à Resina, des guides nous attendaient pour nous conduire au volcan.

Cependant, avant de commencer l'historique de cette journée, insérons ici une petite note rectificative. J'ai écrit quelque part,—je ne sais plus où,—que les femmes de Naples m'avaient paru, sous le rapport de la beauté, moins bien partagées que les Romaines. Or si, d'aventure, — *habent sua fata libelli*, — cette malencontreuse page venait à tomber sous les yeux de quelques jeunes Napolitaines, elles seraient capables, malgré la petitesse proverbiale de leurs mains, de renouveler sur moi le supplice de Penthésilée, ce dont Dieu nous garde, elles et moi.

Je confesse donc aujourd'hui humblement mes torts. Je ne vous avais pas encore vues, jeunes filles de Portici, de Resina, de Torre del Greco et surtout d'Annunziata : ma plume eût-elle osé se faire la complice d'une semblable assertion ? A cette heure, je suis heureux de rendre à vos charmes les hommages qui leur sont dus, et d'assurer ainsi, du même coup, la sûreté de ma personne et la tranquillité de ma conscience.

Oui, vous portez avec une grâce coquette, je le reconnais, votre éclatant costume rouge et noir, et vous savez draper avec un négligent et voluptueux abandon sur vos épaules brunies, le fichu de mousseline festonnée qui voile sans les cacher les riches promesses de votre corsage de velours. Elle vous sied à ravir cette étoffe aux couleurs voyantes si coquettement pliée en carré sur votre tête, et ses teintes ardentes se marient à merveille aux nattes de votre luxuriante chevelure dont l'ébène fait pâlir l'aile du corbeau. Chez vous, l'aiguille d'or a remplacé le poignard avec lequel la Transtévérine retient sa coiffure, et votre grand œil, ô mes belles jeunes filles, garde toujours sous sa paupière bistrée un rayon de votre soleil napolitain.

Je vous ai vues, indolemment couchées sur les bancs de vos terrasses, — car vos cabanes de pêcheurs ont, comme le palais du prince, ces promenades aériennes d'où l'esprit s'élance avec tant de ravissement dans le monde des rêves. — Votre regard, perdu sur la vaste mer dont le flot venait mourir sur la plage, ou tourné vers Sorrente, prêtait à peine une attention distraite à ces passants curieux qui, pour vous voir plus longtemps encore, avaient ralenti l'allure de leurs chevaux. Si vous saviez pourtant, les jolis poëmes que votre vue faisait chanter dans leur cœur et avec quelle émotion rêveuse, tendre peut-être, ils se remémoraient cet appel mélancolique aux jours d'autrefois :

« *Primavera, gioventu dell anno!*
« *Gioventu, primavera dell' eta!...* »

Allons! en retour de leur admiration discrète, du bout de vos doigts effilés, de vos lèvres plus rouges que les perles de corail de votre collier, adressez-leur le souhait sympathique dont vos antiques devancières saluaient le voyageur attardé : *I pede fausto.*

Reprenons notre récit.

Ainsi que je vous l'ai dit, cavaliers et chevaux étaient attendus à Resina. Après avoir mis pied à terre et confié nos montures aux hommes de l'escorte, nous désirâmes nous restaurer un peu afin de prendre de nouvelles forces.

Nous fûmes servis avec un empressement relatif, mais d'autant plus remarquable qu'il n'en est point des hôtelleries italiennes comme des hôtelleries françaises. Vous savez, chez nous, avec quelle touchante cordialité, aubergistes et voyageurs se précipitent au-devant les uns des autres. Ici rien de semblable, nous le savions; nous nous attendions même à l'inévitable et sacramentel : « *subito,* » mais nous savions le degré de confiance qu'il méritait. Aussi fûmes-nous stupéfaits de voir la réalisation suivre d'aussi près la promesse. Le couvert fut dressé avec une rapidité qui tenait du miracle.

C'était un grand pas, mais ce n'était pas tout.

Jamais menu ne mérita mieux son nom. Je ne saurais trop vous le redire; dans ces excursions en Italie, le repas devient une grande affaire; seulement, la plupart du temps c'est une affaire manquée. D'ailleurs les indigènes ne paraissent pas éprouver le moins du monde le besoin de manger, et, par les choses qu'ils absorbent, il est facile de se convaincre que chez eux, cette opération, non seulement n'est pas un art, mais n'est pas même une habitude.

Nous nous levâmes de table ayant par la carte la preuve que nous avions déjeuné et par notre appétit celle que nous étions encore à jeun.

Un quart d'heure après, notre cavalcade prenait la route de l'ermitage de San Salvatore, première halte de notre excursion..

Bientôt les dernières habitations du village sont laissées en arrière; çà et là quelques maisons éparses, mais se faisant plus rares à mesure que nous approchons de la mer de lave. Sur le revers de la route, une table rustique, coquettement parée d'une serviette blanche, sur laquelle se dressent des verres et quelques fiasques de lacryma-Christi, blanc et rouge, offre une tentation facile au voyageur; nous y succombons d'autant plus volontiers que la chaleur nous gagne déjà et nous promet une journée brûlante.

Nos gourdes remplies de ce vin délicieux, nous jetons un dernier regard sur les plantations de vigne où se récolte le précieux liquide et dont la végétation vigoureuse semble entretenue par un feu intérieur. Dix minutes après, nos chevaux posent les pieds sur les premières vagues de cet océan de lave durcie, au milieu duquel nous nous trouvons bientôt engagés.

Autour de nous, rien que de la lave, tantôt noirâtre, tantôt fauve; çà et là de légères colonnes de fumée, s'élevant à quelques pieds de terre, se dégagent des scories du volcan; c'est de la lave que le temps n'a pu durcir et qui fume encore depuis huit ou dix ans. Une route grossièrement frayée à coups de pic nous permet de chevaucher une demi-heure environ. Nous laissons à notre gauche un édifice dont la vue nous cause une vive surprise au milieu de ce site désolé: c'est l'observatoire météorologique bâti sur les confins du monde habitable. Contournant sa base, nous laissons nos montures, quelques pas plus loin, à la garde d'un de nos hommes. L'ascension commence; il nous faut, selon l'expression italienne, enfourcher le cheval de saint François *(montare il cavallo di san Francesco)*, c'est-à-dire que les jambes vont faire leur office et s'exercer sur un parcours de quinze cents mètres d'altitude et par une rampe de cinquante degrés.

Pendant que les guides apprêtent leur léger bagage, un mot sur ce célèbre rival de l'Etna, que l'antiquité regardait comme un volcan éteint depuis des siècles, et dont on n'avait jamais connu les ravages. Quel terrible réveil lui gardait sa première éruption historiquement connue, celle de l'an 79 de J.-C., qui arracha si brusquement les paisibles habitants du golfe de Naples à leur quiétude et à leur profonde sécurité ! Cette éruption, qui ensevelit Herculanum, Pompéïa, Oplonte et Stabie, et coûta la vie à Pline l'ancien, partagea le Vésuve en deux sommets ; cela lui donne aujourd'hui une physionomie toute particulière. Le premier est un cône volcanique ou Vésuve proprement dit ; le second, formant au nord et à l'est du premier une ceinture demi-circulaire, est la *Somma*; entre les deux se creuse une vallée d'environ cinq cents mètres de largeur, connue sous le nom d'*Atrio del Cavallo*.

Depuis sa première équipée jusqu'aux dernières, qui ont complètement changé la face des lieux, on peut mettre à l'actif du vieux géant une quarantaine de caprices de ce genre ; mais tous ne furent pas, cependant, au même degré désastreux. En 1538, par exemple, à la suite d'un de ses accès de fièvre, il lui poussa une tumeur de cent trente-quatre mètres de hauteur. Cette tumeur combla en partie le lac Lucrin et fut Monte-Nuovo, près de Pouzzoles. Vous voyez que les agitations du colosse étendent au loin leur feu sous-marin.

Gravissons maintenant sa pente rugueuse. Les

guides se sont munis de cordes, dont on peut avoir besoin. Nous donnons une accolade à notre gourde et nous posons résolûment le pied sur cette région de l'horreur et de la désolation. Depuis longtemps toute trace de végétation a disparu ; ce n'est plus autour de nous qu'un amalgame confus de sillons de cendres, de masses de scories de tous les âges, de crevasses de soufre où la pierre ponce se mêle au bitume, à l'alun, au verre, au nitre, où la lave se fond avec le cuivre, où la terre cuite se heurte au fer ; tout cela présente un aspect sinistre qui serre le cœur ; tout cela roule pêle-mêle sous nos pieds ; on fait un pas en avant et dix en arrière ; bientôt nous nous enfonçons jusqu'aux genoux dans la cendre calcinée ; à de rares intervalles lui succède un sol moins friable, mais plus douloureux aux pieds, sorte de mâchefer et de lave durcie. La marche devient d'une difficulté inouïe ; nous grimpons tantôt debout, tantôt à quatre pattes, n'osant pas regarder au-dessous de nous, tant la pente est rapide. Haletants, épuisés, à bout de forces mais non de courage, nous nous arrêtons un instant en face de la Somma, puis nous essayons de reprendre notre marche. L'air s'est raréfié et nous oppresse la poitrine. Qu'importe. « En avant ! » Nous repartons plus intrépidement encore et nous atteignons enfin, ruisselants de sueur et au prix des plus énergiques efforts, les larges lèvres du cratère supérieur, la *Bocca di Palo*.

Nos yeux essaient de plonger dans le gouffre, mais l'abîme est loin d'être à pic; nous n'avons devant nous que de larges pentes de scories noires, crevassées dans tous les sens; dont les mille fissures vomissent une fumée qui se concentre au-dessus du cône en gigantesque panache. Pour voir au plus profond du cratère, il faut donc s'avancer sur cette pente brûlante. Les cordes vont faire leur office : solidement nouées par les guides à l'anneau de fer de notre ceinture, elles nous sont un indispensable auxiliaire pour cette aventureuse exploration. En effet, dès les premiers pas que nous tentons, le sol craque sous nos pieds, les scories se tassent comme si elles allaient s'ébouler et nous entraîner dans le gouffre.

— *Facilis descensus Averni!* murmure Adhémar.

Les cordes se tendent sous l'effort de nos guides, et nous descendons avec mille précautions vers l'abîme qui s'ouvre devant nous, horrible et mugissant, aveuglés par une fumée âcre et brûlante qui nous enveloppe de ses tourbillons, assourdis par les mugissements profonds qui s'échappent de la fournaise, semblables à un grondement continu. Puis, au milieu de cette inénarrable agitation, l'oreille perçoit comme des sifflements stridents, des ébranlements immenses; l'œil saisit au passage un éclair rougeâtre : c'est la lave en fusion qui bouillonne, monte et s'échappe par quelque fissure souterraine. La température devient insoutenable;

nos temps battent à coups pressés ; le vertige et ses rouges tourbillons s'emparent de notre cerveau alourdi. Nul de nous ne se souciant de recommencer la plaisanterie d'Empédocle, nos mains serrent convulsivement les cordes d'appui ; les guides tirent à eux et nous remontons en toute hâte sur le bourrelet extérieur du cratère.

Là le spectacle change, mais n'en est pas moins grandiose ; dangers, fatigues, souffrances, nous oublions tout, pour ne plus voir que le merveilleux tableau déroulé sous nos yeux. Le soleil disparaissait visiblement à l'horizon, inondant la mer de ses feux. A notre droite, les îles, le Pausilippe, Naples et son amphithéâtre ; Castellamare et Sorrente à notre gauche ; Portici, Resina, Torre del Greco à nos pieds ; et devant nous, enfin, le golfe aux mille baies, irisé de pourpre et d'or, peuplé de chaloupes et de balancelles, et qui, tantôt flamboyant comme une mer de sang, tantôt resplendissant comme un miroir immense, reflétait les moindres détails du rivage.

Comment vous peindre un pareil spectacle ? La parole est impuissante, vous le comprenez. Quant à nous, je sais que le cri d'admiration qui monta de nos cœurs s'arrêta sur nos lèvres et se fondit en une prière muette devant l'œuvre de Dieu. Jamais je ne l'avais vu de si près, jamais je ne l'avais senti si grand.

Cependant l'heure marchait ; il fallut songer au retour.

Monter était déjà difficile, mais descendre était si facile que la difficulté s'en augmentait davantage. Tant bien que mal, néanmoins, roulant, marchant, glissant et tombant, noirs de cendre et de fumée, nous rentrâmes en possession de nos chevaux. Nous retrouvâmes la mer de lave, qui fut franchie comme la première fois, et lorsque nous eûmes atteint la région des champs cultivés, alors seulement nous commençâmes de respirer plus librement.

Notre entrée à Resina n'eut rien de triomphal ; nous étions revenus méconnaissables, même pour nos meilleurs amis.

Demain nous visiterons Herculanum et Pompéïa.

CHAPITRE XIII.

Où toute âme sensible ne pourra s'empêcher de compâtir aux légitimes doléances de l'auteur. — Excursion aux villes mortes. — Herculanum. — Un boulanger trouve ce qu'il ne cherchait pas. — Raisonnement admirable. — Ce qui abonde ne nuit pas. — Promenade d'agrément dans une cave. — Grandeur d'âme de l'auteur en cette occasion. — Vue de Pompéïa. — L'auteur se récrie sur les beautés admirables des langues Osque et Syriaque. — Le roi d'Italie redemande pour boire à l'auteur. — Archéologie. — Deux lettres de Pline. — Un drame au bord de la mer.

Qui diable a prétendu qu'une mauvaise nuit était bientôt passée?...

Comme on devient patriote en Italie, et avec quelle douceur on se remémore nos vieilles auberges de province!

Vous connaissez leurs lits immenses, aux amples rideaux de serge, leurs larges fauteuils massifs où le voyageur fatigué peut, du moins, à défaut de sommeil, trouver le repos pour ses membres endoloris, et vous savez surtout avec quel sentiment profond de voluptueux sybaritisme on s'étend dans dans ces grands draps, un peu rudes au contact, peut-être, mais qui répandent une si fraîche odeur de de thym ou de lavande.

Rien de pareil à Resina, et Dieu sait pourtant si

nous étions décidés à nous montrer accommodants sur la qualité. Un souper, un lit... un lit, surtout! demandions-nous sur tous les tons de la gamme la plus suppliante. Mais cette double exigence, aussi légitime qu'elle pût être, était un de ces souhaits qu'il est plus facile de former que de voir s'accomplir. Sa réalisation rentrait trop dans le domaine de la féerie. Nous nous étendîmes donc, résignés et anéantis, sur ce carré de lave qui usurpe impudemment ici le nom de matelas, et nous attendîmes, assaillis par une bande de rats, dévorés par une armée de moustiques et harcelés par une légion de puces, que le jour parût. Ce moment désiré vint enfin : la voûte sombre commença à pâlir; une légère teinte d'opale éclaira peu à peu le ciel, sur lequel le Vésuve se découpait en vigueur; puis la teinte d'opale passa au rose tendre, et les blondes vapeurs du matin baignèrent bientôt la tête colossale du vieux géant.

Ce fut le signal du départ.

Nous commençâmes notre excursion aux villes mortes par *Herculanum*, que nous avions, non pas sous la main, mais sous les pieds. Resina cache, en effet, sous le tuf qui lui sert de fondations, la vieille cité d'Hercule dont elle était le port, engloutie par la fatale éruption de l'an 79, avec ses trois sœurs voisines, Oplonte, Stabie et Pompeïa.

Le hasard amena la découverte de la première ville.

Un boulanger, creusant un puits pour son usage, ramena, parmi les laves qu'il en tirait, un bras de marbre d'un travail admirable. Notre individu, en homme sensé qu'il était, soupçonna que ce bras devait appartenir à un corps et résolut de s'en assurer; il descendit donc dans son puits et découvrit, à moitié enseveli, une merveilleuse statue. Tout fier de sa trouvaille, il la montra au prince d'Elbœuf. Celui-ci était justement en quête de marbres pour orner un palais qu'il faisait construire à Portici; la chose tombait donc à point. Le prince fit explorer les lieux, acheta la maison du boulanger et ouvrit des fouilles dont le résultat dépassa ses espérances les plus ambitieuses. Pendant cinq ans le prince regorgea de trésors artistiques dont il enrichissait ses amis, tantôt le duc de Savoie, tantôt Louis XIV. Charles III, qui régnait alors à Naples, s'émut pourtant un beau jour d'un tel gaspillage. Un ordre souverain fit cesser les recherches particulières et l'Etat les entreprit pour lui-même. Les travaux, arrêtés quelques années après, reprirent avec une vigueur inaccoutumée sous la domination française. Toutes les richesses artistiques de l'antiquité qui sortirent de terre furent dès lors religieusement conservées, à Portici d'abord, puis en dernier lieu au musée de Naples, où elles composent aujourd'hui, comme nous l'avons vu, une collection sans rivale.

Nos guides, munis de torches, s'engagent dans un étroit escalier à pente raide où nous les suivons ; nous sommes sous le tuf vomi par le Vésuve.

Je n'ai trouvé, je vous l'avoue, dans cette promenade faite à la lueur des flambeaux, au fond d'une cave, qu'un intérêt assez médiocre : des piliers massifs, destinés à soutenir les terres supérieures, se dressent à chaque pas et empêchent l'œil de saisir facilement l'ensemble et la disposition des lieux. C'est ainsi que nous visitons le *Théâtre*, qui pouvait contenir environ huit mille spectateurs et la *Basilique*, dont on a détaché la plus grande partie des fresques. Quant aux rues, autant qu'on puisse en juger, elles sont droites et bordées de trottoirs. Je passe sous silence la *Chalcidique*, dont on ignore l'usage, le *Forum*, le *Marché* et la *Villa des Papyrus*. Je pardonne à toutes ces belles choses l'immense ennui que nous ont suinté tous ces vieux murs, non moins délabrés que souterrains, en faveur de l'immense résultat qu'ils ont produit : celui d'avoir provoqué la recherche et amené la découverte — je devrai dire la résurrection — de Pompéi. Car Pompéi est non-seulement la plus intéressante curiosité de l'Italie, mais encore le plus complet et le plus magnifique ensemble de la civilisation romaine que nous ait laissé l'antiquité. La ville entière est là, non plus maintenant sous nos pieds, mais à la pure lumière du soleil, s'étalant aux regards telle que l'habitaient ceux qui l'ont quittée il y a près de deux mille ans. On peut se promener dans ses rues, lire les affiches appliquées aux murailles, s'égayer devant les carricatures charbonnées sur les murs par les gamins de l'époque, entrer dans ses temples, visiter ses théâtres, parcourir ses maisons, pénétrer dans les appartements les plus secrets et retrouver encore sur le pavé de ses dalles l'ornière du dernier char qui l'a traversée.

C'est là, mon ami, la seconde étape de notre excursion.

..... Sur la route qui conduit à Pompéi, s'égrène un long chapelet de villas coquettes, élégantes, gracieuses, aux noms sonores et poétiques qui résonnent comme des noms heureux. Quelques-unes la Favorita par exemple, bâtie sur la coulée de lave de 1631 se campent fièrement en face du volcan, avec un petit air de crânerie tout à fait réjouissant. Leur sort est, d'ailleurs, tracé d'avance : élevées sur la lave, sorties en entier des entrailles de la montagne, elles doivent fatalement y rentrer un jour. C'est inévitable. Torre del Grecò jetée sur une coulée de trachite qui lui sert de fondations, n'est autre chose que le suaire d'Oplonte ; Castellamare n'est aujourd'hui que la Stabie antique dormant à ses côtés sous un exhaussement du sol, fleuri comme le tombeau d'une jeune fille. Castellamare et Torre del Grecò, écloses à la surface du volcan comme leurs poétiques devancières, disparaîtront comme elles dans une tempête.

Une dernière éminence formée de produits volcaniques, accidente la plaine. Notre guide nous la montre du doigt en nous disant :

— *Ecco le rovine di Pompéia.*

Nous touchons au but de notre pèlerinage. Prenant à peine le temps de goûter au déjeuner de l'hôtel Diomède, — qui méritait pourtant une attention moins superficielle, — nous nous jetons à corps perdu dans les rues de la ville, tant nous avons hâte de voir, de connaître, d'examiner ses moindres recoins, de nous arrêter devant ses édifices, de retrouver partout, en un mot, la demeure de l'homme... et dont l'homme est absent depuis deux mille ans !...

Le mot Pompéia est, au dire des savants, un mot syriaque ou osque qui signifie *bouche d'un fourneau ardent*. Le syriaque, vous le voyez, est une langue dans le genre de celle que parlait Covielle au Bourgeois gentilhomme, et qui exprimait tant de choses en peu de mots.

Que son nom vienne du syriaque ou des osques, la ville est bâtie sur une sorte de colline formée par un amoncellement de débris volcaniques, ce qui lui permet de dominer la plaine, d'un côté ; de l'autre, la mer vient baigner le pied des assises sur lesquelles s'appuient ses remparts. Aussi, tout en se promenant sur le *forum*, le voyageur voit se dérouler à ses yeux, comme un vaste panorama, la pleine mer semée d'îles bleuâtres : Ischia, Capri, Procida, à droite, Naples et la chaîne du Pausilippe ; puis le golfe de Baïa et le cap Misène ; à gauche, enfin, Resina, Torre del Greco et le Vésuve.

L'impôt de deux francs perçu par l'Etat sur la curiosité du touriste acquitté, nous sommes libres d'errer à notre gré dans la cité que Tacite et Sénèque nommaient *la Célèbre*, et dont le goût de ses habitants, les inspirations de Vitruve et le zèle de ses édiles avaient fait un municipe important, comme son port, où aboutissait le commerce de Nola, de Nocera et d'Astella, en avait fait un des plus florissants.

Il ne saurait entrer dans le cadre de ces notes de vous faire l'historique de cette colonie depuis le iv° siècle, époque où les Samnites s'emparèrent de la Campanie et en jetèrent probablement les fondations, jusqu'à l'an 91, où elle acquiert une certaine notoriété à l'occasion de la guerre sociale. Toutefois, jetons un coup d'œil rapide sur son passé.

Saccagée par Sylla, pour la punir ainsi d'avoir embrassé le parti de Marius, elle se relève un peu de ses ruines et voit passer dans ses murs Cicéron, qui y possédait une de ses résidences favorites ; Sénèque le philosophe et Phèdre le fabuliste, vinrent, l'un y passer l'été, l'autre lui demander un asile ; Auguste et Claude l'honorèrent de leurs visites impériales ; sous l'inspiration de Néron, de nouvelles colonies vinrent s'y fixer. Le nombre des habitants s'accroît dès lors, et Pompéï devient bientôt plus grande et plus florissante que jamais.

Mais, avec l'opulence, la corruption a pénétré dans son enceinte ; ses dernières heures sont comptées. Un jour, — jour à jamais mémorable, — le 23 août 79 de notre ère, — une sourde explosion se fait entendre ; le sol tremble sous les pas, comme pris d'une fièvre subite; la montagne se voile d'épaisses ténèbres; le velarium qui recouvrait l'amphithéâtre, secoué par un vent furieux, se déchire en lambeaux ; une pluie de pierres s'étend sur la ville et, la recouvrant d'un funèbre linceul, l'ensevelit avec Herculanum, Oplonte et Stabie. La catastrophe dura trois jours, durant lesquels la population, affolée de terreur, cherchait, au sein de la nuit qui l'enveloppait de toutes parts, à se sauver vers la mer.

Il faut relire, mon ami, ces lettres qu'un témoin occulaire, Pline le Jeune, écrit à Tacite, au sujet de ce lamentable désastre. Certes, les lettres de Pline sont intéressantes à plus d'un titre, mais je vous assure que celles-ci, lues sur le théâtre de ce drame sinistre par le touriste qui peut, comme nous, contempler tous les détails de la mise en scène et en suivre d'un œil avide les effroyables péripéties, ces lettres, dis-je, acquièrent un intérêt bien autrement saisissant.

Laissons parler le célèbre écrivain :

« Mon oncle (¹) était à Misène, où il commandait
« la flotte. Le 23 août, environ une heure après-
« midi, ma mère l'avertit qu'il paraissait un nuage
« d'une grandeur et d'une figure extraordinaires.
« Après avoir été quelque temps couché au soleil,
« selon sa coutume, et avoir pris un bain d'eau
« froide, il s'était jeté sur un lit où il étudiait. Il se
« lève et monte en un lieu d'où il pouvait aisément
« observer ce prodige. Il était difficile de reconnaître
« de loin de quelle montagne sortait ce nuage ;
« l'évènement a montré plus tard que c'était du
« Vésuve. Sa forme était celle d'un arbre, d'un pin
« plus que d'aucun autre (²), car, après s'être élevé
« fort haut, en forme de tronc, il étendait une espèce
« de feuillage. Je m'imagine qu'un vent souterrain
« violent le poussait d'abord avec impétuosité et le
« soutenait ; mais soit que l'impulsion diminuât peu
« à peu, soit que ce nuage fût affaissé par son propre
« poids, on le voyait se dilater et se répandre. Il
« paraissait tantôt blanc, tantôt noirâtre et tantôt de
« diverses couleurs, selon qu'il était plus chargé de
« cendres ou de terre.

« Ce prodige surprit mon oncle, qui était très-
« savant, et il le jugea digne d'être examiné de plus

(1) Pline l'Ancien, commandant la flotte d'observation à Misène.

(2) De nos jours encore, lorsque la fumée du Vésuve affecte la forme d'un *pin parasol*, c'est le présage d'une violente éruption du volcan.

« près. Il commanda donc qu'on lui apprêtât sa
« frégate légère et me laissa la liberté de le suivre.
« Je lui répondis que j'aimais mieux étudier, et,
« par hasard, il m'avait lui-même donné quelque
« chose à écrire. Il sortait de chez lui, ses tablettes à
« la main, lorsque les troupes de la flotte qui étaient
« à Resina, effrayées par la grandeur du danger —
« (car ce bourg est précisément en face de Misène,
« de l'autre côté du golfe de Naples, et on ne s'en
« pouvait sauver qu'en traversant le golfe), — vin-
« rent le conjurer de vouloir bien les garantir d'un
« si affreux péril. Il ne changea pas de dessein et
« poursuivit avec un courage héroïque ce qu'il
« n'avait d'abord entrepris que par curiosité. Il fait
« venir ses galères, monte dessus et part pour voir
« quels secours on pouvait donner, non-seulement à
« Resina, mais à tous les autres bourgs de cette côte,
« qui sont en grand nombre à cause de sa beauté. Il
« se presse d'arriver au lieu d'où tant de monde fuit
« et où le péril lui semble plus grand, mais avec
« une telle liberté d'esprit qu'à mesure qu'il aperce-
« vait quelque chose, mouvement ou figures extraor-
« dinaires, il signalait ce prodige, faisait et dictait
« ses observations.

« Déjà sur les vaisseaux volait la cendre, plus
« épaisse et plus chaude à mesure qu'ils appro-
« chaient; déjà tombaient autour d'eux des pierres
« calcinées et des cailloux noirs, tout brûlés, tout

« pulvérisées par la violence du feu ; déjà la mer
« semblait refluer et le rivage devenir inaccessible
« par des morceaux entiers de montagne dont il se
« couvrait, lorsque, après s'être arrêté quelques
« moments, incertain s'il retournerait, il dit à son
« pilote qui lui conseillait de gagner la pleine mer :
« — La fortune favorise le courage. Tourne du
« côté de Pomponianus.

« Pomponianus, son ami, était à Stabie, en un
« endroit séparé par un petit golfe que forme insen-
« siblement la mer sur ces rivages qui se courbent.
« Pomponianus, à la vue du péril encore éloigné,
« mais qui semblait se rapprocher toujours, avait
« retiré tous ses meubles sur ses galères et n'atten-
« dait pour s'éloigner qu'un vent moins contraire.
« Mon oncle, à qui ce même vent venait d'être
« favorable, l'aborde, le trouve tout tremblant, l'em-
« brasse, le rassure, l'encourage, et, pour dissiper
« par sa sécurité la crainte de son ami, se fait porter
« au bain. Après s'être baigné, il se met à table et
« soupe avec toute sa gaîté, ou (ce qui n'est pas
« moins surprenant) avec toutes les apparences de sa
« gaîté ordinaire.

« Cependant on voyait luire de plusieurs endroits
« du mont Vésuve des grandes flammes et des
« embrasements dont les ténèbres augmentaient
« l'éclat. Mon oncle, pour rassurer ceux qui l'accom-
« pagnaient, leur dit que ce qu'ils voyaient brûler

« n'était autre chose que des villages abandonnés et
« laissés sans secours par des paysans alarmés.
« Ensuite, il se coucha et dormit d'un profond som-
« meil ; il était fort gros et on l'entendait ronfler de
« l'antichambre.

« Mais enfin la cour, par où l'on entrait dans son
« appartement, commençait à se remplir si fort de
« cendres, que pour peu qu'il y fût resté plus long-
« temps il ne lui aurait plus été possible de sortir ; on
« l'éveille donc. Il sort et va rejoindre Pomponianus
« et les autres qui avaient veillé. Ils tiennent conseil
« et délibèrent s'ils se renfermeront dans la maison ou
« s'ils iront en rase campagne ; car les maisons
« étaient tellement ébranlées par les fréquentes com-
« motions du sol, que l'on aurait dit qu'elles étaient
« arrachées de leurs fondements et remises à leur
« place incontinent. Hors de la ville, la chute des
« pierres, quoique légères et desséchées par le feu,
« était à craindre. Entre ces périls on choisit e
« moindre. Chez ceux de la suite de mon oncle, une
« crainte surmonta l'autre ; sur lui, la raison la plus
« forte l'emporta sur la plus faible. Ils sortirent donc
« en se couvrant la tête avec des oreillers attachés
« par des mouchoirs : ce fut toute la précaution
« qu'ils prirent contre ce qui tombait d'en haut.

« Le jour recommençait ailleurs en ce moment ; mais
« dans le lieu où ils étaient continuait la nuit, la nuit
« la plus sombre, la plus affreuse de toutes les nuits,

« et qui n'était un peu dissipée que par la lueur d'un
« grand nombre de flambeaux et d'autres lumières.
« On trouva bon de s'approcher du rivage et d'exa-
« miner de près ce que la mer permettait de tenter ;
« mais on la trouva toujours fort grosse et très-agi-
« tée d'un vent contraire. Là, mon oncle ayant
« demandé de l'eau et bu deux fois, se coucha sur
« un drap qu'il fit étendre. Ensuite, des flammes qui
« parurent plus grandes, et une odeur de soufre qui
« annonçait leur approche mirent tout le monde en
« fuite. Il se lève, alors, appuyé sur deux esclaves,
« et, dans le moment même, retombe mort. Je
« m'imagine qu'une fumée trop épaisse le suffoqua,
« d'autant plus qu'il avait la poitrine faible et sou-
« vent la respiration embarrassée.

« Lorsqu'on recommença à revoir la lumière, —
« *ce qui n'arriva que trois jours après*, — on retrouva
« au même endroit son corps entier, couvert de la
« même robe qu'il avait quand il mourut, et dans la
« posture d'un homme qui repose, plutôt que dans
« celle d'un homme qui est mort... »

Voici maintenant comment le même auteur nous
décrit, dans une seconde lettre, la scène touchante
qu'il eut avec sa mère, dans sa fuite :

« ... La nue se précipite sur la terre, cache à nos
« yeux l'île de Capri, qu'elle enveloppait, et nous
« fait perdre de vue le promontoire de Misène. Alors
« ma mère me conjure, me presse et m'ordonne de

« me sauver, de quelque manière que ce soit, me
« montrant que cela était facile à mon âge, mais
« que pour elle, chargée d'embonpoint, elle ne le
« pouvait faire; qu'elle mourrait désolée si elle était
« cause de ma mort. Je lui déclarai qu'il n'y aurait
« dé salut pour moi qu'avec elle, et, la prenant par
« la main, je la force de m'accompagner. Elle me
« suit avec peine et se reproche de retarder mes
« pas.

« La cendre commençait déjà à tomber sur nous,
« quoique en petite quantité. Je tourne la tête, et
« vois, derrière nous, une épaisse fumée qui nous
« suivait, se répandant sur la terre comme un tor-
« rent.

« — Quittons le grand chemin, dis-je à ma mère,
« pendant qu'on y voit encore, de peur que la foule
« ne nous étouffe.

« A peine nous étions-nous éloignés, que les ténè-
« bres augmentèrent à tel point qu'on eut cru se
« trouver dans une de ces nuits noires et sans lune,
« ou dans une chambre où toutes les lumières
« auraient été éteintes. Ce n'étaient que plaintes de
« femmes, que gémissements d'enfants, que cris
« d'hommes. L'un appelait son père, l'autre son fils,
« l'autre sa femme; ils ne se reconnaissaient qu'à la
« voix.

« Il s'en trouvait à qui la crainte de la mort faisait
« invoquer la mort même. Plusieurs imploraient le

« secours des dieux; d'autres croyaient qu'il n'y en
« avait plus et comptaient que cette nuit était la
« dernière, l'éternelle nuit qui devait engloutir
« l'univers. Et moi je me consolais de mourir en
« m'écriant : *l'univers finit...* »

Deux mille ans se sont écoulés, et il nous semble, tant sont vivants encore les souvenirs évoqués par l'historien, assister aux drames déchirants, aux tressaillements affreux, aux scènes d'épouvantable angoisse dont les murs qui nous environnent furent le douloureux théâtre.

Ce que fut jadis cette ville infortunée, vous le savez, maintenant; ce qu'elle est aujourd'hui, je vais vous le dire.

CHAPITRE XIV.

Fouilles de Pompéï. — Travaux et moulages. — Une peinture chinoise. — L'auteur change son paletot pour une chlamyde. — Journée romaine. — Description de Pompéïa. — Les rues, les maisons, les établissements publics. — La taverne. — Où il est question d'Homère à propos d'eau chaude. — Opinion d'un Père de l'Eglise sur cette boisson. — Pourquoi les jeunes filles doivent imiter Prohérésius. — Enseignes, inscriptions, satires. — Où l'art va-t-il se nicher? — Rapprochement biblique. — L'auteur dérange un lézard qui le boude. — La chanteuse ailée. — L'auteur s'oublie chez Diomède. — Le vieux neuf. — Ville morte cercueil ouvert. — Coup de soleil napolitain.

Ecoutez d'abord ce que dit un savant voyageur :

« Les fouilles de Pompéï, — écrit M. Paul Parfait, — qui avaient fait si peu de progrès sous les précédents gouvernements, ont repris depuis peu une très-sérieuse activité. Ainsi, tandis que le premier tiers de la ville a mis plus d'un siècle à paraître au jour, on calcule que l'œuvre entière d'excavation pourra être achevée en moins de vingt ans. Il faut dire qu'au lieu de deux ou trois ouvriers qu'on voyait autrefois humer l'air et se chauffer tranquillement au soleil, sous prétexte de fouilles, il y en a peut-être aujourd'hui deux cents, hommes, femmes et enfants, sans cesse occupés à déterrer de nouvelles merveilles.

Le chevalier Fiorelli, qui est l'âme de cette recrudescence, a sous ses ordres tout un état-major d'employés, soit pour surveiller les travaux, soit pour aider, par le concours de leurs talents divers, à la conservation des objets exhumés ; ce sont quatre surintendants, trois dessinateurs, un architecte, un conservateur, un marbrier, un modeleur, un restaurateur et vingt-quatre gardiens. Tout ce monde va, vient et donne à la ville morte comme une vie nouvelle dont l'étrangeté sauve presque l'anachronisme.

« Il est curieux de voir les travailleurs à l'ouvrage, suivant la percée d'une rue à travers les racines enchevêtrées des groupes d'arbres, ou, à genoux dans les décombres d'une chambre dont les murailles viennent d'apparaître, enlevant délicatement la cendre de *lapillo* que des hommes et des enfants recueillent dans des paniers. Un petit chemin de fer, — oui, un chemin de fer à Pompéi ! — établi en dehors des murs de la ville, transporte ces cendres au loin dans la plaine.

« Les fouilles se poursuivent à la fois de divers côtés avec un soin et une adresse dont le fait suivant pourra donner une idée. Jusqu'à présent, on n'avait trouvé que peu de squelettes à Pompéi ; si l'on avait pu signaler à divers endroits la présence de cadavres humains, c'était seulement d'après la forme qu'en gardait la cendre séchée autour du corps et que le temps avait durcie, tandis qu'il mettait le corps en poussière. Nul soin n'était pris pour conserver cette cendre qui portait de si curieuses et en même temps de si terribles empreintes.

« Dans une de ces cavités, qui sont comme autant de tombeaux, M. Fiorelli eut l'idée de couler intérieurement du plâtre. C'était prendre la mort *vivante*, s'il est permis de s'exprimer ainsi.

« L'épreuve réussit; le premier moule brisé donna une image d'une réalité poignante. C'était une femme que la pluie de cendres chaudes, sans doute, avait renversée sur le côté droit. On sentait dans les replis de son corps toutes les tortures de la souffrance. Son bras gauche se dressait convulsif pour implorer ou pour maudire. On distinguait la coiffure, les cheveux, et jusqu'aux clous des sandales de cette infortunée. D'autres moulages furent opérés avec un égal succès, et l'on eut bientôt tout un curieux musée de cadavres pompéïens, frappés de mort depuis dix-huit siècles, portant chacun, dans leurs poses, dans leurs gestes émouvants, le poëme terrible de leur lente agonie. Certains détails d'habillement sont rendus avec une telle perfection, qu'on jugerait presque de la qualité des étoffes.

« Le moulage est donc une très-heureuse innovation qu'on fera bien d'employer pour garder le souvenir et la forme de tous les objets dont il ne reste qu'une vague empreinte ou de rares vestiges. M. Fiorelli s'en est servi récemment encore pour prendre les contours d'un paravent dont le bois était entièrement carbonisé. Cette curieuse pièce du mobilier antique valait la peine d'être conservée.

« Les dernières fouilles ont mis à jour de nouvelles fresques devant lesquelles on s'arrête avec étonnement ; il est curieux de remarquer dans les petites scènes de pêche qu'elles représentent, leur caractère essentiellement chinois, et par l'ignorance de la perspective et par la forme particulière de la toiture des habitations. »

... J'ai procédé pour Pompéï comme je procède d'habitude, c'est-à-dire en flaneur, vaguant de ci de là, dans tous les sens. Toutefois, une fantaisie m'a pris : je me suis fait touriste du temps des Césars, et j'ai voulu passer une journée à la romaine, errant du *Forum* aux *Portiques*, des *Thermes* aux *Ecoles des Gladiateurs*, des *Gymnases* aux *Théâtres*; courant de la boutique du boulanger à celle du pharmacien, allant du laitier au chausseur, touchant chez Salluste ou chez Asprenas pour les amener entendre avec moi la pièce de Plaute, *la Casina*, que les affiches mentionnent encore.

Voulez-vous un rapide aperçu de mes remarques ? le voici :

D'abord les rues sont généralement droites, mais fort peu larges ; c'était une précaution contre les rayons du soleil, brûlant dans ces contrées ; les plus larges voies ont environ quatre mètres de largeur, mais elles sont fort rares. Presque toutes ont des trottoirs, soit en pouzzolane, soit en briques, en galets ou en mosaïque, en marbre, en ciment ou en asphalte, selon la fortune des propriétaires chargés de leur confection. La chaussée du milieu, composée de larges blocs de lave admirablement joints ensemble, ne peut livrer passage qu'à un seul char. De loin en loin des marches de pierre servent de montoirs aux cavaliers; les trous pratiqués dans la bordure des trottoirs sont destinés à tenir attachés par la bride les chevaux de ceux qui s'arrêtent.

Les maisons de Pompéi n'avaient, en général, qu'un étage couronné par une terrasse, mais percé de peu de fenêtres. Quel besoin en avaient, d'ailleurs, les habitants? Leur vie, comme celle des peuples d'alors, était tout extérieure. A l'exception de la nuit et de l'heure du soir consacrée au principal repas, le Forum et les Portiques regorgeaient de promeneurs.

Aujourd'hui, ces maisons n'ont plus de toits; ils se sont effondrés et brûlés sous l'entassement des matières volcaniques. Presque toutes semblent bâties sur le même plan, et leur architecture, — celle des édifices publics, surtout, — n'est évidemment qu'une corruption de l'architecture grecque; chacune possède une ou plusieurs boutiques au rez-de-chaussée.

Voici quelle était, et, quelle est encore, la principale distribution de ces demeures : d'abord deux cours intérieures environnées de portiques et d'appartements. L'une, l'*atrium*, recevait les visiteurs et les étrangers ; l'autre, le *peristylum*, appartenait à la vie privée et domestique. C'est là le type immuable de la maison romaine ; les dispositions seules vaient d'étendue et d'importance selon la fortune de leurs possesseurs. Les principales sont les suivantes : le *prothyrum* ou vestibule, ayant une porte d'entrée sur la rue et une autre donnant sur l'*atrium*. L'atrium était une salle carrée dont le plafond, ouvert à son centre, donnait du jour à la pièce. Par cette même ouverture (*compluvium*), on recevait les eaux pluviales dans un bassin carré (*impluvium*), creusé au milieu de l'appartement. Le portique autour de la cour était désigné sous le nom de *cancelium ;* sous ce portique étaient distribuées les chambres à coucher (*cubicula*) éclairées par la porte seule. Au fond de l'atrium était le *tablinum*, salle d'audience où l'on conservait les images des ancêtres et les archives de la famille. Cette pièce servait aussi, quelquefois, de communication entre l'atrium et le péristyle au moyen d'un corridor appelé *fauces*. Au centre du péristyle était un parterre orné de fleurs. C'est autour de ce péristyle que se trouvaient les appartements intérieurs, entre autres la salle à manger, désignée sous le nom de *triclinium* d'après les trois lits placés autour de la table et sur lesquels les convives se couchaient pour prendre leur repas. Au fond du péristyle est l'*œcus*, sorte de boudoir élégant, ouvrant sur le jardin et où se tenaient les femmes. Viennent ensuite : une salle avec des bancs en hémicycle, pour la conversation ; une *pinacotheca* ou galerie de tableaux ; un *lararium*, chapelle des dieux domestiques ; une salle de bains, et, sous les treilles, un *triclinium* d'été. Tout cela orné de statues, rafraîchi par des fontaines jaillissantes, embaumé par des plantes odoriférantes, enrichi de peintures et de mosaïques.

Chaque maison est aujourd'hui béante et solitaire, mais la vie qui les anima y a laissé des traces si chaudes encore et si palpitantes, pour ainsi dire, que je m'attendais à trouver à chaque porte les esclaves qui gardaient autrefois les appartements.

J'entrai dans une taverne (*thermopole*), débit de ces boissons chaudes qu'on livrait à la consommation ; sur le comptoir en maçonnerie, revêtu de marbre blanc (tout comme dans nos cafés modernes), je pus remarquer l'empreinte visqueuse laissée par les gobelets et les amphores des infortunés buveurs Car, vous ne l'ignorez pas, les anciens faisaient de leurs boissons une affreuse mixture d'essences de fleurs, de miel, de fromage, de résine même. Le tout se coagulait en une masse solide dont on râclait des morceaux dans un verre d'eau chaude afin de les y délayer. Par cette cuisine, dit le savant M. A. Grenier, on obtenait un *délicieux* petit breuvage que saint Jérôme appelle *sorbitiunculus delicatus*.

Cet usage était, du reste, fort ancien. Voyez

l'*Iliade:* Nestor donne à quelques amis une collation où les choses se passent ainsi. Une belle captive fait les honneurs de la table du vieillard. Hécamède « semblable aux déesses » met dans une coupe du vin de Prame où elle a râpé du fromage et délayé de la fleur de froment.

Catulle dit quelque part, las de tout ce miel et de tout ce fromage : « Servez-moi donc un peu de vin sec »

Encore aujourd'hui, à Athènes, les fanatiques de vin de résiné ne vous offrent-ils pas, sous le nom de vins de Samos et de Santorin, une abominable boisson dans laquelle les gastronomes hellènes, — qui croient avoir retrouvé l'antique nectar, — font infuser les pommes de pin, qui lui donnnent son amertume?

Les thermopoles romaines, débit fashionable, étaient ordinairement tenues par la maitresse de la maison, ou par la plus belle des affranchies ou des esclaves du maitre ; la plus belle non sans dessein, car plus elle était belle, plus elle attirait de chalands. Pour la voir, quand la thermopole n'avait plus un siége ou une table libre, les passants s'arrêtaient par groupe, se disputant le bonheur de s'aplatir le nez contre les vitres.

Un rhéteur a dit de l'une d'elles : « Combien se
« hâtent qui en te voyant s'arrêtent ! combien sont
« pressés qui en te voyant oublient leurs affaires et
« suspendent leur course ! »

Serait-elle à l'adresse de ces flâneurs cette inscription tracée à la pointe du couteau et que j'ai relevée sur un mur extérieur :

Discede morator ; non est hic locus otiosis.

Dans l'établissement, le principal objet de consommation était l'eau chaude. Cette boisson était réputée si délicieuse que l'antiquité ne peut citer qu'un seul homme, — dit toujours M. Grenier, — qui ait eu assez d'empire sur ses sens pour n'en jamais goûter. Ne lui faisons pas le tort de supprimer son nom et de le dérober à l'admiration de la postérité ! c'est le fameux rhéteur Prohérésius.

Cette eau chaude était réputée si dangereuse pour la vertu, que saint Jérôme déclare : « qu'il ne répon-« drait pas d'une vierge qui boirait de l'eau chaude. »

... Continuons notre route.

Les boutiques sont fort étroites et m'ont rappelé celles des bazars d'Orient ; comme dans ces dernières, le marchand se tenait à l'intérieur, l'acheteur restait dans la rue. Pas d'enseignes proprement dites : un symbole, une peinture à la fresque attirant le regard, une allégorie, voilà tout. Un pharmacien couronne sa porte d'un serpent mordant une pomme de pin ; une tête de bœuf *(bucrane)* sculptée désigne l'étal du boucher ; Bacchus sur son tonneau indique le marchand de vin, le *vinarius* ; la chèvre signale le laitier. Au-dessus de la porte d'une école, un pédagogue fouette un enfant; ainsi pour beaucoup d'autres qu'il est inutile de vous désigner.

Point de numéros aux portes; mais à l'entrée d'un grand nombre de maisons, le nom du propriétaire peint en rouge ou en noir.

Sur les murs, des caricatures, des inscriptions grossières ou satiriques, lazzis d'esclaves ou de gamins, de plaisans ou de soldats.

Je vous en traduis quelques-unes parmi les plus présentables : *Oppius est un voleur*. Plus loin une raillerie mordante, sentant son fat d'une lieue : *Licinia est une perle... à ce que dit son mari*. Quel était ce Sestius trop bavard à qui l'on donne ce conseil : *Apprends à te taire, Sestius, ton avarice y trouvera son compte*. Etait-il le voisin de cette belle infidèle qui inspirait à quelque amoureux éconduit cette plainte amère : *Julia se contenterait plutôt d'un seul œil que d'un seul amour !* Amère destinée ! l'un se lamente, un autre se réjouit : *Que les dieux immortels soient loués ! le consulat de M. L. Spiridius aura donc vu un événement mémorable. mon ânesse a mis bas un ânon le V des ides d'août.*

Au coin des rues, des édifices, dans certains endroits retirés, *deux serpents*, peints ou gravés, sont l'équivalent officiel de notre :

« Il est défendu sous peine d'amende de... profaner ce lieu. »

Souvenez-vous de ce vers de Perse qui fait allusion à cette coutume :

Pinge duos angues : pueri, sacer hic locus est.

Je ne voudrais pas vous parler du *Vicostorto*, quartier de ces demeures sans nom, habitations des antiques hétaïres. Ce nom ne devrait pas même venir sous ma plume, je le sais ; mais les murailles, le sol lui-même, sont ornés de peintures si magnifiques, de marbres si précieux, de mosaïques si élégantes et si riches, que je suis forcé de sauter par-dessus ce petit scrupule. C'est une chose étrange, en vérité, que de retrouver jusque dans les chambres du bas peuple, jusque dans les appartements de ces vulgaires et banales prêtresses de la patrone locale,— la *Venus Physica*, — tant de grandeur, tant d'opulence, un art si exquis et si savamment raffiné pour le plaisir, mis ainsi au service de la plus basse et de la plus abjecte dégradation.

C'est que, voyez-vous, — je vous l'ai dit dans un précédent chapitre, — Pompéï est devenue la ville opulente et corrompue. L'or et le vermillon décorent les nacelles de plaisance qui se pressent innombrables dans son port ; la peinture de ses chambres à coucher n'offre aux regards que des scènes lascives ; les siéges de bronze de ses triclinia sont recouverts des plus riches et des plus moelleuses toisons, de la plus précieuse pourpre de Tyr. Tout, jusqu'aux ablutions parfumées de ses thermes mystérieux, concourt à ce but suprême, la satisfaction des sens énervés.

Aussi, dans ces rues aujourd'hui désertes, en face de ces édifices qui portent encore à leur front le stigmate de feu qu'y imprima la montagne en un jour de colère, devant ces ouvriers qui soulèvent chaque jour un coin du voile funéraire qui la recouvre, vous revient-il involontairement à l'esprit ce passage de la Genèse :

« 13. — Or ses habitants étaient devant le
« Seigneur des hommes perdus de vices, et leur
« corruption était montée à son comble...

« 24. — Alors le Seigneur fit descendre du ciel
« une pluie de soufre et de feu,

« 25. — Et il perdit la ville avec tous les habi-
« tants, tout le pays d'alentour et tout ce qui avait
« quelque verdeur sur la terre. »

Reprenons notre course à travers les rues.

Nous voici au théâtre. Les places sont vides, il est vrai, mais les gradins de marbre sont doucement caressés par le soleil et semblent n'attendre que les spectateurs. (1) En m'asseyant à l'une des places de

---

(1) Trois grandes divisions frappent d'abord le touriste dans les théâtres de l'antiquité, ce sont les ordres de gradins, les *caveæ*. Ces *caveæ* étaient de trois sortes l'infime, la moyenne et la supérieure. L'infime était la plus noble ; elle ne comprenait que les quatres gradins inférieurs, plus larges et moins hauts que les autres. C'étaient les stalles réservées aux magistrats et aux notables ; ils y faisaient porter ces bancs à deux places *(bisellia)*, où ils avaient le droit de s'asseoir tout seuls. Un petit mur, élevé

la *cavea* moyenne, je dérange un joli petit lézard gris qui *lazzaronnait* au soleil avec une incroyable volupté. Ses flancs agités témoignaient d'une certaine inquiétude causée sans doute par mon voisinage. Je crus que mon immobilité l'allait rassurer : point ; il me faussa compagnie et alla s'installer dans la *cavea* réservée aux édiles. Peut-être était-ce le fils de Méthanire et d'Hippothoon.

Un pinson des montagnes, perché sur un arbuste qui s'est fait jour entre les joints du *proscenium*, a fait les frais du concert instrumental. Je n'ai pas regretté ma *tessère* (1).

..... Ne vous attendez pas à ce que je vous décrive minutieusement Pompéï ; un volume n'y suffirait pas, et je n'ai, d'ailleurs, ni la force, ni le désir

---

derrière le quatrième gradin et surmonté d'un appui en marbre, séparait l'infime *cavée* des autres. Les duumvirs, les décurions, les augustals, les édiles, siégeaient là, majestueusement distingués du commun des mortels.

La *cavée* moyenne était pour nous autres. Partagée en coins (*cunei*) par des escaliers qui la coupaient en six endroits, elle contenait un nombre limité de places, marquées par des lignes légères. Les spectateurs de la *cavée* moyenne apportaient avec eux leurs coussins ou pliaient sur leurs bancs, avant de s'asseoir, leurs toges immaculées.

Enfin, tout au haut de l'hémicycle régnait la *cavée* supérieure, — nous dirions aujourd'hui le *paradis*, — où étaient relégués les plébéiens — et les femmes. Décidément nous sommes plus galants que les Romains. Des grilles séparaient cette *cavée* de la nôtre pour empêcher la « vile multitude » d'envahir nos bancs d'honnêtes bourgeois.

(1) Billet de spectacle, en os, en cuivre ou en terre cuite, frappé d'une empreinte particulière. Cette sorte de jeton, taillé en amande ou en pigeon, quelquefois en bague, indiquait exactement la cavée, le coin, le gradin et la stalle qui vous appartenaient.

de l'écrire. Vous connaissez maintenant la distribution des demeures particulières, c'est l'essentiel. Quant aux monuments publics, ils sont, dans des proportions plus restreintes et à peu de choses près, semblables à ceux de Rome dont je vous ai parlé autre part. Ce qu'il importe de vous dire, c'est que chaque édifice présente un intérêt artistique qui le recommande à l'attention du visiteur, bien que tous les objets précieux, à ce titre, aient été, au fur et à mesure que les fouilles quotidiennes les mettaient au jour, expédiés au Musée de Naples où ils forment, comme je vous l'ai dit, la célèbre collection pompéïenne.

La maison de Diomède, par exemple, peut être considérée à juste titre comme une des plus grandes curiosités de cette ville déjà si attrayante. C'est un des rares exemples d'une maison à trois étages non superposés, mais bâtis à différents niveaux, sur la déclivité de la colline. Son nom lui vient d'un tombeau voisin, celui de A. Diomède, affranchi de Tibère et magistrat du faubourg. Son péristyle est soutenu par quatorze colonnes revêtues de stuc; les fenêtres du mur circulaire, donnant sur le jardin, gardent des fragments de carreaux de vitre. Sous les portiques sont les celliers contenant encore bon nombre d'amphores rangées contre la muraille. Dans cette espèce de cave, on trouva les squelettes de dix-sept cadavres de femmes. Près de la porte du jardin, on découvrit aussi deux autres squelettes, dont l'un tenait une clef et avait près de lui une centaine de pièces d'or et d'argent et des vases précieux. On suppose que ce cadavre était celui du maître de la maison, surpris par la mort lorsqu'il cherchait à s'enfuir vers la mer.

Dans la rue de la Fortune se trouve la maison du Faune, occupant à elle seule, — comme celle de Pansa, comme beaucoup d'autres, — une île *(insula)* tout entière; ce que nous appelons, nous, un pâté de maisons. C'est dans cette demeure que fut trouvée la mosaïque de la bataille d'Issus, la statue du *Faune dansant* qui lui a donné son nom, et quantité d'objets précieux et de bijoux de femmes, en or massif.

Dans la maison de Pansa, qui garde encore les plates-bandes de son jardin, on a trouvé un candélabre de bronze unique en son genre; un délicieux petit Bacchus; des bracelets, des colliers, des chaînes, des pendants d'oreilles, des boîtes de cosmétiques, des parfums, des ciseaux, des étuis, des brosses, des cure-dents; on nous a montré jusqu'à un objet trouvé dans le gynécée du premier étage, et qui ne peut être évidemment autre chose qu'une... *tournure*. Ne riez pas; vous imaginiez-vous, par hasard, que la *crinoline* fût une invention moderne? Non, mon ami, nous n'avons rien inventé: « *Nihil novi sub sole.* » Ne vous souvient-il plus du conseil que le plus ancien de tous les poètes, Hésiode, qui vivait 900 ans avant J.-C., donnait à ses contemporains dans son poème des *Mois et des Jours:*

« *Gardez-vous surtout de ces femmes qui* MULTIPLIENT PAR DERRIÈRE LES PLIS BALLONNÉS DE LEURS ROBES... »

Vous le voyez, nous ne sommes encore sur ce point que ces « *imitatores servum pecus,* » dont se plaignait Horace.

Cependant, si nous sommes forcés de reconnaître, tout humiliant que puisse être cet aveu, que notre civilisation tout entière procède de la civilisation romaine, ajoutons aussi, — chose fort consolante pour nous, — que la fille le cède de beaucoup à la mère sous le rapport de ce luxe insensé, poussé jusqu'à la folie la plus extravagante par les fastueuses patriciennes de la cour des Césars.

Si vous en doutez, consentez à me suivre pour un instant à travers les chambres de ces somptueuses demeures; franchissons le seuil de cet élégant boudoir et reconstruisons par la pensée la toilette d'une de ces nobles romaines dont la réputation de beauté, de luxe et d'élégance est venue jusqu'à nous. Visitons l'une de ces *lionnes,* émules de cette célèbre Poppée qui nourrissait cinq cents ânesses pour ses bains de lait de chaque jour. Voulez-vous d'abord un simple relevé des divers objets qui servaient *indispensablement* à sa toilette? le grave historien Pollux va nous le fournir; nos visites aux collections pompéïennes nous ont déjà confirmé, d'ailleurs, la véracité absolue du narrateur. Voici des ciseaux, des rasoirs, des pinces, des grattoirs et des poinçons ; diverses espèces de brosses pour les dents, les ongles et les cheveux ; des peignes de différentes formes ; des bouchons préparés à l'huile pour faire chatoyer les cheveux, du savon des Gaules pour les blondir ou les *rougir* ; — les chignons rouges ont eu jadis leur vogue, aussi, dans ce temps-là. — Voici encore des eaux cosmétiques, des flacons d'essence, des parfums naturels et composés, des eaux de senteur, des *strigilles*, espèces de petites étrilles en ivoire pour gratter et nettoyer la peau au sortir du bain ; des tours de tête, des *nattes*, des *perruques*, de *fausses dents ;* de fausses tournures ; des pierres ponces oléagineuses pour adoucir la peau ; du rouge, du blanc, du bleu, des *mouches ;* le tout avec une variété et une profusion auprès desquelles nos plus beaux magasins de parfumerie paraîtraient bien pauvres aujourd'hui.

Dans le coffre à bijoux, voici, entre autres richesses, des amas de colliers, de bagues, de pendants d'oreille, d'épingles de formes variées pour la coiffure, de chaînes et d'agrafes d'or, de camées, de *fleurs artificielles*, de couronnes enrichies de perles et de pierreries ; de papillons, de cigales, de mouches et autres objets artistement travaillés.

Le vestiaire n'est pas moins nombreux ; il est sur

chargé de mantelets brodés, de tuniques frangées, de fichus brochés d'or ou d'argent, de ceintures, de bandelettes de pourpre, de voiles et de chaussures d'une richesse extravagante. D'ailleurs, les vêtements de femmes étaient variés à l'infini. Je ne puis que vous les désigner par leurs noms latins, car je ne leur connais point d'analogues dans notre langue. D'abord le *subparum*, tissu de lin ou de soie, faisant office de chemise; la *castula*, espèce de corset sans baleine; la *strophia*, bandelette de cuir servant au même usage; l'*intusiata*, robe de chambre, peignoir; l'*impluviata*, large robe carrée; la *mendicula*, robe de cérémonie taillée sur le modèle des robes magistrales; la *patagiata*, tunique parsemée de fleurs d'or ou d'argent; la *tunicula*, demi-tunique descendant jusqu'aux genoux et entourée de broderies; — *ralla*, *spissa*, autres sortes de tuniques; *crocula*, robe courte, couleur safranée; *linteolum œsicum*, robe très-ouverte sur le devant; *œnomides*, robe serrant étroitement la taille et laissant les épaules découvertes; *rica*, écharpe passant sur la tête et retombant sur les épaules; *mithra*, voile clair et léger avec lequel on composait une coiffure à la grecque; *cumatile*, *plumatile*, sorte de manteau dont l'étoffe peinte imitait le plumage du paon; *cerinum*, voile couleur de cire; *melinum*, voile couleur de miel; — *exotica*, robe étrangère; *regilla*, robe très-ample, à longue traîne, garnie de fourrures; *basilica*, robe plus riche que la précédente; *stola*, robe traînante qui se mettait par-dessus la tunique : elle était ordinairement de couleur pourpre et ornée de franges ou de broderies ; fermée par le bas, elle s'ouvrait au-dessus de la ceinture, pour laisser apercevoir la richesse du corset. Enfin, la *mante*, que les grandes dames portaient sur leurs autres vêtements. La mante était en gaze, fixée à l'épaule droite par une agrafe de prix, et se terminait par une queue fort longue et traînant à terre ; cette queue était confiée à la surveillance de plusieurs esclaves qui devaient en régler les mouvements pendant la marche de leur maîtresse.

La partie la plus riche d'une toilette féminine était le corset. C'était un spencer sans manches, ne dépassant point la ceinture et montant vers le milieu de la poitrine. Celui des élégantes était de drap d'or ou d'argent relevé de perles ou de pierreries ; aussi les coquettes avaient-elles soin de ménager une échappée à travers leurs robes, afin qu'on pût en admirer les magnificences.

La coiffure ne pouvait décemment rester en arrière de toutes ces élégances ; aussi exigeait-elle, de son côté, les soins les plus minutieux. Tantôt les dames nattaient leurs cheveux en les entremêlant de bandelettes de pourpre, tantôt elles les renfermaient dans une délicate résille de perles fines ; d'autres fois elles en fixaient les nombreuses tresses avec des épingles ou des flèches d'or, ou les enroulaient autour d'un diadème. Il y avait telle coiffure où l'on donnait aux cheveux la forme d'une colombe, d'un cœur enflammé percé d'un trait ; d'autres se coiffaient en palmier, en Aréthuse, en saule pleureur ; mais le comble de l'élégance était la coiffure *olympienne*, composée d'une infinité de tresses, depuis la grosseur du doigt jusqu'à la ténuité d'une épingle ; toute la tête était couverte de paillettes d'or et d'argent, de perles, de bandelettes, de rubans. Un diadème de perles brillantes complétait cette coiffure vraiment éblouissante. Puis vinrent les coiffures guerrières, en casque, en bouclier, en tour, mais ces sortes de coiffures exigeant une grande quantité de cheveux, Rome vit naître alors un commerce énorme de chevelures étrangères. Peu d'élégantes, d'ailleurs, conservaient la couleur naturelle de leur chevelure ; elles la teignaient généralement en blond, ou la parsemaient d'une poudre d'or. Les femmes à peau brune conservaient seules, d'ordinaire, la couleur noire de leurs cheveux.

La chaussure dut, à son tour, participer à tant de richesse ; aussi était-elle très-variée de forme et très riche d'ornementation. On ne comptait pas moins de cinquante formes de sandales, de souliers, de mules, de bottines simples ou de cothurnes. Les souliers et les mules étaient chargés de broderies et de joyaux, tels que boucles, boutons en or, mouches, cigales, scarabées, serpents entrelacés. On ornait le cothurne de pierres fines, de métaux précieux, de broderies représentant des têtes de lions, de tigres, de léopards. Un superbe camée fixé sur le devant de la tige annonçait une dame de distinction. La patricienne portait des semelles d'or massif. Du reste, une élégante, sortît-elle ving fois dans une journée, devait changer vingt fois de chaussure sous peine d'être perdue de réputation aux yeux de ceux qui se fussent aperçus de cette négligence.

Que vous dire des bijoux de ces dames? Plusieurs, vous le savez, sont devenus historiques. L'anneau de Faustine coûtait un million; celui de Domitia un et demi; le bracelet de Césonie en coûtait deux; les pendants d'oreille de Poppée en valaient trois et ceux de Calpurnie avaient coûté plus du double, c'est-à-dire plus de six millions. Lollia Paulina poussa encore plus loin le luxe de ce genre, puisque Pline évalue à quarante millions la valeur des bijoux qu'elle portait sur elle.

Remarquez que du temps de Pline les pierres précieuses étaient devenues si communes que les dames les plus simples n'auraient osé sortir sans en être éblouissantes. Tous les doigts de la main étaient surchargés de bagues. On poussa le luxe jusqu'à changer d'anneau avec les saisons; les bagues d'été se faisaient remarquer par leur délicatesse et leur légèreté; les bagues d'hiver étaient plus larges et plus massives.

Les pendants d'oreille n'étaient pas moins riches. Il y en avait de trois à quatre branches nommés *crotales*; à leur extrémité inférieure pendait un petit grelot dont le son argentin annonçait une toilette distinguée. Enfin cette passion des bijoux devint si excessive chez les Romains que César crut pouvoir la mettre à profit contre le célibat, en réservant aux épouses et aux mères le privilège d'en porter. Les mariages, en effet, se multiplièrent bientôt considérablement dans toutes les villes de l'empire, et les femmes qui n'avaient pu trouver de mari ne craignirent pas de s'accuser devant les magistrats d'avoir donné le jour à un enfant illégitime, préférant cette honte à la douleur d'être privées de bijoux.

Enfin, il n'est pas jusqu'à la jarretière qui n'eut elle-même ses splendeurs. Elles étaient d'or ou d'argent et ornées de pierreries. Sabine la Jeune en possédait une paire évaluée à un million, à cause des pierres gravées qui servaient de fermoir. On vit des patriciennes dépenser follement une partie de leur fortune pour l'emporter sur leurs rivales dans ce genre de parure. Les Romains ne portant pas de bas, les jarretières servaient à fixer une sorte de caleçon de toile fine ou se portaient sur la jambe nue comme les bracelets aux bras.

Maintenant que vous connaissez les diverses pièces de la toilette d'une élégante, voyez fonctionner ses esclaves, elles aussi objets de luxe, de bon ton et de vanité.

Elles sont en grand nombre les malheureuses spécialement attachées au soin de sa personne, et le pouvoir de leur maîtresse sur elles est absolu. Ces esclaves sont divisées par groupes de quatre. Les unes sont *parfumeuses* et veillent à la propreté et à l'embellissement du corps ; elles doivent arracher, sans douleur, les indiscrets cheveux gris ; poncer les épaules, les bras, les mains, les pieds ; laver le corps, le parfumer, étendre sur le visage le rouge et le blanc, et en fondre délicatement les nuances ; rougir les lèvres, appliquer une mouche savante sur la joue, peindre les cils et les sourcils, nettoyer les dents, vernir les ongles...

Quatre autres esclaves sont affectées au travail de la coiffure, ce sont les *cosmètes*. L'une peigne les cheveux, l'autre les teint, la troisième les frise et compose la coiffure, la quatrième apprête les vases contenant les essences et les parfums.

L'habillement et la parure sont confiés à quatre autres nommées *ornatrices*. Leurs fonctions consistent à ajuster avec art les vêtements, à bien placer les *strophia*, à poser les agrafes, les colliers, les bracelets, les pendants d'oreille. Quatre autres esclaves moins habiles tiennent les miroirs, les flacons, les aiguières, les peignes, les brosses, les coffrets. Quatre autres soignent les fleurs dont le boudoir est jonché. Quatre autres font brûler dans les cassolettes le caccia, le cinamôme, l'aloës et la myrrhe.

Pendant ce temps, quatre autres des plus intelligentes, qualifiées d'*oisives* et d'*appréciatrices*, forment une sorte d'aréopage et donnent leur avis, au fur et à mesure, sur chaque détail de parure. Enfin un certain nombre d'autres femmes se tiennent autour d'elle, on les nomme *parasites;* leur rôle se borne à la complimenter sur sa parure, ses grâces, sa beauté, la richesse de ses bijoux, la magnificence de son ameublement. Quant à elle, ainsi parée et fêtée, elle ne perd pas de vue son miroir, soit qu'elle dirige elle-même la besogne des ornatrices et des cosmètes, soit qu'elle essaie la puissance de son regard et de son sourire, soit qu'elle apprenne à régler ses mouvements ou qu'elle étudie des poses gracieuses. Le miroir reste toujours devant ses yeux, et malheur à l'esclave qui le tient; la moindre distraction, le plus léger mouvement lui attireraient un châtiment cruel.

« Sur les épaules de celle-ci se brisent les férules,
« les courroies se rougissent de sang... on frappe
« jusqu'à ce que les exécuteurs soient rendus.
« Hideuse, elle s'écrie alors : Justice est faite;
« sortez. »

(JUVÉNAL, VI.)

Vous le voyez, les teneuses de miroirs étaient de vraies martyres, et la toilette d'une élégante une occupation des plus sérieuses. Aussi dans ces boudoirs, arsenaux de la beauté féminine, où se forgeaient, derrière d'épais rideaux de soie, ces armes terribles destinées à porter le trouble et le ravage dans les cœurs, l'art de la cosmétique et de la parure était-il porté à un tel degré de perfection par les femmes de cette époque qu'elles parvenaient, dit-on, à cacher leur âge, leurs défauts et leurs infirmités, ce qui inspirait à Juvénal ces strophes indignées :

« L'art est venu si heureusement au secours de
« l'âge et de la laideur, qu'une vieille coquette,
« parée de tous ses atours, offre toutes les apparen-
« ces de la jeunesse et de la beauté.

« Mais lorsqu'elle démonte les pièces de sa toi-
« lette, le prestige s'évanouit. Sa beauté est une
« fleur qui naît le matin, mais qui meurt le soir. »

Par cet aperçu rapide, mais absolument historique et puisé aux sources les plus authentiques, par ce coup-d'œil rétrospectif jeté sur une époque déjà vieille de deux mille ans, vous pouvez vous convaincre, mon ami, que la vanité physique de la femme a commencé avec le monde et ne finira vraisemblablement qu'avec lui, soit qu'on l'étudie à l'état de barbarie dans les verroteries et les tatouages du sauvage, soit qu'elle se dégage rayonnante des mille inventions de la civilisation la plus raffinée. Tant il est vrai, pour peu qu'on fouille l'histoire de l'humanité, qu'en matière d'extravagance et de ridicule il n'y a jamais que la forme de changée.

Quoi qu'il en soit, il y a bien loin des magnificences d'autrefois à celles de nos jours, et les maris contemporains n'en seront point fâchés, je le présume. Ils conviendront sans peine que l'économie domestique a fait de bien utiles progrès depuis cette époque, et la plupart doivent se trouver heureux d'en être quittes maintenant pour du madapolam, du foulard, de la mousseline, du barège, du strass et du ruoltz.

Terminons notre visite à Pompéï. Pour chacune de ses maisons, nous aurions à dresser un interminable et riche catalogue; funèbre inventaire de ces derniers témoins d'une splendeur passée. Partout figureraient des peintures d'une finesse exquise, du dessin le plus heureux, du coloris le plus brillant; des statues incomparables, des bijoux sans prix, trésors sans rivaux, dont les artistes romains avaient tellement perfectionné la variété et la richesse, que la plupart de nos bijoutiers modernes ne seraient encore que de simples marchands de bric-à-brac.

Nous allons quitter la ville avec ce sentiment d'inexprimable mélancolie qu'inspire la vue d'un cercueil ouvert. On sent les ailes de la mort planer sur cette cité vide, privée de ses trésors et qui, lassée de son isolement et de sa solitude, semble s'endormir au soleil sous cet admirable ciel bleu de la Campanie sur lequel se profilent ses portiques disjoints, ses arcs de triomphe dénudés, ses colonnades mutilées, ses piédestaux sans statues, ses voûtes effondrées, ses demeures sans vie. Le corps est resté, mais l'âme s'est envolée ; la tête et les pieds sont tombés sous la faux de ce rude faucheur, le volcan.

Nous repartons épuisés, la tête en feu et, je crois, quelque peu de délire dans l'imagination ; mais dans notre pensée resplendit et s'agite tout un monde d'ineffaçables souvenirs.

CHAPITRE XV.

Les jours se suivent et ne se ressemblent pas. — Visite royale. — Nouveaux types, anciens costumes. — Danses de nuit. — Chansons et guitares. — Thyrses et mirlitons. — La tarentelle. — L'orchestre ambulant. — Le feu d'artifice. — Voleurs et volés. — *Arcades ambo.* — Dithyrambe en l'honneur des lits italiens. — Théâtre *San Carlo.* — Représentation de gala. — Ces messieurs et ces dames. — Les princesses de la rampe. — L'auteur se crée d'ardentes inimitiés dans le monde chorégraphique. — Une étoile. — Sur l'eau. — Barcarolle. — Dans quel moment l'auteur a l'irrévérence de s'endormir.

Les spectacles font ici comme les jours, ils se suivent et ne se ressemblent pas. Après la ville morte, nous retrouvons la cité vivante. Naples est aujourd'hui en proie à une activité fiévreuse occasionnée par les préparatifs d'une réception officielle : le roi d'Italie vient visiter sa *bonne et fidèle* ville. Partout s'élèvent des arcs de triomphe enguirlandés de fleurs ; les monuments publics se décorent de drapeaux aux couleurs nationales ; les bâtiments de la rade se couvrent de pavois, les fenêtres des maisons particulières se parent de riches tentures. Les troupes forment la haie sur le passage du cortège et attendent immobiles sous les armes. Vers quatre heures, le grondement du canon signale l'arrivée des augustes visiteurs. Le tambour retentit, le clairon sonne, les aides-de-camp galopent, les commandements des officiers se croisent, dominant les voix de la foule, les musiques militaires éclatent avec une *furia* sans pareille. Deux cent mille spectateurs se pressent, mer houleuse et agitée; chacun se hisse sur la pointe des pieds, tendant le cou pour voir s'il voit quelque chose, mais n'apercevant d'abord, comme sœur Anne, que la terre qui poudroie; cependant le nuage de poussière se rapproche, sillonné d'éclairs d'acier : c'est le détachement de cavalerie précédant la voiture royale. Sa Majesté apparaît enfin.

Vous connaissez ces sortes de cérémonies et de corvées. Ici, comme ailleurs, c'est absolument la même chose; les discours se sont succédé dru comme grêle. C'était fort long, je vous l'assure, et aussi quelque peu ennuyeux. Tel m'a paru, d'ailleurs, être aussi l'avis du roi, car sa figure soucieuse ne s'est un peu éclairée que lorsque le dernier mot de la dernière harangue s'est perdu dans le final et traditionnel : « *Evviva il re!* »

La foule était immense, mais son enthousiasme m'a paru... respectueux!...

..... Vous pensez bien qu'il n'y a nul monument à visiter, aujourd'hui. Le spectacle le plus intéressant est celui de la rue. Naples est en fête, les illuminations se préparent, et le peuple, paré de ses plus beaux atours, inonde à flots pressés les voies et les places publiques. Il en est venu de partout; le paysan de Pocignano coudoie le contadino de Ponticelli; aussi la bigarrure est-elle variée à l'infini. Les hommes ressemblent absolument à des brigands d'opéra-comique : culotte courte, veste à boutons d'argent en chapelet, chapeau conique orné de rubans multicolores : les femmes en justaucorps écarlate galonné d'or, jupon ample et plissé à franges d'argent, boucles d'oreilles à rosette de perles, bijoux sur la tête et au cou, absolument conformes à ceux de Pompéï. Je ne vous affirmerai pas que tous ces vêtements soient de la première fraîcheur, mais tels quels, ils forment des costumes superbes de forme, d'étoffes et de richesse...

De tous côtés s'ouvrent des boutiques où l'on vend mille bibelots, depuis l'article-Paris de *la boutique à treize*, jusqu'au thyrse des anciennes bacchantes, des flûtes de Pan et des tambours de basque.

Sur le môle, de rares *improvisatori* (hélas ! encore un type qui s'efface chaque jour !...) groupent autour d'eux une foule attentive, et, pour ainsi dire, suspendue à leurs lèvres. Malheureusement leur verve s'exerce en patois napolitain; leur éloquence est donc perdue pour nous.

Plus loin, un quatuor de guitares accompagne les airs nationaux, mélange bizarre de mélodies arabes, de boléros espagnols et d'harmonie italienne, qui donne à ces chants un caractère étrange, mais plein de charmes.

Suivons la ligne des quais; les voici maintenant qui flamboient *à giorno*; la lumière ruisselle de toutes parts.

Près de Villa-Reale ronfle le sonore tambourin, joint au pétillement nerveux des castagnettes; c'est la danse nationale par excellence, c'est la tarentelle.

Quelle merveilleuse danse que la tarentelle, mon ami; c'est la plus commode que je connaisse, pourvu qu'on ait le musicien; et encore, à la rigueur, peut-on chanter ou siffler l'air soi-même. Elle se danse seul, à deux, à quatre, à huit, indéfiniment si l'on veut, homme à homme, femme à femme, qu'on se connaisse ou qu'on ne se connaisse pas : la chose n'y fait rien, à ce qu'il paraît, et ne semble nullement inquiéter les danseurs. Quand un des spectateurs a envie de trépigner à son tour, il sort du cercle des assistants, entre dans l'espace réservé au ballet, saute alternativement sur un pied et sur un autre, jusqu'à ce qu'une seconde personne se mette à sauter vis-à-vis de lui. Si le partenaire tarde et que le monologue ennuie le sauteur, il s'approche en mesure du couple qui danse, donne un coup de coude à l'homme ou à la femme, l'envoie se reposer et prend sa place sans que la galanterie lui fasse faire aucune différence de sexe, Vous voyez d'ici, n'est-ce pas, tous les avantages d'une danse si indépendante.

L'orchestre, surtout, présente cette particularité remarquable qu'il cherche la pratique au lieu de l'attendre. Quand il a épuisé les forces du groupe qui l'entoure, il se remet en marche, jouant son air éternel, et il est fort rare qu'il fasse plus de vingt pas sans qu'un autre groupe se forme sur son passage et ne le force de faire une nouvelle halte chorégraphique.

..... Mais voici qu'une traînée lumineuse sillonne rapidement le ciel avec un sifflement aigu. C'est une fusée, signal du feu d'artifice : les soleils s'irradient, les étoiles scintillent, les serpentaux se croisent en lacets capricieux, les fontaines versent des flots d'étincelles, les pétards détonnent à qui mieux mieux, les bombes éclatent... et le tout infecte l'air d'une violente odeur de nitre et de salpêtre...

Un juron formidable retentit tout-à-coup à mes côtés. Je me retourne : Maxime a voulu consulter sa montre et l'a trouvée évanouie avec les dernières lueurs du *bouquet*. Tenter de retrouver les traces de la fugitive dans un pays où les filous offrent volontiers une prise aux agents de la police, dans la tabatière volée, était, bien évidemment, une entreprise inutile. Ne l'oubliez pas, cette ville de Naples est une véritable Arcadie : loups et brebis y fraternisent du matin au soir.

Le programme des réjouissances de la soirée était épuisé ; nous n'avions plus qu'à prier Morphée de clore nos paupières et de nous donner les forces nécessaires pour supporter les fatigues de la nuit; car, il faut rendre cette justice aux lits italiens, c'est qu'ils ne poussent pas à la paresse. Il y a peu de sybarites cherchant à prolonger au delà du réveil leur station horizontale sur ce meuble de sapin, dont tout le moelleux consiste en une mince toile quadrillée de bleu et de blanc. A la première lueur de l'aube, pénétrant sans difficulté jusqu'à vous, se joint le premier vacarme de la rue; vous ouvrez les yeux, vous poussez un gémissement ou un juron, selon que votre caractère est brusque ou mélancolique, et vous vous glissez au bas de votre *chevalet* aussi rapidement que peuvent vous le permettre vos membres raidis.

— Broum!... — Voilà qui est fait. Vous vous secouez vivement; un bain délicieux dans le golfe, à l'instar de ces gamins qui se jettent du haut de la terrasse de Villa-Reale pour ressaisir la *piccola moneta* que vous jetez à la mer, puis, rafraîchi, reposé par cet exercice salutaire et fortifiant, vous voilà prêt à courir à de nouvelles aventures.

Les nôtres ont été peu accidentées aujourd'hui. S. M. a tenu à se débarrasser au plus vite des entraves de l'étiquette : une revue suivie d'une représentation de *gala* à San-Carlo, voilà tout. Ce soir le roi se promène pédestrement dans les rues de Naples, comme un simple bourgeois de sa bonne ville. Je l'ai vu sur le quai de la Marinella, une fleur à la boutonnière, causer familièrement avec un pêcheur qui ne semblait nullement se douter du rang de son interlocuteur.....

Revenons bien vite à notre rôle d'historiographe et entrons à San-Carlo, quoiqu'il ne soit que deux heures de l'après-midi, les représentations de gala ayant lieu de jour.

Le *Teatro reale di San Carlo*, contigu au palais royal, est bien certainement la plus vaste salle de spectacle, et, sans contredit aussi, la plus mal éclairée que je connaisse. Les spectateurs semblent perdus dans son vaste pourtour. Elle a mis pourtant aujourd'hui sa parure de fête et son luminaire royal. Soigneusement drapée, peinte et redorée à neuf pour la circonstance, elle sent encore néanmoins son clinquant d'une lieue ; les loges sont mesquinement espacées entre elles et, à part la loge royale, tout le reste semble taillé dans du carton-pâte.

On a joué la *Sonnambula*, allongée, selon la coutume italienne, de l'inévitable ballet. Les artistes chargés d'interpréter l'œuvre de Bellini ne m'ont pas fait revenir de mes impressions sur l'opéra en Italie. Peut-être l'émotion causée par une *auguste présence* a-t-elle paralysé leurs moyens et nui à l'exécution.

En revanche, je ne saurais adresser le même reproche au corps du ballet napolitain.

Dès l'entrée en scène de ces dames, l'intérêt tout

entier s'est concentré sur leurs *jetés-battus*. Je n'avais jamais vu, jusqu'ici, des jambes de calibres si divers se démener avec tant d'entrain. Malepeste ! ce n'était plus un rôle que remplissaient les danseuses, mais bien évidemment un exercice auquel elles se livraient avec une inénarrable satisfaction dont les sujets de nos théâtres français ne sauraient nous donner l'idée. Nos danseuses bondissent avec une fatigue visible ; leur but unique est de dépasser en hauteur les souvenirs laissés par la dernière étoile chorégraphique ; aussi devine-t-on cette fatigue, malgré l'immuable sourire stéréotypé aux deux coins de la bouche. Mais ici rien de semblable, et la danse est un plaisir pour la danseuse elle-même qui danse de tout son corps ; les bras, les yeux, la bouche, les reins, tout accompagne et complète le mouvement des jambes. Cette satisfaction paraissait amplement partagée, du reste, par les nobles spectateurs qui, l'œil en feu et la lèvre frémissant d'impatience, n'attendaient plus que l'approbation du souverain pour éclater en bravos chaleureux et réitérés.

Je croyais connaître les danses italiennes. Eh bien, j'étais dans la plus profonde erreur ; ce que je venais de voir n'était que le prélude. La Carlina paraît. Aux premières mesures, dès les premiers pas de l'artiste bien-aimée, un silence profond règne dans la salle. Jamais on n'avait jusqu'ici attaqué si hardiment ces admirables danses de caractère où tout est réuni, fierté, langueur, dédain, amour, désir, volupté. Un frémissement universel succède à ce silence, puis la loge royale donne le signal des applaudissements qui s'élèvent de toutes parts, enthousiastes et frénétiques. La Carlina, rappelée et couverte de fleurs, a dû recommencer son pas merveilleux; son succès s'est changé en triomphe, et ce n'était que justice. Jamais papillon, jamais abeille, effleurant du bout de sa trompe les fleurs d'un parterre, n'a volé de l'une à l'autre avec plus d'agilité, de grâce et d'inattendu que la Carlina.

La représentation s'est terminée vers six heures, nous laissant toute liberté pour nos flâneries accoutumées. Nous en avons profité pour faire un peu de *corso* sur la Chiaja, à la suite du prince Humbert. La princesse Margherita, sa femme, a bien la figure la plus sympathique qui se puisse voir...

Laissez-moi vous signaler une innovation charmante dont le *corso* d'aujourd'hui a eu la primeur : une voiture métamorphosée en litière fleurie. La princesse S*** au milieu d'un encadrement de roses et de lilas, se prélassait, mollement bercée sur cette mer odoriférante, comme Vénus sur la crête des vagues. Cela était d'un effet délicieux, d'un grand goût et d'un grand luxe, et partant, fort admiré.

... Maxime a proposé de finir la soirée sur le golfe ; sa proposition est votée d'enthousiasme. Il est de fait que je n'ai rien vu de calme et de charmant comme cette nuit éclairée par la lumière harmonieuse et sereine que nous versait un ciel tout brodé de diamants. Jamais les vers de Corneille

Cette obscure clarté qui tombe des étoiles
n'avait eu de plus exacte application.

A mesure que notre barque s'éloignait du rivage, les mille bruits de la ville, cris de marchands, roulements de voiture, froissements de pavés, mouraient pour faire place au murmure du flot. De temps en temps, le son d'une horloge passait dans l'air, égrenant ses heures cristallines emportées par la brise au milieu des arômes flottants des orangers. Appuyés à l'arrière du canot, les yeux noyés dans cet azur au fond duquel, à chaque instant, notre regard voyait éclore une nouvelle étoile, nous nous laissions bercer par la voix de nos rameurs, qui chantaient *Il Barcajuolo di Santa Lucia*, mélodie toute de circonstance et pleine de ce charme poétique et langoureux qui vous porte fatalement à la rêverie :

> *Sul mare il lucido*
> *Disco d'argento*
> *Infunde all' anima*
> *Dolce contento.*
> *E nuova e solida*
> *La barca mia.*
> *Santa Lucia !...* (1)

(1) Sur la mer brillante le disque d'argent de la lune inspire à l'âme un doux contentement. Ma barque est neuve et solide. Sainte Lucie, protège-moi...

Je ne sais quelle était la nature des réflexions de mes compagnons, car chacun de nous gardait un silence plein de recueillement, mais je sais que, pour moi, toutes mes belles pensées philosophiques finirent par tournoyer dans ma tête, comme un vol d'oiseaux au déclin du jour, et se fondirent prosaïquement en un à-compte sérieux sur le sommeil de la nuit. Je ne m'éveillai qu'au huitième et dernier couplet :

> *O bella Napoli*
> *Suolo incantanto,*
> *Luce più vivida*
> *Del ciel stellato;*
> *Sei tu l'emporia*
> *Dell' allegria.*
> *Santa Lucia!...* (1)

Nous accostions.

(1) O Naples charmante, sol enchanté, lumière plus vive du ciel constellé, tu es la source de l'allégresse. Sainte-Lucie!...

CHAPITRE XVI.

Nouvelle visite aux collections des villes mortes. — L'auteur reconstruit Pompéï. — Illusions fantastiques. — L'école de Naples. — Le voyageur entend des cris sauvages et s'enfuit sous une averse de figues de Barbarie. — Les billets de loterie. — Ce que l'auteur pense du signor *Luidgi Vanvitelli*. — L'Eglise de l'*Annunziata*. — Les poupées. — Un prédicateur électrique. — Tableau final. — La *Piétà di San Martino*. — L'auteur revient à *San Gennaro*. — Miracle de Saint Janvier. — Histoire et Hagiographie. — L'auteur se félicite de croire aux légendes et laisse éclater sa profonde admiration pour les contes de bonne femme. — Une page de la vie des saints. — Trésor de Saint Janvier.

Nous voilà redevenus touristes et libres de reprendre nos excursions.

Une seconde visite au Musée nous a paru nécessaire. Ces belles collections pompéïennes sont toujours empreintes pour nous d'un charme inexprimable. Ce n'est plus, en effet, quelques fragments calcinés de la ville enfouie par le Vésuve que nous avons sous les yeux, mais bien Pompéï elle-même, dorée par le soleil de Naples et baignant ses pieds dans des bassins de marbre; Pompéï avec ses jardins d'orangers, de lauriers et de myrthes; Pompéï, enfin, rendue à la vie, à la jeunesse, à la beauté, à l'amour. Tout ce qui nous entoure exalte encore l'illusion et concourt à entretenir cette sorte d'hallucination où nous plongent les souvenirs du *Laurentium* de Pline, des jardins de Salluste ou des palais de Lucullus et de Mécène.

Sur ces triclinia, s'est peut-être assis Tibulle, récitant ses vers à un petit auditoire de charmantes Romaines; aux pieds de cette statue de l'Amour, une jeune femme, enveloppée dans sa tunique et mollement couchée à l'ombre d'un portique, s'est peut-être endormie au murmure de l'eau retombant dans cette vasque de marbre; ailleurs, ces mille objets de toilette féminine viennent de servir à quelque belle Romaine qu'on habille; ces épingles vont fixer autour de sa taille la ceinture qui arrêtera les plis de sa stole, étudiés avec tout l'art et toutes les ressources de ce temps-là…

Il nous faut un certain courage, pour nous arracher à cette poésie douce et triste à la fois, qui semble ainsi planer à l'entour de nous, et que fait naître en notre esprit la trace encore si vivante de ces siècles écoulés. Toutefois, ne quittons pas le Musée sans avoir visité sa galerie de peinture, peu considérable d'ailleurs, car elle ne possède guère que sept ou huit cents toiles environ.

Il est quelques noms que nous devons saluer au passage et auxquels est due une mention toute particulière: le *Corrège* et sa Zingarella (la Vierge au lapin), puis son Mariage mystique de Sainte Catherine. Voici encore le *Titien*, avec ses deux beaux portraits de Paul III et de Philippe II d'Espagne. Au milieu de toutes ces chairs d'un coloris si admirable, si palpitantes et si fermes, éclatent sa Danaé, la Madeleine, et le Saint François d'Assises du *Guerchin;* Adonis et Vénus de *Cambiaso;* l'Atalante et Hippomène du *Guide;* la Bacchante et le Satyre du *Carrache* et la suave composition du *Dominiquin,* l'Ange gardien.

La vue ne sait où s'arrêter; elle ne quitte toutes ces merveilles que pour se retrouver en présence de l'inimitable Sainte-Famille, de *Raphaël;* du Christ mort dans les bras de sa mère, d'*Ann. Carrache;* de la Vierge à la Chatte, de *Jules Romain*, ou des *clairs-obscurs de Rembrandt;* du Saint Jérôme, de *Ribera*, ou de la Nativité, d'*Albert Dürer*. On ne s'éloigne qu'à regret pour être transporté par *Claude Lorrain* dans son splendide paysage avec la nymphe Egérie, ou par *Ruysdaël* dans cette campagne où les arbres se tordent sous le souffle du vent, où l'eau mugit et se lance avec fureur sur les rochers qui la brisent et la rejettent en blanche fumée.

Terminons cette nomenclature, dont la brièveté compensera du moins la sécheresse, par un *Salvator Rosa,* magnifique de simplicité naïve; c'est le portrait de Masaniello, le héros populaire, dont la grande ombre semble planer encore sur les Deux-Siciles. Près du chambranle de la porte de sortie, se cache, humble et confuse, une délicieuse tête de femme attribuée à

Domenico Livione, celle de Laura Cossenza. Ce ne fut qu'une courtisane, mais un caprice de l'amour et de la poésie a suffi pour lui donner une place parmi les ombres souriantes et légères qui mènent Aspasie et Impéria dans les prairies bordées d'asphodèles.

… En sortant du Musée, nos oreilles sont assourdies par ces cris sauvages qui n'appartiennent qu'à la civilisation. Des marchands nous offrent les **derniers billets** de la loterie royale, **reale lotto**, car vous saurez que cette institution, proscrite chez nous, est, dans ce bienheureux pays, plus florissante que jamais. Aussi, la ville regorge-t-elle de bureaux de loterie ; le monstre est insatiable ; le lamantable sort des nombreux perdants ne décourage personne, et c'est avec une ardeur que rien ne lasse que la femme du peuple y sacrifie son dernier *carlin*, le mendiant ses rares *grani*. Comment en serait-il autrement? L'image de la Vierge, elle-même, brillamment illuminée, étalée au-dessus de la maison de jeu, semble la prendre sous son auguste patronage. Le ciel s'associerait-il à une infâme duperie? Voyez plutôt: un numéro vient de sortir ; le gagnant en retire à peine quelques ducats et s'empresse de convertir le bureau en chapelle ardente en l'honneur de la Madone.

Dans huit jours un nouveau tirage, précédé des mêmes émotions fiévreuses et suivi des mêmes déceptions.

— Excellences, prenez cette série. C'est le fulminant, — *il fulminante*, — vous ferez sauter la banque royale!...

Et des mains sales, auprès desquelles les mains de nos marchands de contre-marques paraîtraient fines et et aristocratiquement blanches, nous tendent, de toutes parts, de gigantesques pancartes imprimées en noir, en couleur, en or même, où brillent les numéros fatidiques, enrubanés, couronnés et encadrés à qui mieux mieux.

Nous frayant, en toute hâte, un passage à travers une foule de matelots, de soldats et de lazzaroni dépenaillés épluchant des figues de Barbarie, nous enfilons une suite interminable de *vici* et de *sottoportici*, et nous nous retrouvons, je ne sais comment, devant la Chiesa de l'Annunziata : une très-belle église, ma foi, due à Luidgi Vanvitelli. Sa coupole hardie supportée par quarante-quatre colonnes d'ordre corinthien, du plus beau marbre, sa *confession* décorée de seize colonnes doriques, en font très-certainement, à mon avis, un des plus beaux monuments de Naples.

L'église était pleine de monde. Le peuple se pressait en foule devant une chapelle remplie de Madones richement habillées d'étoffes aux tons voyants. Il faut absolument à ce peuple des couleurs éclatantes, jusque dans sa piété; ce qui frappe ses sens l'impressionne davantage. Quelques-uns baisaient les pieds de la Madone; d'autres, ceux du divin *Bambino;* les mères les faisaient baiser à leurs enfants. L'une d'elles, s'approchant d'une lampe basse, trempa ses doigts dans l'huile qui servait à l'alimenter, s'en frotta les yeux, le front, les bras, et, revenant se prosterner devant la statue de l'autel, s'engagea avec elle dans une conversation, réduite forcément au monologue, mais n'épargnant ni les éclats de voix, ni les gestes.

Tout entier à ce curieux détail de mœurs, je m'adosse à un pilier et j'attends. Bien m'en a pris : un prédicateur monte en chaire.

Ce qu'il a dit, je l'ignore, le sermon ayant lieu en ce dialecte napolitain, qui est trop souvent de l'hébreu pour nous. Les quelques mots que j'en pus saisir étaient ceux d'*enfer... endurcissement... flammes éternelles.* Deux ou trois cents personnes, environ, hommes et femmes entouraient la chaire; leurs yeux brillants suivaient tous les mouvements du prêtre. Sa voix s'élevait-elle, son geste se faisait-il plus énergique et plus réprobateur, l'auditoire, terrassé par la parole divine, criait, sanglottait, hurlait de repentir et de componction, grinçant des dents, levant les bras au ciel ou se meurtrissant la poitrine. Enfin, par un mouvement oratoire d'une puissance irrésistible, sans doute, où il dût être question des souffrances de l'Homme-Dieu, le moine, saisissant le crucifix et l'élevant au-dessus de la tête du peuple, mit un tel *rinforzando* dans sa voix que personne ne voulut être en reste avec l'orateur ; les cris devinrent stridents, les poingts se fermèrent menaçants, les yeux s'injectaient, les visages prenaient un aspect farouche. Nous nous demandions déjà avec anxiété si tout ce peuple, surexcité de la sorte, n'allait pas vouloir venger, à vingt siècles de distance, les tortures du Christ, lorsque notre œil se reporta sur la chaire.

La chaire était vide.

Le prédicateur disparu, l'auditoire se leva, se signa, et, à peine au dehors, reprit ses causeries habituelles, comme si de rien n'était.

A propos de l'Annunziata, j'oubliais de vous dire qu'elle renferme des fresques de *Correnzio* et le tombeau de Jeanne II ; mais en consultant mes notes, je vois que ce n'est pas la peine d'insister sur ces deux choses. Je vous conduirai donc de plein saut au vico *San Severo*, dans la chapelle de *Santa Maria della Pietà de' Sangri*, vrai musée de sculpture dont les deux morceaux les plus remarquables sont : le *Vice convaincu*, pris dans un filet dont il cherche à se débarrasser, et l'œuvre d'Ant. Corradini, la *Pudeur*. Dans la crypte souterraine, au milieu des luminaires qui transforment ce lieu en chapelle ardente, s'élève l'œuvre de Gius. Sanmartino, le corps mort du Sauveur, enveloppé d'un linceul adhérent par la sueur de la mort. Je ne connais rien de plus saisissant que ce cadavre de marbre vu ainsi à la lueur des lampes funéraires. C'est à vous donner le frisson.

Maintenant, pour régler notre compte avec les églises et en finir avec leur description, il ne nous reste plus qu'à revenir à San Gennaro, dont je vous ai parlé dans un précédent chapitre, et à vous raconter la fête du miracle de Saint Janvier. Vous savez que ce miracle consiste dans la liquéfaction du sang desséché du saint évêque, et que le prodige a lieu trois fois par an : le premier samedi de mai, le 19 septembre et enfin le 16 décembre, époques où il excite chaque fois, à Naples et à Pouzzoles, un enthousiasme toujours plus vif et plus nouveau, une allégresse toujours plus profonde.

Remontons un peu ces temps éloignés où le sang des chrétiens coulait sous le fer des bourreaux; cette digression ne sera point inutile.

L'empire romain allait bientôt s'ensevelir sous ses propres ruines. La corruption des vainqueurs du monde avait jeté de fatales semences parmi tous les peuples vaincus. Rome, la métropole de l'univers, la maîtresse orgueilleuse de toutes les cités, le centre rayonnant autour duquel l'histoire de tous les peuples avait tourbillonné pendant huit siècles, Rome n'était plus que le fantôme d'elle-même, et ses habitants n'étaient plus que les fantômes des anciens Romains. La pourpre impériale, jetée au hasard par les soldats sur les épaules d'obscurs aventuriers, tombait quelquefois dans la fange où des esclaves se la disputaient, comme une meute avide se rue sur une proie sanglante. Le christianisme, poursuivant son œuvre de rénovation et d'avenir, préparait un monde nouveau. Au milieu de ces foules usées par la débauche, avilies par la tyrannie de leurs indignes maîtres, qui n'allaient chercher dans leurs temples fastueux qu'un spectacle de plus, on voyait s'élever des familles que la *bonne nouvelle* était venue visiter. Celles-là, fuyant les spectacles barbares où des peuples dégénérés battaient des mains aux angoisses des victimes expirant sous la dent des lions, se rassemblaient dans des cryptes secrètes et profondes, et là elles écoutaient, dans un ravissement sublime, ces paroles d'espérance et de mystère que des pasteurs pieux et révérés faisaient tomber sur elles. Tandis que le sang coulait sur les autels vermoulus des vieilles divinités de l'Olympe, la prière seule s'inclinait devant l'autel auguste du Dieu inconnu qu'invoquaient avec ferveur les hommes de la foi nouvelle, se préparant ainsi à la lutte la plus terrible qui ait jamais précédé le triomphe de la vérité.

Plusieurs fois déjà les Césars et leurs proconsuls avaient trempé leurs mains dans le sang des fidèles, mais c'étaient plutôt les chrétiens que le christianisme qu'ils avaient cru frapper. La religion nouvelle n'était encore regardée, en effet, que comme une idée philosophique dont ils ne soupçonnaient ni la puissance ni l'avenir. Mais les temps étaient proches où la grande et mélancolique parole du Christ allait s'accomplir :

« *Et vous serez haïs de tous à cause de mon nom ;*
« *mais celui qui persévérera jusqu'à la fin, c'est celui-là*
« *qui sera sauvé.* »

Dioclétien régnait sur l'empire. Le Dalmate et fils d'esclave, salué empereur, tenait sous sa verge de fer le monde d'oppression que l'épée romaine avait façonné. Austère et fort comme un de ces vieux Romains de la république, sa main puissante avait arrêté un moment l'empire sur le penchant de l'abîme vers lequel le poussaient les folies de ses maîtres et la profonde dégradation des peuples.

Tout à coup, au milieu de ses triomphes éclatants et quand ses sages lois ramenaient l'ordre et la justice dans ses vastes états, Dioclétien conçut le projet de relever les autels déserts des dieux du paganisme ; l'univers n'avait qu'un maître, il voulut le courber sous les pratiques du même culte. L'empereur qui avait arrêté aux frontières la marche des hommes du Nord, crut qu'il pouvait aussi facilement arrêter la marche de l'esprit humain. C'était le commencement de cette lutte sérieuse où le christianisme devait entrer avec la conscience de sa haute mission.

Dès qu'on sut que l'empereur attribuait au prosélytisme des chrétiens la tiédeur qu'on montrait de toutes parts pour la religion de l'Etat, et que plusieurs fois de terribles menaces contre eux étaient sorties de sa bouche, la flatterie et la cupidité excitèrent les délateurs et remplirent l'esprit du maître des plus funestes préventions. L'empereur crut aux infâmes calomnies de ses adulateurs, et le 23 février de l'an 303 il publia contre les chrétiens cet édit de colère et de sang qui r'ouvrit l'ère des martyrs.

Vous savez quelle sainte et puissante énergie donnèrent à la foi nouvelle ces cruautés inutiles, ces horribles supplices, ces flots de sang répandus. De toutes les parties de l'empire, des milliers de victimes courageuses vinrent grossir les rangs des confesseurs du vrai Dieu. Après la publication de l'édit particulier ordonnant de mettre en prison les chefs et les ministres de toutes les Eglises, les évêques et les prêtres furent soumis aux plus terribles tourments, et telle fut la multitude des martyrs « qu'il semblait, dit Eusèbe, que toute l'Eglise « voulût quitter la terre pour aller au ciel. »

Au nombre de ces courageux athlètes fut Janvier, évêque de Bénévent.

Ici, mon ami, cédons la parole au livre par excellence, en pareille matière, à la *Vie des Saints*. Le merveilleux de la tradition s'y mêle, parfois peut-être, aux vérités de l'histoire, mais je sais que vous ajoutez foi aux traditions et aux légendes, et je vous en félicite; car, indépendamment de leur originalité native qui gagne à être écoutée sur les lieux mêmes, elles s'accordent très-souvent avec l'histoire. Laissons donc aux esprits prosaïques le triste privilège de repousser ces récits, parfois si frais et si poétiques qu'on les aime mieux encore faux, — s'ils le sont, — avec tout leur charme, qu'on ne les goûterait véridiques avec de moins gracieuses images. Pour ces esprits étroits et critiqueurs qui confondent le goût avec les systèmes et la religion avec le parti pris, l'imagination est un livre absolument fermé. Que la science leur soit légère !

Je vous transcris intégralement le passage qui a trait à la mort du saint; je craindrais que l'analyse, même la plus fidèle, n'altérât la magnifique simplicité du récit :

« ..... Or, durant la longue et cruelle persécution
« de Dioclétien, il *(Saint Janvier)* déploya un zèle
« admirable. On le trouvait partout, fortifiant, encou-
« rageant et consolant les chrétiens. Timothée,
« gouverneur de la Campanie, le fit enfin arrêter et
« conduire devant son tribunal. Sa constance fut
« d'abord mise à diverses épreuves, puis il fut jeté
« dans une fournaise embrasée d'où il sortit sans
« aucun mal, les flammes ayant respecté même ses
« vêtements et jusqu'à ses cheveux. Ce prodige
« excita la colère du magistrat qui lui fit tirer les
« nerfs etdi sloquer les membres.

« Pendant ce temps, Festus, diacre de Janvier, et
« Didier, son lecteur, étaient aussi arrêtés, chargés
« de chaînes et traînés devant Timothée. Le préfet

« les fit lier à son char et les conduisit à Pouzzoles
« où l'on préparait des jeux en l'honneur des empe-
« reurs, et où l'on devait livrer aux bêtes une foule
« d'autres martyrs. Là ils furent jetés en prison avec
« d'autres confesseurs condamnés aux bêtes, et
« parmi lesquels se trouvaient Sosie et Procule,
« diacres, l'un de Mysènes, l'autre de Pouzzoles. En
« entrant dans la prison, Janvier qui ne marchait
« que par l'effet d'un miracle leur dit : — Courage,
« mes frères; combattons généreusement contre le
« démon et son ministre Timothée; gardons une
« fidélité inviolable au divin Maître; ayons confiance
« en lui et nous triompherons de la malice de nos
« adversaires.

« Le lendemain on les exposa tous aux bêtes dans
« l'amphithéâtre. Mais ces animaux, oubliant leur
« férocité naturelle, vinrent se coucher aux pieds de
« Janvier. Le gouverneur, attribuant ce fait à des
« enchantements et craignant une sédition, prononça
« la sentence de mort contre les martys de J.-C.
« Tout à coup, par un juste châtiment de Dieu, il fut
« privé de la vue et ne la recouvra que grâce aux
« prières de l'Evêque. Ce miracle convertit environ
« cinq mille personnes. Le juge ingrat, au lieu de se
« laisser désarmer par un si grand bienfait, tomba
« dans une espèce de rage en voyant la conversion
« d'une telle multitude, et hâta le supplice des mar-
« tyrs qui furent décapités.

« Pendant que Saint Janvier marchait à la mort,
« un vieillard chrétien s'était approché de lui et lui
« avait demandé quelque pièce de ses habits comme
« souvenir. Le saint n'avait que son mouchoir à
« donner, mais il en avait besoin pour se bander les
« yeux. Cependant il le promit au solliciteur, lui
« disant que les chrétiens tenaient leur parole, même
« après la mort. Quand il eut reçu le coup mortel,
« l'exécuteur foula aux pieds ce mouchoir plein de
« sang en disant, par raillerie, au cadavre, de le
« prendre et de le porter à celui auquel il l'avait
« promis; mais en retournant à la ville, il fut fort
« saisi de voir le mouchoir entre les mains du vieil-
« lard auquel Saint Janvier l'avait, en effet, apporté.

« Les villes voisines voulant s'assurer chacune,
« dans l'un de ces martyrs, un protecteur auprès
« de Dieu, prirent à l'envi le soin d'ensevelir leurs
« corps. Les habitants de Naples, sur un avis du
« ciel, donnèrent la sépulture aux restes de Saint
« Janvier. Ces précieuses reliques, transportées plus
« tard à Bénévent, et ensuite à l'abbaye de *Monte-*
« *Vergine*, furent enfin ramenées à Naples et dépo-
« sées dans la cathédrale de cette ville.

« Beaucoup de miracles s'opérèrent par leur entre-
« mise. Le plus mémorable est celui qui arrêta les
« éruptions du Vésuve. Un autre prodige non moins
« extraordinaire, c'est que le sang du martyr, qui se
« conserve desséché dans une fiole de verre, se

« liquéfie lorsqu'il est mis en présence de la tête du
« même saint, et entre en ébullition comme s'il
« venait d'être répandu. Ce fait s'accomplit encore
« aujourd'hui. »

Le culte de Saint Janvier est devenu célèbre dans toute l'Italie, mais particulièrement à Naples et à Pouzzoles, c'est-à-dire aux lieux de son supplice et de son apothéose. Aussi l'effigie de ce bien-aimé patron décore-t-elle fréquemment le fronton des villas et des palais comme les plus humbles chaumières. Sa statue monumentale s'élève sur le pont de la Madeleine jeté sur le Sebeto, près de Portici, en face de l'ennemi qu'il conjure. Son bras, d'un mouvement magnifique, semble bénir et protéger la ville. Cependant, il faut le dire, cette splendeur éblouissante a vu ses rayons pâlir et l'ombre obscurcir cette gloire. Le martyr, non-seulement révéré comme un saint, mais aimé comme un ami familier que le peuple enrichit de ses dons, comble de ses égards et entoure des marques non équivoques de son dévouement, vit un jour sa popularité menacée et son prestige compromis, ni plus ni moins que celui d'un simple mortel. C'est ainsi, par exemple, que lors des dernières éruptions du Vésuve, quand, malgré les prières ferventes qui lui étaient adressées de toutes parts, les coulées de lave brûlante détruisaient sur leur passage les habitations et les cultures, il s'en fallut de peu que les Napolitains ne brisassent sa statue pour la traîner ignominieusement à la mer. Le pauvre saint porte encore sur sa face meurtrie la trace des fureurs populaires de ce triste jour.

Aujourd'hui, revenue de cet égarement passager, Naples s'apprête à fêter avec un nouveau zèle celui qu'elle a voulu traîner aux gémonies. Ne nous associons qu'à son enthousiasme et suivez-nous à San Gennaro, dans la chapelle qui lui est dédiée; quoique la foule soit immense déjà, nous y trouverons facilement une place, car cette chapelle forme une église dans une autre église. Sept autels, quarante-deux colonnes de brocatelle, dix-neuf statues colossales de bronze, un maître-autel décoré de candélabres gigantesques, vingt-sept bustes de saints en argent massif, des tableaux inestimables, sa coupole peinte par le Dominiquin, des reliquaires précieux ornés de perles, de saphirs et de diamants, telle est cette chapelle plus communément appelée, — avec juste raison, vous le voyez, — le *Trésor de Saint Janvier*. C'est là que va s'opérer le miracle de la liquéfaction du sang, qui, d'ordinaire, reste à l'état desséché et fendillé.

CHAPITRE XVII.

Physionomie de la chapelle. — Cérémonies. — Les cousines de Saint Janvier. — Les buires miraculeuses. — Danger d'avoir des parents trop impatients. — Scènes d'après nature. — Une révolution. — L'auteur marche d'étonnement en stupéfaction. — Enfin! — Explosion. — Où la physique est impuissante. — Pourquoi pas? — Miracle de Pouzzoles. — Opinion irrévérencieuse de l'auteur sur les palais de Naples. — De ci de là. — Idées que les belles filles juchées sur les arbres donnent aux voyageurs montés sur des chevaux. — Comment finit une idylle.

La foule remplit le sanctuaire vénéré, et comme la cohue devient à chaque instant plus compacte, ses flots débordent de toutes parts, envahissant bientôt les nefs de la cathédrale. Seul, un espace reste vide dans le chœur; c'est la place réservée à ceux que l'on désigne sous le nom de *cousins de Saint Janvier*. Pourquoi? Je l'ignore et ne me charge pas d'expliquer une parenté si problématique. *Cousins* et *cousines* se rangent à la place qu'ils doivent occuper, c'est-à-dire à droite et à gauche de la balustrade, et la foule attend avec une anxiété bruyante le commencement des cérémonies...

Enfin!

Les hallebardes résonnent sur les dalles, le clergé

s'avance. En l'honneur de la solennité du jour, les chanoines ont revêtu la pourpre romaine ; le doyen du chapitre porte le reliquaire. Un de ses collègues tire du tabernacle le chef de Saint Janvier enfermé dans un buste de vermeil reproduisant les traits attribués par la tradition au saint évêque. Ce buste, revêtu des insignes épiscopaux, est orné de joyaux magnifiques ; sa mitre est brodée de perles et d'or. Puis on sort d'un coffret, en vermeil ciselé, le reliquaire contenant le sang du martyr. Ce reliquaire est en argent repoussé au marteau, de forme ronde, muni d'un verre de chaque côté, et rappelle assez la forme d'un ostensoir, moins les *rayons*. Dans la cavité ménagée entre les plaques de cristal qui les protègent sont deux buires de forme ronde et aplaties ; leur col, étroit et court, les rend absolument pareilles à ces petites fioles lacrymatoires que l'on trouve fréquemment dans les tombeaux antiques.

Le reliquaire posé sur l'autel, le prêtre place derrière un cierge allumé permettant d'en voir très-nettement le contenu.

Or, voici ce que l'œil aperçoit tout d'abord : les deux buires sont remplies, l'une aux deux tiers, l'autre à un tiers environ, d'une matière brune, solide, et dont la dessication parfaite paraît remonter à une époque fort reculée. Après quelques instants de prière pendant lesquels la foule muette, silencieuse, recueillie et profondément émue, a pu contempler la précieuse matière, le prêtre descend de l'autel, se place devant la balustrade, prend le reliquaire, et, l'élevant dans ses mains, — toujours éclairé par la lumière du cierge, — le montre aux assistants, puis le fait baiser à chacun, en l'appuyant alternativement sur la bouche et sur sur le front du fidèle.

La cérémonie est longue. Trois prêtres se sont succédé dans cette fatigante besogne, et tous les trois se sont retirés épuisés de fatigue et de lassitude.

.....Mais l'heure s'écoula...suivie d'une seconde... puis d'une troisième... et le miracle n'arrivait pas. Il y eut un murmure dans la foule, murmure où la fatigue, l'impatience, la colère se mêlaient à doses égales. La prière s'était arrêtée sur les lèvres les plus dévotes; le bruit devint rumeur; d'abord sourde comme la plainte du flot qui bat la grève, elle éclata devant ce retard inexplicable.

L'exactitude, cette « politesse des rois », ne paraissait pas être la qualité dominante du saint. Ses *cousines*, humiliées depuis quelques instants par les propos malveillants qui couraient déjà sur son compte, laissèrent, en désespoir de cause, percer leur dépit, et se joignant à ses détracteurs, levèrent à leur tour l'étendard de la révolte. Furieuses d'attendre ainsi vainement le bon plaisir du saint, elles se mirent à l'apostropher avec une véhémence, des cris, des gestes, des expressions dont rien ne peut rendre la sauvage éloquence.

L'une d'elles surtout, petite femme brune au nez court, à la bouche serrée, à l'œil percé à la vrille, à la voix vibrante, aux gestes passionnés, semblait s'être fait l'avocat de ses compagnons; aussi s'en donnait-elle à cœur joie. Objurgations, reproches, prières, menaces, tout était matière à sa faconde pleine de verve et d'entrain :

— Allons, triste saint, n'as-tu pas honte de nous faire attendre ainsi? Ne vois-tu pas qu'on n'espère qu'en toi? Regarde cette foule venue de tous les points de l'Italie pour assister à ton prodige; veux-tu lui faire penser que tu n'es qu'un piètre évêque, un saint de contrebande? N'attends pas davantage, voyons, aide-nous. Est-ce pour nous récompenser des dons que nous t'avons fait cette année, que tu te montres si impoli?.. Voudrais-tu nous tromper aujourd'hui? Prends garde! Il y a d'autres saints que toi, Dieu merci, qui ne demanderaient pas mieux que de devenir notre patron. Que gagnerais-tu à ce changement? Allons, ne fais pas le revêche, montre-toi bon et dévoué comme l'an dernier, si tu veux que l'on continue à te fêter; mais surtout, hâte-toi!...

— Oui, oui, hâte-toi, répétait la foule en hurlant à qui mieux mieux.

Je vous laisse à penser, si cette scène m'enchantait.

Vous qui connaissez mon goût pour l'étrange et

pour l'inconnu, vous voyez que j'étais servi à souhait. J'étais tout « yeux et tout oreilles, » nageant en pleine jubilation devant ce spectacle d'une nouveauté si bizarre pour moi.

Soudain, le prêtre étendit la main pour commander le silence et éleva le reliquaire au-dessus de sa tête.

Le prodige s'accomplissait.

— A la bonne heure! cria la femme. Vive Saint Janvier! San Gennaro, tu as bien fait! Tu es toujours notre patron bien-aimé. Nous te chérissons tous, tu es un grand saint.

— Evviva San Gennaro! crièrent mille voix.

Au même instant, à un signal donné du dehors, les salves d'artillerie tirées par les canons du fort, auxquels répondirent les navires de la rade, accompagnèrent, au bruit de toutes les cloches de Naples, le chant du *Te Deum*, qui sortait imposant, grave et solennel de toutes les poitrines électrisées; l'encens s'élevait en nuages odorants sous les voûtes de la cathédrale, pendant qu'une pluie de fleurs retombait sur l'autel.

Vous ne pouvez vous imaginer quelle impression profonde une semblable scène peut exercer sur l'imagination et sur le cœur de celui qui en a été le témoin; pour moi, j'en emporte un souvenir ineffaçable.

Maintenant, vous me demanderez : Y a-t-il miracle ?

Voici ce que j'ai vu : la transformation de la matière brune, solide, parfaitement desséchée est de toute évidence. Pendant huit jours (l'octave de la fête), le sang du martyr va rester en état de liquéfaction, exposé sur le maître-autel de la cathédrale, et présentant la *couleur*, la *consistance*, la *fluidité du sang qui vient de sortir de la veine d'un homme*. Pendant toute la semaine, on peut le voir d'aussi près qu'on le désire et s'assurer, par conséquent, de sa nature.

Si vous ajoutez à cela, d'un côté, qu'en vertu d'un privilège assez généralement accordé d'ailleurs aux étrangers, j'étais placé, pendant la cérémonie, non-seulement dans le chœur, mais sur la dernière marche de l'autel, de telle sorte que je touchais presque le prêtre qui tenait le reliquaire, et que, dès lors, aucun de ses mouvements ne pouvait m'échapper ; d'un autre côté, que les moyens physiques et chimiques invoqués comme les agents de cette transformation n'ont *jamais* pu produire un résultat analogue, ne serai-je pas autorisé à vous répondre : « Pourquoi pas ? »

Je dois ajouter, maintenant, que Naples n'est pas la seule ville à s'enorgueillir de ce miracle annuel, qui se reproduit, aux mêmes époques et dans les mêmes conditions, d'abord au couvent des capucins de Pouzzoles, dont la chapelle s'élève au lieu même où fut couché le corps de Saint Janvier après sa décapitation dans l'amphithéâtre. C'est là qu'est déposée la pierre tachée de sang sur laquelle s'agenouilla le pieux martyr pour recevoir le coup de la mort. Cette pierre se couvre, dit-on, d'une sueur sanglante à l'heure même où la liquéfaction s'opère à Naples. En second lieu, la tradition prétend que les fidèles de Ravennes ayant enfermé ce sang précieux dans trois fioles, l'une d'elles fut portée par le roi Charles III en Espagne, où le miracle s'accomplit, parait-il, aux mêmes époques.

Prenez ces *on dit* pour ce qu'ils valent. Je n'affirme rien, je raconte, voilà tout, me contentant de répéter le mot de M. de Barante : « *ad narrandum non ad probandum* », d'autant mieux que je n'ai pu vérifier par moi-même cette double assertion. Un instant, il est vrai, j'ai eu la tentation de suivre la foule qui se rendait à Pouzzoles, mais j'ai dû renoncer à ce projet.

Ses rues sont, à cette heure, encombrées de corricoli, de berlines, de carrosselles et de pèlerins ; le plateau des capucins est transformé en champ de foire, et à chaque instant on tire ces bruyantes petites boîtes dont on fait tant usage à Naples devant la porte des églises où l'on fête quelque saint. C'est par une journée moins bruyante que nous voulons visiter l'ancien théâtre des fêtes de Néron et de Caligula, ainsi que celui des funérailles de Sylla. Dans quelques jours nous explorerons plus à notre aise ce petit coin de la terre napolitaine, aujourd'hui misérable amas de bicoques, mais gros pourtant de souvenirs tragiques, abreuvé de tant de sang, et souillé de tant de honte. Nous sommes restés à Naples et avons visité les palais.

J'en demande humblement pardon à leurs illustres possesseurs, mais la douzaine de palais que Naples renferme et qu'il nous a été donné d'apprécier, est bien loin d'avoir pu lutter dans notre estime avec les constructions similaires de Gênes et de Rome. Il faut le reconnaître, cependant, quelques-uns d'entre eux possèdent des œuvres précieuses qu'il serait injuste de passer sous silence.

Le palais *Santangelo*, par exemple, contient la plus belle collection d'objets d'art de Naples, en vases italo-grecs, en terres-cuites, verres, bronzes, camées, estampes, médailles. Sa galerie de tableaux est inestimable. Le Saint Sébastien de *Ribera*, des paysages de *Salvator Rosa*, un Saint Sébastien de *Véronèse*, l'Annonciation et la Résurrection du *Tintoret*, des portraits de *Sébastien del Piombo*, de *Rubens* et de *Van Dyck*, la Femme aux Myosotis d'*Albert Dürer*, en font le rival, souvent heureux, du palais *Miranda*, qui peut offrir à l'admiration de ses visiteurs le Saint Jérôme au Désert et les Saintes Femmes de *Ribera*, un fort curieux tryptique de *Lucas de Leyde*, les

Fiançailles de Sainte Catherine d'*Albert Dürer*, le Festin des Dieux de l'Olympe dans la grotte de Neptune, et la Puissance de la Beauté de *Rubens*, deux splendides compositions qui vous retiennent longtemps et que vous ne quittez que pour vous trouver en présence de l'Alchimiste de *Téniers*, ou du Joseph chez Putiphar de *Guido Reni*.

Notre hommage rendu à ces maîtres immortels, nous allons maintenant, comme des écoliers en vacances, explorer les environs et faire l'école buissonnière à travers la campagne.

Rien de charmant et de délicieux comme ces courses au hasard de la pensée, sans autre guide que le caprice, sans autre loi que la fantaisie, dans ces environs de Naples où l'on trouve une série continuelle d'enchantements, soit que l'on s'attache à la singularité grandiose des phénomènes naturels, soit que l'on considère seulement la beauté des aspects ou la merveilleuse curiosité des ruines.

Aussi, ne nous cherchez plus désormais dans l'intérieur de la ville, mais bien dans quelqu'une de ces blanches bourgades aux toits rouges, éparpillées le long de ruisseaux hydrophobes ou tapies à l'ombre caniculaire des pampres se mariant au jeune orneau, circonstance qui doit donner, par parenthèse, une physionomie toute particulière aux vendanges. Il me souvient, à ce sujet, qu'un jour, redescendant par un chemin rocailleux la pente occidentale du Vésuve, nous entendîmes partir du verger de la villa Santangelo un caquet joyeux et bruyant comme un ramage d'oiseaux gazouilleurs ; nous levâmes la tête vers le feuillage : deux grandes belles filles perchées sur un arbre autour duquel s'enroulait un pampre chargé de grappes vermeilles, babillaient et riaient à qui mieux mieux. L'une d'elles s'arc-boutait à la grosse branche dans une pose si gracieusement abandonnée et où les passants paraissaient si complètement oubliés, qu'elle nous donnait je ne sais quelles vagues idées de descendre de nos montures... Allions-nous tenir enfin le premier chapitre de cette idylle insaisissable que poursuit tout voyageur, — en Italie surtout, — et à laquelle, sa fatuité aidant, il se croit des droits incontestables? Peut-être !... Ce qu'il y a de certain, c'est que cette scène ravissante, l'éclat de la soirée, les teintes animées du paysage, agissant ensemble sur notre imagination, concouraient encore à remuer en nous ces idées sans nombre qui s'agitent confusément dans la tête et font tourbillonner devant les yeux cette fantasmagorie décevante où tout est beauté, tendresse, lumière douce, voluptueux mystère.

Un écart subit de mon cheval ramena fort à propos mes yeux vers la terre, et, me rendant brusquement au danger de la situation, fit évanouir toutes mes idées bucoliques.

Nous attendons encore notre idylle.

CHAPITRE XVIII.

Castellamare. — Croquis à la plume. — La terre promise. — Départ pour Sorrente. — Détail minutieux d'une voiture. — Remarques judicieuses sur une bride. — Le voyageur s'expose à un danger inouï. — Sorrente. — Un fils de Phlégon. — Route de la Cava. — Pluie de fascines. — Paysage grandiose. — Sévères contrastes. — L'auteur oublie d'où il vient et où il va. — La mémoire d'un cheval. — Un poëte massacré. — Sa langue effroyablement mutilée. — L'auteur revient sur un sujet bien digne de lamentations éternelles. — Il rencontre des femmes qui lui expliquent Homère, sans justifier Ulysse. — Rêves évanouis. — Ce que l'on voit sous l'eau. — Départ pour Amalfi.

Castellamare.......

..... Si je doutais le moins du monde de vos connaissances historiques et géographiques, je vous dirais : déployez devant vous une carte de l'Italie méridionale, suivez du doigt la courbe décrite vers l'orient par le golfe de Naples, et dans la profondeur de l'arc vous trouverez Castellamare, dont les maisons blanches, hautes et régulières s'élèvent, dans une situation charmante, sur les ruines de l'ancienne Stabie, cette seconde victime de l'éruption de 79. Je pourrais ajouter que la ville moderne doit son nom au château fort construit par Frédéric II, empereur d'Allemagne, sur le versant de la colline, en face de la mer, mais cela ne me paraît pas indispensable à mon récit. Passons outre et arrivons à l'an 1754.

C'était l'époque où l'attention des savants se portait sur Herculanum dont on venait d'ouvrir le tombeau, et sur Pompéï qui commençait à reparaître au jour. Un paysan, promenant sa charrue sur la plaine voisine du renflement qui couvrait Stabie comme un funèbre *tumulus*, fit sortir d'un sillon une statuette de bronze, un casque et d'autres objets antiques. L'éveil fut donné, Charles III ordonna des fouilles qui mirent au jour un temple du Génie; ce temple contenait une délicieuse petite idole d'argent doré; dans une maison voisine on découvrit encore une fresque charmante, *la Vendeuse*; mais la principale exhumation fut la *Maison du Satyre*, dont le ***viridarium*** (parc), entouré d'un portique formé d'un double rang de deux cents colonnes, renfermait une fontaine surmontée d'un satyre de marbre. Examen fait de ces trésors archéologiques, vous croyez qu'on chercha à les conserver? point! A l'exception des objets d'art, *on les recouvrit de leurs décombres.* Grâce à cet acte de haute intelligence, l'attrait de Castellamare réside aujourd'hui tout entier dans ses promenades pittoresques, dans ses cavalcades au Casino-Reale, et dans la douceur de sa température, plus fraîche que celle de Naples.

Les indigènes modernes ont su merveilleusement tirer parti des eaux ferrugineuses, salines et sulfureuses dont les Romains de l'ancienne Stabie faisaient si grand cas. Aussi Naples y envoie-t-elle en foule tous les amateurs de villégiature. Il est vrai que le site qui nous entoure est un de ces endroits charmants, un de ces lieux de repos où le mirage qui passe en rougissant prête un corps à nos songes. Le ciel y paraît plus bleu qu'ailleurs ; la Méditerranée semble avoir des horizons plus doux, ses vagues plus de sourires ; sa nappe d'azur transparente s'empourpre mieux des teintes vineuses du rivage ; la clarté même des premières heures du soir y paraît plus jeune et plus pure ; le soleil se couche avec un éclat plus vif, dont la radieuse traînée de rubis et d'or semble former le portail d'un monde céleste ; le crépuscule s'y empreint d'une grâce plus fugitive, et quand la nuit couvre la terre, la lune semble épancher sur les montagnes plus verdoyantes et plus fleuries des torrents plus lumineux et plus limpides.

Et comme si le ciel avait voulu faire de ce petit coin de terre un second Eden, la brise du golfe l'arrose, le Vésuve le fume de ses cendres fécondes, et ses heureux habitants n'ont plus qu'à l'ensemencer et à attendre, en dormant, l'heure de la récolte, qui sonnera pour eux deux ou trois fois l'an.

Aussi la vie y est-elle douce et facile... pour l'indigène. Quant à l'étranger, il va sans dire que c'est une proie sur laquelle chacun se jette avec avidité et que l'on n'abandonne qu'après l'avoir allégée de son dernier ducat. Sans ce revers de médaille, je crois que l'on ne quitterait jamais ces beaux lieux, ces sentiers sur la montagne qui domine la ville,—le *Qui si sana*, — et l'ombre délicieuse que les châtaigniers et les chênes séculaires dont ils sont bordés répandent autour d'eux.

Mais l'heure commande, il faut partir. Deux voies s'ouvrent à nous pour gagner Sorrente : la mer ou la voie de terre. Les bateliers nous demandent un prix exorbitant, et le séjour de Castellamare a porté une trop rude atteinte à nos finances pour nous permettre de souscrire à leurs exigences. Le second parti nous reste seul ; nous frétons donc une sorte de carrosselle, voiture étroite et découverte, et attelée d'un cheval maigre. L'animal est petit et son harnachement étrange ; la bride n'a pas de mors. Pour le remplacer, une façon de muscrolle garnie de cuivre dentelé lui serre le nez ; ces dentelures rentrant intérieurement en pointes sur les bords, écorchent le nez de la bête et ne tardent pas à y faire une plaie vive ; la plus légère pression des rênes suffit alors pour diriger le pauvre animal qui obéit sans la moindre hésitation. C'est en ce galant équipage que nous comptons faire notre entrée dans l'antique ville des Sirènes. Vous voyez que nous n'y mettons pas le plus petit grain de coquetterie, et que, s'il nous arrive malheur avec ces terribles enchanteresses, on ne pourra pas, du moins, nous accuser d'avoir fait les premières avances.

          Sorrente...

... Vous nous avez laissés sur le point de monter en voiture, vous nous retrouvez maintenant sur la *plage sonore* chantée par le poétique amant de Graziella, dans cette voluptueuse Sorrente, symbole de poésie et d'amour, mère du Tasse et nourrice de Virgile.

Nous étions bien un peu pressés dans notre étroite voiture où trois personnes eussent tenu malaisément, mais la route s'annonçait passable, Beppo, notre postillon, se trouvait de joyeuse humeur, et notre petit cheval maigre, endiablé comme un vrai fils de Pégase, montrait une ardeur sans pareille. Impossible de se tirer avec plus d'entrain d'une route aussi magnifiquement accidentée. Surplombant la mer, en corniche, sur tout son parcours, tantôt elle côtoie la montagne à pic ou s'entaille dans le rocher. A droite, nous dominons le golfe tout entier; de temps en temps une ombre passe dans l'air, rapide comme la flèche : c'est un amas de fascines, lancées de la montagne au débarcadère du rivage, et qui vont, par-dessus nos têtes, rejoindre l'exploiteur qui les attend sur la partie basse de la côte.

Un peu plus loin, Vico-Equense se dresse sur son

rocher pittoresquement percé d'une grotte naturelle que traversent les flots. Bientôt, sur la gauche, se détachent, çà et là, dans la campagne, quelques villas aux toits rouges, charmantes avant-courrières de leurs sœurs de la plaine. Nous dépassons la pointe du Scuotolo, et, contournant une deuxième pointe, — peut-être Meta, — nous voyons tout à coup apparaître le golfe et la plaine de Sorrente; quelques pas encore, et nous voici dans la région des merveilles : *le Piano di Sorrente;* mais ici le paysage prend un aspect fantastique, et je ne sais plus comment vous décrire cette immense plate-forme verdoyante qui, taillée à pic au bord de la mer, émaille son riche manteau de velours vert des tons chatoyants de ses arbres au feuillage d'argent sur lequel se détachent les teintes sévères de leur ramure de bronze; ces fraîches et délicates villas si coquettement cachées, comme la Galathée du poëte, derrière un pli de terrain planté d'arbustes et de fleurs, abritant, sans le voiler, le nid parfumé dans lequel elles se sont blotties! Comment vous rendre ces effets prodigieux, résultant des moindres ondulations du sol et de la lumière glissant sur lui de biais ou le frappant perpendiculairement? Comment vous peindre le sauvage contraste qui existe entre cette nature si calme, si riante, et ces gigantesques déchirures s'ouvrant à quelques pas de là, ravins béants et profonds, dont l'œil ne mesure l'abîme mystérieux qu'avec effroi?

Comment vous donner une idée de la beauté souveraine de ces montagnes aux superbes contours, masses gigantesques, découpant vigoureusement à gauche, sur le ciel, leurs formes hardies, leurs profils majestueux, pendant qu'à droite le golfe reflète les voiles blanches de ses nacelles ou les panaches noirs et mouvants de ses paquebots? Naples élève en face de nous son amphithéâtre de marbre, et au delà du Pausilippe formant la bordure opposée du golfe, dans les profondeurs vaporeuses et bleuâtres de Pouzzoles et de Baïa, notre œil distingue les dentelures de Monte-Nuevo, de la Solfatare et le piton élancé des Camaldules; plus près de nous, au sud, le cap Campanella; et, enfin, entre le promontoire et nous, Sorrente, avec ses remparts, ses villas et ses ruines perdues sous les orangers. Cet ensemble, d'un grandiose presque biblique, constitue le *piano di Sorrente*.

Vous pouvez m'en croire, quelque familiarisés que nous fussions déjà depuis longtemps avec les caprices de cette nature italienne si exubérante et si riche, le paysage qui s'offrait à nous était empreint tout à la fois de tant de sublimités et de tant de grâces, de tant de splendeurs et de tant de charmes, que nous en avions oublié Castellamare, dont nous étions partis, et la vieille Syrentum, où nous allions entrer.

Notre cheval s'arracha le premier à cette fascination,—qu'il n'avait paru que médiocrement partager, du reste,—et s'achemina vers la piscine d'Antonin le

Pieux, située auprès de la porte de la ville, avec une vivacité d'allures qui sentait sa gourmandise d'une lieue. Nous avions été trop satisfaits des services de notre brave petit *Lampo* (Eclair), — ainsi l'avions-nous nommé, — pour mettre un nouvel obstacle à son légitime désir de retrouver au plus tôt sa provende habituelle. Aussi passâmes-nous, sans nous y arrêter, devant l'antique fontaine de Vénus, ombragée par un myrthe plusieurs fois séculaire, et, après un salut à la villa Félix, que Stace a chantée, nous prîmes possession de notre appartement à l'hôtel de la Sirène.

... Gaspard, assis sur la terrasse de l'hôtel, s'imbibe de couleur locale. Un gros figuier et quelques ceps tortueux de vigne, penchés sur l'angle de la maison voisine, et dont les branches grillagent à demi deux fenêtres basses, composent sans doute à souhait le théâtre où s'agite le monde poétique de sa rêverie, car il tire bientôt un petit volume de son sac de voyage, et sa figure s'illumine, en le lisant, d'un éclair de passion attendrie.

Le garçon d'hôtel nous appelle à la salle à manger; Gaspard ferme son livre avec recueillement et murmure d'une voix émue, en descendant l'escalier, des paroles entrecoupées :

Foui... « *Elle afait zeiçans!... z'est pientôt bur murir!* » — Bassons au révecdoire, ajoute-t-il avec un profond soupir.

Le *révecdoire* de la Sirène est comme celui de tous les hôtels : ni mieux ni plus mal garni. Je ne vous dirai pas ce que l'on nous a servi ; vous savez qu'ici l'on n'est jamais bien sûr de ces choses-là. Les objets primitifs, destinés à la nourriture de l'homme, subissent de telles transformations dans cette cantine italienne, que le plus prudent, quand on a faim, est de manger ce que l'on vous sert, sans s'inquiéter de ce que l'on mange. Je crois, cependant, — remarquez-le, je n'affirme rien, — je crois, dis-je, que tout cela sentait effroyablement le fromage et le poisson. En revanche, j'ai pu constater que le petit vin de l'antique *Sorrentum* des Romains méritait toujours les railleries dont l'avait accablé, dans le temps, le gourmet Catius, qui recommandait de « le mêler à la lie du Falerne pour lui donner plus de corps. » Le conseil serait encore bon aujourd'hui, et le jugement du *divin* Tibère, qui l'appelait « un généreux vinaigre » *(generosum acetum)*, ainsi que celui de son impérial collègue Caligula, qui le traitait à son tour « d'ignoble piquette » *(ignobilem vappam)*, suffiraient, à la rigueur, pour me réconcilier un peu, sinon avec leur mémoire, du moins avec leur goût. Nous appelons un vin plus sérieux à notre aide, et nous nous mettons à la recherche des Sirènes, Gaspard nous suit, murmurant d'une voix plaintive :

« *Son bas inzuçiant, intécis, palancé,*
« *Vlotait gomme ein flot lipre où le chour est percé.* »

— Le malheureux ! fit Maxime. Il en est encore à l'Italie de *Corinne* et de *Graziella !*

De nos premiers pas dans la voie des recherches, date la série de nos déceptions. Les premières beautés féminines qui s'offrent à notre vue nous confirment la cécité d'Homère, mais ne justifient en rien les craintes d'Ulysse. Les traits des Sorrentines sont assez beaux, il est vrai, mais quoi qu'elles soient aussi peu vêtues que les Nymphes, les Dryades et les Néréïdes de jadis, on a bien de la peine à s'habituer à ces guenilles immondes, jetées à l'aventure sur ces corps sales et cassés par la fatigue et par la misère ; malgré toute la bonne volonté que j'y apportais, il m'a été impossible de les dorer du moindre rayon poétique, et de transformer ces loques ignobles en « torchons radieux. »

Où êtes-vous mes belles illusions !...

Nous avons besoin de nous souvenir que le chantre de Méonie était aveugle, et que nous-mêmes n'avons plus cet âge où l'on confond si facilement le rêve avec la réalité. Poésie, voilà de tes coups !...

— La grande curiosité de Sorrente, nous avait-on dit encore, est la maison du Tasse.

— Ah ! oui, je sais : ... « Quand l'horizon du
« matin était limpide, je voyais briller la maison
« blanche du Tasse, suspendue comme un nid de
« cygne au sommet d'une falaise de rocher jaune,
« coupé à pic par les flots. »

Eh bien ! la maison du Tasse est tombée à l'eau depuis longtemps. Un pan de mur sans caractère, un petit tas de moellons informes, voilà tout ce que j'ai pu retrouver aujourd'hui de cette demeure « dont la
« lueur brillait jusqu'au fond de l'âme du poète
« comme un éclair de gloire qui étincelait de loin
« sur sa jeunesse et sur son obscurité. »

Une demeure plus authentique et mieux conservée, par exemple, est l'habitation qu'occupait sa sœur, lorsqu'en 1577 elle accueillit le malheureux poète, échappé de Ferrare après sept ans de captivité, poursuivi par l'envie des petits, par la calomnie des grands, et bafoué jusque dans son génie, sa seule richesse ; c'est à cette porte qu'il vint frapper. « Déguisé en mendiant, il se présente à sa sœur
« pour tenter son cœur et voir si elle, au moins,
« reconnaîtra celui qu'elle a tant aimé. » Elle le reconnaît à l'instant, dit le naïf biographe, « malgré
« sa pâleur maladive, sa barbe blanche et son man-
« teau déchiré. Elle se jette dans ses bras avec plus
« de tendresse et de miséricorde que si elle eût
« reconnu son frère sous les habits d'or des courti-
« sans de Ferrare. Sa voix est étouffée longtemps
« par les sanglots ; elle presse son frère contre son
« cœur ; elle lui lave les pieds, elle lui fait préparer
« un repas de fête ; mais ni l'un ni l'autre ne purent
« toucher aux mets qu'on leur avait servis, tant
« leurs cœurs étaient pleins de larmes ; et ils passè-

« rent le jour à pleurer, sans se rien dire, en regar-
« dant la mer et en se souvenant de leur enfance. »

Je restai longtemps devant cette demeure, savourant le puissant attrait de ces souvenirs mélancoliques, évoquant la grande ombre du poète infortuné dont la mémoire plane toujours sur cette plage, si tiède et si dorée qu'elle semble avoir retenu comme un rayon de sa gloire.

Alors, la vive impression du passé se mariant à mes sensations de l'heure présente qu'avivait encore le murmure plaintif de la vague, au bruit des flots de la mer de Sorrente venant se briser sourdement à mes pieds, je récitai d'un voix émue ces vers immortels :

« *Cosi trapassa al trapassar d'un giorno*
« *Della vita mortale il fiore e'l verde :*
« *Nè perchè facia indietro April ritorno,*
« *Si rinfiora ella mai nè si rinverde.* » (¹)

(Gerusalemme. Cant. XVI. Ott : XV.)

Non, elle ne devait plus refleurir, cette vie brisée et flétrie !...

Vous savez quelle cruelle destinée poursuivit jusqu'à son dernier jour ce génie si digne d'admiration et de pitié ! Je le revoyais dans ces murs, proscrit et

---

(1) Ainsi passe dans l'espace d'un jour de la vie mortelle la fleur et la verdure : le printemps renaît, mais notre vie ne reprend plus jamais ni sa verdure ni sa fleur.

déchu, fuyant de retraite en retraite, dérobant ses misérables jours aux fureurs de l'envie et de la persécution, et je compris alors, plus vivement que jamais, toute la navrante poésie de cette strophe à laquelle la fin lamentable du poète devait prêter, vingt ans après, un accent plus douloureux encore :

..... « *Ella mai nè si rinverde.* »

Une autre chose que nous avons aussi vainement espérée, sur la foi des poëtes romantiques, c'est d'entendre les bateliers Sorrentins « redire les stances « harmonieuses du Tasse au bruit mélancolique et « cadencé de leurs rames. »

Les orangers fleurissent toujours, mais seule, hélas ! la voix attristée de quelque voyageur inconnu jette maintenant aux brises folles de la mer Tyrrhénienne ces mâles accents d'un autre âge.

En quittant Sorrente, notre intention était de gagner Amalfi par la *Cava* et *Vietri*. Nous touchons deux mots de notre projet à Beppo, qui se disposait, de son côté, à prendre congé de nous. Notre détermination jette le bonhomme dans un tel enthousiasme, qu'il s'engage, en son nom personnel et en celui de sa vaillante petite bête, notre brave ami *Lampo*, à accomplir des miracles de rapidité. En conséquence, le départ est fixé à demain matin. Cette mesure permet au vetturino d'utiliser, au plus grand avantage de nos personnes, la longue soirée qu'il a devant lui, et nous donne, à nous, toute latitude pour admirer un peu plus longtemps ce que nulle déception ne peut nous enlever : ce ciel bleu, cette mer d'azur, cet air limpide, ce souffle parfumé qui court dans l'air, ces fouillis de verdure, de myrthes, de lauriers roses et d'orangers.

CHAPITRE XIX.

Un muezzin. — La vertu d'un voyageur. — Aurore. — Volupté douloureuse. — L'auteur sur une raquette. — Vagues souvenirs. — Vallée suisse. — Détail qui a bien son prix touchant la *locanda Carmela di Palombo*. — Silhouettes féminines. — Costumes de jeune filles. — Un coin de l'Orient. — Vue d'Amalfi. — L'église byzantine. — L'auteur considère un porche avec amour, comme il sied de considérer les porches. — Indignation du voyageur. — Le badigeonnage. — L'auteur invective les maçons et s'enfonce dans une crypte. — Un bedeau le fait prisonnier. — Rançon exhorbitante. — Paysage.

Amalfi...

Beppo, investi par nous du rôle d'horloge, vint, à l'aube, comme les *muezzins*, nous crier l'heure. Dix minutes après nous étions sur pied, car c'est en voyage surtout que l'exactitude devient une vertu. Nous nous installons le moins incommodément possible dans notre voiture, et tous mes regards se concentrèrent sur ce paysage que j'allais quitter. La pensée que je l'admirais pour la dernière fois, sans doute, en rehaussait encore à mes yeux le charme indicible.

Des masses d'un violet brun couvraient encore le point du ciel où devait paraître le jour; bientôt la brume agitée comme des vagues se frangea d'une pourpre lumineuse et fut traversée de lueurs pâles, tandis que le foyer vivant, qui, derrière les nuées, projetait ses rayons semblables à ceux d'une roue flamboyante, épanchait ses flots d'or sur les eaux bleues de la mer; enfin le soleil apparut dans toute sa gloire et dispersa les dernières ombres qui luttaient encore contre lui; le brouillard, déchiré en longues strates d'où surgissaient des flocons irisés, monta vers les nues pour laisser l'astre puissant prendre possession de la terre, et le souffle de la brise matinale éveilla l'onde et lui rendit la vie.

Pendant ce temps, Beppo et Lampo faisaient merveille. La carrossella filait comme le char de Phaëton; mais cette vitesse même qui est une des voluptés du voyage sur les routes bien entretenues, devenait une dure affliction sur la route de la Cava, libéralement ensemencée de pierres énormes que les cantonniers italiens laissent aux roues le soin de briser, au risque de s'y briser elles-mêmes. La rapidité de notre marche ne donnait pas, il est vrai, à la voiture le temps de verser, mais le diable n'y perdait rien. La secousse que nous eussions éprouvée en versant, nous l'éprouvions en nous redressant, voilà tout, et la carrossella bondissant, retombant, rebondissant, nous jetait les uns sur les autres, brisés et moulus les uns par les autres, pêle mêle avec nos sacs de voyage, nos fusils et nos provisions; au bout de quelques milles, tout cela finissait par retomber en un plus grand nombre de morceaux qu'au départ. Nous en avions pris d'abord assez insoucieusement notre parti, croyant la chose de courte durée; mais la route, loin de s'améliorer, passait des pierres aux trous, des ornières aux crevasses; les roues, comme si elles eussent été en gomme élastique, accentuaient leurs bondissements auxquels nous répondions tantôt par un cri d'impatience, tantôt par un gémissement de douleur, selon qu'un cahot plus violent nous rejetait avec plus de saccades sur des coussins trop parcimonieusement rembourrés.

Le supplice devenait intolérable. Maxime, le plus stoïcien de nous tous, n'y tenant plus, à la fin, et exaspéré contre l'administration autochtone, appuya la malédiction française, dont il enveloppa les agents de la voirie, du plus énergique des jurons italiens. Il faut rendre cette justice à Maxime, qui ne s'est jamais abusé, d'ailleurs, sur ses aptitudes philologiques, il commence à jurer dans la langue de Dante avec une facilité remarquable et qui lui vaudrait, sans aucun doute, une place distinguée dans le septième cercle de l'*Enfer*, si le terrible poëme était à refaire. Mais quelque légitimes que fussent ses lamentations et les nôtres, elles ne remédiaient à rien; heureusement le temps passe dans la mauvaise comme dans la bonne fortune. Comment nous fîmes ce voyage, tantôt jetés l'un sur l'autre, tantôt renvoyés contre les parois osseuses de notre boîte, il me serait impossible de vous le dire ; c'est une de ces journées qui, après avoir laissé des marques par tout le corps, laissent un souvenir dans toute la vie. Nous avons traversé de petits villages sur lesquels il m'est impossible de vous fournir les moindres indications. Tout le souvenir qui me reste du paysage, au milieu de l'étourdissement que j'éprouvais, est une sorte de vallée suisse avec des oliviers, d'énormes tranchées et quelques vieilles tours perchées çà et là sur des montagnes qui m'ont paru plus vieilles encore. Aussi, vous l'avouerai-je, ce qui me frappa le plus agréablement fut l'annonce que j'obtins, entre deux cahots, que nous approchions d'Amalfi. Cette idée s'étendit comme un baume bienfaisant sur toutes nos douleurs, et bientôt, à l'un des détours du chemin, nous aperçûmes la flèche de Saint-André.

Nous entrâmes dans la ville comme une trombe, car notre damné postillon, pour nous faire honneur, avait cru devoir redoubler de vitesse, et nous arrivâmes, toujours dansant, sautant, bondissant, à la *Locanda di Carmela Palombo* où nous nous arrêtâmes enfin. Un mille de plus, nous devenions fous.

Maintenant que vous voilà rassuré sur notre compte, je puis me coucher sans remords et ajourner à plus tard le récit de mes impressions. Demain je vous parlerai d'Amalfi. Tout ce que j'en sais, à cette heure, c'est que nous sommes au centre de la ville, que l'hôtel paraît assez confortable, et que l'on y mange un certain macaroni, le meilleur, peut-être, de toute l'Italie.

... Je me suis réveillé un peu moins courbaturé que je ne croyais et, partant, plus allègre. Est-ce cette disposition d'esprit qui m'a fait trouver jolies les premières femmes que j'ai rencontrées, ou bien le sont-elles réellement? Je l'ignore. Ce qui est sûr, c'est qu'elles étaient jeunes et coquettement vêtues; c'étaient des *corailleuses*. — Vous savez que la côte d'Amalfi abonde en corail, matière dont le travail occupe un grand nombre de bras, — des ouvrières spécialement, — celles-ci cheminaient gaîment; leurs pieds nus, emprisonnés dans de petites babouches à semelles de bois blanc, retentissaient sur les pavés avec ce claquement sec et léger qui me rappelait l'Orient. Nous les perdîmes de vue au détour d'une route.

Amalfi, l'un des plus beaux sites du golfe de Salerne, est pittoresquement située. Imaginez-vous une gorge abrupte, sévère, entre deux montagnes escarpées; dans l'échancrure de la vallée et sur les rampes de la gorge s'élève la ville ancienne, république illustre au moyen-âge et dont les 50,000 habitants qu'elle comptait à cette époque sont aujourd'hui réduits à 3000. L'action lente des vagues et l'abaissement continu du rivage ont effacé jusqu'aux derniers vestiges de ses quais et de ses arsenaux, son port lui-même, si vaste jadis, où les Pisans vainqueurs abritaient leurs galères, n'est plus qu'une grève brûlante sur laquelle dorment quelques péniches abandonnées au remous du flot. Mais Amalfi possède un inestimable joyau, modèle architectural de l'art normand introduit en Europe après la conquête de la Sicile : c'est son église merveilleuse, au porche byzantin stupidement badigeonné par je ne sais quel inepte maçon. Un escalier somptueux y conduit, aboutissant lui-même à une nef magnifique. Là, les marbres les plus riches, les lustres de Venise les plus rares, des portes de bronze, ouvrage de l'an 1000, une urne en porphyre servant de fonds baptismaux, et deux sarcophages ornés de magnifiques bas-reliefs antiques retiennent et captivent l'attention. Le cicerone nous fait un signe et nous entraîne vers l'orifice d'une crypte mystérieuse, dans laquelle se tient un sacristain, puis il s'éloigne avec dignité, car il convient de laisser à chacun sa proie. Le sacristain s'empare de nous, et, à la clarté d'une torche, nous montre, sur un autel d'argent, la statue de bronze de Saint-André, par Naccarino ; la lueur rougeâtre de la flamme se reflète sur le métal, qui semble rutiler, et donne à la tête du saint une expression saisissante. L'effet est fort beau, j'en conviens, mais ne me paraît pas valoir les deux *lire* de pourboire auxquelles il est tarifé. Les intelligents naturels de ce pays ont élevé l'institution importune du pourboire à un rare degré de puissance; pour ce peuple ingénieux, le voyageur n'est qu'un sac d'écus qu'il s'agit de désenfler le plus vite possible. Aussi faut-il voir l'acharnement que chacun y met de son côté. Nous nous hâtâmes de remonter au jour et au grand air.

La ville semble avoir été bâtie pour la plus grande joie des aquarellistes; en courant au hasard, nous rencontrons des coins charmants, des rues dont la pénombre de leurs arceaux fait autant de tunnels; d'autres qui, raides et droites comme elles le sont, ont bien plutôt l'air d'un chemin fait pour les chèvres que pour les hommes. Ici, une ruelle escalade un talus rocheux; là, des torrents bordés d'orangers et d'aloës; ailleurs des ceps noueux accrochent les spirales de leurs vrilles aux aspérités des murs, et laissent retomber en festons leurs pampres verts, à travers lesquels éclatent les étoiles rouges du géranium; ou bien sur quelque rocher nu se dressent les ruines d'un bastion démantelé, de l'aspect le plus sauvagement romantique. Plus loin, le petit village d'Altrani, berceau de Mazaniello, le héros napolitain, détache sa silhouette hardie sur son piédestal volcanique qui en fait un site charmant pour un nid d'oiseau de proie, mais bien invraisemblable pour des habitations humaines. Tout cela d'un style superbe et doré d'un soleil splendide.

Les fabriques de papier et de savons de la vallée des Moulins n'ayant qu'un charme fort médiocre pour nous, j'ai cru pouvoir sans inconvénients, malgré les suggestions insidieuses de Beppo, leur refuser ma visite. Aussi, quand je vous aurai dit que notre journée du lendemain fut employée à monter à Ravello pour y voir la chaire en mosaïque de sa cathédrale Saint-Pantaléon, son ambon de 1130, ses portes de bronze de 1179 et les ruines du grand palais Ruffo dont la terrasse offre une vue magnifique du golfe de Salerne et des monts de la Calabre; quand j'aurai ajouté que nous sommes redescendus par Minori, où nous mangeâmes une salade de ses fameuses oranges, j'aurai, je le crois, complété le récit de cette seconde campagne et réglé notre compte avec l'intéressante cité qui vit naître Gioja, l'inventeur de la boussole.

Nous n'avons donc plus qu'à prendre les dispositions nécessaires pour quitter Amalfi et regagner Naples en visitant Pœstum. Je vous écrirai de la *ville des roses*.

CHAPITRE XX.

Commencement d'une aventure lamentable. — Voyage maritime. — Fâcheux pronostics. — Un point noir. — Le voyageur pose une question et reçoit une balafre. — La tourmente. — L'auteur rend témoignage à la grandeur de Dieu. — *Redeunt spectacula mane.* — Salerne. — La colonne expéditionnaire. — Route de Pœstum. — Ce que l'on y rencontre. — Ce que l'on n'y rencontre pas. — Normands et Sarrazins. — Aspect de Pœstum. — Phistu. — Poséidon. — Possidonia. — Pœstania. — Trace de tous les peuples. — Pélasges, Grecs, Lucaniens, Samnites, Romains, Lombards, Arabes, Normands. — Les roses de Pœstum et les roses de Sârons. — Mort et résurrection. — L'auteur prend un parti décisif. — Deux pages d'un journal. — Occupations d'un anglais. — Conversation aimable et pleine de charmes d'un archéologue. — Retour à Naples.

Pœstum...

« *Dames, oyez un conte lamentable.* »

Nous y voici, mais non sans craintes; les lignes suivantes vous montreront que nous avons quelque raison de mettre en tête de ce récit le vers du vieux Baïf.

Nous étions sur ce qui fut le port d'Amalfi, lorsqu'un solide gaillard, à la taille courte, au teint basané, aux membres robustes, nous croyant sans doute en quête d'une embarcation, s'approcha de nous, son bonnet de laine rouge à la main, et nous adressa la parole dans une sorte de patois napolitain. Quoique peu familiarisés avec cet idiôme, il était, néanmoins, entremêlé d'assez de toscan pour que je pusse comprendre qu'il nous offrait de nous conduire où nous voudrions. Nous lui demandâmes alors sur quoi il comptait nous conduire, disposés que nous étions à partir sur quelque chose que ce fût. Aussitôt il marcha devant nous, et, s'arrêtant devant une petite anse naturelle formée par un pli du rivage, il nous montra une embarcation coquettement enluminée. Le portrait de San Vicenzo, son patron, taillé vraisemblablement au couteau dans un morceau de bois fruste, avait un air si naïvement bonasse sous sa couche de vermillon et de cobalt, la vague soulevait si doucement la barque que, pris d'une sympathie subite pour ce mode de transport, nous résolûmes de lui confier notre sort jusqu'à Salerne où nous devions retrouver la voie de terre pour nous rendre à Pœstum. Nous entrâmes en pourparlers avec notre homme; les accords faits et ratifiés à un ducat (4 fr. 25), et notre léger bagage embarqué, nous prîmes possession de notre bateau. L'équipage se composait du propriétaire de la barque et de son fils, garçon d'une vingtaine d'années environ, maigre et nerveux, à la figure ouverte et décidée.

Nous marchâmes d'abord à ravir. Nul souffle ne ridait la surface du golfe, calme et unie comme une mer d'huile. La traversée se faisant d'ordinaire en trois heures, nous pensions atteindre le port sans encombre, quoique les brouillards du matin qui flottaient encore à mi-côte fissent présager du vent pour le soir ; nous espérions que la rapidité de notre marche nous permettrait de le devancer et de doubler la Conca avant que le flot lourd et dormant ne fut trop violemment soulevé. Nous naviguions ainsi depuis une heure environ, lorsque nous crûmes remarquer que le regard de nos hommes se portait plus fréquemment vers un même point du ciel ; une certaine nuance d'inquiétude qui se traduisait par une impulsion plus violente communiquée à leurs rames nous mit en éveil, et nous regardâmes comme eux, à notre tour. Un point noir tachait le ciel au midi et s'avançait, grossissant à chaque seconde. Le vent, muet jusqu'alors, courait à cette heure en folles risées ; on profita de cet auxiliaire pour déployer une petite voile triangulaire et utiliser la brise si elle se réglait. La voile fixée se tendit et se gonfla ; la barque s'inclina gracieuse sur le flanc, et rasant l'eau comme l'aile d'un oiseau de mer, elle sembla prendre un nouvel essor. Mais le nuage gagnait visiblement sur nous ; le ciel se couvrait de plus en plus ; la mer, quoique calme encore, changeait déjà de couleur et prenait une teinte grise inquiétante; par moment, sa nappe terne et cendrée se rayait d'une légère écume blanchâtre, et la houle fit bientôt rouler lourdement notre coquille de noix. Je regardai nos rameurs : ils paraissaient impassibles, mais de ce calme qui naît de la résolution et non de la sécurité. Je voulus me rapprocher du patron et l'interroger; je me levais dans ce but, lorsque notre barque frémit tout à coup, soulevée par la vague qui bouillonnait maintenant sous sa carêne; la proue creusa un sillon plus profond dans l'écume, et le *San Vicenzo* redescendit avec la montagne liquide qui s'affaissait en gémissant. Ne pouvant me maintenir sur une pente aussi mobile, je roulai sur Adhémar, me heurtant avec violence à l'un des plats-bords. Un coup de tonnerre épouvantable couvrit mon cri de douleur. Le ciel paraissait s'enflammer et se fendre; le nuage, démesurément grossi, semblait vouloir se détacher du ciel, et de larges gouttes de pluie commencèrent à tomber. La barque s'inclinait toujours davantage; nous marchions littéralement sur la hanche. Combien dura cette course insensée, je l'ignore; il est des moments où les minutes paraissent des siècles. Le pauvre Gaspard, couché au fond de la barque et en proie aux tortures du mal de mer, roulait au milieu des colis détrempés, sans qu'on put en tirer autre chose que des plaintes déchirantes sur notre idée malencontreuse. Adhémar et moi, armés chacun d'une *escope*, rejetions à la mer l'eau que la bourrasque nous déversait avec une intempestive prodigalité ; Maxime remplaçait un des rameurs occupé à la barre du gouvernail. Nous étions écrasés de fatigue. La pluie semblait s'épaissir, le tonnerre gronder plus fort, le ciel s'enflammer plus que jamais. A bout de forces, je m'assis sur mon banc, dans une inertie complète, résigné au sort qu'il plairait à la Providence de nous départir.

Cette bonne Providence eut pitié de nous, paraît-il, car l'orage s'apaisa quoique le vent continuât à se faire sentir, et le *San Vicenzo*, léger comme la feuille, montant, descendant, remontant pour redescendre encore, vint attérir enfin sur la plage de Salerne ; aussitôt les rameurs tirèrent les avirons, les rangèrent le long du bord et nous mirent en terre ferme.

J'avoue que jamais plus ferventes actions de grâces ne furent adressées à l'Etoile de la mer ; le péril auquel nous venions d'échapper nous inspirait à tous un recueillement profond et cette confiance sainte qui soulève l'âme sur les ailes de la foi quand on se trouve, comme nous, entre un ciel qui flamboie et une mer qui rugit.

Nous étions mouillés jusqu'aux os, et quoique nous n'eussions rien pris depuis le matin, le plus pressé n'était pas de parler cuisine. Nous fîmes allumer du feu dans notre chambre, à l'hôtel de la

Vittoria, et nous nous couchâmes pour laisser nos habits sécher. Quelques heures d'un sommeil profond, notre heureuse arrivée malgré le gros temps, la conscience de notre sécurité présente, chassèrent aisément les souvenirs tristes de la veille. Les premiers rayons du jour nous montrèrent la mer redevenue d'un bleu d'azur; le ciel avait repris son éclatante sérénité, et s'il n'eût été d'un affreux sillon violacé qui traversait ma joue gauche, j'aurais pu croire que nous avions été, comme Hoffmann, le jouet d'un *conte* fantastique.

Je ne vous dirai rien de Salerne, sinon que la ville est très-mal bâtie, que son aspect est assez disgracieux et que son climat est fort malsain. Aussi ne séjourne-t-on pas à Salerne; on fait généralement ce que nous fîmes : on loue la première patache venue, on s'assure de l'état de ses armes que l'on charge avec soin, et l'on prend la route de Pœstum, avec ou sans l'escorte de la gendarmerie, selon le nombre et le degré de courage des voyageurs dont se compose la caravane. Car il est bon de vous le dire, à tous ses autres avantages, dont le moindre est la *malaria*, cet aimable pays joint l'agrément d'être infesté de temps en temps, de bandes de voleurs qui rançonnent les caravanes imprévoyantes tout aussi bien que les voyageurs isolés.

Quatre touristes nous avaient déjà précédé à la

Vittoria, dans les mêmes dispositions que nous. Trois d'entr'eux appartenaient à l'armée de S. M. Britannique; le quatrième, M. G...r, notre compatriote, arrivait d'Egypte et d'Athènes où le gouvernement français l'avait envoyé, chargé d'une mission artistique. Cette bonne fortune portait à huit le nombre de notre petite troupe, qui comptait quatre officiers dans ses rangs. Au moment du départ, ce nombre se grossit encore d'une de nos vieilles et bonnes connaissances de Civitta-Vecchia, le baron de B... chef de bataillon aux chasseurs à pied, de France. Vous devez vous imaginer avec quels cris de joie fut accueillie cette nouvelle recrue. Nous nous sentions maintenant assez forts, assez sûrs de nous, et nous nous savions d'ailleurs trop familiarisés, les uns et les autres, avec le maniement des armes pour réclamer le secours de l'escorte protectrice; au besoin, nous eussions enlevé Fra-Diavolo lui-même, et, peut-être, Dieu me pardonne, quelques-uns de nous appelaient-ils secrètement de tous leurs vœux une petite aventure; mais rassurez-vous, ce souhait ne devait pas s'accomplir.

La route de Salerne à Pœstum s'étend à travers une contrée plate, humide, malsaine, s'allongeant entre la mer et des collines: de loin en loin, nous croisons de rares paysans calabrais qui vont vendre leurs denrées au marché de Salerne. Leur teint jaune et flétri, leurs yeux caves, enfoncés dans leur orbite, leur démarche tremblante et maladive, tout en eux porte la funeste empreinte du fléau qui les ronge et les consume.

Nous atteignons ainsi Ponte di Cagnano. A partir de ce point, la campagne devient déserte; sur le sol gris, où pousse avec peine une herbe maigre et jaunâtre, une multitude de serpents frétille à travers les pierres et les ronces dont la plaine est parsemée jusqu'à Battaglia, ce fameux champ de bataille où quelques chevaliers Normands remportèrent au XIᵉ siècle, sur l'armée des Sarrasins, cette victoire qui sauva la ville du joug maudit de l'Islam.

Bientôt nous quittons la grand'route de la Calabre et nous nous engageons dans le chemin de traverse qui mène à Pœstum, en traversant un *fiumicello* dont je ne vous dirai pas le nom, car n'ayant pas vu le ruisseau, je n'ai pas pu le lui demander. Il est vrai que ledit ruisseau découche assez fréquemment, m'a-t-on dit, comme la plupart de ses confrères italiens; à cela je n'ai rien à dire; la moralité des fleuves et des fontaines ayant toujours laissé fort à désirer, comme vous le savez, mais ce qui me touche infiniment de plus près, c'est que celui-ci ait laissé pour le représenter des cailloux sur lesquels nous avons bel et bien failli nous briser. Ce torrent *in partibus* franchi, la plaine humide et malsaine reparaît, coupée plus loin par le *Sele*. Celui-ci exerce du moins avec assez de conscience ses fonctions hydrauliques. Je le constate avec d'autant plus de plaisir que son assiduité me semble fort méritoire sur ce terrain monotone, d'un aspect triste, maussade et sans perspective. Un demi-mille plus loin, des massifs verdoyants, qui vont s'épaississant de plus en plus sur la gauche, entourent d'une ceinture ombreuse la base des monts Alburno dont les croupes pittoresques accidentent l'horizon. Mais bientôt tout l'intérêt se concentre sur Pœstum que l'on aperçoit déjà, et dont les ruines massives s'élèvent au milieu de la plaine basse qui s'étend au bord de la mer. Des bandes de buffles à demi-sauvages, des troupeaux de ces endiablés petits chevaux calabrais, des moutons et des porcs sans nombre errent à l'envi dans cette solitude.

Notre voiture s'arrête devant une maison isolée où nous sommes reçus par de pauvres gens venus de Cappacio et qui, grelottant et glacés par la fièvre, nous offrent leurs services. Leur aspect est peu engageant, mais l'un d'eux nous précède dans l'intention de nous servir de guide, et nous ne l'acceptons à ce titre que pour avoir le droit de lui offrir, sans l'humilier, les quelques *taris* qu'il attend de notre munificence.

Des pans de mur aux tons gris et sales, des remparts écroulés, des arcs effondrés, des portes ruinées, le fronton de quelques monuments dominant seuls un sol humide d'où s'élèvent des exhalaisons méphitiques, voilà tout ce qui reste aujourd'hui de cette antique colonie de Sybaris qui vit passer tour à tour dans ses murs ensanglantés, les Pélages, les Grecs, les Lucaniens, les Samnites, les Romains, les Lombards, les Arabes venus du Midi, les Normands venus du Nord, générations innombrables dont les cendres mêlées à celles des Pœstaniens, dorment à jamais oubliées sous les débris de la cité morte. Des marais fétides détrempent le sol où croissaient jadis ces fameuses roses fleurissant deux fois l'an, que chantait Horace, que Mécène faisait venir à grands frais pour en orner le front de ses convives et la table de ses festins, et dont les senteurs pénétrantes, mortelles pour la virginité, rivalisaient de parfums avec celui des roses de Sâarons.

Les Romains, qui avaient latinisé son nom grec de *Poseïdon*, firent de Pœstum un lieu de villégiature où ils aimaient à venir respirer un air plus doux pendant la saison d'hiver. Mais si la vieille Posidonia, devenue ainsi colonie romaine, voyait augmenter chaque jour sa splendeur et son opulence, la mollesse de ses efféminés et voluptueux habitants, pour lesquels un pli de rose était une souffrance, croissait avec ses richesses et devait en faire une proie facile pour la conquête. Ainsi en arriva-t-il. Surprise, saccagée, brûlée, pillée plusieurs fois, la malheureuse cité tomba enfin, l'an 1080, au pouvoir de Robert Guiscard. En vrai barbare, le Normand compléta l'œuvre de destruction. Dès lors, les eaux stagnantes envahirent la plaine et corrompirent l'air ; les digues de sable élevées par la mer s'opposant à l'écoulement des petits ruisseaux, contribuèrent à leur extension ; les infortunés habitants durent fuir ces ruines pestilentielles, et l'oubli, ce second linceul des morts, eut bientôt étendu son voile funèbre sur la cité maudite.

L'*Histoire de la Lucanie*, par le baron J. Antonini, publiée en 1745, rompit le silence qui s'était fait autour d'elle pendant si longtemps, et fit revivre son souvenir. Pœstum devint dès lors une pérégrination obligée pour tout amateur consciencieux, aussi bien qu'une excursion attrayante pour l'artiste. Nous lui payons à notre tour, comme vous le voyez, le tribut de notre curiosité.

Je ne m'étendrai pas longuement sur les ruines de Pœstum, et pour cause ; ces débris, assez informes pour la plupart, n'ont pour moi, — je vous le dis bien bas, à l'oreille, — qu'un intérêt fort au-dessous de leur réputation, et ne me paraissent nullement mériter le danger auquel on s'expose en allant les visiter. Toutefois, puisque j'y suis et que j'entends autour de moi force exclamations laudatives, je suis presque tenté de m'écrier comme le Marseillais : « *Si c'était vrai ?* » — Dans le doute, je m'asseois sur un tronçon de colonne et je *croque* à mon tour. Voici mon *livre de notes*; la chose est vue pêle-mêle, mais prise sur le fait et par conséquent ressemblante :

Murailles formant autour de la ville une sorte de pentagone bâti en blocs irréguliers de travertin; larges solutions de continuité; quelques parties sont encore debout, notamment la porte de l'est. Partie de rue pavée comme la voie Domitienne à Pompéï. Hors des portes, nombreux tombeaux peints à l'intérieur, contenant des vases d'un beau style, des inscriptions grecques et des armures.

Entre le Sud et l'Ouest, traces de l'Agora ou place publique; à côté, un édifice appelé Basilique, quoique rien ne justifie cette dénomination; bien plus, les cinquante colonnes doriques qui l'entourent lui donnent un aspect tout différent de celui qu'affectaient ces sortes d'édifices chez les anciens.

Dégradation complète de l'amphithéâtre.

Temple de Neptune considéré « comme le plus bel exemple du génie manifesté par les Grecs, en architecture. » Escalier de trois grandes marches séparant la plateforme du sol et formant la base générale de l'édifice construit en rectangle. Vestibule formé de six colonnes doriques cannelées et soutenu par deux pilastres. Riche fronton du couronnement. La grande saillie des deux pièces du chapiteau imprime un caractère tout particulier à l'architecture de l'ensemble. — A l'intérieur, double rang de colonnes de moindres dimensions que celles de l'extérieur.

Le milieu du temple est à ciel ouvert. Architrave composée de grosses poutres de pierre ayant toute sa hauteur et allant du milieu d'une colonne à l'autre. Cette ingénieuse combinaison, qui atteste, paraît-il, la science architecturale et la sagacité des artistes grecs à qui elle est due, remplit d'admiration notre ami l'*Egyptien*, tout plein encore du souvenir de Périclès. Je l'entends murmurer à côté de moi, dans un ravissement extatique, les noms sacrés de Parthénon et de Temple de Thésée.

Je m'esquive à petit bruit, mais je n'échappe à Charybde que pour retomber en Scylla, et j'échoue étourdiment sur le Très-Honorable sir Peters B*** en train d'emporter en échantillons la moitié du Temple de Vesta. Le digne major daigne interrompre sa besogne pour m'expliquer que, plus petit et moins imposant que celui de Neptune, ce temple de Vesta est néanmoins d'un style plus élégant que ce dernier, et, plus gracieux aussi que le temple des Dioscures son voisin, lequel présente, à son tour, malgré sa construction grossière, un intérêt immense que ne saurait méconnaître un véritable archéologue; intérêt qui réside tout entier dans ses métopes ornées de bas-reliefs ayant trait à quelques bonshommes fort endommagés et que mon interlocuteur m'assure être Jason, les Argonautes, Phryxus à califourchon sur son fameux bélier, Pollux à pied, à côté de son cheval (pourquoi?) Orphée avec sa lyre, et bien d'autres, ma foi. Je remercie le T. H. Peters B*** avec autant de chaleur que si son explication m'avait le moins du monde intéressé, et, le laissant aux prises avec le non moins Très-Honorable sir Josuah S***, je vais hâter, autant que possible, les préparatifs de notre retour à Salerne, où nous prendrons ce soir le train de Naples.

CHAPITRE XXI.

Voyage aux champs de feu. — Attelage napolitain. — Une jolie chose remplacée par une laide. — L'auteur retrouve tous les gens de la grande et de la petite *flambe :* courtauds de boutanche, malandrins, truands, capons, francs-mitous, marcandiers, calots, rifodés, narquois, malingreux, coquillarts, cagouts, hubins, piètres et sabouleux. — Grotte de Pouzzoles. — Tombeau de Virgile. — Les huit niches. — Où sont les cendres du poète. — Trois feuilles de laurier. — L'auteur reconnait la Sybille de Cumes qu'il n'a jamais vue. — L'Ermite qui fait une barricade. — Encore la *piccola moneta.* — L'église *del Parto.* — Les viviers de Pollion. — Recette dédiée aux amateurs de pisciculture. — Les murènes. — Une colère impériale. — Villas antiques. — Groupe de toutes les gloires. — La chaumière emprunte au palais. — Lac d'Agnano. — La mort dans la vie. — Grotte du chien. — Une leçon de physique. — Comment on peut faire cuire, sans feu, des œufs dans un ruisseau. — La Solfatare. — Où l'auteur se souvient de ce que Properce écrivait à Cynthie.

Naples...

Quelques jours d'un repos nécessaire ont suffi pour nous rendre notre ardeur et notre entrain. Nous repartons pour explorer la partie N. O. du golfe de Naples, c'est-à-dire Pouzzoles, Baïa, Misène, Cumes... toute la région des *Champs de feu*, enfin, terme de nos excursions, et probablement aussi de notre séjour dans l'ancienne capitale du royaume des Deux-Siciles.

Notre calèche et ses trois inévitables chevaux attelés de front, dont les deux extrêmes portent à la tête l'aigrette de plumes de faisan, selon la coutume italienne, suivent les quais de Kiaja, de Mergellina, et se dirigent vers la longue colline du Pausilippe qui enserre ce côté du golfe de ses splendides ondulations. Un pèlerinage saint nous y appelle, vous l'avez déjà deviné, c'est le Tombeau de Virgile.

Cette route, une des plus fréquentées de Naples, est aussi l'une des plus hérissées de mendiants de toutes sortes. D'abord c'est une véritable armée, non pas de jolies et accortes bouquetières, comme à Florence, comme à Venise, mais de sales bouquetiers qui nous barre le passage, prend d'assaut notre voiture et nous met le bouquet sur la gorge. Une équitable et copieuse distribution de coups de fouet fait justice des plus audacieux, à l'exception d'un qui s'est fortifié sur le siége de derrière d'où il nous brave impunément, et qui ne nous a quittés qu'aux Etuves de Néron. Nous traversons Mergellina comme un éclair; la voiture roule sur un terrain plat; Mergellina est le quartier général des estropiés, mais comme dans la ballade de Lénor « nous allons vite. » A la villa Barbaja, la route monte, et notre cocher met ses chevaux au pas; ici recommence le danger. De toutes les excavations de la montagne sort un peuple de mendiants : femmes, enfants, garçons, fillettes de tout âge nous font subir un nouvel assaut; tout cela piaillant, criant, hurlant, chantant et pleurant nous réclame la *piccola moneta*. Nous fermons les yeux et les oreilles et crions à notre cocher :

— Au triple galop !

Le cocher nous obéit à regret. — Le cocher napolitain a un faible très prononcé pour ses compatriotes mendiants. — Cette manœuvre stratégique effraie l'ennemi qui se range pour ne pas être écrasé, et nous livre le passage. Nous voici au pied de la grotte de Pouzzoles. Respirons.

Nous mettons pied à terre et franchissons une clôture délabrée entourant un jardin maraîcher. Une porte aux ais mal joints donne accès à un escalier en ruines conduisant au tombeau, sorte de tourelle *(columbarium)*, à voûte ronde, de médiocre dimension, et dans l'intérieur de laquelle on descend par deux marches basses. Là sont huit niches creusées dans la muraille du petit monument et destinées à recevoir les urnes funéraires; ces niches sont vides.

Vous savez qu'à son retour d'Athènes, Virgile tomba malade à Brindes et y mourut. Sur l'ordre d'Auguste, exécuteur des dernières volontés du poète, ses cendres furent transportées à Naples et déposées dans le tombeau de Pouzzoles, qui les garda jusqu'à la visite de Robert d'Anjou. Pour les soustraire aux hommages indiscrets des visiteurs, ce prince les fit enlever et transporter au Château-Neuf. Elles sont remplacées à cette heure par une plaque funéraire de marbre blanc, érigée par les soins de l'ambassadeur de France, et sur laquelle est gravée en lettres d'or l'épitaphe si connue, composée par Virgile lui-même :

Mantua me genuit; Calabri rapuëre; tenet nunc Parthenope. Cecini pascua, rura, duces. (1)

Je vous fais grâce de nos réflexions et de nos émotions sur ces ruines où son venus pieusement méditer tant de génies divers, depuis Silius Italicus, et Stabius qui s'asseyait sur les marches de ce tombeau pour rêver, jusqu'à Dante, Pétrarque, Boccace et Sannazar. Au milieu de la végétation puissante et sauvage qui entoure le columbarium, s'élève, ou plutôt végète, un maigre laurier dont nous avons rapporté quelques feuilles. Nous donnons un dernier souvenir à la mémoire du poète, et un *earlin* d'argent à la pauvre vieille femme gardienne du monument. Peut-être est-ce l'ombre de la Sybille pleurant sur le tombeau de celui qui l'a chantée.

Nous remontons dans notre voiture pour franchir la grotte du Pausilippe, long tunnel de 668 mètres, creusé, dit-on, par les habitants primitifs de la

---

(1) Mantoue m'a donné le jour et les Calabres la mort; Naples me possède maintenant. J'ai chanté les pâturages, les champs et les héros.

Campanie dans le tuf volcanique, pour faciliter les communications entre Naples et Pouzzoles. Quoique éclairé nuit et jour par quarante-quatre becs de gaz, ce tunnel n'en est pas moins assez obscur, et il s'y fait un tel bruit de carrioles, d'âniers, de mulets, de conducteurs de bestiaux, de piétons et de cavaliers, qu'on a hâte de se retrouver de l'autre côté, au grand soleil, dans le petit village de Fuori di Grotta, sur cette belle route, nouée comme une délicieuse ceinture aux flancs verts du Pausilippe. Mais l'entrée de ce paradis, après lequel vous soupirez si ardemment, est barrée par une chapelle desservie par un ermite; un plat de cuivre posé aux pieds de la Madone, nous indique suffisamment ce qu'attend de nous le vénérable religieux : *una piccola moneta!* Notre rançon payée, pénétrons dans la fraîche vallée de Bagnoli où nous allons retrouver le souvenir de Virgile.

Ces ruines sur lesquelles s'élève la gracieuse église de Sainte-Marie *del parto* sont les débris de la maison qu'il y occupa, et dans laquelle il composa ses principaux ouvrages. Le grand poëte italien, Sannazar, son admirateur passionné, la fit élever sur ces lieux déjà consacrés par le génie du cygne de Mantoue, et voulut y être enterré. Si vous venez jamais à Naples, et que vous visitiez l'église *del parto*, je vous avertis que vous y trouverez, outre son tombeau, la *Minerve* et l'*Apollon*, de Santacroce, pieusement convertis pour les besoins de la foi et baptisés aujourd'hui : l'une Judith, l'autre David.

Remontons un pli de terrain; nous voici dans l'ancien domaine de Vedius Pollion; vous savez, ce terrible gastronome qui faisait jeter ses esclaves aux murènes de ses viviers, pour les engraisser et leur donner un goût plus savoureux. S'il faut en croire Sénèque, ce passe-temps était même une de ses récréations favorites. Un jour que l'empereur Auguste avait fait à ce monstre à face humaine l'honneur de déjeuner chez lui, dans cette même villa, une jeune esclave condamnée aux murènes pour avoir brisé une amphore, s'échappa des mains de ses bourreaux et vint se réfugier aux pieds du souverain. L'empereur, révolté d'une telle barbarie, mit en pièces tous les cristaux de Pollion, brisa toute sa vaisselle et fit en partie combler ses viviers.

Ne trouvez-vous pas que Védius en fut quitte à bon compte? Ces viviers et cette villa sont parfaitement reconnaissables encore aujourd'hui; les paysans du Pausilippe n'abordent ces lieux qu'avec horreur et les nomment *Marechiano*.

Nous poursuivons notre route, mais je sens qu'il faudrait ici s'arrêter à chaque pas. De la cime à la base, la colline est couverte de substructions intéressantes qui s'étendent maintenant jusque sous les eaux du golfe; car, sous l'effort des mouvements volcaniques, le sol s'est abaissé et la mer s'est élevée. Là furent jadis les villas de l'aristocratie romaine qui se disputait à l'envi ce petit coin de terre où toutes les gloires ont passé : Lucullus, Mécène, Cicéron, Caton d'Utique, Pompée, César, Brutus, Cassius, Antoine, Lépide, Salluste, Catulle, Horace... « J'en passe, et des meilleurs », comme dit don Ruy Gomez.

Quelques chaumières de pêcheurs jetées çà et là sont décorées de marbres d'un travail exquis, d'une grâce inimitable, de l'ornementation la plus délicate; leurs propriétaires les ont empruntés sans plus de façon, à ces ruines, aux nombreux édifices qui couvraient la colline et formaient au golfe le plus riche encadrement : ici un temple, là un palais, ailleurs un théâtre; plus loin, c'est la ville du Pausilippe, que ses arcades mettaient en communication avec la villa de Lucullus. A côté de nous, une ouverture béante domine la ville et la villa.

— Tunnel de Séjan, nazille notre postillon.

« On ne s'attendait guère
« A voir Sejan dans cette affaire. »

Que diable peut-il y avoir de commun entre le farouche ministre de Tibère et ce tunnel percé par la main magnifique du vainqueur de Mithridate?... Qu'importe ! passons. Nous sommes à Bagnoli, cratère en retraite, dont les sources d'eau thermales rappellent seules aujourd'hui les colères bouillantes de sa jeunesse.

... Derrière la chaîne du Pausilippe s'ouvre une plaine bordée à gauche par le golfe de Pouzzoles et dans laquelle serpente l'embranchement qui de Fuorit di Grotta se dirige vers le lac Agnano. Nous nous engageons dans ce chemin, et au bout de quelques minutes, notre voiture nous dépose sur le seuil des champs de feu, *Campi Phlægœi*, chantés par Homère, célébrés par Virgile, théâtre des plus étranges phénomènes de la nature, et sur lequel l'imagination poétique des anciens avait placé les plus terribles conceptions de la théogonie mythologique.

Le lac d'Agnano, sur les bords duquel nous sommes arrêtés, est, lui aussi, un ancien cratère, ses exhalaisons d'hydrogène sulfuré y rendent l'existence du poisson impossible; mais, en revanche, ses rives sont peuplées d'une si effroyable quantité de petits serpents que nous abrégeons la visite; notre passage dans les roseaux porte la perturbation et l'effroi chez des myriades de grenouilles qui s'élancent de tous côtés, et vont, après deux ou trois bonds désordonnés, reprendre plus loin leurs affreux concerts.

Sur la rive orientable du lac se trouve la fameuse *Grotte du Chien*; nous avons unanimement refusé de la voir. Ce phénomène qui pouvait frapper l'imagination des anciens ne saurait avoir le moindre attrait pour nous, aujourd'hui. Tout le monde sait, en effet, que le gaz acide carbonique est impropre à entretenir la vie, qu'il éteint les corps en combustion, et qu'à cause de sa densité, plus grande que celle de l'air, il descend dans les couches inférieures. Une curiosité bêtement cruelle peut seule, dès lors, s'intéresser au supplice d'un pauvre chien qu'on traîne de force dans la grotte pour l'y voir tomber dans les convulsions de l'agonie. Néron, qui faisait impérialement les choses, avait, par un raffinement artistique, remplacé le chien par des esclaves.

Plus innocent est le spectacle des *Pisciarelli*, petit ruisseau qui sort du pied de la Solfatare, sur la rive occidentale du lac, et dont l'eau, littéralement bouillante, nous a servi à cuire en cinq minutes les œufs de notre déjeuner.

Nous revenons ensuite sur nos pas jusqu'à Pouzzoles; là, tournant à droite et gravissant la colline où s'ouvre une vieille voie romaine,

« *Par un chemin montant, rocailleux, malaisé,*
« *Et de tous les côtés au soleil exposé,* »

nous atteignons, geignant, haletant et soufflant, le sommet du mont. Nous sommes à la Solfatare, cirque immense, aux rebords chargés de végétation, cratère gigantesque d'un volcan éteint, dont on ne connaît qu'une éruption, celle de 1198. Le sol creux et chargé d'alun résonne sous nos pas; sa chaleur est intense; je me livre à une expérience assez concluante : creusant un trou dans la terre, j'y introduis un récipient plein d'eau; huit minutes et demi après, le liquide entrait en ébullition. La Solfatare, qui est certainement en communication avec le Vésuve, malgré la distance, conserve, à son extrémité orientale, une bouche d'où s'exhale, avec un murmure effrayant, une affreuse vapeur sulfureuse. Le jour, la montagne est couverte de fumerolles; la nuit, elle s'enveloppe de flammes bleuâtres voltigeant comme des âmes en peine.

Trouvez vous surprenant, après cela, que les anciens aient placé l'entrée des Enfers en ces lieux et aient fait de la Solfatare les fournaises de Vulcain?

... Reposons-nous un instant à l'ombre des hauts platanes groupés à notre droite, tout auprès de ces ruines auxquelles de longues guirlandes de pampres forment de vertes arcades. Ces ruines sont les seuls débris de ces Thermes où l'on prenait ces bains énervants qui faisaient craindre à Properce le séjour de Baïa pour sa maîtresse Cynthie. Puis, raffraîchis par cette halte salutaire, continuons notre route; elle nous ramène à Pouzzoles, d'où nous repartirons demain.

CHAPITRE XXII.

Pouzzoles. — L'auteur supplie l'Académie de créer un mot nouveau dont le besoin se fait vivement sentir. — Preuve concluante tirée du témoignage des livres saints que Saint Paul ne craignait pas les puces. — L'auteur rencontre et décrit, en entomologiste profond, une classe des épizoaires. — Flatterie délicate à l'adresse de la Turquie. — Par quel moyen les prêtres de Sérapis se faisaient un assez joli revenu. — Mot amer de l'auteur sur les savants napolitains. — Route de Baïa. — Un éleveur ingénieux. — Paysage. — Poésie, mythologie, orographie, hydrographie et gastronomie mêlées. — L'histoire pâlit et la fable reparaît. — Descente aux enfers. — Politesse d'un démon qui met l'auteur à califourchon sur son dos. — Le voyageur donne une leçon d'histoire aux Euménides. — Ce que coûte un poisson qui porte des boucles d'oreilles. — Les Champs-Elysées. — Misènes. — La guérite remplace le tombeau. — Où se consolent les âmes inquiètes et désolées. — La barque à Caron. — Cumes. — Ce qui se détache sur le ciel. — Pouzzoles est inévitable. — L'auteur retrouve tous les sujets du roi de Thunes.

Pouzzoles.......

Pouzzoles compte, dit-on, une population de 12,000 âmes; mais *des habitants* supposent *des habitations*. Or, ici le mot *habitation* est-il bien le mot propre? Quel vocable donner à ces bouges, à ces chenils, à ces tanières, à ces terriers dont l'assemblage fut pourtant jadis, au dire de l'histoire, une colonie riche et florissante habitée par Sylla qui y mourut de débauches, par Cicéron qui y composa quelques-uns de ses ouvrages, par Caligula qui y fit élever le pont dont les ruines portent son nom, et par saint Paul qui, d'après le témoignage de saint Luc, dans les *Actes des Apôtres*, y passa sept jours.

« ... 13. Et le lendemain, le vent s'étant mis au
« midi, nous arrivâmes, le jour d'après, à Pouzzoles
« 14. Où nous trouvâmes des frères qui nous
« nous prièrent d'y demeurer sept jours, ce que
« nous leur accordâmes. »

Moins heureux que Saint Paul, nous n'avons point trouvé de frères dans la ville moderne, mais nous y avons fait, — bien malgré nous, — la récolte entomologique la plus complète et la plus variée que nous eussions jamais possédée : celle de ces odieux petits *aptères* que la science a classés dans l'intéressante famille des *Epizoaires*. Vous voyez ça d'ici, n'est-ce pas? Mes cheveux en frémissent encore d'effroi, malgré le traitement radical auquel le *frisore* a cru devoir les soumettre.

Vous devez penser si nous eûmes hâte de nous enfuir, après cette fatale découverte; aussi vous avouerai-je que les Turcs, qui détruisirent presque entièrement la ville en 1550, nous parurent, à ce moment, les gens les mieux avisés du monde. Nous nous trouvions donc dans la plus fâcheuse disposition d'esprit pour accorder une attention soutenue aux vestiges qui nous parlaient si haut de sa splendeur passée : le somptueux temple d'Auguste, aujourd'hui église de Saint Procule ; les treize piles massives du môle qu'on a souvent confondu avec le pont de Caligula ; erreur grossière s'il en fut, car en lisant Suétone, on voit que ce pont était formé par des bateaux, pour les évolutions de ce tyran insensé qui le traversa en char, portant la cuirasse d'Alexandre, « folie qui affama Rome, continue le même auteur, car elle empêcha le transport des vivres et du blé *par les navires dont se servit le prince.* »

Près du môle s'élevait la statue du *divin* Tibère ; le piédestal seul est resté, mais on l'entoure aujourd'hui « d'étranges sacrifices. » Evitons son encens.

A droite, l'Académie de Cicéron, villa de prédilection du célèbre orateur, construite sur le modèle des Portiques d'Athènes, et décorée par lui des chefs-d'œuvre de la sculpture grecque. En face, le temple de Neptune, à moitié submergé par les eaux du golfe ; le temple des Nymphes, et enfin la grande curiosité de Pouzzoles, le temple de Sérapis, véritable forêt de colonnes monolithes de marbre africain, formant un atrium carré dont chaque colonne est précédée d'un piédestal surmonté, *jadis*, d'une magnifique statue. Au centre de l'atrium s'élève un temple en rotonde, formé de seize colonnes entre lesquelles s'élèvent aussi des piédestaux ornés de vases du travail le plus délicat. Dans le pourtour de l'atrium s'ouvrent des salles servant de chambres de bain pour les malades. Alimentés par des eaux minérales, chaudes et froides, dont les sources subsistent encore, ces bains devaient être, pour les prêtres du temple et leurs oracles, une source féconde de revenus.

Une simple question pour en finir avec Pouzzoles. Pourquoi avoir transporté à Naples les statues et les colonnes de ce temple, vraiment curieux, pour en orner les portiques du Musée? Comment Naples, qui se pique d'être « la ville artistique par excellence », supporte-t-elle de pareilles mutilations? Comprendre que le premier et le plus intéressant des Musées est le sol même où de pareils monuments sont éclos, est-il donc absolument au-dessus de l'intelligence de ses savants?

Baïa.....

.,. Arrivés à Baïa par la route qui contourne ce rivage célébré par Horace comme le plus charmant de l'univers :

« *Nullus in orbe sinus Baiis prælucet amœnis.* » (¹)

Mais Baïa est aussi le point extrême où puisse s'aventurer une voiture; nous allons donc poursuivre

---

(1) Il n'est aucun golfe au monde qui l'emporte en beauté sur Baïa.

notre route sur ce fameux *cheval de saint François*, qui nous a déjà rendu tant de services. Laissant à droite Monte Nuovo « éclos en une nuit », nous nous dirigeons vers Misène, en suivant la chaussée d'Hercule. Le terrible fils de Jupiter la construisit, dit-on, pour faire traverser les marais aux troupeaux qu'il venait d'enlever à Géryon, après avoir tué ce formidable géant à trois corps, qui, agriculteur inventif non moins que souverain barbare, avait ingénieusement remplacé le fourrage de ses bestiaux par la chair humaine.

Le coup-d'œil est magique; la brise parfume l'air de senteurs marines; à gauche s'étend la mer bleue, sans limites; des collines volcaniques boisées et semées de maisons blanches, s'étagent à notre droite. Au loin, Baïa, s'enveloppant d'un vaste manteau de décombres, le Lucrin qui rutile, l'Averne qui se cache dans les broussailles d'une gorge indescriptible, semblent ajouter encore à l'immensité du paysage et faire planer sur lui la souveraine mélancolie des souvenirs.

Voici le lac Lucrin dont Virgile a poétisé les eaux et le nom redoutable, — c'était le Cocyte des anciens. Je vous ai dit, à propos du Vésuve, comment un caprice des feux souterrains du volcan l'ayant comblé en partie, le pauvre lac dût se contenter désormais de sa gloire passée et de la renommée de ses huîtres qui font actuellement, et à bon droit, les délices des gourmets.

A droite, l'Averne dort enchâssé dans un ancien cratère. De hautes collines boisées de châtaigniers, de vignes et d'orangers, environnent sa large nappe d'eau. Sur ses bords, Annibal immola des victimes à Pluton, et le *pieux Enée* y sacrifia quatre *taureaux noirs*, en l'honneur des spectres errants :

Quatuor hic primum nigrantes terga juvencos
Constituit... (¹)

Nulle ombre fantastique ne voltige plus aujourd'hui sur sa rive déserte, vivifiée par un air pur, égayée par le ramage des oiseaux et ombragée par des touffes d'arbustes à larges feuilles, d'un vert intense et dur.

Près de Bauli, nous croyons toucher à la partie des Enfers habitée par les Euménides. Une tourbe de femmes hâves et flétries, au visage livide, aux vêtements sordides, nous entoure et veut absolument nous conduire au *tombeau d'Agrippine;* mais nous connaissons trop bien notre Tacite pour nous laisser prendre à cette assertion saugrenue. La mère de Néron « ce farouche désireux de l'impossible », fut enterrée sur le chemin de Misènes, il est vrai, mais auprès de la villa des Césars, c'est-à-dire, sur le

---

(1) Il fait d'abord conduire en ce lieu quatre taureaux noirs...
(Virg. En. L. VI.)

point le plus élevé d'où l'on domine au loin tout le golfe. Ai-je besoin d'ajouter que ce lieu même n'a point gardé trace de la sépulture !

« *Poursuivant* tout pensifs le chemin de *Misènes,*
« *Nos* mains, sur *nos* chevaux, laissaient flotter les rênes, »

mais plus calmes et mieux dressés que ceux de l'intrépide Hippolyte, les nôtres nous conduisent tout doucement à travers les ruines des villas de Licinius, de Pompée, de Sergius, de Pison, d'Hortensius qui possédait dans ses piscines des murènes apprivoisées, — (une surtout dont Tibère avait orné les ouïes de larges anneaux d'or et qu'il avait payée soixante-mille sesterces, — 12,060 francs —); de Crassus qui, investi des premières charges de l'Empire, prit le deuil à la mort d'un de ses poissons favoris, et nous nous arrêtons à la *Piscine merveilleuse,* vaste réservoir creusé dans la montagne et dont la voûte est soutenue par quarante-huit pilastres. Ce réservoir était destiné à contenir l'eau amenée par les aqueducs pour l'usage de la flotte en station à Misènes; tout auprès se trouve le port Jules, creusé par Agrippa, et d'où partit la galère montée par Pline l'Ancien lorsqu'il voulut aller observer l'éruption de 79 dans laquelle il perdit la vie.

Du port Jules à Bauli s'étend une plaine verdoyante et accidentée longeant la Méditerranée; ces champs, couverts de débris de pierres tumulaires, ne sont autres que le vaste cimetière où furent inhumés les matelots romains. Virgile en avait fait les *Champs Elyséens*. Des bocages touffus et fleuris les sillonnent en tout sens, leur donnant une physionomie pittoresque qui ne les rend pas trop indignes de leur destination mythologique.

Enfin, au-delà du port Jules, Misènes, monceau de ruines informes et sans nom, n'ayant plus pour elle que le souvenir de son ancienne magnificence. Son cap, qui s'élève au-dessus de la mer, reçut la dépouille mortelle de Misènes, l'écuyer d'Hector, le compagnon d'Enée et le trompette de sa flotte. La guérite d'un douanier remplace aujourd'hui le poétique tombeau du soldat fidèle ; c'est moins couleur locale, peut-être, mais, c'est plus positif. La *piccola moneta* avant tout.

Redescendant du cap Misènes et revenant sur nos pas, en continuant le tour du golfe, nous rencontrons une caverne profonde, ouverte dans les flancs du rocher. Des ronces, des arbustes épineux gardent cette entrée du Tartare, et la description du poète

« *Spelunca alta fuit vastoque immanis hiatu*
« *Scrupea tuta lacu nigro nemorumque tenebris...* » (¹)

se retrouve encore d'une merveilleuse exactitude. Nous nous engageons sous la sombre voûte de

---

(1) Au milieu d'une ténébreuse forêt et sous d'affreux rochers est un antre profond, environné des eaux noires d'un lac.

l'Érèbe. Hercule traversa ces ténèbres d'un pas triomphant, chargé du précieux fardeau d'Alceste qui s'était vouée au trépas pour son cher Admète, et remit la plus généreuse des épouses dans les bras du plus chéri des époux. Par là descendit le pieux Énée, calme et intrépide, vers l'heureux séjour habité par ses ancêtres, pour jouir de leur présence adorée, de leurs vertueux entretiens, et consulter leur sagesse sur les hautes destinées de son empire naissant. C'est dans ces mêmes lieux qu'Orphée, profitant des ténèbres qui lui dérobaient la vue de sa chère Eurydice, la pressait en silence sur son cœur palpitant; mais en arrivant aux portes du jour, un seul regard fit évanouir son bonheur, et l'ombre d'Eurydice redescendit veuve et plaintive vers l'avare Achéron, qui ne rendit plus sa proie.

Nous marchons sur les traces de ces héros et nous voici en plein Enfer.

« *Ibant obscuri sola sub nocte per umbram*
« *Perque domos Ditis vacuas et inania regna...* » (¹)

Ce vestibule du palais de Pluton peut avoir 200^m de longueur sur dix ou douze pieds de haut et autant de large. Jamais promenade ne m'a semblé plus longue; il est vrai que ni la belle Alceste, ni la tendre Eurydice n'avaient besoin de mes bons offi-

---

(1) Ils marchaient seuls dans ces lieux déserts et obscurs habités par de vaines ombres.

ces..... Par contre, au beau milieu de ce fatigant pèlerinage, une étreinte vigoureuse m'enlève, tout à coup, de terre, me place *sataniquement* sur le dos d'un démon, sans doute, et j'entends bientôt les pas de ma monture improvisée piétiner dans une sorte de lac.

— Le Styx ! me crie la voix lugubre de mon porteur infernal. Un moment troublé par ce nom redoutable, je me rassure, néanmoins, en songeant que je suis heureusement muni de l'obole obligatoire ; mais je regrette que Caron ait cru devoir changer son antique profession de nocher pour celle de porteur. On me rassure à cet égard. Caron n'a fait que permuter ; il exerce actuellement son industrie sur l'Achéron, où nous allons le retrouver. Comme couleur locale, je crois devoir me réciter à moi-même les fameux vers

« *Fas obstat, tristisque palus immobilis unda*
« *Alligat, et novies Styx interfusa coërcet...* » (¹)

et nous pénétrons au centre du Tartare, dans le palais de Pluton. Quelques parements de stuc, des peintures à demi effacées, relevées de légers filets d'or, sont les seuls vestiges de ce séjour du ravisseur de Proserpine. On montre encore le trône des deux époux creusé dans deux ressauts de tuf. C'est bien

(1) Le triste et odieux marais du Cocyte et le Styx qui se replie neuf fois sur lui-même les emprisonnent sur ces bords.

plutôt une baignoire antique qu'un trône ; et si je juge, par notre expérience personnelle, de ce *triste royaume et de ces demeures vides*, la fille de Cérès devait avoir plutôt besoin des services de son amie la nymphe Aréthuse, que de l'art du décorateur ; auquel cas, ladite baignoire devenait, dès lors, d'une bien autre nécessité qu'un trône d'ébène. Il est vrai qu'il ne tint ni à Thésée ni à Pirithoüs qu'il en fût autrement.

Au sortir de cet obscur labyrinthe, nous nous retrouvons sur le bord de la mer, en face de l'Achéron. En vain cherchons-nous sur ses rives « les mères, « les époux, les héros magnanimes, les vierges « mortes avant d'avoir connu les douceurs de « l'hymen, et les jeunes gens mis sur le bûcher « sous les yeux de leurs parents. » Ce marais de douleur, autour duquel nous pensions déjà voir errer leurs âmes inquiètes et désolées, n'est plus qu'un étang découpé au milieu de la plaine, et décoré d'une horrible guinguette qui s'intitule effrontément Casino !!! Ce fils du Soleil et de la Terre a retrouvé le cristal primitif de ses eaux, et porte aujourd'hui le nom plus prosaïque, mais bien cher aux gastronomes modernes, de lac Fusaro.

Un batelet, peint de couleurs criardes, transporte les promeneurs sur l'autre rive. Le lazzarone, successeur du vieux Caron, a bien gardé les deux signes caractéristiques de son triste devancier : une effroyable saleté jointe à une impitoyable exactitude à demander *l'obole* du passage, — mais de nos jours, l'obole est de *un franc;* moyennant cette *largesse,* vous pouvez, en outre, si bon vous semble, visiter *l'antre de Cerbère*, où vous serez reçu par un affreux roquet attaché à un aveugle.

Si vous préférez nous imiter, passez outre, et, longeant les rives de l'Achéron, prenez la route de Cumes; le remous des vagues du golfe que vous cotoierez tout le temps du voyage, — assez court, d'ailleurs, — bercera constamment votre pensée de son murmure doux et monotone.

Cumes apparaît bientôt sur sa colline trachytique dominant, à gauche, la mer qui déferle à ses pieds, et profilant sur un ciel indigo les lignes hardies de son acropole, sous laquelle se creuse un trou noir qui n'est autre que l'antre où la Sybille rendait ses oracles. Des ruines éparses entre-mêlées de ronces, de broussailles, d'arbustes épineux, et coupées çà et là de celliers effondrés, de tombeaux crevassés, d'excavations profondes, donnent à ce site, assez étrange déjà, un caractère fantastique et saisissant.

Je vous dirai, pour votre édification, que j'ai vu le siége sur lequel la Sybille rendait ses oracles; bien mieux, pour peu que j'eusse insisté, l'on m'aurait aussi montré, je crois, non-seulement les prophéties autographes, dûment écrites, comme il convient, sur des feuilles de chêne, mais encore la Sybille elle-même. Cette crainte, jointe à la disparition rapide de nos dernières piastres, nous détermine à hâter notre retour à Naples.

Nous remontons en voiture en nous demandant s'il n'y a pas moyen d'éviter Pouzzoles, — mais Pouzzoles est inévitable! Nous repassons donc par le même chemin; nous y retrouvons notre effroyable cohue de mendiants : l'Ermite au plat de cuivre, les jeunes filles déguenillées, les culs-de-jatte, les bouquetiers, et nous tombons enfin dans les bras de notre maître d'hôtel, épuisés, ahuris, brisés, moulus, anéantis, paralysés, perclus, volés, assassinés, morts... et j'allais presque dire enterrés!...

CHAPITRE XXIII.

Charme invincible. — Promenade à Capo di Monte. — Un tableau vivant. — Comment une mère encourage les arts. — Rêve chinois. — Paysage. — Deux jolies créatures cherchent à éblouir l'auteur. — Le jour baisse. — Pourquoi les fleurs se faisaient si coquettes et si parfumées. — Les élèves de Locuste. —Toxicologie expérimentale et autorisée.— Départ pour Venise

Naples.....

Nous ne pouvons nous décider à quitter Naples sans rassasier nos yeux encore une fois du spectacle de cet Eden qui semble, à quelque heure qu'on le contemple, sortir une seconde fois des mains du Créateur.

Jamais cerveau de poète a-t-il rêvé quelque chose de plus splendide que cette féerie perpétuelle, Naples, son golfe et les monts qui forment à son bassin une ceinture sans rivale ? Jamais fantaisie d'artiste a-t-elle trouvé dans les trésors de sa palette des lointains plus colorés et plus grandioses, des détails de lumière plus étincelants? Jamais rêveur extatique respirant ces haleines embaumées qui vous arrivent des horizons sans fin, chargées de senteurs intactes, a-t-il conçu plus riche décor, et si merveilleux que Dieu n'aurait eu besoin ni de personnages, ni de passions humaines pour l'animer ?

De Capo di Monte, l'œil embrasse sans fatigue ce ravissant panorama; c'est ce qui nous a décidés à lui consacrer notre dernière promenade. Vous le savez, à toutes les grandes jouissances, il est des ennuis préliminaires à travers lesquels on doit forcément passer, comme on passe à travers les ténèbres pour arriver au jour; or, comme je ne vous ai point encore parlé de cette villa royale, il faut donc qu'avant de vous enivrer avec nous de la vue que l'on découvre de sa magnifique terrasse, avant de sentir tous vos sens envahis par cette mystérieuse harmonie faite de notes d'or, de mélodies de vagues, de bruits de soupirs, de rayons de soleil, de murmures de myrthes et de térébinthes, il faut, dis-je, que vous fassiez la même route que moi, c'est-à-dire que vous parcouriez l'interminable rue de Tolède jusqu'à la place *delle Pigne;* là nous retrouvons le Musée, sous le portique duquel deux ou trois gamins, paresseux, Dieu merci, comme Naples leur mère, absorbent la chaleur avec une ineffable satisfaction. A leur immobilité, on les croirait morts, si de temps en temps on ne les voyait porter la main dans leur chemise entr'ouverte, y chercher, quelques secondes, un objet invisible qu'ils secouent à terre sans ouvrir les yeux, puis, l'opération faite, reprendre leur immobilité de santons. Ce qui gâte ainsi leur sieste, ce sont des puces. C'est un Murillo vivant que j'ai voulu vous montrer.

Son pendant naturel, le voici : regardez, à votre gauche, cette arcade voûtée. Sous des balcons ajourés comme les *miradores* espagnols ou les *moucharabys* arabes, dont les ombres, nettement découpées par leurs fortes saillies, tranchent avec une incomparable vigueur sur le ton clair des façades environnantes, cinq ou six vieilles femmes déguenillées se prosternent dévôtement aux pieds d'une Madone de grandeur naturelle, éclairée par une lanterne que soutient une potence d'un travail de serrurerie compliquée. La tête de la Madone s'abrite sous un baldaquin de pierre; ses pieds reposent sur une console composite faite de volutes tirebouchonnées, de feuillages tordus, de chimères ornementales de la fantaisie la plus variée. Et ces *pauvresses* elles-mêmes, que vous en dire? Elles ont eu, du moins, le bon goût de conserver dans leurs loques effilochées le vieux costume national, et, par la *beauté* de leurs haillons, elles ne seraient nullement déplacées, je vous l'assure, parmi les gueux de l'Albaycin, tant ce soleil napolitain dore puissamment les guenilles et les roussit à souhait pour la palette du peintre. Ne croirait-on pas voir revivre une toile de l'Espagnolet?

La *Strada Nuova* s'ouvre maintenant devant nous; place à cette charrette à bras; elle porte un piano à roulettes et à manivelle. C'est le *premier* et le *seul* piano que j'aie entendu pendant mon séjour à Naples. L'artiste commence à moudre son air ; aussitôt un bambin de trois ans à peine, presque nu, se met à pirouetter sur lui-même dès les premières mesures ; mais la chose ne dure pas longtemps, la tête lui tourne, et le marmot s'étend de tout son long sur le pavé d'où sa mère le relève avec une claque. La correction opère sur lui comme excitant, car, à peine debout sur ses petites jambes encore mal assurées, le bébé reprend son exercice chorégraphique avec un nouvel entrain, mais sans un succès plus marqué. Je donne une orange au marmot pour le consoler de son double échec, et, reprenant notre marche, nous arrivons, presque en ligne droite, au château de Charles III.

Je ne vous arrêterai pas dans ces vastes et longues salles où vous ne verriez, d'ailleurs, qu'une collection de toiles et de sculptures assez insignifiante. L'effet original de la *Salle de porcelaine* attirerait, peut-être, un sourire d'étonnement sur vos lèvres par l'étrangeté de son plafond, de ses panneaux, de ses murs, de ses parquets, de ses meubles, de ses chaises et de ses fauteuils, le tout en porcelaine, mais ne saurait évidemment compenser le manque absolu d'un intérêt plus sérieux. Passons donc devant toutes ces chinoiseries et gagnons au plus vite le parc royal, promenade immense, et, par cette raison, assez mal entretenue. Grâce à cette heureuse incurie, la nature peut, du moins, y déployer à son aise, ses merveilles de végétation.

Des mouvements de terrain vigoureusement accentués découvrent peu à peu des perspectives inattendues, comme pour accoutumer l'œil aux prodiges qu'il embrassera bientôt dans tout leur ensemble. Dans les massifs et dans les futaies, fouillis de verdure qu'on perce difficilement du regard, apparaissent des plantes inconnues, des buissons de forme étrange, des lauriers roses mêlés avec des myrthes. Dans les clairières, tantôt la terre fait jaillir un vert manteau de mousse autour d'un groupe de rochers, tantôt elle abrite sous une fine draperie d'herbes minces et ondoyantes quelque fleur au brillant coloris.

Egarez-vous un instant sous cette voûte ombreuse formée de chênes-verts et d'oliviers, dont les branches entrelacées laissent à peine arriver une lumière discrète et harmonieuse; elle aboutit à une pelouse dont les gazons drus et serrés n'ont point senti depuis longtemps la dent de fer du rateau destructeur; aussi quelle végétation forte et puissante ! Au milieu de la pelouse, une fontaine charmante pleure à sanglots dans sa vasque de marbre et court à travers la prairie, sous forme d'un petit ruisseau qui s'échappe en méandres capricieux et s'insurge pour un pauvre petit caillou jeté sur son passage; mais son courroux est une grâce de plus et se traduit par un petit flocon d'écume argentée dont le soleil fait aussitôt des diamants, des perles ou des saphirs. Si vous voulez, avare des moindres détails de ce trésor, ne point anticiper sur vos jouissances futures, vous pouvez vous asseoir auprès de ce ruisseau et vous y abandonner au caprice de votre rêverie; le murmure de l'eau, le chant des fauvettes cachées dans les ifs ou le pas léger du lézard qui égratigne les pierres baignées par le soleil, viendront seuls frapper votre oreille; et alors, quand vous aurez longuement savouré ces harmonies aériennes qui flottent autour de vous, quand vous aurez aspiré avec délices cette brise marine remplie de tant de senteurs mystérieuses que le voyageur se demande d'où viennent ces parfums inconnus et presque célestes, quand vous aurez avidement écouté ces bruits vagues et mélancoliques formés par les ramures des chênes, que vous pourrez prendre pour les soupirs amoureux de Vénilia, rompez, si vous le pouvez, le charme invincible qui vous enchaîne, et avancez-vous près du massif de platanes et de sycomores étagés sur le petit monticule que vous apercevez à votre gauche : le vide se fait tout-à-coup à vos pieds, le ciel s'ouvre, et vous voyez, à plein horizon, le golfe, étincelant et infini, semé de ses îles aux tons bleuâtres, les blanches villas de ses rives, la masse gigantesque du Vésuve dont le cône noirâtre se détache sur un ciel de tôle rougie, tandis que les pentes de la Somma se teignent d'un délicieux reflet gorge-de-pigeon. Naples sommeille au premier plan, sous vos pieds, la tête ceinte de sa couronne de cactus et d'aloës et dorée, comme au jour de sa création, par cette lumière chaude et vivace particulière à son ciel. Vous verrez tout cela comme nous, mon ami, et comme nous, vous saluerez d'un cri d'admiration cette splendide nappe d'azur et d'or qui flamboie comme le miroir des cieux napolitains.

Notre voix tira de leur somnolence deux paons perchés sur les toits de la faisanderie où ils buvaient le soleil; ils crurent devoir nous répondre par ce cri discordant et sonore que vous connaissez; puis ils descendirent incontinent et se mirent à faire la roue avec la vaniteuse suffisance de leur espèce. Nous les laissâmes se livrer à cet exercice et revînmes, par un espace ruisselant de flammes, contempler les autres aspects de cette nature opulente où les éléments eux-mêmes semblent s'entr'aider pour concourir à la sublimité d'un tableau qui restera certainement pour nous l'une des émotions les plus suaves et les plus enivrantes de notre voyage.

Le jour baissait quand nous songeâmes à quitter *Capo di Monte*, et nous y serions restés toute la nuit, je crois, tant nous nous sentions merveilleusement heureux de boire cet air si pur, de respirer ces arômes si pénétrants...

Deux heures après, nous étions attablés au restaurant du Palais Royal, où se consomme, chaque jour, sous les yeux de l'autorité, l'empoisonnement lent et continu de toute une génération.

———

Et maintenant, adieu ! ..... peut-être au revoir ; c'est le secret de la destinée. Le bâtiment qui doit nous emporter vers la cité des doges appareille dans le port, et, lorsque vous lirez ces pages, votre ami, perdu dans la mystérieuse immensité de l'air et des flots, voguera à pleines voiles vers la reine de l'Adriatique, non plus protégé par Neptune, l'antique dieu de la mer, mais sous les auspices de la Madone, l'Etoile chrétienne des matelots.

FIN.

www.ingramcontent.com/pod-product-compliance
Lightning Source LLC
Chambersburg PA
CBHW060300230426
43663CB00009B/1533